表示責任と債権法改正

――表示責任論研究序説――

藤 田 寿 夫 著

香川大学法学会叢書 10

成 文 堂

はしがき

　1980年に採択され1988年に発効したウィーン売買条約は，瑕疵担保を物品の適合性に関する売主の義務として規定している。このウィーン売買条約の影響を受けたEUの消費用動産売買指令に基づき，ドイツにおいて2001年11月26日に債務不履行法・瑕疵担保・消滅時効を中心とした債務法改正（2002年1月1日施行）があり，消費者法が民法典に統合された。フランスでも債権法改正準備草案が作成された。これらの動きに影響されて，わが国の民法（債権関係）改正案が出来上がり，2017年5月に民法が改正された。

　ところが，わが国の民法改正を上回る改正がフランスとドイツにおいて進んでいる。2016年2月10日のフランス債務法改正オルドナンスは，一方の予約（1124条）や，予備的契約に関する優先合意の規定（1123条）を設けたり，契約交渉中の信義則上の責任（1112条）や交渉当事者の秘密保持義務（1112-2条），契約前の情報提供義務に関する規定を新設し，契約前の情報提供義務違反の効果として契約取消と損害賠償を認める（1112-1条）。また，契約締結に際し交渉補助者の関与があることを考慮し，交渉補助者の詐欺を当事者の詐欺と同一視している（1138条）。経済的強迫（状況の濫用）に関する規定（1143条）や指図に関する規定（1336条以下）などが新設され，契約の不履行に関する規定（1217条以下）が整備された。さらにフランスでは2017年3月13日に民事責任法改正案が公表された。ドイツにおいても2016年に「請負契約法の改正及び売買法上の瑕疵責任の変更に関する法律」が成立した。

　私は契約成立過程における契約当事者間の表示に着目し，個人の自由な自己決定を中心に据え，それを補完する表示責任・信頼責任につき1994年に『表示責任と契約法理』を上梓したが，本書はその後に法律時報等に発表した表示責任に関する論稿をまとめ，わが国の改正民法を前提として，上記の最近のフランスとドイツの改正の動向を参照し，できる限り旧稿に手を加えた。さらに，序章，第6章第1節「契約不適合と表示」，結章を新たに書き下ろした。そのため本書を『表示責任と債権法改正―表示責任論研究序説』とした。

第1章においては，予備的契約を検討する。予備的契約とは契約交渉中の当事者の権利・義務についての合意であり，合併契約・不動産取引など複雑な取引における基本合意書，協定書などが拘束力を持つ場合である。第1節において業務提携の基本合意書を検討し，基本合意書に基づき独占交渉義務や誠実交渉義務が認められるかを検討する。第2節において不動産取引での協定を，その状況と文言に注意しながら検討し，契約・予約や，予備的契約が認められたり，信義則上の責任の存否が問題となることを明らかにする。

　第2章第1・2節では，契約締結に至らなかったときの信義則上の責任では，契約締結の自由との関係が問題となり，契約交渉過程においても自己決定原理を補完する信頼保護が必要であること，賠償範囲，入札と信義則上の責任のほか，私見と同旨である最判平19・2・27等の新類型も検討する。

　第2章第3・4・5節では，一方当事者の説明義務違反により相手方が不利な契約を締結してしまった場合を検討する。独立的交渉補助者の言明も一方当事者に帰責することができるか，説明義務違反の効果として損害賠償のほか契約解消も認められるか，瑕疵担保との関係などの問題を検討する。

　第3章においては，契約当事者ではない第三者の表示責任の問題の一つとして，複数の貸付人が借入人に対して1個の契約書により融資を実行したシンジケート・ローンにおいて借入人が間もなく倒産した場合に，アレンジャーが貸付人に対して情報提供義務を負うか否かを検討する。

　第4章では，保証人が動機の錯誤に陥り保証契約を締結した場合に保証契約が錯誤無効（取消）となることがあるか，またその要件・効果を検討する。

　第5章においては，契約の解釈の基本準則である主観的解釈と規範的解釈の二元論を検討するとともに，規範的解釈の方法（利益適合的解釈・契約目的適合的解釈を含む）のほか，規範的解釈に関して具体的に手付条項を検討する。また，予約の確定性について検討する。

　第6章では，ドイツ民法は，①性状合意，②契約上前提とした使用，③通常の使用，普通の性状，期待できる性状という3段階との不適合を瑕疵としているので，売主や買主の表示，さらに製造者の表示にも着目しつつこれらの3段階の瑕疵と表示との関係，および，わが国の改正民法の契約不適合（瑕疵）について検討する。そして，わが国の改正民法における売買の契約不適合

責任（瑕疵担保）の効果を概観し，売買における契約不適合責任と債務不履行との関係を検討する。また，請負における契約不適合責任と債務不履行との関係，および，商品が製造業者―卸売業者（供給者）―小売業者（最終売主）―買主と流通した契約連鎖における契約不適合責任の問題を検討する。

第7章においては，ドイツ新民法284条は「債権者が給付を受けることを信じて出費をし，かつ，それが正当になしてよかった費用である場合には，債権者は，給付に代わる賠償に代えてその費用の賠償を請求することができる。」と規定しているが，わが国の判例はすでに416条の枠内で無駄になった出費の賠償を認めていること，およびその要件を明らかにする。

第8章では，事情変更の原則における要件とリスク配分を検討する。

第9章においては，消費者契約法10条による不当条項の判断枠組みにつき，補修費負担特約を含む敷引特約の有効・無効について検討する。

第10章においては，振込・指図における三者不当利得の問題につき，わが国の判例を取り上げ，原因関係の欠缺する場合や，指図・振込委託の取消・撤回の場合の不当利得関係を解明する。

結章では，本書の考察を要約するとともに，表示責任が自己決定原理との関係において，どのように位置づけられるべきであるのかを論ずる。

表示責任に関してはなお研究すべき問題点は多く，本書がなしえたことは，その端緒にすぎない。そうではあれ，このように研究書をまとめることができたのは，諸先生方のご指導とご支援のおかげであり，学界内外の多くの皆様のおかげである。この場をかりて，感謝の意を表させていただきたい。

また，本書の出版につき香川大学法学会から助成をいただいた。同僚・会員の皆様に御礼申し上げる。最後に，刊行にあたりお世話になった成文堂の篠崎雄彦氏と小林等氏に深く御礼申し上げたい。なお，本研究は科研費17K03466による研究成果の一部である。

2017年12月3日

藤田　寿夫

目　　次

はしがき
初出一覧

序　章 …………………………………………………………………… 1

第1章　予備的契約 ……………………………………………………… 5
第1節　業務提携の基本合意 ………………………………………… 5
　はじめに ………………………………………………………………… 5
　1　業務提携の基本合意 ……………………………………………… 7
　　(1)　最終契約を締結する義務について　(8)
　　(2)　民法130条の適用若しくは類推適用又は禁反言の
　　　　原則について　(8)
　　(3)　独占交渉義務及び誠実協議義務について　(9)
　　(4)　損害賠償の範囲について　(9)
　2　基本合意に基づく独占交渉義務・誠実交渉義務 ……………… 9
　　(1)　予備的契約　(9)
　　(2)　締結義務　(10)
　　(3)　独占交渉義務・誠実協議義務　(11)
　　(4)　交渉破棄の正当事由　(12)
　　(5)　損害賠償の範囲　(13)
第2節　不動産取引と協定 …………………………………………… 14
　はじめに ………………………………………………………………… 14
　1　契約の成立 ………………………………………………………… 15
　2　予備的契約 ………………………………………………………… 18
　　(1)　損失負担合意　(18)
　　(2)　交渉すべき旨の合意　(19)

3　信義則上の責任……………………………………………22
　　　　(1) 協定のない場合　(23)
　　　　(2) 協定のある場合　(25)
　　小　　括…………………………………………………………28

第2章　契約準備段階における信義則上の責任………31
第1節　契約締結に至らなかった場合………………………31
　はじめに……………………………………………………………31
　　1　契約・予約・予備的契約……………………………………33
　　　(1) 契約の「締結」と「成立」　(33)
　　　(2) 予　　約　(35)
　　　(3) 予備的契約　(37)
　　2　信頼保護と締結自由…………………………………………38
　　　(1) 信頼保護と締結自由との関係　(38)
　　　(2) 契約締結規定との関係　(39)
　　　(3) 予備的契約との関係　(40)
　　　(4) 履行補助者法理の類推　(41)
　　3　交渉破棄責任の類型…………………………………………42
　　　(1) 説明義務違反の場合（誤信惹起型）　(43)
　　　(2) 信頼破棄の場合（信頼裏切り型）　(44)
　　　　(a) 信頼による拘束　(44)　　(b) 信頼による拘束の存続　(47)
　　　　(c) 信頼拘束から解放する正当理由　(47)
　　　(3) 賠償範囲　(48)
　　　　(a) 説明義務違反の場合　(48)　　(b) 信頼破棄の場合　(49)
　　　(4) 入札と信義則上の責任　(50)
　　小　　括…………………………………………………………53
第2節　わが国の契約準備段階での信義則上の責任判例…55
　　1　交渉破棄責任の新類型………………………………………55
　　　(1) はじめに　(55)

(2) 最判平成 19 年 2 月 27 日（判時 1964 号 45 頁）*(56)*
　　(3) 交渉補助者の信義則上の責任　*(62)*
　　(4) 具体的措置・処分の誘因となる言動　*(62)*
　　(5) 損害賠償の範囲　*(64)*
　　(6) 最判平成 18 年 9 月 4 日との関係　*(65)*
　2　将来の契約基礎の危殆化 ································· *69*
　　(1) はじめに　*(69)*
　　(2) 近時の新判決例　*(69)*
　　　(a) 溶接工場新築事件　*(70)*　　(b) インドネシア・プラント事件　*(71)*
　　　(c) 運転シミュレータ共同開発事件　*(74)*
　　　　① 共同開発契約　*(78)*　　② 本件共同開発協定の性格　*(79)*
　　　　③ 契約準備段階における信義則上の責任　*(80)*
　　(3) 将来の契約基礎の危殆化　*(81)*
　　(4) 小　　括　*(84)*

第 3 節　不利な契約が締結された場合 ································· *85*
　はじめに ·· *85*
　　(1) 過失の詐欺　*(86)*
　　(2) 不意打ち・不当威圧　*(88)*
　　(3) 本節の目的　*(89)*
　1　グリゴライトの見解 ·· *90*
　　(1) 狭義の欠缺補充か？　*(90)*
　　(2) 制定法訂正　*(91)*
　　(3) 体系適合の規範代用　*(92)*
　　(4) 説明義務違反の法律効果　*(92)*
　2　ローレンツの見解 ·· *94*
　　(1) 詐欺取消との関係　*(94)*
　　　(a) ドイツ連邦通常裁判所の立場　*(95)*　　(b) ローレンツの批判　*(95)*
　　(2) 決定自由とドイツ民法 123 条（詐欺・強迫）　*(98)*
　　(3) 錯誤・詐欺の類推適用？　*(99)*
　　(4) 保護法益としての決定自由　*(101)*

(5)　過失の詐欺 *(101)*
　(6)　不意打ちからの保護 *(102)*
　　(a)　不当威圧法理の比較法的検討 *(103)*　(b)　競争法上の行為態様命令の参照 *(104)*

小　　括 …………………………………………………………… *105*
　(1)　過失の詐欺 *(105)*
　(2)　錯誤・詐欺の類推適用？ *(106)*
　(3)　不意打ち・不当威圧 *(107)*

第4節　法的性質・消滅時効 …………………………………… *109*
はじめに ……………………………………………………………… *109*
1　①最判平23・4・22 …………………………………………… *111*
2　当事者の説明義務と交渉補助者 ……………………………… *113*
3　消滅時効 ………………………………………………………… *115*
4　①最判の射程と関連最判 ……………………………………… *117*
5　「信義則上の説明義務」 ……………………………………… *121*
　(1)　契約解消・代金減額（残留信頼損害）*(122)*
　(2)　瑕疵担保責任との関係 *(125)*
　(3)　立証責任 *(126)*

小　　括 …………………………………………………………… *128*

第5節　契約の解消・代金減額（残留信頼損害）………… *129*
はじめに ……………………………………………………………… *129*
1　近時の関連判例と不実告知・不告知 ………………………… *131*
　(1)　不実告知 *(131)*
　(2)　黙示的不実告知 *(132)*
　(3)　不告知 *(137)*
　(4)　第三者の行為態様の帰責 *(138)*
2　効　　果 ………………………………………………………… *139*
　(1)　契約解消 *(139)*
　(2)　契約解消＋損害賠償 *(140)*
　(3)　契約解消せず，契約を維持した場合 *(140)*

小　　括……………………………………………………………*142*

第 3 章　アレンジャーの情報提供義務違反……………*145*
　第 1 節　はじめに…………………………………………………*145*
　第 2 節　最判平成 24 年 11 月 27 日………………………………*145*
　第 3 節　アレンジャーの情報提供義務…………………………*148*
　　1　シンジケート・ローンの組成……………………………*148*
　　2　アレンジャーの義務………………………………………*148*
　　3　提供されるべき情報………………………………………*150*
　　4　守秘義務との関係…………………………………………*151*
　　5　免責条項との関係…………………………………………*152*

第 4 章　動機の錯誤………………………………………*155*
　第 1 節　保証契約と動機の錯誤…………………………………*155*
　　1　判　　例……………………………………………………*155*
　　　(1)　主債務者の財産状態の錯誤　(156)
　　　(2)　他に保証人がいるとの錯誤　(156)
　　2　近時の学説…………………………………………………*158*
　第 2 節　高松高判平成 11 年 11 月 18 日…………………………*159*
　第 3 節　基礎錯誤…………………………………………………*162*
　　1　表示錯誤と動機錯誤………………………………………*162*
　　2　保証人の保護要件…………………………………………*162*
　　3　共通基礎錯誤………………………………………………*164*
　　4　一部無効（取消）…………………………………………*165*

第5章　契約の解釈 …………………………………………………… 167

第1節　契約解釈 ……………………………………………………… 167
はじめに ………………………………………………………………… 167
1　契約解釈の方法 …………………………………………………… 168
2　その後の学界の展開 ……………………………………………… 169

第2節　規範的解釈 …………………………………………………… 171
はじめに ………………………………………………………………… 171
1　最判平成22年7月20日 …………………………………………… 171
2　規範的解釈 ………………………………………………………… 174
　(1)　関連判例 *(174)*
　(2)　規範的解釈 *(177)*
　(3)　規範的解釈としての利益適合的解釈・契約目的適合的解釈 *(179)*

第3節　手付条項の解釈と履行の着手 ……………………………… 179
はじめに ………………………………………………………………… 179
1　手付契約の解釈事例 ……………………………………………… 180
2　履行の着手 ………………………………………………………… 185
3　手付契約の特別解釈方法 ………………………………………… 189
　(1)　制定法適合的解釈 *(189)*
　(2)　不明瞭解釈準則 *(190)*
小　括 …………………………………………………………………… 192

第4節　予約とその確定性 …………………………………………… 193
はじめに ………………………………………………………………… 193
1　日本民法556条の制定過程 ……………………………………… 194
2　スイス法の動向 …………………………………………………… 197
3　わが国の判決例の検討 …………………………………………… 199
　(1)　完結型予約 *(199)*
　(2)　債権的予約 *(201)*
小　括 …………………………………………………………………… 203
　(1)　予約の締結意思 *(204)*
　(2)　予約の確定性 *(205)*

第6章　契約不適合（瑕疵担保） ……………………… 207
第1節　契約不適合と表示 ……………………………… 207
はじめに ………………………………………………………… 207
1　改正民法の契約不適合 …………………………………… 207
2　ドイツ法における契約不適合（瑕疵）と表示 ………… 209
　(1)　性状合意　(210)
　(2)　契約上前提とされた使用　(212)
　(3)　契約上前提とされた使用と性状合意との関係　(213)
　(4)　典型的当事者意思　(214)
　　(a)　通常の使用　(214)　　(b)　普通の性状　(215)
　　(c)　期待できる性状　(215)　　(d)　製造者・売主の広告・表示　(216)
　(5)　性状保証　(218)
3　新562条の「契約不適合」の解釈 ……………………… 219
第2節　売買における契約不適合責任の効果，
　　　　　債務不履行との関係 ……………………………… 222
はじめに ………………………………………………………… 222
1　売買における契約不適合責任（瑕疵担保）の効果 …… 225
　(1)　追完請求　(226)
　(2)　解　　除　(227)
　(3)　代金減額請求　(228)
　(4)　履行に代わる損害の賠償請求　(228)
　(5)　同時履行の抗弁権　(229)
　(6)　催告の不要　(229)
　(7)　追完に過分の費用がかかるとき　(230)
　(8)　小　　括　(231)
2　ドイツ法における履行請求権と追完請求権との関係 …… 231
　(1)　引渡時説　(232)
　(2)　危険移転時説　(233)
3　わが国における履行請求権と追完請求権との関係 …… 235
　(1)　拒絶と履行認容　(235)

(2)　履行として受領説 *(235)*
　　(3)　単なる引渡説 *(236)*
　小　　括………………………………………………………………*237*
第3節　請負における契約不適合責任と債務不履行………*239*
　はじめに………………………………………………………………*239*
　1　ドイツにおける「引取」……………………………………*241*
　　(1)　明示的黙示的引取 *(242)*
　　(2)　終局的引取拒絶 *(243)*
　　(3)　正当な一時的引取拒絶 *(243)*
　　(4)　不当な一時的引取拒絶 *(244)*
　2　わが国の請負における「引渡」……………………………*246*
　　(1)　推断的「引渡」 *(247)*
　　(2)　正当な一時的受領拒絶 *(248)*
　　(3)　不当な一時的受領拒絶 *(253)*
　小　　括………………………………………………………………*255*
第4節　契約連鎖における契約不適合責任…………………*257*
　はじめに………………………………………………………………*257*
　1　ドイツ新民法の求償…………………………………………*259*
　　(1)　従属的求償 *(259)*
　　　(a)　要　　件 *(259)*　　(b)　効　　果 *(261)*
　　(2)　独立的求償 *(262)*
　　　(a)　要　　件 *(263)*　　(b)　効　　果 *(264)*
　　(3)　立証責任転換 *(265)*
　　(4)　不利な特約の制限 *(266)*
　　(5)　供給連鎖に準用 *(267)*
　　(6)　検査・通知義務 *(267)*
　　(7)　独立的求償の時効 *(267)*
　　(8)　時効期間の延長 *(268)*
　2　わが国の判例との比較………………………………………*268*
　小　　括………………………………………………………………*271*

第 7 章　債務不履行における無駄になった出費の賠償 ……… 275
第 1 節　はじめに ……… 275
第 2 節　ドイツ新民法における出費賠償 ……… 276
1　ドイツ新民法 284 条の新設 ……… 276
2　給付に代わる損害賠償に代えて ……… 277
3　給付を受けることを信じて出費したこと ……… 278
4　費用の正当性 ……… 278
第 3 節　わが国の判決例 ……… 279
1　非収益目的での出費 ……… 279
2　二重賠償の回避 ……… 280
3　費用の正当性 ……… 286
第 4 節　小　括 ……… 289

第 8 章　事情変更の原則 ……… 291
第 1 節　はじめに ……… 291
第 2 節　最判平成 9 年 7 月 1 日 ……… 293
第 3 節　事情変更の要件 ……… 295
1　予見不可能・帰責事由判断の当事者 ……… 296
2　事情変更原則における予見不可能性 ……… 296
3　契約上・法律上のリスク配分 ……… 297

第 9 章　敷引特約の効力 ……… 301
第 1 節　はじめに ……… 301
第 2 節　ドイツ法の検討 ……… 301
1　美観補修 ……… 302
2　価格論拠 ……… 302
3　美観補修条項 ……… 303

(1)　終了時補修条項 *(303)*
　　　(2)　補修期間条項 *(304)*
　　　(3)　補修費用負担条項 *(304)*
　　4　条項の全部無効 ………………………………………… *305*
　　5　合わせて一本 …………………………………………… *305*
　第 3 節　わが国の最判の検討 …………………………………… *306*
　　1　最判平成 17 年 12 月 16 日 ………………………………… *306*
　　2　最判平成 23 年 3 月 24 日 ………………………………… *307*
　　3　最判平成 23 年 7 月 12 日 ………………………………… *309*
　第 4 節　中間条項の規制 ………………………………………… *310*
　第 5 節　補修費負担特約と比較すべき任意規定 …………… *312*
　第 6 節　補修費用との比較 ……………………………………… *313*
　第 7 節　透明性 …………………………………………………… *313*
　第 8 節　不当条項の効力 ………………………………………… *314*

第 10 章　振込・指図と三者不当利得 ……………………………… *315*
　第 1 節　はじめに ………………………………………………… *315*
　第 2 節　原因関係の瑕疵 ………………………………………… *316*
　　1　補償関係の瑕疵 ………………………………………… *316*
　　2　対価関係の瑕疵 ………………………………………… *318*
　　3　二重欠缺の場合 ………………………………………… *320*
　第 3 節　有効な指図が欠缺する場合 …………………………… *320*
　第 4 節　指図の撤回 ……………………………………………… *324*
　第 5 節　小　　括 ………………………………………………… *326*

結　章 ……………………………………………………………………… *327*

初出一覧

序　章　書下ろし

第1章

 第1節　「業務提携の基本合意と最終契約の締結義務・誠実交渉義務」私法判例リマークス 35 号 2007 年下

 第2節　「不動産取引と協定」法律時報 69 巻 8 号（1997 年 4 月）

第2章

 第1節　「契約締結上の過失責任」『北川善太郎先生還暦記念論文集上巻』（東京布井出版，1996 年）

 第2節　「交渉破棄責任の新類型」香川法学 37 巻 1・2 号（2018 年 1 月），「契約締結上の過失の新類型」岡山大学法学会雑誌 49 巻 3・4 号（2000 年 3 月），「共同開発契約の契約締結上の過失」知財管理 50 巻 6 号（2000 年 6 月）

 第3節　「取引交渉過程上の法的責任」椿寿夫教授古稀記念論文集『現代取引法の基礎的課題』（有斐閣，1999 年），「説明義務違反と不当威圧」岡法 48 巻 2 号（1998 年 12 月）

 第4節　「説明義務違反に関する近時の最高裁判例の検討」法律時報 84 巻 8 号（2012 年 7 月）

 第5節　「消費者契約法と近時の関連判例」法律時報 73 巻 8 号（2001 年 7 月），「消費者契約法の解釈的課題」岡山大学 50 周年記念論文集『世紀転換期の法と政治』（有斐閣，2001 年）

第3章　「シンジケート・ローンにおけるアレンジャーの情報提供義務違反」法律時報 86 巻 12 号（2014 年 11 月）

第4章　「商工ローン融資の限度根保証と錯誤無効」私法判例リマークス 23 号 2001 年下

第5章

 第1節　『民法学説百年史』（三省堂，1999 年）

 第2節　「請負代金支払いに関する合意の契約解釈」法律時報 85 巻 7 号（2013 年 6 月）

 第3節　「手付条項の解釈と履行の着手」法律時報 75 巻 1 号（2003 年 1 月）

 第4節　「予約とその確定性」法律時報 72 巻 2 号（2000 年 1 月）

第 6 章

- **第 1 節** 書下ろし
- **第 2 節** 「債権法改正案における瑕疵担保と債務不履行」法律時報 87 巻 8 号（2015 年 7 月）
- **第 3 節** 「請負における瑕疵担保と債務不履行」香川法学 35 巻 4 号（2016 年）
- **第 4 節** 「契約連鎖における瑕疵担保責任」法律時報 77 巻 6 号（2005 年 5 月）

第 7 章 「民法 416 条と無駄になった出費の賠償」新井誠・山本敬三編『ドイツ法の継受と現代日本法——ゲルハルト・リース教授退官記念論文集』（日本評論社，2009 年）

第 8 章 「事情変更の原則とその適用要件としての予見可能性および帰責事由」私法判例リマークス 17 号 1998 年下

第 9 章 「敷引特約の効力」法律時報 85 巻 2 号（2013 年 2 月）

第 10 章 「三者不当利得——振込・指図を中心に」法律時報 76 巻 5 号（2004 年 4 月）

結 章 書下ろし

序　章

　本書において表示とは，契約交渉当事者などが契約締結の際又はそれ以前に交渉相手方に対してなす明示又は黙示の表明で，契約相手方に契約に関する様々な期待を生じさせるものである。この表示は，多くの場合，相手方を契約締結に誘引するための広告・商品表示・説明書・パンフレット・インターネット広告・セールスマンの説明等の事実上の表示であるが，意思表示であることもある。契約当事者のどの行為態様が意思表示であるかは契約の解釈により定められ，事実上の表示は，表意者およびその相手方である意思表示の受領者が事実上考えていた意味の確定など，意思解釈・契約解釈の補助手段として考慮される。

　表示は，現代社会においては，主として知識・経験の乏しい消費者が商品・サービスを選択・購入するにあたって有益であり必要な事業者からの情報となっているが，事業者は，消費者を契約締結へ誘引するために表示を使用するので，商品・サービスの欠点を隠蔽し長所を誇張するなど消費者に事実を誤認させる表示をしがちである[1]。

　表示規制に関する法律をみてみると，一方で食品表示法，消費生活用製品安全法，JAS法などが一定の表示基準を義務付けたり一定の表示を義務付けている。他方では，一般消費者が表示に基づいてより良い商品・サービスを自主的かつ合理的に選択できるようにするため，不当景品類及び不当表示防止法は，不当表示を差止めるなどの措置命令等の措置を定め，同法8条は不当表示をした業者に利益はき出しをさせる課徴金制度を導入し，不当表示を抑止しようとしている[2]が，そのような措置だけでは個々の消費者に現実に生じた被害の救済には十分ではない。

---

[1] 『表示規制法概説』（日本評論社，1979年）9頁参照。
[2] 平成26年改正の課徴金制度につき，中川丈久「改正景品表示法における課徴金制度」現代消費者法32号（2016年）38頁以下参照。平成29年1月27日，販売カタログ等の燃費表示につき「優良誤認表示」をしたとして自動車メーカーに対し初の課徴金納付命令が出された。

序章

　不当表示による消費者被害としては，第一に，不当な表示を信頼して契約締結のための準備を進めたが，契約締結に至らなかったり，有効な契約締結に至らず，その際費用がかかったり，他の有利な取引チャンスを逸したという被害を受けた場合，第二に，表示を信じて有効な契約の締結に至ったが，期待に合致しない不利な内容の契約であった場合，第三に，表示を信用し購入・使用したが，誤った表示により契約と直接関連しない生命・身体・財産に被害を受けた場合が考えられる[3]。個々の消費者被害を損害賠償，原状回復，履行請求などにより救済するために一般私法法理があり，これは事後的救済方法ではあるが，不当表示の発生を予防する効果もある。そのため，消費者の財産的被害の集団的な回復のための民事の裁判手続の特例に関する法律

---

[3] 経済企画庁国民生活局消費者行政第一課・第二課編『消費者政策の新しい課題』（1980年）183頁参照。

[4] 改正民法562条563条564条は，瑕疵担保を契約不適合の問題として債務不履行に統合している。

[5] 平成28年5月25日に成立した「消費者契約の一部を改正する法律」により不実告知の「重要事項」が拡張され，「当該消費者の生命，身体，財産その他の重要な利益についての損害又は危険を回避するために通常必要であると判断される事情」が追加された。一般平均的な消費者を基準として「重要な利益」とされたことから，財産上の重要な利益に関し「床下にシロアリがいる」という虚偽の事実を告げてリフォーム工事の契約を締結させる場合，生活上の重要な利益に関し「黒電話が使えなくなる」と虚偽の事実を告げてリース契約を締結させる場合にも取消ができるようになる。また，「損害又は危険」とは，生命，身体，財産その他の重要な利益が侵害されることによって消費者に生じる不利益を意味し，「損害又は危険」には，消費者がすでに保有している利益を失うこと（積極的損害）だけでなく，消費者が利益を得られないこと（消極的損害）を含むとされる。そして，「損害」としては，現に生じる不利益を，「危険」には不利益を生じるおそれ（蓋然性）を想定しているとされる。福島成洋・川合尚樹「消費者契約法の一部を改正する法律の解説」現代消費者法32号（2016年）82頁以下，山本健司「消費者契約法改正法案の概要」ビジネス法務2016年6月号90頁以下，志ទ淳之介「重要事項の拡張と意思表示の擬制条項の規制」現代消費者法33号（2016年）97頁以下参照。割賦販売法35条の3の13第1項6号にいう「購入者の判断に影響を及ぼすこととなる重要なもの」についても，最三小判平成29年2月21日民集71巻2号99頁は，販売業者（加盟店）が「勧誘をするに際し，……ローンを組めない高齢者等の人助けのための契約締結であり，上記高齢者等との売買契約や商品の引渡しは実在することを告げた上で，『支払については責任をもってうちが支払うから，絶対に迷惑は掛けない。』などと告げているところ，その内容は，名義貸しを必要とする高齢者等がいること，上記高齢者等を購入者とする売買契約及び商品の引渡しがあること並びに上記高齢者等による支払がされない事態が生じた場合であっても本件販売業者において確実に……支払う意思及び能力があることといった，契約締結を必要とする事情，契約締結により購入者が実質的に負うこととなるリスクの有無及びあっせん業者に実質的な損害が生ずる可能性の有無に関するものということができる。したがって，上記告知の内容は，契約締結の動機に関する重要な事項に当たるものというべきである。」と判示して割賦販売法35条の3の13第1項6号にいう重要事項につき販売業者による不実告知があったとして購入者が個別クレジット業者との立替払契約の申込みの意思表示を取り消すことを認めた。千葉恵美子・本件判批・金法2066号38頁参照。

（消費者裁判手続特例法）に基づく消費者被害の集団的回復制度も 2016 年 10 月 1 日から施行された。

　本書は，不当な事実上の表示により契約当事者に被害が生じた場合に，表示が契約内容に取り込まれた場合の契約責任や契約不適合責任[4]のほか，特に表見代理，詐欺，錯誤，「契約締結上の過失」，不法行為，消費者契約法[5]の不実告知[6]・断定的判断の提供・不利益事実の不告知などの私法上の諸制度がどのような要件のもとで，どのような救済をすることができるかを考察しようとしている。その際，わが国の債権法改正にも影響を与えたウィーン売買条約，EU の消費用動産売買指令，ドイツの債務法改正，フランスの債務法改正と 2017 年 3 月 13 日の民事責任法改正案なども参照し，現代契約法の特徴を明らかにしようとしている。

---

[6] クロレラを原料にした健康食品を販売等している Y 会社が「クロレラには免疫力を整え細胞の働きを活発にする等の効用がある」等の記載や，「クロレラを継続的に摂取することにより高血圧，腰痛，糖尿病等の慢性病の症状が改善した」旨の体験談等の記載がなされた新聞折込チラシを配布した事案に関して最三小判平成 29 年 1 月 24 日は，消費者契約法 4 条・12 条 1 項 2 項の「勧誘」につき，「事業者が，その記載内容全体から判断して消費者が当該事業者の商品等の内容や取引条件その他これらの取引に関する事項を具体的に認識し得るような新聞広告により不特定多数の消費者に向けて働きかけを行うときは，当該働きかけが個別の消費者の意思形成に直接影響を与えることもあり得るから，事業者等が不特定多数の消費者に向けて働きかけを行う場合を上記各規定にいう『勧誘』に当たらないとしてその適用対象から一律に除外することは，上記の法の趣旨目的に照らし相当とはいい難い。したがって，事業者等による働きかけが不特定多数の消費者に向けられたものであったとしても，そのことから直ちにその働きかけが……『勧誘』に当たらないということはできないというべきである。」と判示している。すなわち，取引に関する事項を具体的に認識しうるような新聞広告は消費者の意思形成に直接影響を与え得るので「勧誘」に当たるとする。河上正二「消費者契約上の勧誘の意義」金法 2061 号（2017 年）1 頁，同「消費者契約法・特定商取引法の改正について」消費者法研究 1 号（2016 年）127 頁 128 頁，落合誠一『消費者契約法』（2001 年）73 頁，山本豊「消費者契約法(2)」法教 242 号（2000 年）89 頁など参照。

第1章　予備的契約

第1節　業務提携の基本合意

はじめに

(1) 交渉段階において作成された覚書や協定がある交渉段階を確認・記録するだけであっても（他の言動と相まって），交渉相手方に契約は確実に成立するだろうとの信頼を生ぜしめたり，企図された契約の締結や履行・履行準備に必要な交渉相手方の具体的措置・処分を誘発する場合には，説明義務違反や，交渉相手方の信頼を生ぜしめておきながら契約交渉を正当理由なく破棄したことが問題となりうる[1]。

契約や予約の成否とともに契約準備段階の責任の成否も争われるようになると，契約関係は段階的に成熟していくとして「契約の熟度」が論じられ[2]，契約の成立は，当事者が現実履行を強制されてもやむをえないと考える時とされ[3]，また，契約成立前の契約交渉過程での中間的合意や予備的契約につき，広義の交渉契約として法的効果を認めようとされる[4]。

また，アメリカ法における議論を参照して，わが国においても，最終契約に向けて誠実に交渉すべき義務が生ずる「交渉すべき旨の合意」（Agreement to Negotiate 以下，「交渉契約」という）や，当事者間に未決定条項の補充義務が生じ，誠実に交渉しても未決定条項の合意に至らなかったときには裁判所がこれを補充したり損害賠償の問題となる「未決定条項つき合意」（Agreement

---

[1] 拙著『表示責任と契約法理』（日本評論社，1994年）61頁，244頁—252頁，本書第2章第1節31頁以下。
[2] 鎌田薫「不動産売買契約の成否」判タ484号21頁。
[3] 河上正二「契約の成立をめぐって」判タ657号28頁。
[4] 鎌田薫・金法1304号24頁。

with Open Terms）などの予備的合意を認めるべきであると主張される[5]。

　(2) わが国の判決例をみてみると，① LPG スタンド土地売買仮契約事件[6]では，売買代金及び目的物につき合意に達し，当事者間で不動産売買仮契約書が作成（その前文には，「基本事項について仮契約を締結し，正式契約を円滑かつ支障なく締結するための証として当仮契約書 1 通を保有するもの」とされ，その第 2 条では，「更に具体的細部事項を定めて正式契約を締結するもの」と規定）されていた場合に，①判決は，仮契約書の目的を考慮して，当事者は互いに本契約の具体的細部事項について誠実交渉義務を負うと判示した。

　しかし，①判決は，「本件土地の買主が本件土地に建物を建てようとする場合，本件地役権ないし高圧線の存在が相当の障害となることは明らかであ」るとして買主 Y が交渉契約後に知った契約目的への土地の不適合，及び売主 X のその土地不適合の説明義務違反等の誠実義務違反のため買主 Y が締結拒否する正当事由を認めた。

　② 結婚式場用地売買協定破棄事件[7]では，当事者は結婚式場建築のための土地売買契約締結を目的とした売買協定を締結し，同協定書において重要事項が決定され，書面の前文と最後に明記されているように，協定書の趣旨は，円滑に売買契約を締結し所有権移転が完了するまで誠意をもって努力・協力することを XY が誓約したことにあり，買主 Y は土地の買受意思を表わすため 6000 万円を証拠金として預金したことから誠実に交渉すべき旨の契約と認められ，Y は条件成就のため合理的努力をし契約締結に向けて誠実に努力・協力する義務を負うとされた。しかし土地購入希望者 Y は，緑化計画についての市の行政指導を遵守できないことを理由として協定を破棄したが，②判決は，その行政指導が市の要望にすぎず，市との事前協議によってその内容を変更しうるものであるのに何らの事前協議もなしていないときは，土地購入希望者は，前記協定を正当理由なく破棄したのであり，前記協定の債務不履行の責を負うと判示した。

　③ 熱海リゾートマンション売買協定事件[8]では，建築確認の取得や国土利

---

[5] 円谷峻『新・契約の成立と責任』（成文堂，2004 年）299 頁，樋口範雄・アメリカ法 1988 年 2 号 280 頁。
[6] 東京地判昭 57・2・17 判時 1049 号 55 頁。
[7] 京都地判昭 61・2・20 金商判 742 号 25 頁。

用計画法の不勧告通知を受けた後に，売買契約を締結することを目的として，契約書のように詳しい土地付区分建物売買協定がなされ，売買対象，代金額のほか，代金支払方法・時期などの重要事項がすべて記載され，協定の解除事由，裁判管轄まで規定し，「工事着工後2週間以内に売買契約を締結する」との文言があり，記載内容は詳細かつ綿密であり，売主Xが協定に従い平成2年8月15日までに建築確認を得るため近隣の同意を得ようとしたが難航し，前記建築確認取得日経過後も，買主Yは建築確認について催促したことから誠実交渉義務が認められた。そして，③判決は，買主Yが契約締結を拒否したのは，主としてバブル景気が崩壊したことによるマンション市況の悪化が理由であり，買主Yは大手マンション販売業者として本件協定締結に当たって景気の動向等を総合的に検討したはずであり，本件協定締結後わずか1年で市況の悪化を理由に契約締結を拒否するのは，正当な理由といえない，と判示した。

1 業務提携の基本合意

以下のように，東京地判平成18年2月13日[9]は，業務提携の基本合意に基づく独占交渉義務・誠実交渉義務を認めたが，その義務違反により，最終契約の成立を前提とする履行利益相当額の損害賠償を求めることはできないと判示した。

【事案】

X信託銀行は，YグループのY$_1$，Y$_2$信託及びY$_3$銀行との間で，平成16年（2004年）5月21日，Y$_2$信託の法人資金業務等を除く業務に関する営業と一定の資産・負債（以下「本件対象営業等」という。）の移転等からなる事業再編と両グループの業務提携（以下「協働事業化」という。）に関して基本合意をし，その合意内容を記載した基本合意書を作成した。同合意書8条1項は，「各当事者は，……誠実に協議の上，2004年7月末までを目途に協働事業化の詳細条件を規定する基本契約書を締結し，その後実務上可能な限り速やかに，協働事業化に関する最終契約書を締結する」と定め，同12条はその見出を「誠実協議」

---
[8] 東京地判平6・1・24判時1517号66頁。
[9] 判時1928号3頁，判タ1202号212頁，金商判1237号7頁，1238号12頁。

とし，その後段において，「各当事者は，直接又は間接を問わず，第三者に対し又は第三者との間で本基本合意書の目的と抵触しうる取引等にかかる情報提供・協議を行わないものとする」と定めていた。

Yら及びXの担当者は，基本契約締結日を同年7月22日，Y_2信託とXとの合併期日を同年9月21日との予定スケジュールを前提に作業を進め，Xは，同年7月13日，新信託銀行として転用予定のSBSに対し，第三者割当増資金20億円を払い込んだ。

Yらは，Xに対し，平成16年7月13日，口頭で協働事業化の白紙撤回を通告し，その後，Xとの間で協働事業化に向けた交渉を行わなかった。Y_1は，同月14日，MTFGに対し，本件対象営業等も統合の対象とする経営統合を申入れ，その後，両社は経営統合に関する協議，作業を進めた。

Xは，その後も，協働事業化の実現を強く望み，協議の再開を申入れたり，Yらが基本合意の目的と抵触し得る取引等に係る情報の提供や協議を第三者との間で行うことを禁止する旨の仮処分命令を申し立てるなどしたが，申立は認められなかった（最決平16・8・30民集58巻6号1763頁）。

そこでXがYらに情報提供差止等請求訴訟を提起した後，訴えを変更し，Yらが基本合意に基づく最終契約締結義務又は独占交渉義務及び誠実協議義務に違反しあるいは一方的に基本合意を破棄したなどと主張して，Yらに対し，債務不履行又は不法行為に基づく損害賠償として履行利益の損害金2331億円の一部である1000億円の支払いなどを求めた。

【判旨】
(1) 最終契約を締結する義務について

「平成16年7月13日当時，Yらが本件基本契約又は本件協働事業化に関する最終契約を締結する義務を負っていたと認めることができないから，Xの本訴請求のうち，Yらの本件基本契約又は本件協働事業化に関する最終契約の締結義務違反を理由とする債務不履行に基づく損害賠償請求は，……理由がない。」

(2) 民法130条の適用若しくは類推適用又は禁反言の原則について

「本件基本合意においては，本件基本契約及び本件協働事業化に関する最

終契約の内容が確定しておらず，これらが有効に成立していないのであるから，同条の適用又は類推適用の前提を欠く。」

(3) 独占交渉義務及び誠実協議義務について

「Yらは，平成16年7月13日及び14日当時，本件基本合意に基づく独占交渉義務及び誠実協議義務を負っていたにもかかわらず，同月13日及び14日，Xに対し，一方的に本件協働事業化の白紙撤回を通告するとともに，本件基本合意の解約を申し入れ，その後Xが本件協働事業化の実現を望んでいたにもかかわらず，その実現に向けた協議，交渉を一方的に拒絶してこれを一切行わなかったばかりか，同月14日，MTFGに対して本件対象営業等も含めた経営統合の話を持ちかけたというのであるから，Yらが独占交渉義務及び誠実協議義務に違反したことは明らかであり，Yらにはこれらの義務違反による債務不履行責任がある。」

(4) 損害賠償の範囲について

「本件協働事業化に関する最終契約が成立していない上，Yらが独占交渉義務及び誠実協議義務を履行していたとしても，同契約の成立が確実であったとはいえず，また，同契約の内容も具体的に確定していなかった本件においては，本件協働事業化に関する最終契約が成立した場合の得べかりし利益（履行利益）は，独占交渉義務違反及び誠実協議義務違反と相当因果関係があるとは認められないから，Xは，Yらに対し，最終契約の成立を前提とする履行利益相当額の損害賠償を求めることができない。」

2 基本合意に基づく独占交渉義務・誠実交渉義務

(1) 予備的契約

合併契約・不動産取引はじめ複雑な取引では，その交渉過程においてすでに合意された事項を記載した覚書，基本合意書，協定書，買付証明書などを作成し，後に最終契約書に調印したり，または一方当事者が正式契約の調印を拒否したりする。そしてその基本合意が，契約・予約や予備的契約として拘束力をもつ場合と，拘束力をもたない場合とがある[10]。この予備的契約と

は，交渉当事者間で締結される，契約交渉中の当事者の権利・義務についての合意であり，予備的契約において，交渉義務が約定されたり，情報の守秘義務，機密書類の保管義務が合意されるほか，一定の期間，同じ取引につき第三者と交渉しない義務が合意されたり，損失分担合意がなされることもあり，これらの義務違反があれば債務不履行責任が生ずる。

この予備的契約の成立にも，契約意思のほか，契約内容の確定性が必要である。当事者意思は，覚書・協定の内容のほか，合意前の交渉の経緯，取引慣行，合意後の（一部）履行などを考慮して推測される。「交渉すべき旨の合意」の確定性は，裁判所が法的効果を引き出しうる程度に当事者の負う義務内容が確定できればよいと考えられる[11]。

(2) 締結義務

Yら及びXは，遅くとも2004年7月13日当時には，協働事業化に関する最終契約というべき基本契約の詳細条件について協議が整っていたので，基本合意書8条1項に基づき，最終契約を締結する義務を負っていた旨のXの主張は，予約としての確定性が欠けるので本契約を締結する義務を生じる債権的予約が成立したとの主張ではなく，「未決定条項つき契約」が成立したとしてYには未決定条項の補充義務があり，その義務の不履行による履行利益の賠償を求める，あるいは，「交渉契約」からも履行利益賠償が問題となる最終契約締結義務が生ずるとの主張と考えられる。

しかし，本判決が，基本合意書に最終契約締結義務を負う旨を明確に定めた具体的な規定がなく，また，「各当事者は，事業・会計・法務等に関する検討，関係当局の確認状況又は調査の結果等を踏まえ，誠実に協議の上，2004年7月末までを目途に協働事業化の詳細条件を規定する基本契約書を締結し，その後実務上可能な限り速やかに，協働事業化に関する最終契約書を締結する」と定める基本合意書8条1項からも明らかなとおり，両者が「事業，会計，法務等に関する検討，関係当局の確認状況又は調査の結果等のデュー・ディリジェンス……や，その後に行われる協議の……結果如何にかかわらず」

---

[10] 第1章第2節「不動産取引と協定」14頁以下。
[11] 第1章第1節「はじめに」参照。

基本契約又は最終契約締結義務を負うことを定めたものと解しえない。また，本件基本合意は大規模かつ複雑な交渉の初期段階に締結されたものであり，最終契約書の作成まで契約は成立しないと明確に表明していたり，重要事項がなお今後の交渉で決定されなければならないことを両当事者が明確にしている場合には，「未決定条項つき契約」としての確定性が欠け，せいぜい「交渉すべき旨の契約」が認められるにすぎない。さらに，基本契約・最終契約締結義務を認めることは，なお中核的事項（対象営業等の譲渡対価，資産・負債の範囲，承継者）の交渉やのちの基本契約・最終契約の締結を予定している当事者がなお契約締結の自由をもつことと矛盾し，認められない[12]。

(3) 独占交渉義務・誠実協議義務

　まず，有効期間の定めのある独占交渉義務について本判決は，「各当事者は，直接又は間接を問わず，第三者に対し又は第三者との間で本基本合意書の目的と抵触しうる取引等にかかる情報提供・協議を行わないものとする。」と規定する基本合意書12条後段に基づき，「直接又は間接を問わず，第三者に対し又は第三者との間で本件基本合意書の目的と抵触し得る取引等に係る情報提供・協議を行ってはならない」と判示しており，Ｙは秘密保持義務を含む独占交渉義務を負い，その義務違反から生ずるすべての損害が賠償されるべきであるが，義務違反の場合の違約罰や制裁を定めていなかった。

　次に，本判決は，基本合意書8条1項は，協働事業化の目的を定めた1条や誠実協議との見出しがある12条の規定に加え，更に重ねて各当事者が誠実に協議すべきことを規定していること，及び各当事者が基本合意を締結するに当たり，契約条項も複雑多岐にわたる協働事業化の実現のためには，基本合意後に当然に予定されている準備作業や協議を行うに当たり，単なる努力目標ではなく，相互に誠実に協議すべき法的な義務を負う必要があるとの認識をもって，「誠実に協議の上」という文言を含む基本合意書8条1項について合意したというべきであるから，8条1項の規定は，Ｙら及びＸが協働事業化に向けて誠実に協議すべき法的義務を相互に負うことを定めたもので

---

[12] 第2章第1節39—41頁，50頁。

あると判示して「交渉契約」に基づく誠実交渉義務を認める。

そのほか「交渉契約」では、最終契約に達するため最善の努力やあらゆる合理的努力をすることや、交渉スケジュールを守らねばならないことなどが合意されうる。

(4) 交渉破棄の正当事由

「交渉契約」に基づく誠実交渉義務は、最終契約による拘束よりも強くなりえず、誠実交渉義務から解放される正当事由は、事情変更や相手方の重大な義務違反など、最終契約による拘束がある場合でも免責される事情であれば十分である。

すなわち、「交渉契約」により合意された交渉の枠組みとの関連で正当事由は判断されねばならず、交渉中なされた明示的・推断的表示内容や取引慣行なども考慮して推認される交渉の枠組み合意の具体的内容が決定的に重要である。つまり、一方当事者が一定の契約条件を約束したのに、錯誤や後発的事情変更もなしにあとになって一方的にこの点の変更に固執してはならないし、同様に、一方当事者が締結にとって一定の事情が重要でないと合意していたときには、その当事者はあとでその事情を交渉断念の理由としてはならない。また、通常、一方当事者が交渉の枠組み合意に際し、存続又は発生することを計算に入れねばならなかった事情や生ぜしめた事情、その場合の状況から判断して避けねばならなかった事情は誠実交渉義務からの解放を正当化しない。

そして同時に、この事情は、交渉の枠組み合意との関係で交渉破棄を正当と思わせるほど重大でなければならず、一般に、交渉が進展して交渉の枠組み合意が強いほど、正当事由は重大でなければならない。ここでは、締結拒絶の相手方に対する影響、相手方の特別の未経験・保護必要性、および当事者間の配慮関係も考慮されるし、契約責任の枠内で一方当事者の危険領域内にある事情につき、その当事者は事情変更を主張できないように、誠実交渉義務においても、正当事由がどちらの当事者の領域から生じたかも意味がある。そして、独占交渉義務を合意していなければ交渉途中でより有利な取引相手の出現によって締結拒絶してよいかどうかの問題については、交渉の枠

組み合意の強さによることとなり、一般に、契約の重要事項が未決定で相手方の出捐行為を誘発したにとどまる場合には、別の有利な取引相手の出現はなお正当事由となりうるが、重要事項につき合意に達し、相手方に締結を確約して、必ず締結するとの信頼を生ぜしめていた場合には正当事由とならないであろう。

さらに、①LPGスタンド土地売買仮契約事件におけるように、一方当事者が目ざされた契約の目的・基礎を著しく危殆化したり、自己の信頼性と契約での誠実に対する相手方の信頼を自分でゆるがす場合にも、正当事由は認められよう[13]。

ところで独占交渉義務も合意していた本件事案では本判決は、Yらは白紙撤回直前まで一貫して協働事業化の意向を表明していたのに一方的に交渉を破棄し、「さらに、Yらは、……平成16年7月13日当時、客観的状況にかんがみて、本件協働事業化に関する最終契約が成立する可能性がなかったとまでは認められないことは前示のとおりであり、また、本件基本合意において、当事者が相互に独占交渉義務及び誠実協議義務を負うことを合意しておきながら、一方当事者であるYらが、……自らに発生した一方的な事情に基づき」MTグループとの経営統合に走った不誠実があり、独占交渉義務および誠実交渉義務に違反したとする。

(5) 損害賠償の範囲

誠実交渉義務に違反した場合、義務に違反した当事者にも契約締結の自由があるので、相手方の誠実な交渉を信じた信頼利益が賠償されるべきである。本判決も「平成16年7月13日当時、……最終契約を締結する義務はなく、これを締結するか否かの自由を有していた上、本件対象営業等の譲渡対価など、その最終契約の締結に必要な事項すべてについて協議が整っていたわけではなく、更なる協議、交渉の余地を残していた……。そうすると、……Yらが独占交渉義務及び誠実協議義務を履行しXとの間で本件協働事業化に向けて協議、交渉を継続していたとしても、本件協働事業化に関する最終契

---

[13] 第2章第1節31頁以下。

約が成立していたことが客観的に確実又は高度の蓋然性があったとは認められないし，また，YらとXとの間では，その事務局ないし担当者レベルにおいてすら，本件協働事業化に関する最終契約の内容も具体的に確定していなかったのであり，その契約の成立を前提とする履行利益というものを観念することができないから，本件協働事業化に関する最終契約が締結されていればXが得られたであろう利益相当額は，Yらの独占交渉義務違反及び誠実協議義務違反と相当因果関係にある損害ということはできない。」と判示する。

しかし，誠実交渉義務の違反がなければ，最終契約の締結に至っていたであろう場合や別の取引による得べかりし利益を失わなかった場合には，その得べかりし利益に相当する損害についても賠償義務がある[14]。

本判決は，Xはそれ以外の信頼利益などの損害について，何らの主張立証をしていないとしてYらの損害賠償責任を認めなかったが，本件訴訟につき東京高裁が行った和解金25億円との和解勧告を両当事者が受け入れ，和解が成立した。その25億円には誠実交渉を信じた信頼利益のほか，秘密保持義務違反から生じた全損害も含まれよう。

第2節　不動産取引と協定

はじめに

不動産取引はじめ複雑な取引では，その交渉過程において取りあえずすでに合意された条件を記した覚書，協定書を作成し，あとで正式契約書に調印したりする[15]。しかし，事情の変化，心変わりや熟慮検討の結果，一方当事者が正式契約の調印を拒否することがある。そしてその協定が，契約や予備的

---

[14] 「契約締結上の過失」に関する東京地判平18・7・7金判1248号6頁，第2章第1節50—53頁参照。
[15] 国土利用計画法（以下，国土法という）の規定する土地取引の届出制によれば，契約（予約を含む）の締結前に届出をしなければならず，届出をせずに契約を締結した者は処罰される（23，47，48条）。しかし，違反しても契約の私法上の効力には影響がなく，また，予約にも至らない予備的契約は，届出をせずに締結できよう。吉田克己「判批」判タ817号64頁参照。

契約として拘束力を持つ場合と，そのような拘束力を持たない場合とがあり，近時の判決例では，協定の性格，効力をめぐって争われている。

また，近時，アメリカ法においては，「交渉すべき旨の合意（agreement to negotiate）」などの予備的契約に基づく責任が認められ[16]，わが国においても，契約交渉過程での中間的合意に基づく問題処理が提唱されている[17]。

本節では，不動産取引における協定を，その文言と周囲の状況に注意しながら検討し，契約（・予約）の認められる場合，予備的契約が認められる場合，信義則上の責任の存否が問題となる場合があることを明らかにする。

1　契約の成立

契約（・予約）の成立には，契約意思のほか，契約内容の確定性が必要である[18]。

覚書・協定書に，当事者間においてさらに契約書の作成がある旨記載されている場合には，当事者が契約書の作成によって初めて契約を成立させる意思であった場合と，すでに成立している契約の手順・進め方を表明しているにすぎない場合とがある。後者は，当事者が契約書を単なる便宜的な覚書とか，成立した契約の記録と考えているなどの場合であり，すでに契約は成立しており，覚書・協定書の内容のほか，合意前の交渉の経過，慣習，合意後の（一部）履行の過程を考慮して，当事者意思を推測する。

契約の重要事項について合意に達し，覚書を作成し，さらに協定書を作成した場合に，覚書作成時点で売買契約の成立を認めた事件がある。取引の目的，覚書作成の目的は，相続税支払のための相続財産の売却であり，売主である相続人 X は売買契約の早期の締結・履行を希望しており，当事者双方とも覚書作成後，義務を履行しようとしたからである。この ① 相続土地売買覚書事件（東京高判平 6・2・23 判時 1492 号 92 頁）では，遺産分割調停により本件土地を取得しようとする相続人 X と土地購入希望者である Y 建設との間で，

---

[16]　アメリカ法の予備的契約につき，樋口範雄「論文紹介」アメリカ法〔1988—2〕280 頁以下参照。
[17]　鎌田薫「売渡承諾書の交付と売買契約の成否」ジュリ 857 号 117 頁，同「判批」金法 1304 号 24 頁，横山美夏「判批」私法判例リマークス 14 号 48 頁。
[18]　予約での締結意思と確定性について，拙稿「契約締結と予約」法時 67 巻 10 号（以下，拙稿 ① という）65 頁，本書第 5 章第 4 節「予約とその確定性」参照。

平成2年4月に，「㋑ Xは，本件土地がXの所有になったときは，坪当たり55万5000円でYに売り渡し，Yはこれを買い受けるものとする。ただし，国土法による勧告があればその価格に従う。㋺ Y及びXの本覚書による提供期間は，平成2年7月末日までとする」との覚書を取り交わした。同年6月，Xは遺産分割調停成立により本件土地所有権を取得し，7月，Y建設を訪れ，覚書による合意の実行を求めたところ，Y建設は，Xへの本件土地の所有権移転登記後，Y側で国土法に基づく届出をし，不勧告後直ちにXの相続税相当額を売買代金の内金として支払うことを約したので，Xは，所有権移転登記も済ませ，国土法上の届出手続に必要な書類もYに届けた。しかし，Y建設は届出もせず同年11月，銀行からの融資が難しい状況にあるとして，合意の実行を翌年に延期したい旨，申し入れたので，XYの協議の結果，次の協定書を取り交わした。「㋑ 代金は坪当たり55万5000円とする。ただし，国土法による金額内とし，経済状況等の変化のあるときは，協議して金額を変更することができる。㋺ 売買契約締結期限は，平成3年3月末日を目途とする。ただし，経済状況の変化のあるときは，協議して延期する。㋩ この協定に定めのない事項については，その都度協議の上定める。」

しかるに，Y建設は平成3年3月末以降，覚書・協定書の合意の実行延期や代金額の値引きを要請し，ついには解約したい旨表明してきたので，売主Xは前記合意を解除し，売買契約の不履行を理由に本件土地値下がりによる損害の賠償を請求した。

① 判決は，覚書において売買対象，代金，売主と買主の義務が合意されており，その他の附随的事項を当事者は売買の要素としていない[19]し，契約書の作成が予定されているが，契約書作成によって初めて契約を成立させる当事者の意思が認められないとして，売買契約の成立を認めた。しかし，本件覚書の内容は曖昧であるので，実質的には書面外の証拠も検討して当事者の意思を推測したというべきである。すなわち，覚書において必要事項については合意ができていて，その一旦できていた合意を確認し，その他の事項に

---

[19] 契約書への共通の同意方式での契約締結について，拙著『表示責任と契約法理』（日本評論社，1994年）58頁，前掲注18拙稿①64頁，拙稿「判批」私法判例リマークス12号（以下，拙稿②という）61頁参照。

ついて合意して新しい協定書を作成しているし，また，XYとも，相手方の契約意思を信頼して一部履行を行ったりしているので，当事者の契約意思が推測された。覚書の「提供期間」は，その期間内に遺産分割調停が成立することを要する旨を定め，協定書の「売買契約締結期限」は，覚書において合意されていないその他の契約条項について協議の上合意を成立させる期限にすぎないと解されたのである。

ところで，本件は，買主Yは協定書によって3月末日までに覚書に定められていない事項について協議の上合意を成立させる義務を負っていながらその義務を履行しなかったとして，売主Xの売買契約の解除を有効と認め，損害賠償請求を認めた事案であって，所有権移転登記など契約の履行を求めたものではない。履行請求には，損害賠償請求よりも高度の契約の明確性が必要だからである。また，同様の結果は，売買契約を認定せずとも，締結義務を負う予約の解除と損害賠償請求との構成によっても到達できたであろう。

次に，②三田山林売買覚書事件（神戸地判平4・2・28判タ799号194頁）では，Y所有の山林につき，国土法の届出前に，㋑売買代金のほか，㋺国土法の届出をし，不勧告通知を停止条件として売買の効力を生ずることとし，正式の契約書は不勧告通知後に作成する，㋩Xは，不勧告通知後遅滞なく，手付金2000万円，中間金1000万円を支払う，との覚書をXY間で作成し，双方協力して国土法の届出をし，Xの費用で山林の測量をし，不勧告通知後，買主Xは手付金，中間金を支払った場合に，覚書㋺にあるように，知事の不勧告通知を停止条件とする売買契約の成立を認めた。

本契約の成立には，後の形式的な契約書作成が予定されていても，重要事項すべてが定められ，当事者の契約意思が認められればよいといえよう。なお，覚書・協定によって本契約や停止条件付契約でなく，予約完結型予約や債権的予約しか認められないこともある[20]。

---

[20] 車販売店入店ビル売買覚書事件（東京地判平元・12・12金判853号36頁）では，車販売店が賃借人として入店しているY所有のビルにつき，Yは本件覚書調印直前までXに本件ビルの先買権を与える契約の締結を企図しており，やっと多義的解釈の余地のある「YはXに対し本件ビルを本日から2ヶ年以内に売買代金1億5000万円で売渡す。Xはこれを買受ける」との覚書調印に至った場合に，Yの側の確定的に売買契約を締結する意思を認めず，売買予約（予約完結型予約）のみを認めた。予約完結型予約と債権的予約につき，前掲注18拙稿①65頁参照。

2 予備的契約

　予備的契約は契約交渉中の当事者の権利・義務に関する合意である。不動産取引の覚書・協定などにおいて契約書の作成が予定され，正式契約書作成まで本契約を締結しない当事者の意思が認められて，本契約の成立が否定されても，予備的契約の成立が認められることがある。

　たとえば，ノウハウのライセンス契約や技術援助契約，専門的下請契約などの交渉中の協定・覚書には，情報の不開示義務・守秘義務や目的外使用の禁止が定められ，義務づけられる期間も定められる。このような情報の守秘義務の合意部分は拘束的であるほか，損失分担合意や誠実に「交渉すべき旨の合意」の拘束性が問題となる。

(1) 損失負担合意

　契約交渉に関連した諸経費や（一部）履行費用の負担について覚書や協定で定めていることがある。他の便宜的定めと異なり，そのような費用負担合意，損失分担合意には当事者は拘束力を持たせようとすることが多い。

　損失分担合意の存否が争われた，③場外馬券売場建築事業計画事件（東京地判昭 61・7・25 判タ 644 号 137 頁）では，Y は，民間会社の建築した場外馬券売場用ビルを賃借する予定で X 社との間で交渉し，次の事業計画案が合意された。「㋑ X は本件土地を取得して場外発売所用ビルを建築する。㋺ Y は建設協力金として計 24 億円を X に貸し付けるほか，その他の資金調達に協力する。」。この計画案に基づき，Y は X に計 10 億円の建設協力金を融資したが，地元住民の同意が得られず，計画は挫折し，X は 10 億円を返還した。X は，損失分担合意等に基づき，土地売買差損，金利保証料，設計料，諸経費等の賠償を請求した。③判決は，ビル建設事業が失敗した場合の損失を XY が 2 分の 1 ずつ負担する旨の合意の成否につき，Y 担当者の「リスクは XY 間で 5 分 5 分である」との発言もあったが，Y もビル建築前に無利息の建設協力金を融資することで危険を分担していく趣旨でなされたものであり，事業計画案にもその前の X 作成の第一案，第二案にも Y よりの無利息融資の記載しかなく，事業失敗の場合の損失分担の記載はないとして，損失分担合意を

否定した。しかし，損失分担の記載などあれば，損失分担合意は認められた。

次に，④国土法違反違約金無効事件（東京地判平4・12・16判夕832号137頁）は，交渉中の合意書の効力及び違約金条項，つまり，損失分担合意を認めながら，国土法の趣旨を考慮して，その違約金条項を公序良俗違反で無効とした[21]。

(2) 交渉すべき旨の合意

「交渉すべき旨の合意（agreement to negotiate）」は，誠実に交渉するとの合意・約束であって，当事者は，正当理由なく交渉を拒絶しない，挫折させない義務を負うこととなる[22]。一旦合意のできた事項を予備的契約において確認しているのに，決定事項の変更を求め，条件変更に固執することも不誠実である。他の第三者との交渉を期間を限定して禁止することもある。

誠実交渉義務を約してそれを信頼した相手方に財産的処分をさせる者は，不誠実な交渉拒否・締結拒否によって相手方に生じる信頼利益を原則として

---

[21] ④事件では，XY間で，「㋐Xを売主，Yを買主として，本件土地を予定総額2億6840万6840円で売買する。㋑取引日は不勧告通知書日付から計算して10月中旬とする。㋒決済方法は契約時に代金の20パーセント，残金は平成3年1月20日ころとする㋓合意書は如何なる理由があっても履行するものとし，万一X又はYが違約した場合には，売買額の20パーセントの違約金を相手方に支払うものとする」との合意書が作成され，Yが契約の締結を拒むので，Xは合意書に基づき違約金を請求した。判決は，本件合意は将来売買契約を締結する合意であり，「少なくとも売買契約の内容について確定できる合意であると認められ，更に，合意どおりに履行しない場合の違約金の合意をしていることを併せ考えると，これを予約と解するか否かは別として，売買に向けて当事者間において法律的な拘束力を認める趣旨で行われた合意であるとの解釈が可能であり，Xは右合意書に記載された合意に基づく違約金を請求している」として，予備的契約や違約金条項を認める。しかし，「一般に国土法に違反する売買契約等の合意が右法規違反のみを理由として当然に公序良俗に反し無効となるものではないが，その違法の程度が著しくその合意条項を有効として国家がこれに助力することが著しく正義に反すると認められる場合には，民法90条に照らし，無効となる」と述べ，本件では，国土法の罰則規定に正面から抵触することをXY双方が計画的に実行したもので売買価格が届出金額を32.5％も上回る大幅な虚偽の届出をして国土法の制限を脱法して利益を上げようとし極めて悪質であり，さらに違約罰でその履行を強制する合意を届出前に行い違法の程度は著しく，また再犯のおそれも高いので，「その違法行為の実行を拒んだ者に対する違約金の請求を相当として是認することは，ただ単に国土法に定める届出をしないで実行された売買を後日有効として認める場合と異なり，違法行為を間接的に強制するものであって，国土法の立法趣旨を損なうのみならず，著しく正義に反する結果を招来する」として，違約金支払いの合意を公序良俗に反し無効と判示した。

[22] Farnsworth, Precontractual Liability and Preliminary Agreements, 87 Colum. L. Rev. 265-269 は，交渉すべき旨の合意（agreement to negotiate）といい，Knapp, Enforcing the Contract to Bargain, 44 New York Uni. L. Rev. 690-698 は，協議すべき旨の契約（contract to bargain）という。また，Kötz, Europäisches Vertragsrecht I（1996），S. 52 もこのような予備的契約を認める。

賠償すべきである[23]。この信頼利益は得べかりし利益を含みうる。

⑤ 結婚式場用地売買協定破棄事件（京都地判昭61・2・20金判742号25頁）では，X所有地につきYの結婚式場の建設のための土地売買契約の締結を目的とした次の売買協定を締結した。「本件土地売買を円滑に完了することを目的とし，XY間において本協定を締結する。㋑売買価格は坪当り38万円とする。ただし，国土法の許可を条件とし，価格につき勧告あるときは別途協議する。㋺Yは市に事前協議書を提出し，建築可能の見通しを条件とする。㋩造成工事はXの負担において完成する。㊁Yが買受意思を表わすため6000万円を証拠金として預金し，売買契約締結時に手附金に充当する。ただし，本契約締結に至らないときは，Xは何ら拘束することができない。㋭本協定書に定めた各条項を満たすため，XYは互いに協力することを約し，円滑に売買契約を締結し所有権移転が完了するまで誠意をもって努力することを誓約する。」。

⑤ 判決[24]は，本件協定は，売買契約を締結するまでの準備段階においてなされた合意であり，契約締結を終局目的とするから，結婚式場を建築できるための諸条件を成就させるよう努力し，土地の売買契約を締結できるよう互いに誠実に交渉をなすべき義務を負うことを合意したとして，誠実に交渉をなすべき旨の予備的契約を認めた。そして，Yは何らの事前協議もせず緑化計画についての市の行政指導を遵守することを一方的に不可能と判断して協定を破棄し，これは，正当理由なく同協定を破棄したものであり，Yは債務不履行責任を負う，と判示された。

本件では，重要事項が決定され，書面の前文と最後に明記されているように，本協定書の趣旨は，円滑に売買契約を締結し所有権移転が完了するまで誠意をもって努力・協力することをXYが誓約したことにあり，Yは土地の買受意思を表わすため6000万円を証拠金として預金したことから，誠実に

---

[23] 契約準備段階での信義則上の責任には説明義務違反類型と信頼破棄類型があるが，後者の場合における類似の賠償範囲について，第2章第1節「契約締結に至らなかった場合」50頁参照。

[24] Xはまた，本件協定は売買予約であると主張したが，⑤判決は，手附金が交付されていないこと，XYは，国土法23条に規定する手続を進めるまでは，売買契約，違約金，損害金の定めをすることは，同法に違反すると考えていたことなどから，本件協定は売買予約とは認められない，と判示した。

「交渉すべき旨の合意」と認められ，Y は条件成就のため合理的努力をし契約締結に向けて誠実に努力・協力する義務を負うこととなった。

次に，契約書のように詳しい売買協定について，誠実交渉義務を認めた事件がある。⑥熱海リゾートマンション売買協定事件（東京地判平6・1・24判時1517号66頁）では，不動産会社である XY 間で，平成2年3月末，土地付区分建物売買協定を締結していた[25]。

⑥判決は，国土法上の勧告等があるかもしれず，本件協定は売買契約締結のための交渉を予定しているとして，協定は売買の予約であるという売却希望者 X の主張を退けた。しかし，本件協定は，建築確認や国土法の不勧告通知後に契約を締結することを目的として，契約締結の準備段階においてなされた合意であって，当事者は契約成立に向けて誠実に努力，交渉すべき義務を負うと判示した。そして，大手マンション販売業者である購入希望者 Y は，本件協定を締結するに当たって景気の動向等諸般の事情を総合的に検討したはずであるから，協定締結後わずか1年でマンション市況の悪化を理由に契約締結を拒否するのは正当な理由とは認め難い，と判示した。

本件の土地付区分建物売買協定では，売買対象，代金額のほか，代金支払方法・時期などの重要事項がすべて記載され，協定の解除事由，裁判管轄まで定められていて，「工事着工後2週間以内に売買契約を締結する」との文言があり，記載内容は詳細かつ綿密であり，X が協定に従い平成2年8月15日までに建築確認を得るため近隣の同意を得ようとしたが難航し，前記建築確認取得日経過後も，Y は建築確認について催促したことから，黙示的な誠実交渉義務が認められたと思われる[26]。

⑤⑥事件では Y の努力義務違反や一方的協定破棄が問題とされたが，交

---

[25] ⑥熱海リゾートマンション売買協定事件では，XY 間で，次の土地付区分建物売買協定を締結した。「㋑ X は，本件土地上にマンションを建築したうえで Y に売り渡し，Y は土地付区分建物として第三者に分譲することを目的として買い受ける。㋺ X と Y は，建築確認通知書が下付され，X が工事着工後2週間以内（ただし，国土法による不勧告通知後）に本件協定に基づき売買契約を締結する。㋩建築確認申請は X の負担で行い，その取得は平成2年8月15日までとする。㋥本件土地建物の売買代金は，15億3846万円とし，Y は，合意通り，契約締結時，建物着工確認時，上棟確認時，建物引渡時に支払う。㋭ X は契約締結時に土地所有権を移転する。㋬ X は残代金受領時に Y に建物所有権を移転する。㋣ X 又は Y が整理，和議，自己破産，会社更生の各申立，税滞納処分を受けたときは，相手方は協定を無催告解除できる。㋠協定に関する紛争につき，東京地裁を第一審裁判所とする。」。

渉途中でのより有利な取引相手の出現によって締結拒絶してよいであろうか。協定において第三者との一定期間の交渉を禁止していない場合であっても，重要事項につき合意に達し，相手方に締結を確約して，必ず締結するとの信頼を生ぜしめていたときには，第三者との交渉を知らせず，突然一方的に交渉をやめるのは，交渉破棄の正当理由とならない。少なくとも，第三者からの提案を相手方に知らせ，相手方に考慮する機会を与えるべきである[27]。

そして，ただの「合意するとの合意」は拘束力を持たないように，予備的契約においても当事者の拘束意思のほかに，合理的拘束内容が問題となるべきであり，協定において締結される契約の重要事項が確認され，交渉余地も小さくなって，課される誠実交渉義務も合理的範囲内となるといったことが必要であろう。

3　信義則上の責任

交渉段階で作成された覚書や協定は，通常，特定の交渉段階を確認・記録するだけであって，信義則上の責任の問題しか生じさせない[28]。つまり，そこでは，自己の言動により契約締結は確実であるとの信頼を相手方に生ぜしめ

---

[26] LPGスタンド土地売買仮契約事件（東京地判昭57・2・17判タ477号115頁）では，売買代金および目的物につき合意に達し，当事者間で不動産売買仮契約書が調印され，その前文には「基本事項について仮契約を締結し，正式契約を円滑且つ支障なく締結するための証として当仮契約書各1通を保有するもの」とされ，その第2条には，「更に具体的細部事項を定めて正式契約を締結するもの」と明確に規定されていた場合に，「本件仮契約は，正式な売買契約を締結することを目的とするものであるから，その性質上，XとYとは，互いに，売買契約が締結できるように努力すべくその売買契約に盛り込むべき具体的細部事項について誠実に交渉をなすべき義務を負うに至ったものというべき」として，仮契約の趣旨から初めて黙示的な誠実交渉義務が認められた。

[27] 第2章第1節「契約締結に至らなかった場合」48頁，樋口・前掲注16論文285頁参照。

[28] 交渉当事者は，契約交渉中も予約や予備的契約を締結することができるが，交渉中には，本契約の締結に一生懸命で予約や予備的契約をすることまで期待できないので，自己決定の補完として信義則上の責任が必要であることにつき，前掲注18拙稿①68頁，第2章第1節2(3)「予備的契約との関係」参照。

また，いわゆる「契約締結上の過失」の法的性質が近時，争われている。広義の法欠缺補充の問題であるが，相殺の問題や，履行補助者法理の類推，未成年者が法定代理人の同意をえず，契約締結を確約していながら交渉破棄したとき，未成年者は，責任能力があっても，行為能力がなければ責任を負わなくともよいことなども考慮すれば，特殊責任であろう。なお，民法が詐欺についてのみ取消を認めるにもかかわらず，説明義務違反により損害賠償や契約解消を認めることは，評価矛盾にならないか，近時議論されているが，ドイツにおいては，判例のみならず，学説においても，損害賠償はもちろん，例外的であれ説明義務違反に基づく契約解消を認めることも評価矛盾とならないとの説が通説化しつつある。

ていながら、正当理由なく締結を拒否してはならないのであり、このような信頼を相手方に生ぜしめる行為態様の一つとして、覚書・協定や、口頭での基本合意があるにすぎない。しかし、書面での覚書・協定の調印がある場合には、なにゆえに契約・予約の成立も予備的契約も認められないのかを特に検討する必要がある。したがって、以下では、協定・覚書のある場合とない場合とに一応分けて検討する。

(1) 協定のない場合

近時の判決例をみると、口頭での基本合意には達し、契約締結は確実であるとの信頼が生ぜしめられたり（⑦⑧事件）、計画の遂行に必要な具体的措置・処分を承認し誘発した（⑨事件）場合に信義則上の責任を認めるが、慎重に双方が交渉を進め、基本合意にも至らなかった場合（⑩事件）には、信義則上の責任も認めていない。

まず⑦ 溶接工場新築請負契約締結拒否事件（東京地判平6・4・26判時1522号91頁）では、Xの勧める事務所用システム建築製品を用いて、Y_1金属がY_2建設に前記資材による工場建築を注文し、XがY_2の下請として建築に当たることが合意され、その合意に従って建築申請がなされるなど準備が進められたが、市役所から申請建物の床の積載荷重が不足すること、防火構造の点で問題があると指摘され、Y_1Y_2が事故発生による信用毀損を慮り、締結を拒否した場合に、⑦判決は、前記合意時では「最終的な建築請負契約締結にはなお将来不確定な要因が介在していることが窺われ、本件当事者間には右契約締結の実現のために尽力すべき協力関係ないし協力義務が生じていた」[29]が、予約は認められない、と判示した。Xは前記合意により請負契約の締結が確約されたと信頼してよかったからである。

また⑧ 診療所建物賃借事件（東京地判平6・6・28判時1535号101頁）では、平成4年6月、大学病院の勤務医Xは、独立して診療所を開設するため、（なお医師AをYが雇用している）診療所であったY所有建物の賃借交渉を行った。

---

[29] しかし、⑦判決は、Y_1Y_2には締結拒否の正当事由があったとした。本件では、合意後、溶接工場として使用するという契約目的への資材の不適合、つまり、Xの請負契約義務の不完全履行・積極的債権侵害ともなる事情が判明したのであり、正当事由として認めてよい。詳しくは前掲注19拙稿②「本件判批」63頁参照。

Yは，A医師の退職については格別の障害はないと述べ，同年6月下旬，賃料額，共益費，保証金3500万円で償却率年3パーセントとの条件が提示され，同年7月末，Yの指示に従い，X医師は申込証拠金として保証金の1割を支払い，大学病院を退職した。同年8月4日，XY間で，保証金の償却率を5パーセントとする代わりに保証金を3000万円に引き下げる合意がされ，賃貸借契約調印日が同年8月15日と設定されたため，X医師は開業するまで勤務する予定の病院への就職を断り，融資先に提出するための医院開業計画の作成および本件建物においてXが表示として使用する予定のロゴマークの作成を第三者に委託した。ところが，YはA医師の雇用終了が難航し，契約調印日を2度延期し，Yはその間の8月21日に初めてA医師の退去につき合意が成立していない旨を明らかにした。

⑧判決は，契約締結の準備段階において，Yは本件建物賃貸の前提であるA医師の退去につき合意が成立しておらず，建物をX医師に引き渡せない可能性があるにもかかわらず，これを平成4年8月21日までX医師に明らかにせず，再三契約締結を一方的に延期し，9月19日まで契約について曖昧な態度を取り続けたのであるから，いわゆる契約締結上の過失があり，X医師が将来契約が締結されると信じて行動したことによって被った損害（平成4年8・9月分の勤務医収入，医院開業計画費，ロゴマーク作成費）を賠償すべきである（Xの過失相殺4割）と判示した。

本件は，XY間で契約条件の口頭での合意がなされ，契約調印日も設定され，協定書が作成されてもおかしくない事案である。しかし，契約調印日が設定されただけでは，誠実に交渉すべき旨の予備的契約は認められない。

さらに⑨義父子間マンション建築計画挫折事件（東京地判平6・12・16金商判1006号32頁）では，父親Xとその長女の夫との間で，X所有地に賃貸マンションを建築し，長女夫婦の世話を受ける計画がたてられ，少なくともマンションを建築することおよびその資金調達方法については合意に達し，長女の夫が前記合意に基づき銀行から借入をし，建築請負契約を締結し，Xもこれを了解していたにもかかわらず，建築したマンションの所有権の帰属，建築資金の返済方法について合意に至らず，Xが一方的に前記合意を破棄し，マンション建築計画は頓挫した。⑨判決は，Xは正当な事由なく一方的に前記合

意を破棄したとして，長女の夫が前記合意を信じて実行するためにとった第三者との契約の解消により被った損害を賠償する債務不履行責任があると判示し，保証人Ｘの事前求償に対し相殺の抗弁を認めた。

⑨判決は，当初の計画合意の不当破棄を理由とするようであるが，計画遂行のための資金借入行為や請負契約締結を了解し誘発していながら，計画全体を頓挫させたケースとみるべきである[30]。

これに対し，次の⑩事件におけるように，取引が重要で複雑で，正式契約書調印によってのみ拘束されることを明示していた場合には，信義則上の義務も発生しない。

この⑩新築オフィスビル賃料保証拒否事件（東京地判平7・9・7判タ906号254頁）では，ＸとＹホームとは，オフィスビルを新築の上，Ｙグループが一括借受して第三者に転貸し，Ｙは一定の賃料を保証するとの事業受託契約締結の交渉をしていたが，調印前にＹが賃料保証できなくなったと通告し，ビル新築計画は頓挫した事件で，⑩判決は，ＸとＹは，約1年余りにわたり交渉を続けながら，結局，基本合意書・確認書の調印に至らなかったのは，Ｙは専門業者として，Ｘは弁護士のアドバイスを受けながら，互いに一方的に拘束されることを嫌い，細部まで確定せず最終的な契約締結に至るまでフリーハンドの権利を留保しておこうとする意図があったことが窺え，Ｙは保証賃料額悪化の状況をそのつどＸに伝えているとして，契約準備段階におけるＹの信義則上の義務違反はないと判示した。

(2) 協定のある場合

協定があっても，なお重要な未決定事項が存在することが確認され，後の

---

[30] 同種の事件である下着注文生産事件（東京地判平6・8・29判タ880号234頁）では，Ｙは，肌着の卸売業者であるＸとの間で，女性用特大サイズの下着をＸの取引先メーカーに注文生産させて，Ｙに売却する契約締結の交渉に入り，試作を繰り返したが，完全な型見本の製作の一歩手前で代金の支払い方法について合意に至らず，Ｙは作業の打ち切りを申し出，Ｘが特注材料代および逸失利益の賠償を求めた。判決は，代金支払方法が争点となった時点ですでにＸＹが入っていた「契約関係」の解消をＹが一方的に求めたとして，売却価格の1割をＸの逸失利益として賠償を認め，特注材料代の賠償も認めた。しかし，本件は，型見本作成契約を含む契約準備段階の事件であり，売買契約の準備段階における責任と型見本作成契約の附随義務の問題が併存している事件であり，Ｘの労力という損害の立証軽減の観点から履行利益を損害算定の基準とした，というべきであろう。

契約締結を予定し，なお将来，検討の上，本契約を締結するとの趣旨であれば，誠実に交渉すべき旨の契約も認められない。しかし，覚書や協定が相手方の契約締結への信頼を強め，信義則上の責任を負うことがある[31]。

　まず⑪東京ワンルームマンション売買協定事件（東京地判平5・1・26判時1478号142頁）では，Xは，X所有地にワンルームマンションを建てて土地とともに売却することを計画し，平成2年5月からのY建設との交渉の結果，同年8月2日，Xは建築事務所と業務委託契約を結び，8月7日，建物の仕上表，平面図，立面図などを添付して次の協定書がXY間で作成された。「㋑売買代金は専有坪単価405万円とする。㋺建築確認申請時にYがXに申込金として2000万円を支払う。㋩建築確認下付後，速やかに国土法に基づく届出手続を行う。㊁XYは，不勧告通知後10日以内に本契約を締結できるよう努めることとする。㋭土地代は不勧告下付後一括決済とし，建物代は出来高払いとし，詳細については別途協議する。㋬本件協定に定めなき事項については，互いに信義に従い誠実に協議し，解決するものとする。」。

　Xは同年11月建築確認通知書を受けたが，Yは売買契約の締結を拒否した。

　⑪判決は，協定成立の経緯および協定内容を考慮すれば，本件協定は，国土法所定の届出後，不勧告通知が出ることを前提として，改めて売買契約を締結するよう努めることを合意したものであるとして，売買契約の成立を否定した。しかし，⑪判決は，本件協定では，国土法の手続が未了のため不確定要素は残っているが，売買価格，支払方法は合意に達し，協定成立後直ちにXが建築確認申請手続を行うことが定められていたので，Xが建築事務所に依頼して建築確認申請をした後の段階で，Yがワンルームマンションの市況悪化を理由に契約締結を拒否したことは，信義則上の注意義務に違反するとして，Xが建築事務所に支払った設計監理料の賠償を過失相殺せずに認めた。

---

[31] すでにスポーツ店舗併設拒否事件（大阪高判平元・6・29判時1329号155頁）において，スポーツ店Xに対し，開業準備を始めたY大型店は，その店舗開発部長名で，「Y店舗に併設して，Xスポーツ店舗を設置し，両者共存共栄の精神をもとに，共同で営業を行なうことを約束した」と記載した承諾書を交付していた場合に，Xが契約成立と店舗開設を信じ，開店準備を進めるのは当然であるとして，信義則上の責任を認めていた。

⑪判決が，信義則上の責任だけを認めた実質的理由は，協定前の交渉の煮詰まってきた段階ですでにXは建築事務所と本件マンション建設に関し業務委託契約を結んでいたこと，協定㊁にみられるように，XYの負う義務は，不勧告通知後10日以内に本契約を「締結できるよう努めることとする」だけの曖昧な内容であったこと，YはXに申込金2000万円を支払うべき以前に，協定解消を通告したこと，協定㊅にあるように，建物代支払方法の詳細は，今後協議して決定すると記載され，当事者にまだ契約意思がないとみられることなどであると考えられる。

次に⑫久留米分譲マンション用地売買協定事件（福岡高判平7・6・29判タ891号135頁）では，Xが本件土地を取得して宅地にしてY建設に引き渡すとの契約の締結のため交渉したが，Y本社の稟議決裁がおりず，Yは土地購入を断念した事件で，⑫判決は，売買契約の締結に向けてYの方が主導的に手続を進めていた場合に，Y発行の買付証明書には，Y本社の稟議決裁を条件とする旨が記載されていても，同時にY担当者は契約締結に向けて精一杯努力することを約束し，その後，前記条件が1度も確認されず，Xは本件土地を坪当たり50万円で売り渡し，Yは買い受ける旨の協定書（案）をYは作成し，Xに送付し，Xの署名押印したものを受領するに際し，契約調印と代金決済の日を確認し，Yは契約書案も送付していたのであるから，Yには誠実に契約の成立に努めるべき信義則上の注意義務がある，と判示した。もしYがY本社の稟議決裁を条件としたいならば，その旨，明確に明示すべきであったと考えられる。

また⑬分譲マンション売買基本協定事件（東京地判平8・3・18判時1582号60頁）では，三井不動産建設の子会社であるXとY不動産とは，Yが買付証明書を，Xが売渡証明書を交付したのち，X所有地上にYの要望に従ったマンションを，Xが設計，建築し，土地とともにYに売却するため，平成2年9月，基本協定を締結した[32]。

---

[32] 本件基本協定の内容は，「㋑Xは本件土地，マンションを26億8000万円で売り渡し，Yは買い受ける。㋺売買契約は，建築確認が下付され，国土法上の不勧告通知受理後，速やかに売買契約を締結する。㋩Xが市の指導基準に定める標識を設置した後は，Yは近隣説明に影響する設計変更は行わないものとする。㊁Yが設計変更して建築費が著しく高騰したときは，協議の上売買代金を修正する。」となっていた。

売却希望者Xは本件基本協定に従い，同年9月末には近隣住民に対して建築計画等を知らせる標識を設置し，近隣住民に対する説明，同年末には開発行為の許可申請をし，また，Yの要望に従った設計作業を行い，特に平成3年1月には1度設計作業がほぼ完了したにもかかわらず，Yの意向に沿うよう大幅に設計作業をやり直し，これを完成させ，同年4月下旬には前記設計変更後の図面に基づき建築確認申請がされること，それ以上設計変更はないことが当事者間で確約されていた。しかし，Yは，平成3年5月，平成2年10月よりの不動産業界の不況を理由に，代金減額，大幅な設計変更を要請し，それが受け入れられないと，基本協定の破棄を通告した。

　⑬判決は，本件基本協定は，国土法の手続終了後に売買契約を締結することを目的として，その準備段階においてなされた合意であり，XY双方は，売買契約締結に向けて誠実に努力する義務を負っており，Xは基本協定で定められた義務をほぼ履行し終わり，実施設計がほぼ完了し，建築確認申請をまさにXがしようとする平成3年5月の段階で，建物の階数を減らすなどの設計変更や代金減額をYが要請したことは，正当理由といえず，Yが基本協定を破棄したことは，契約準備段階における信義則上の義務に違反すると述べ，Xが外部発注した設計報酬相当額，構造計算費用，開発申請印紙代，電波障害事前調査費の賠償を，過失相殺せずに認めた。

　⑬判決が信義則上の義務のみを認めた実質的理由としては，基本協定時には国土法の手続が未了のため，一応決定されている売買価格はじめ，支払方法，建物設計など，多くの不確定要素が残っていたこと，したがって協定書ではなく「土地建物売買に関する基本協定」が締結されたこと，売買契約は，建築確認が下付され，不勧告通知受理後，「速やかに締結する」と曖昧に定められていたこと，XYが今後協議して売買代金を増額修正することもあることなどがあげられる[33]。

小　括

　以上のように，覚書や協定には，当事者を拘束しようとするものと，ただ

---

[33] 未決定事項が残っていても，当事者の拘束意思が認定できる場合には，予備的契約が認められよう。

その後の正式契約の完了を企図するにすぎないものとがある。アメリカ法においては，わが国におけるように契約準備段階における信義則上の責任が認められていないので，予備的契約に基づく責任の拡張がみられるが，わが国においては，信義則上の責任が認められているので，予備的契約を締結しようとする当事者意思が協定の文言や周囲の状況から認められる場合に予備的契約を認めればよいと考える。

　協定に署名しなかったり，「合意する」といわず，契約とみられないような文言を使用したり，契約意思が否定されるような取引慣行があったり，取引が重要で複雑で，正式契約書調印によってのみ拘束されることを覚書・協定に明示していたりすれば，予備的契約と認められないであろう。

　さらに，「本協定は契約ではない」「本協定によっていかなる法的義務も生じない」とか，「確定的で最終的な契約によって初めて拘束される」などと定めて，曖昧さなく明確に契約意思を否定するときには，拘束力のない協定書となろう[34]。

　また，「当事者は最終合意成立前には自己のリスクとコストで履行を始める」とか「交渉費用はそれぞれ各当事者が負担する」と定めることによって損失分担や費用負担を否定することができる。

　逆に，ある期間の排他的な交渉を義務づけ，損害賠償の予定をしたり，費用負担を義務づけたり，情報を開示しないことを義務づけたいのであれば，契約的合意部分を別の書面にして拘束力のあることを明記するか，同じ書面内でも，その合意部分については拘束力のあることを明記して，契約的合意部分を明確にし，その他の部分の拘束力を否定すべきである。

　また，誠実に「交渉すべき旨の合意」においては，交渉を予備的契約に定められたように進めるよう，当事者は求めることができる。そのような合意についての当事者の拘束意思を明示するため，「当事者は本契約の締結完了まで最善の努力をしなければならない」と明示的に定め，申込証拠金を受領したり，違約罰を定めたりすべきである。

---

[34] 当事者の交渉力に差がある場合には，「契約でない」と定める条項の効力が制限されることがある。

第2章　契約準備段階における信義則上の責任

第1節　契約締結に至らなかった場合

はじめに

　契約交渉あるいは契約準備的接触に当事者が事実上はいることによって，意思ではなく信義則を根拠として，調査・解明・告知・説明・保護義務が発生する。この信義則上の責任は，契約の成立にかかわりなく，当事者間の契約的接触に基づく責任であるので，契約の無効・不成立の場合，有効な契約が成立した場合だけでなく，契約締結に至らず準備段階にとどまった場合においても成立しうる，とされる[1]。

　私は，すでに，純粋の財産的損害についての信義則上の責任は，契約的接触にはいった当事者間において，絶え間ない不信によって妨げられない取引秩序を維持するため，交渉相手方に対する，誠実な当事者であれば通常ある行

---

[1] 北川善太郎『契約責任の研究』（有斐閣，1963年）356頁以下，同「契約締結上の過失」『契約法大系Ⅰ』（有斐閣，1962年）232頁以下，同「債務不履行」『注釈民法(10)』(1987年) 325—424頁，同『債権各論』(有斐閣，1993年) 24頁，松坂佐一『債権者取消権の研究』(有斐閣，1962年) 201頁以下，片山金章「契約締結上の過失について」綜合法学2巻1号 (1959) 9頁以下，上田徹一郎「契約締結上の過失」『注釈民法(13)』(有斐閣，1966年) 59頁，奥田昌道「契約法と不法行為法の接点」於保還暦記念(中) (有斐閣，1974年) 257頁以下，鈴木禄弥『債権法講義』（創文社，1980年）198頁以下，森泉章「『契約締結上の過失』に関する一考察」民事研修290号 (1981) 3頁以下，同『契約法総論』(日本評論社，1991年) 36頁，松本恒雄「判批」判評317号26頁，本田純一「契約準備段階における信義則上の注意義務違反と損害賠償責任」別冊法教・民法の基本判例 (1986) 139頁，下森定「契約締結上の過失理論の新展開」法セ1984年12月号83頁，今西康人「契約準備段階における責任」石田＝西原＝高木還暦記念論集(上)（日本評論社，1990）173頁以下，内田貴『契約の再生』（1990年）32頁，宮本健蔵『安全配慮義務と契約責任の拡張』（信山社，1993年）57頁以下，拙著『表示責任と契約法理』（日本評論社，1994年）205頁以下，石田喜久夫「契約と意思」京都学園法学95年1号19頁参照。この「契約締結上の過失」責任は，履行補助者法理などが類推適用される特殊な責任とされる。近時のその他の学説につき，拙稿「工場建築請負予約の不成立と契約準備段階での信義則上の責任」私法判例リマークス12号(1996)参照。なお，私見は契約準備段階での責任につき，少なくとも不法行為規定の（類推）適用を認めるものである。

動をとるであろうとの一般的誠実性期待を保護し，この一般的誠実性期待の保護は，私的自治的形成を可能とする補完物となっていることを指摘した[2]。

この信義則上の責任では，契約が無効・不成立の場合には，一方当事者は，締結されたと考える契約の効力を信頼して，履行準備等の損害を被る。方式違背による契約無効や無意識的不合致による契約不成立の場合に信義則上の責任が問題となりうるほか，公序良俗に反し契約は無効だが，一方当事者のみが公序良俗違反の非難をされる場合に，他方当事者の信頼を保護し，一方当事者の信義則上の責任を認める余地がある[3]。

有効な契約が成立している場合の信義則上の責任では，交渉中の一方当事者の虚偽の説明または説明の懈怠により，相手方の意思自由が影響され，不利な内容の契約に拘束される[4]。効果として，信頼利益の賠償だけでなく，契約の解消が認められよう。この場合，① 情報支配可能性の偏在等に基づき相手方に説明が必要なこと，または，相手方の説明必要性を認めうること，② 情報を知っている等に基づく説明提供の可能性，③ 説明義務者の社会的役割というメルクマールにより説明義務があるか否かが判断される。そこでは，重要事項の不開示が問題とされるだけでなく，虚偽の説明がある場合，さらに一方当事者が特別の専門知識を有する場合，目ざされた法律関係が継続的契約関係であるなど広範囲にわたる場合に説明義務が認められやすい。また，説明義務は，劣弱な当事者の一般的給付期待を保護するためにも活用される[5]。

契約が締結に至らなかった場合には，契約締結自由の原則から，契約交渉中，仮に相手方が契約締結を信頼して費用を支出したことを知っていても，原則として交渉当事者は自由に交渉を中断できる。しかし，相手方に，契約は確実に成立するという信頼を生ぜしめ，そのあとで，契約交渉を正当理由なく打ち切る場合などには，交渉を打ち切った交渉当事者は，信義則上の責任を負う[6]，とされる。

---

[2] 前掲注1拙著233頁。
[3] 前掲注1拙著236頁以下。また，北川・前掲注1『契約責任の研究』194頁以下参照。
[4] 前掲注1拙著240頁以下。また，北川・前掲注1『研究』194頁以下参照。
[5] 前掲注1拙著208頁以下。
[6] 前掲注1拙著244頁以下。また，本田・前掲注1 140頁以下参照。

最後の契約締結に至らない場合の信義則上の責任においては，契約締結自由の原則と信頼保護との関係が問題となる。そこで本節では，自己決定原理に基づく契約・予約・予備的契約を検討したのち，契約交渉過程においても自己決定原理を補完する信頼保護が必要であること，義務違反とその賠償範囲，入札と信義則上の責任について検討する。

1　契約・予約・予備的契約

(1)　契約の「締結」と「成立」

　契約の「締結」は，規律としての契約の設定を目的とする行為である。当事者によって作り出された規律が法秩序によって承認されず，契約は無効となることがあり，また，契約補充できない契約の客観的要素の不合致のため，契約の不成立となることがある。当事者が契約締結という行為をして初めて，つまり，契約の締結を目ざす意思表示をして初めて意思表示の一致があるかどうかが問題となるのであって，契約前の表明は，合致の検査の補助手段にすぎない。成立した契約についてのみ有効性が検査されうるように，締結された契約についてのみ意思表示が解釈され，不合致があるかどうかが検査される。契約の「締結」に対し，契約の「成立」は包括的概念であり，契約の「成立」は，契約の「締結」を前提とし，さらに不合致のないことなどを要する。

　まず，契約「締結」の段階において，承諾者だけに契約締結を生ぜしめる形成的地位がある申込・承諾方式での契約締結のほか，確定的な契約の締結は，公正証書による契約書の作成をもってする場合や，最後の争点について合意できるやいなや合意されたことが妥当すると当事者間で了解されている場合などには，契約書への共通の同意方式での契約締結がある。この共通の同意方式での契約締結とは，まず規律の内容について了解だけされ，内容の了解にもかかわらず規律の妥当には両当事者の協力，つまり，規律を妥当させる意思表示が必要な場合である。

　その本来的な申込・承諾方式では，申込者が契約の内容を確定し，承諾者は契約の締結について決定するのに対し，契約書への共通の同意方式での契約締結では，当事者双方が前もって了解しあっていた合意内容が共通に妥当させられるのであって，承諾者のみが有する形成的地位の行使によって契約

が締結されるのではない。

　そして，契約書への共通の同意方式では，契約において合意されるべき規律プログラムについての各当事者の表明が一方的に締結障害を設定する意味を有するかどうか，それはどの程度か，当事者は交渉中そのような意味に固執したかどうか確定されねばならず，消極的契約自由から，当事者の一方が重要と表明した，契約上規律されるべきプログラムの一部についてなお合意していない場合には，疑わしいとき，なお，その契約は締結されていない。これに対し，規律されていない点についての定めがなくても契約は締結されただろうと認められる場合には，見落とされた不完全な規律は，例外的に契約締結を妨げない。

　たとえば，共通の同意方式において，買主は，買主の書式を用いることや，価格調整条項・品質保証条項などの付随的事項についても重要性告知をしているとして，売買契約の締結を否定する判決として，東京地判昭61・5・30（判時1234号100頁）がある。すなわち，売主と買主は建造中の船舶の売買交渉をテレックスで行い，代金額，引渡時期，代金決済方法については合意に達していた事案において，買主にとっては，「一定の書式を用い，価格調整条項等の条項について合意に達したうえで契約書に調印することが重要であって，これを売買契約成立の要件とする意思があったものと解するのが相当である」として，売買契約締結を否定する。これに対し，東京地判昭62・11・13判時1284号102頁，仙台地判昭62・6・30判タ651号128頁，東京高判平6・2・23判時1492号92頁は，当事者が重要性告知をして締結障害を設定していないとして契約の締結を認める。

　次に，契約の「成立」段階では，双方の意思表示が合致しているかどうかが検査される。双方の意思表示の解釈がこの狭義の不合致検査に先行し，両表示の表示価値の一致もしくは意思の一致があるとき，意思表示の合致がある。その反対が不合致である。不合致が売買のときの売買対象や代金などのような契約の客観的要素に関するときには，契約に不可欠の最小限の規律が欠けるので，原則として契約は成立しない。今日，ローン提携販売やファイナンス・リースのように取引上類型化している契約類型の場合にも，契約の客観的要素が考えられるべきである。また，当事者が契約の重要点とした事

項に不合致がある場合も，原則として契約不成立となるが，例外的に，その事項がなくても当事者は契約を締結しただろうと認められる場合には，契約は成立する[7]。

(2) 予　　約

予約[8]には，当事者に本契約を締結する義務を負わせる債権的予約のほか，予約権利者が完結の意思表示をした時に承諾を要せずに本契約が成立する予約完結型予約があるとされ，わが民法上，売買（あるいは有償契約）においては，完結型予約が原則的なものと考えられている[9]。

予約も契約であるので，申込・承諾方式だけでなく，契約書への共通の同意方式による予約締結もある。有効な予約の成立のためには，当事者が予約の拘束意思を有することのほか，予約完結時に予約の目的となる本契約の内容が確定していること，または，確定しうるものであることが必要とされる。

特に，契約書への共通の同意方式による予約締結においては，一方当事者が重要と表明した事項について合意に達していない場合には，疑わしきとき，予約の拘束意思は否定される。たとえば，東京高判平6・2・1判時1490号87頁では，X社は県の工業団地の土地分譲を受け，そこに新工場を建設する計画をたてた。それに必要な設備資金総額34億円の融資をX社はそのメインバンクであるY銀行A支店に申し込んだところ，Y銀行は条件付きで土地

---

[7]　詳しくは，拙著『表示責任と契約法理』（日本評論社，1994年）第1章，前掲注1拙稿参照。一般に，契約の成立要件と有効要件が分けられるが，さらに，思考経済のために，契約の成立要件を「締結」と「成立」とに分け，契約「締結」段階では当事者の意思表示があるかどうかのみをまず検査し，「成立」段階において意思表示の不合致検査をしてはどうかと考えているだけであって，結果において差異はない。

[8]　予約の法的性質のほか，オプション契約・枠契約の法的性質につき，詳しくは，拙稿「契約締結と予約」法時67巻10号（1995）および前掲注1拙稿参照。なお，オプション契約によるオプション権創設は，すぐに本契約締結に至らず，本契約成立のための前段階であるので，「予約」と呼ばれることがある。しかし，オプション契約においては，将来の本契約の内容は，オプション権授与者の意思表示にすでに完全に含まれており，オプション権者の一方的意思表示によってすでに本契約が成立するので，真の意味の「予約」ではない（Lorenz, Festschrift für Hans Dölle, Band I (1963), S. 105）。

[9]　末川博「売買一方の予約に関する若干の実際問題」『民法論集』（1959年）99頁以下，来栖三郎『契約法』（有斐閣，1974年）22頁以下，我妻栄『債権各論中巻一』（岩波書店，1957年）254頁以下，柚木馨・生熊長幸「売買の予約」『新版注民(14)』（有斐閣，1993年）151頁以下参照。ただし，我妻博士，柚木博士は，売買一方の予約を，判例に反し停止条件付売買と解される。

購入資金3億7000万円のみを融資することにし，Y銀行A支店は，県企業庁提出用のために，融資金額，借入期間，利率，担保，保証人について記載した融資証明書をX社に交付した。X社はこれを県企業庁に提出し，Y銀行A支店副支店長はXに同行して，県企業庁の担当者に対し，Yが間違いなく土地分譲代金を送金する旨確約するなどしていた。1審の東京地判平4・1・27判時1437号113頁は，融資証明書交付時に融資予約が成立していたと認定し，また，上記事情から，「当然融資証明書どおりの融資が実行されるものとXにおいて信じるのが当然であるような言動を（Yが）とっていた」とする。そして，「本件の如くこの融資を前提に大規模な工場進出計画が進められ，用地取得について公的審査も通過し，計画が相当程度に具体化しているような状況下にあっては，正当な事由なくYの恣意によってこれを破棄し，あるいは重大な落ち度に基づきこれを履行しないことは，単なる債務不履行にとどまらず，不法行為を構成する」と判示した。これに対し，本控訴審判決は，1審判決の事実認定のうち，融資予約の締結を認めた部分を削除したほかは，事実認定をほぼそのまま引用し，銀行が「融資証明書を発行して融資する旨の明確な約束（以下「融資約束」という。）をした場合」において，銀行が正当な事由なく一方的に融資約束を破棄したときには，不法行為責任を負う，とする。

　本件事案によれば，X社は，そのメインバンクであるY銀行A支店に対し，新工場建設資金総額34億円の融資を申し入れ，A支店長は，そのうち，土地購入資金3億7000万円および工場建設費のうち4億円，合計7億7000万円の融資につき，正式稟議書に先立って貸出案件連絡・相談メモによる稟議をY銀行本部に提出したところ，Y銀行本部では，「年商5億3000万円程度のX社がする設備投資としては過大であるとして，融資それ自体に難色を示したが，Y銀行A支店が交渉した結果，残額は他行に調達させ，将来発生が予想される運転資金等の跳ね返り資金は一切関知しないこと，漸次シェアダウンし，主力銀行の地位を回避することを条件に，土地購入資金3億7000万円のみ融資することを認めた」とされる。A支店長はXにこのことを伝え，2日後，A支店は県企業庁提出用に融資証明書を作成し，X社に交付したのである。

　本件では，県提出用に融資証明書を発行しただけであり，利率や融資時期・

弁済方法などの融資条件がまだ決まっておらず，事業用貸付であり，Y銀行としては，他行調達の可能性（やX社の返済力）など審査すべき事項があることを明示していたとすれば，予約の「成立」（＝締結）を認定すべきでない。これに対し，当事者が重要性告知をして締結障害を設定していない場合には，予約の締結が認められよう。

ところで，意思表示の解釈により認められる当事者の拘束意思につき，当事者双方の表示が多義的で，予約があるか，すでに本契約があるか疑わしいとき，両当事者は通常，本契約の締結を欲するということから出発してよく，予約の締結は例外であるので，原則として本契約を認めてよい。しかし，当事者の表示から，当事者は予約の締結を欲したと判明する場合には，予約が認められる[10]。

たとえば，すでに売買契約が成立しているのか，売買（一方の）予約だけかが争われた東京地判平元・12・12金判853号36頁では，買主Xは，一貫して本件土地，建物の購入を求めて交渉し，売主Yは本件覚書調印直前まで，一貫してXに本件土地，建物の先買権を与える先買契約の締結を企図しており，やっと多義的解釈の余地のある「YはXに対し，本件土地，建物を本日から二ヶ年以内に売買代金1億5000万円で売渡す。Xは，これを買い受ける」との覚書調印に至った場合に，判決は，売主Yの側の確定的に売買契約を締結する意思を認めず，売買予約のみを認めた。

(3) 予備的契約

交渉中の覚書・仮契約書・協定書やレター・オブ・インテントに基づき，予備的契約が認められることがある。この予備的契約とは，交渉当事者間で締結される，契約交渉中の当事者の権利・義務についての合意である。この交渉段階における予備的契約において，交渉義務やその違約金が約定されたり，情報の守秘義務，機密書類の保管義務が合意されるほか，一定の期間，同じ取引につき第三者と交渉しない義務が合意されたり，本契約締結前の先

---

[10] von Einem, Die Rechtsnatur der Option, 1974, S. 131f.；Kramer, Münchener Kommentar, Vor §145, RdNr., 35；Henrich, Vorvertrag., Optionsvertrag, Vorrechtsvertrag, 1965, S. 113ff.；BGH NJW 1980, 1577；BGH WM 1973, 67. また，拙稿「予約とその確定性」法時72巻2号65頁以下＝本書第5章第4節参照。

履行や準備的履行について損失分担合意がなされることもある。このような義務の違反につき，債務不履行責任が生ずる。

この誠実交渉義務違反のとき，原則として相手方の誠実な交渉を信じた信頼利益が賠償されるべきである。たとえば，東京地判昭57・2・17（判時1049号55頁）では，売買代金および目的物につき合意に達し，当事者間では不動産売買仮契約書が作成され，その前文には，「基本事項について仮契約を締結し，正式契約を円滑かつ支障なく締結するための証として当仮契約書1通を保有するもの」とされ，その第2条には，「更に具体的細部事項を定めて正式契約を締結するもの」と定めていた場合に，判決は，仮契約書の目的を考慮して，当事者は互いに本契約の具体的細部事項について誠実に交渉をなすべき義務を負うと判示した。

同様に京都地判昭61・2・20（金商判742号25頁）では，当事者は結婚式場建築のための土地の売買契約締結を目的とした売買協定を締結し，その協定書には，「本件売買協定書に定めた各条項を満たすために，XYは互いに協力することを約し，円滑に売買契約を締結し所有権移転が完了するまで誠意をもって努力することを誓約する」と明確に記載されていた場合に，誠実交渉義務を生ぜしめる交渉契約に基づく債務不履行責任を認めた。

さらに，本契約締結前の損失分担合意の存否が問題となった判決として，東京地判昭61・7・25判タ644号137頁があり，交渉契約の違約金約定を公序良俗に反し無効とした判決として，東京地判平4・12・16判タ832号137頁がある。

本契約には方式が必要であっても，準備費用の損失分担合意のような予備的契約には，原則として方式は必要ではない。

2 信頼保護と締結自由

(1) 信頼保護と締結自由との関係

私は，前稿で，信頼保護と締結自由との関係につき，契約交渉は，契約合意の可能性，合意の内容，および合意の実行可能性について明らかにするためになされるので，「締結自由の原則により，契約交渉において，仮に相手方が契約の成立を信頼して費消的処分をしたということを知っていても，原則

として，交渉当事者は交渉を中断しうる」が，例外的に信頼保護が問題となると指摘した[11]。

近時，ドイツにおいて，「契約交渉の失敗」について代表的モノグラフィーを書いている Küpper も，契約交渉は，双方の利益状況を探り出すためになされ，どの申込がもっとも有利かは集中的な事前交渉後にようやく判明したりするので，信頼保護に対し締結自由は優先し，交渉当事者は信頼保護によって狭められてはならない広い交渉余地を必要とするという。しかし，契約交渉を任意に失敗させてよい無制約な自由は，交渉中に特別の信頼構成要件が作出され，特に履行などのための準備措置が求められるとき，逆に取引の進展を害する。けだし，もし全く法的保護がないとすると，契約の準備措置をしても交渉から損をしないように損失分担合意をするなどの異常な注意をいつもしなければならないからである。したがって，信頼保護は，契約交渉段階においても私的自治を補完するものであり，交渉を促進し，契約を促進する作用を持ちうる。信頼保護の限界は，取引の摩擦なきことを促進するように設定されねばらないという[12]。

(2) **契約締結規定との関係**

池田教授は，ドイツ民法154条1項の成立史を検討され，「練り上げ型」の「契約の成立形態」についてのドイツ民法154条1項は，交渉破棄者の責任を否定する価値判断を下しているとされる[13]が，結論としては，「誤信惹起型」について責任を認められるのみならず，「信頼裏切り型」についても倫理的・社会的・経済分析的観点および法原理的・法理論的観点から責任を肯定され

---

[11] 拙稿「表示についての私法上の責任 (2・完)」民商89巻6号 (1984年3月) 833頁以下＝前掲注1拙著249頁以下。また，本田純一「『契約締結上の過失』理論について」『現代契約法大系第1巻』(有斐閣，1983年11月) 210頁以下，同「契約準備段階における信義則上の注意義務違反と損害賠償責任」『民法の基本判例』(有斐閣，1986年) 140頁以下，円谷峻『契約の成立と責任〔第2版〕』(一粒社，1991年) 77頁以下，河上正二「『契約の成立をめぐって(1)」判タ655号19頁以下，池田清治「契約交渉の破棄とその責任」北大法学論集42巻1号〜6号，43巻1号 (1991〜1992) 参照。
[12] Küpper, Das Scheitern von Vertragsverhandlungen als Fallgruppe der culpa in contrahendo, 1988, S. 140ff..
[13] 池田「契約交渉の破棄とその責任(3)」北大法学論集42巻3号695頁，701頁注29，703頁注42，5号1328頁。申込・承諾方式と契約書への共通の同意方式につき前掲注1拙著第1章参照。

ている[14]。

これに対し，Küpperは，民法の契約締結規定との矛盾なく，契約交渉失敗の場合における責任を説明する。つまり，後期自由主義の成果であるドイツ民法典は，契約自由を重視するとともに，ドイツ民法122条，149条，179条，307条，309条，663条といった信頼保護規定を持っているが，民法典の成立したのは契約法思想の変革期であり，この19世紀末までに契約交渉の失敗についての責任が信頼保護の観点から生じうるとの考え方はなお生れていなかった。そのような責任は，1900年頃，イタリアのFaggellaやフランスのSaleillesによって意識され，数十年後，イタリア民法1337条，1338条や，ギリシア民法197条，198条において認められるようになるが，ドイツ民法典起草者は，法発展の当時の段階からして，契約交渉失敗の場合における信頼保護を法規律の問題としてなお真剣に考慮できなかった。したがって，この信頼保護の点においてドイツ民法典は後発的な法欠缺を有するという。ドイツ民法154条1項は，「当事者の一方だけでも，その意思表示によれば合意に達すべき契約のすべての点について当事者が一致していない場合，当事者の意思が明らかでないときは契約は締結されていないものとする」と規定して，もっぱら契約の締結について規定しているだけであるので，信頼保護の問題を排除していないし，申込・承諾に関するドイツ民法典の規定も信頼保護と対立しないという[15]。

(3) 予備的契約との関係

契約交渉段階における信頼保護を認める見解に対し，予約や，費用賠償契約といった法律行為上の手段によって私的自治的にあらかじめ自己防衛策を講じうるとの非難がある[16]。

この異議に対し，そのような契約交渉の失敗の場合のための予備的契約の

---

[14] すでに説明義務違反と信頼破棄の場合に責任を認めるのは，拙稿「表示についての私法上の責任（2・完）」民商89巻6号（1984）830頁以下＝前掲注1拙著244頁以下。池田「契約交渉の破棄とその責任（7・完）」北大法学論集43巻1号（1992）101頁以下参照。
[15] Küpper, a.a.O., S. 146ff..
[16] Medicus, Verschulden bei Vertragsverhandlungen, in : Gutachten und Vorschläge zur Überarbeitung des Schuldrechts, Band I, Köln 1981, S. 503.

締結は，当事者がその締結を意図したとしても予備的契約に至ることが困難であり，予備的契約のための締結交渉自体が，本契約の締結交渉以上に大変な時間とコストを要求すると反論される。したがって，信頼保護を認めることが契約交渉における時間とコストの節約ともなる[17]。

また，契約交渉は本契約の締結のためになされ，交渉当事者は，契約が成立するだろうということから出発するので，交渉失敗の場合の特別合意の必要性についてまでは考えない。契約交渉の失敗を交渉当事者が交渉の初めから契約締結まで考慮しなければならないとすると，元来意図されていた本契約の準備と進展を非常に困難としてしまう。したがって，契約の締結が確約されたり，契約の締結・履行に必要な出費の賠償が確約されたときには，信頼保護が問題となる[18]。以上により，予約や費用賠償約定のような私的自治的な自己保護手段があるということは，契約交渉段階における法的保護の必要性を否定せず，逆に，法律行為取引の摩擦なきことと，法律行為秩序の効率を促進するための信頼保護に賛成するとされる[19]。

契約交渉打切りにおける信頼保護は，契約締結自由を考慮して，財産的処分の賠償に制限され，原則として履行利益の賠償は認められない。さらに，信頼保護を認めることによる締結自由の間接的制限は，信頼惹起者に信頼破棄の正当理由があるときには，締結に至らなくとも賠償義務を負わないということによって緩和される。けだし，信頼惹起者が信頼破棄の正当理由を有するにもかかわらずなお信頼惹起者が信頼による拘束を受けると交渉相手方は信頼してはならないからである[20]。

(4) 履行補助者法理の類推

契約準備段階における信義則上の責任は，特別結合に基づく責任であるので，交渉補助者の過失につき，「履行補助者の過失」法理の類推により，交渉当事者が責を負うこととなる。

ところで，「履行補助者の過失」法理は，補助者の行為態様によって侵害さ

---

[17] Küpper, a.a.O., S. 221ff.；Singer, Das Verbot widersprüchlichen Verhaltens, 1993, S. 281ff..
[18] Singer, a.a.O., S. 281ff.；Küpper, a.a.O., S. 221ff..
[19] Küpper, a.a.O., S. 232ff.；Singer, a.a.O., S. 281ff..
[20] Singer, a.a.O., S. 286ff..

れる具体的義務を前提とする。そこで，なにゆえに交渉補助者が交渉を始めることでその交渉当事者本人と交渉相手方との間に契約前の義務関係が発生したり，さらに交渉当事者本人が信頼による拘束を受けるのかが問題となる。この点で，代理についてのドイツ民法164条以下（日民99条以下に対応）の規定が類推適用され，交渉権限ある補助者が本人の名において交渉することによって，信頼による拘束が生じうるとされる。すなわち，ドイツ民法164条（日民99条に対応）および「履行補助者の過失」法理の類推適用により，交渉補助者に締結権限がなくとも，交渉権限があれば，その交渉当事者本人が「契約締結上の過失」責任を負う。というのは，交渉中の交渉相手方の信頼は，契約の成立に対してではなく，補助者に交渉する権限があることに向けられているからであり，また，交渉当事者本人が自己の利益のために締結権限のない交渉補助者を介入させて，過度な交渉リスクに交渉相手方をさらすことを許してはならないからである。とりわけ，交渉補助者に締結権限がないというだけで，本人から委任された交渉補助者の言明や確約を相手方が頼ってはならないとすると，取引秩序の効率が害されるし，逆に，交渉権限ある補助者の言明等につき本人の責任を認めても，本人は，相手方に表示・説明することによって交渉補助者の交渉余地を制限しコントロールできるので，本人の利益をあまり害しないからである[21]。

3　交渉破棄責任の類型

契約締結拒絶の場合の損害賠償責任は2類型において問題となる。第1の類型（誤信惹起型）では，交渉破棄より以前の行為態様自体が説明義務違反などとして非難される。すなわち，締結する気がないのに，締結は確実だと言明したり，締結・履行のための具体的処分を誘発して，相手方に財産的処分をさせてはならない。また，締結は確実だと言明していたが，その後気が変わった場合には，遅滞なく説明すべきである[22]。あるいは，一方の交渉当事者がその最終的締結意思を，第三者から融資を得たり，一定の許可を得るといった客観的事情にかからしめたいときには，その客観的事情について，たとえば，

---

[21] Küpper, a.a.O., S. 307ff.; Singer, a.a.O., S. 308ff.; Canaris, Die Vertrauenshaftung im deutschen Privatrecht, München 1971, S. 457ff..

第三者からの融資が不確実なことなどについてその一方当事者は相手方に説明しなければならない[23]。この説明義務は，交渉相手方が契約締結を期待して財産的処分をし，損害を被らないように，相手方の決定自由を保護する[24]。

次に，第2類型（信頼裏切り型）では，契約締結は確実であるとの信頼を言動により相手方に生ぜしめていながら，正当理由なく締結を拒否したことが非難される。信頼構成要件の作出によって締結への信頼を生ぜしめることを意識していたか，知りえたので，交渉当事者に帰責される。

(1) 説明義務違反の場合（誤信惹起型）

契約交渉は，当事者双方が独自に利益調整に達するという目的を有するので，原則として自由な交渉余地を必要とする。しかし，一方当事者が契約の締結を確約し，相手方がそれを信頼してむだとなる出費をするか，他の処分をやめるならば，保護義務違反の視点のもとで確約者は責を負わねばならない。このような確約が認められるのは，交渉当事者の言明および全行為態様から確実に締結する気であると判明するときである。さらに，相手方に具体的措置・処分を誘発するときにも相手方が処分をする前に，締結を妨げる事

---

[22] Küpper, a.a.O., S. 180ff.；Singer, a.a.O., S. 271ff. このような説明義務を認めるわが国の判決例として，映画製作会社Xが，注文者Yの被用者の言動により，将来自己が随意契約により映画製作の発注を受けうるものと誤信して一部の撮影をしたが，実際には発注の有無は入札にかかるものであり，結局，Xは映画製作の請負契約を得られなかった映画製作入札発注事件・東京地判昭53・5・29判時925号81頁，および，歯科医院を経営するYが，建築中の分譲マンションの一室の売買に関し，売主Xと交渉に入り，その後，基本的には目的物件が診療規模維持の点からスペースの面で自己の希望する条件に適合しないとの結論に達していたにもかかわらず，医院のためには電気容量が不足していることを指摘したので，売主Xは変電室を設けるための設計変更と施工をし，YはXから変電室等を設けたことおよび約500万円の出費となることを聞いても別段中止を求めず，その後も見積書の作成を依頼するなど設計変更を容認する態度に出ていたが，結局Yは，資金的に無理であるとして契約を締結しなかった分譲マンション設計変更事件・東京地判昭56・12・14判夕470号145頁，最判昭59・9・18判時1137号51頁などがある。

[23] Küpper, a.a.O., S. 180ff.；Singer, a.a.O., S. 271ff. このような説明義務を認めるドイツの判例として，BGH, WM 1987, 1052などがある。逆に，購入希望者が融資の有無の重要性を明示していた事例として，土地付注文住宅購入契約の購入申込者にとって，低利の公的住宅ローンの利用という同契約締結の不可欠の前提が交渉途中で欠けたため，同契約は締結に至っていないとする大分地判昭61・4・24判タ622号121頁参照。本件事案では，公的ローンを利用する購入希望者の状況・意図を住宅販売代行店は知っていたのであるから，住宅販売代行店側の信義則上の説明義務・配慮義務を問題とする余地がある。

[24] Medicus, Gutachten und Vorschläge zur Überarbeitung des Schuldrechts, Band I, Köln 1981, S. 518；Küpper, a.a.O., S. 179f.. これに反対するのは，Hans Stoll, Festschrift für Riesenfeld, S. 280ff..

情を相手方に説明する義務が生じる。一方当事者が相手方に締結準備に必要な出費を誘発したり，契約の履行準備に必要な出費や（一部）履行にあたる行為を求めたり，期待された契約が成立したときのみ適切と思われるその他の処分を誘発する場合である[25]。

以上の契約締結を確約する場合も具体的処分を誘発する場合も，相手方が間接的あるいは直接的に将来の契約に関して処分するよう促がされ，高いリスクを負担するに至るので，賠償責任が生ずる。しかし，保護される財産的利益の範囲は異なる。締結が明示的もしくは推断的に確約される場合には，包括的な保護義務が生じ，過失相殺はあるが，相手方が契約を期待してなしたすべてのむだな出費を賠償しなければならない。これに対し，一定の処分の誘発のみがあり，締結の確約はないのであれば，保護義務はこの特別の処分にのみ及ぶ。相手方が別の処分を（その誘発なしに）なしても，そのことは相手方のリスク範囲にあるにすぎない[26]。

(2) 信頼破棄の場合（信頼裏切り型）
(a) 信頼による拘束

自己の言動により，契約締結は確実であるとの信頼を相手方に生ぜしめていながら，正当理由なく締結を拒否してはならない[27]。契約締結は確実であるとの信頼を相手方に生ぜしめる行為態様は，明示的言明である必要はなく，黙示的または推断的行為態様であってもよい。たとえば，企図された契約の締結や履行に必要な具体的措置・処分を誘発するとき，特に，企図された契約締結に基づいてのみ意味あるが，契約がなければむだとなる具体的処分を誘発する場合である。すなわち，人の雇い入れに際し，今の勤め先をやめてよいと言明するとき[28]，料理店の賃貸借契約締結交渉において，賃借希望者の問い合わせに対し貸主が「（開店準備のため）計画されている調達をしてよい」

---

[25] ドイツの判例として，OLG Düsseldorf NJW 1977, 1064（入札公募への参加を求める）などがある。Küpper, a.a.O., S. 185ff.；Singer, a.a.O., S. 273ff.．
[26] Küpper, a.a.O., S. 185ff. 居宅後退工事費事件・仙台高判昭61・4・25判夕608号78頁において，居宅を後退させる工事費は，土地賃貸借契約の締結を信頼していなくても道路拡幅工事に関連して出費となるものであれば，締結への信頼と処分・出費との間の因果関係が欠けることとなる。前掲注1拙著227頁参照。

第1節　契約締結に至らなかった場合　　45

と言明するとき[29]，あるいは，賃貸人がその所有する土地の賃貸借契約の締結前に，そこで事業を開始したい賃借希望者に土地上の建物改築を承認するときや[30]，企図された契約の（一部）履行にあたるような行為を要求されるとき[31]には，締結の推断的確約が認められよう[32]。
　また，ドイツの代理人費用賠償契約言明事件（BGH WM 1976, 923）では，土

---

[27]　ドイツの BGH 6.2.1969＝WM 1969, 595＝LM Nr. 28 zu §276-(Fa) BGB では，X は S 組合への加入を目的として組合員 Y と交渉し，基本的合意に達し締結を信頼して投資した場合に，なおすべての点について合意していないし，双方の拘束的意思もないとして予約の成立を否定するが，X は Y の行為態様から，契約締結が確約されたと解してよかったとして，Y の「契約締結上の過失」に基づく損害賠償責任を認めた。

　　BGH 22.2.1989＝WM 1989, 685 では，出版社 Y から Y 発行の2雑誌を X が受け継ぐための交渉を開始し，X は，その親会社の管理委員会の同意を要したので，Y は，管理委員会提出用のためだけに「申込」を発し，その直前に，X の提案した契約草案中の「申込はもっぱら排他的に(exclusiv)なされる」との文言のうち，「もっぱら排他的に」を Y は削除し，その際，Y は状況が変われば伝えると述べていた。X は上記「申込」に承諾したが，Y は状況は変わったと主張した。判決は，一般論として，交渉中，相手方に後の契約締結を確実と述べる者は，原則として相手方の正当な信頼を説明義務に違反して生ぜしめたのでないときも，「契約締結上の過失」責任に基づき責を負う，とするが，上記「申込」はドイツ民法145条にいう申込でなく，また，信頼構成要件でもないとして，Y の「契約締結上の過失」責任を否定した。というのは，上記「申込」は親会社の管理委員会提出用であり，契約締結の準備のためのものであると X に知りえ，Y にとって X は唯一の交渉相手ではなかったのであり，Y がすでに確かな締結意思であると X は信頼してはならなかったからである。また，Y は，企図された契約が成立した場合にのみ意味ある措置を X にさせ，締結の推断的確約が認められるということも本件ではないからであるとする。

　　わが国の判決例でも，ブルネイ合弁事業事件（東京高判昭62・3・17判時1232号110頁）では，日本の総合商社 Y とインドネシアの実業家 X とは，インドネシアでの合弁事業を企画し，基本合意に達したが，Y 商社の取締役会の承認がなく，Y 商社は契約締結を拒否した場合に，判決は，「当事者間において契約締結の準備が進捗し，相手方(X)において契約の成立が確実なものと期待するに至った場合には，その一方の当事者(Y)としては相手方(X)の右期待を侵害しないよう誠実に契約の成立に努めるべき信義則上の義務があるものというべきであって，……右契約等締結の中止を正当視すべき特段の事情のない限り右締結を一方的に無条件で中止することは許され」ないとする。そして，Y 商社が締結を中止した主たる理由は，木材市況の低落による取引利益の見込み悪化にあり，「Y が右締結を中止したことを正当視すべき特段の事情も認められない」と判示した。本件の上告審である最判平2・7・5（裁判集民事160号）は，原審の判断を正当として是認した。同様の事案として，福岡高判平5・6・30判時1483号52頁，東京地判平6・1・24判時1517号66頁，東京地判平5・1・26判時1478号142頁，東京地判平6・4・26判時1522号91頁などがある。詳しくは，前掲注8拙稿68頁，前掲注1拙稿参照。

[28]　高級クラブママ入店業務委託事件（東京地判平3・6・19判時1420号85頁）では，高級クラブの雇われママである X が，別の高級クラブの経営者 Y から開店計画中の高級クラブの雇われママになることを懇請され，オープンと同時に入店すること等とする基本合意に達し，勤めていた店をやめた。しかし，新しい店に入店する直前になって，入店を拒否された。判決は，「成立直前になって，当初予定されていない条件を提起し，その履行がなければ契約の成立を拒むなど信義に反する行為が行われた」として，Y の「契約締結上の過失」責任を認めた。

[29]　このようなドイツの判例として，料理店賃貸事件（BGH WM 1967, 798）がある。

地の売買契約交渉において，土地売主の代理人が，「売買契約が締結されない場合には，不可避の出費の賠償についての（土地所有者との）合意がすでに成立するだろう。所有者はこせこせしていない」と購入希望者に言明し，購入希望者がその費用賠償約束を信頼したように，確定性の点でなお拘束的合意とはいえないが，相手方の具体的処分を誘発するような損失分担確約によっても信頼による拘束は生じる。このとき，企図された契約の締結に至らなかったときむだとなる出費の損失分担確約はあるが，契約締結の確約はないので，制限された信頼保護が問題となっている。したがって，契約締結を信頼しての全部の処分の賠償は認められず，交渉権限者の損失分担確約によって具体的に誘発された処分・出費の賠償が認められるにすぎない[33]。

---

[30] ドイツの判例から賃貸建物改築承認事件（BGH LM Nr. 11 zu §276（Fa）BGB＝WM 1960, 1384）。

[31] ドイツの判例 BGH WM 1974, 508 では，土地賃貸借契約の締結交渉において，賃貸人の希望に応じて，賃借希望者が土地上の建築変更を実施していたが，賃貸人が締結を拒絶した場合に，信頼破棄による賃貸人の責任を認める。

[32] 推断的確約の限界事例は，工場誘致施策変更事件（最判昭56・1・27民集35巻1号35頁）のようなケースである。本件は，製紙工場の建設を計画する X 社の陳情に対し，Y 村の村長 A は，工場を誘致し工場敷地の一部として Y 村有地を譲渡する旨の村議会決議を経由したうえ，工場建設に全面的に協力すると言明した。そこで，X 社は A の協力・了解のもとに，工場敷地の確保・整備，機械・設備の発注等の工場建設の準備を進めてきたが，新村長の協力拒否により，工場建設が不可能となった事案である。判決は，地方公共団体の「決定が，単に一定内容の継続的な施策を定めるにとどまらず，特定の者に対して右施策に適合する特定内容の活動をすることを促す個別的，具体的な勧告ないし勧誘を伴うものであり，かつ，その活動が相当長期にわたる当該施策の継続を前提としてはじめてこれに投入する資金又は労力に相応する効果を生じうる性質のものである場合には，右特定の者は，右施策が右活動の基盤として維持されるものと信頼し，これを前提として右の活動ないしその準備活動に入るのが通常である。このような状況のもとでは，たとえ右勧告ないし勧誘に基づいてその者と当該地方公共団体との間に右施策の維持を内容とする契約が締結されたものとは認められない場合であっても，右のように密接な交渉を持つに至った当事者間の関係を規律すべき信義衡平の原則に照し，その施策の変更にあたってはかかる信頼に対して法的保護が与えられなければならないというべきものである。すなわち，右施策が変更されたことにより，前記の活動に入った者がその信頼に反して所期の活動を妨げられ，社会観念上看過することのできない程度の積極的損害を被る場合に，地方公共団体において右損害を補償するなどの代償的措置を講ずることなく施策を変更することは，それがやむをえない客観的事情によるのでないかぎり，当事者間に形成された信頼関係を不当に破壊するものとして違法性を帯び，地方公共団体の不法行為責任を生ぜしめるものといわなければならない。」と判示した。

本件判決のように，地方公共団体の継続的施策の決定が，特定の者に対して継続的施策を前提とする具体的処分を誘発する場合には，継続的施策の不変更の，または，相手方に協力する旨の推断的確約を認めてよかろう。

[33] Küpper, a.a.O., S. 229ff.

(b) 信頼による拘束の存続

　信頼による拘束は時間的に無制限に存続するわけではない。この信頼保護は信義則に基づくので，信頼による拘束の存続期間も信義則により判断される。一般に，この信頼による拘束の存続期間は，（信頼を消滅させないとき）信頼構成要件の作出者が，全事情およびこれまでの交渉経過により相手方の返答を考慮すべきときまでである[34]。また，信頼構成要件作出者は，相手方の決定のための期限を指定して，信頼による拘束の存続期間を定めうる[35]。

(c) 信頼拘束から解放する正当理由

　契約締結への信頼による拘束は，契約による拘束よりも強くなりえず，信頼拘束から解放する正当理由は，事情変更や相手方の重大な義務違反など，契約による拘束がある場合でも免責される事情であれば十分である。さらに，Küpperによれば，すでに交渉済みの契約事項でないか，交渉中付随的事項とされなかった事情か，信頼構成要件の作出に際し予見できずあとで回避できない事情であり，交渉破棄を誠実違反としないほど重大な事情も，正当理由である[36]という[37]。

　すなわち，交渉中に作り出された信頼関係との関連で正当事由は判断されねばならないとして，交渉中になされた明示的・推断的表示内容に着目し，作出された信頼拘束の具体的内容が決定的であるという。つまり，一方当事者が一定の契約条件を約束したならば，これに拘束され，錯誤や後発的事情変更もないのにあとになって一方的にこの点の変更を求めてはならないし，同様に，一方当事者が締結にとって一定の事情が重要でないと主張していたときには，その当事者はあとでその事情を交渉断念の理由としてはならない。また，通常，一方当事者が信頼構成要件の作出に際し，存続または発生する

---

[34] BGH LM Nr. 34 zu §276（Fa）BGB = WM 1970, 1110 において，賃借希望者 X は，Y 市から土地を営業目的で賃借しており，さらに Y 市から賃借しようと交渉したが，Y 市は X に賃貸ずみの土地を契約どおりに使用することを求め，X は提案された内容で契約を締結するかどうかを Y 市に対し相当期間内に表明していないので，信頼による拘束はもはやない，と判示された。

[35] Lutter, Letter of Intent, S. 68 ; Küpper, a.a.O., S. 235ff.. Lutter や Küpper は，申込の拘束力についてのドイツ民法 147 条 2 項，あるいは，148 条を類推適用しようとする。

[36] 前掲注 1 拙著 251 頁。

[37] Küpper, a.a.O., S. 238ff.. 正当事由に関する判決例につき前掲注 1 拙著 245～249 頁，前掲注 1 拙稿 63 頁，前掲注 8 拙稿 68 頁参照。

ことを計算に入れねばならなかった事情や生ぜしめた事情，その場合の状況から判断して避けねばならなかった事情は信頼拘束からの解放を正当化しない，という[37]。

そして同時に，この事情は，信頼拘束との関係で交渉破棄を正当と思わせるほど重大でなければならず，一般に，交渉が進展して信頼拘束が強いほど，正当理由は重大でなければならない，とされる。ここでは，締結拒絶の相手方に対する影響，相手方の特別の未経験・保護必要性，および当事者間の配慮関係も考慮されるし，契約責任の枠内で一方当事者の危険領域内にある事情につき，その当事者は事情変更を主張できないように，信頼拘束においても，正当事由がどちらの当事者の領域から生じたかも意味がある，という。そして，交渉途中でより有利な取引相手の出現によって締結拒絶してよいかどうかの問題については，作出された信頼拘束の強さにかからしめ，一般に，契約の重要事項が未決定で相手方の出捐行為を誘発したにとどまる場合には，別の有利な取引相手の出現はなお正当理由となりうるが，重要事項につき合意に達し，相手方に締結を確約して，必ず締結するとの信頼を生ぜしめていた場合には正当理由とならない，とする[37]。

さらに，のちの検査で判明する，契約目的への材料の不適合や相手方の契約目的の達成能力なしのほか，許可申請などの締結・履行のための準備措置を怠ったり遅らせたりして，一方当事者が目ざされた契約の目的・基礎を著しく危殆化したり，自己の信頼性と契約における誠実に対する相手方の信頼を自分でゆるがす場合にも，正当理由は認められよう[38]。

(3) 賠償範囲
(a) 説明義務違反の場合

契約交渉の失敗の場合の義務違反が説明義務違反であるとき，相手方を義務違反者は，相手方に注意深く説明していれば相手方がいるであろう状態にしなければならない。つまり，説明があれば，相手方は契約締結を信頼せず，相手方は交渉に入らなかったり，交渉からすみやかに手を引き，交渉失敗により無駄となる処分をしなかったか，あるいは，相手方が契約締結に至ったであろうとの因果関係が欠けるであろう。したがって，消極的利益が賠償さ

れるべきである[39]。

(b) 信頼破棄の場合

　信頼破棄の場合に交渉を破棄しない義務だけしか問題にならないとすると，その義務を負う者は，交渉の進展に協力しなくても交渉をやめなければ責任を免れうる。このことは不当であるので，信頼破棄の場合，相手方に（財産的）処分をさせるような信頼を生ぜしめる者は，その信頼に相応して，交渉の進展に努力する協力義務・誠実義務を負うというべきである。この協力義務・誠実義務に違反したときの効果は，消極的利益の賠償に至ることもあれば，履行利益の賠償であることもある[40]。

　しかし，履行利益の賠償を認めることは，契約が成熟し，協力・誠実義務違反がただ締結拒否にあるときさえ，消極的契約自由と対立する。したがって，協力・誠実義務の保護目的によって損害賠償の範囲は制限され，この協力・誠実義務は，締結自由の原則と対立するため，そして，信頼基礎が相対

---

[38] Lutter, a.a.O., S. 60ff.. Küpper, a.a.O., S. 238ff. も参照。わが国の判決例においても，交渉契約に基づく誠実交渉義務を認めながら，買主が締結拒否する正当事由を認めた東京地判昭57・2・17判タ477号115頁は，「本件土地の買主が本件土地に建物を建てようとする場合，本件地役権ないし高圧線の存在が相当の障害となることは明らかであり，かかる事実関係を売主が当初から説明し，又は買主においてこれが判明していたならば，買主としては，その使用目的いかんによっては売買契約の締結を差し控える程度のものであるということができ，してみるとYの売買契約の締結拒否には正当の事由があった」として，Yの誠実交渉義務違反なしとする。Yが交渉契約後に知った契約目的への土地の不適合，およびXのその説明義務違反等の誠実義務違反のため正当事由が認められた。

　信義則上の信頼的拘束から解放し，賠償義務をなくす正当事由についても，東京地判平6・4・26判時1522号91頁は，請負人が下請負人との建築請負契約締結のための信義則上の協力義務から解放される正当事由として，下請負人勧奨の資材による工場建築には建築確認申請手続上種々の点（建築基準法，消防法）で問題を包含し，請負人らが事故発生による信用毀損を慮り，締結を拒否したことをあげる。工場として使用するという契約目的への建築資材の不適合が協力義務発生後に判明し，もし契約が成立していれば下請負人の契約義務の不完全履行・積極的債権侵害ともなる事情が判明したのであり，正当事由として認めてよい。詳しくは，前掲注1拙稿参照。

[39] Küpper, a.a.O., S. 265ff.；Reinicke/Tiedtke, ZIP 1989, S. 1094f.；Medicus, Ansprüche auf das Erfüllungsinteresse aus Verschulden bei Vertragsverhandlungen?, in：Festschrift für Hermann Lange, 1992, S. 547ff.. Küpperは，原則的に消極的利益の賠償だけである理由は，相手方がさらに交渉して，義務違反者との契約締結まで至ったであろうということは，客観的な契約障害がある場合には問題とならず，当事者の締結覚悟が不確かであったり，契約条件が明確でないときには，上記因果関係の立証ができないからであるという。ただし，詐欺的説明義務に違反した場合には，法倫理的考慮から，例外的に，履行利益賠償まで認められうるという。

[40] Küpper, a.a.O., S. 212ff., S. 268ff.；Medicus, FS f. Lange, S. 547ff. 参照。ただし，Küpperは協力義務違反の効果として，（原則として，規範の保護目的によって排除されるが）履行利益の賠償や契約の締結を求める請求権まで認めようとする。

的に弱いため，誠実違反の契約拒絶によって処分相当の損害を被らないとの信頼のみを保護する。ただし，協力・誠実義務違反者がのちに「入札」との関係で述べるように自らの締結自由を制限していたり，締結自由による保護に値しない場合は別である[41]。

(4) 入札と信義則上の責任

公的入札手続に発注者も従わねばならない入札の場合にも信義則上の責任は問題となりうる。つまり，ここでも説明義務違反型や信頼破棄型の責任がありうる。

受注できなかった入札応募者は，まず，発注者が義務に違反していなければ，入札参加準備の出費をしなかったであろう場合には，この出費の賠償を求めることができる。つまり，入札への参加を要請していながら，計画への融資が確定せず，定めた期間内に落札者も決められないのであれば，そのような状況を説明しておくべきであるし[42]，また，入札への参加を求め，入札への準備をさせておきながら，入札を中止したりしてはならない[43]。前者の事例では，発注者・入札募集者が適切に説明していれば，入札応募者はむだとなる出費をしなかったのであり，説明義務違反の事例である。これに対し，後者の事例は，信頼破棄事例であり，発注者が入札手続を適切に義務違反なく処理しても落札できなかった入札応募者に対しては，損害賠償責任を負わない。発注者が義務に違反して入札手続を処理し，落札させるべきでない入札者に落札させるとき[44]も，信頼破棄事例である。

---

[41] 詐欺的に協力・誠実義務に違反する場合につき Küpper, a.a.O., S. 268ff.; Medicus, FS f. Lange, S. 547ff., ドイツの判例 BGH WM 1974, 754 は，X・Y が計画では共同体として落札・受注するはずであったが，Y が意識的かつ不注意に受注してしまった場合に，Y の X に対する，「契約締結上の過失」に基づく履行利益の賠償責任を認めうる，という。履行利益の賠償を認める判例につき，ケッツ著潮見・中田・松岡訳『ヨーロッパ契約法 I 』(法律文化社，1999 年) 59 頁以下参照。また，労力という損害の立証軽減の観点から履行利益を損害算定の基準とする東京地判平 6・8・29 判タ 880 号 234 頁参照。

[42] ドイツの判例として，BGH NJW 1977, 1064 がある。ドイツでは，入札につき建設請負規則 A (Verdingungsordnung für Bauleistungen Teil A) がある。

[43] このような事案について受注したであろう入札者に対する「契約締結上の過失」責任を認めるドイツの判例として，BGH NJW 1981, 1673 などがある。

[44] このような理由に基づき入札者が損害賠償請求した事件として，BGH NJW 1985, 1466 = WM 1985, 202 がある。

これらの場合，入札募集者が義務に従って行為していれば，入札応募者は，入札応募のための出費をしなかったのであり，入札応募者は少なくともその入札応募のための出費（消極的利益）の賠償を求めることができる。

さらに，発注者の義務違反により，ある入札者が受注できなかったとき，入札準備費用の賠償ではなく，その受注からの逸失利益の賠償，すなわち，履行利益の賠償まで認められるかどうか，争われている。

ドイツの判例の中には，入札応募者の履行利益の賠償請求を認めないものがある。OLG Nürnberg NJW 1986, 437 では，X は Y 市の入札に参加し，落札決定を得たが，別の入札者の異議申立てにより入札は再検査され，入札は取消されることとなった。判決は，別の入札者の付随条件を考慮して Y 市が入札を取り消したことは不当でないので，X は逸失利益の賠償を求めることはできないが，Y 市の過失で入札取消に至ったとして，入札準備費用の賠償を認める。Y 市の入札手続違反は重大ではなく，なお，入札を取消すことができ，Y 市の義務違反は，その義務違反がなければ X が受注していたであろうといえるようなものではない，とする。

これに対し，OLG Düsseldorf NJW-RR 1986, 508 = DB 1986, 1172 は，公的入札募集者が急に入札募集をやめ，落札者を決定せず，別の入札者に随意契約で発注した場合に，入札募集が中止されなければ，十分高い蓋然性でもって落札したであろう入札者に，履行利益の損害賠償を認めた[45]。すなわち，ドイツ建築請負規則 A 編（VOB/A）25 条は，技術的な，経済的な，および場合によっては機能的制約といったすべての観点を考慮したうえで「最も適切な入札書」と曖昧に規定しており，特定の入札者が落札したにちがいないと完全には立証できないので，かなり高い蓋然性でもって落札しただろうとの証明で十分である，とする。

そして，学説においても Küpper によれば，ドイツ建設請負規則 A 編（VOB/A）に基づく入札手続の場合には，入札準備などを誘発された入札者は，発注者がドイツ建設請負規則 A 編の規則を遵守して入札手続を進めると信頼してよい。それゆえ，発注者は，重大な理由なしに入札を撤回・取消したり，

---

[45] LG Weiden NJW 1985, 1476 も落札者を決定した入札を取消し，別の入札者に随意契約により発注した場合に「契約締結上の過失」に基づき逸失利益の賠償を認める。

その規則を無視してある入札応募者に落札させたりして，入札者の落札を正当理由なく拒否してはならない義務を負う。この義務の根拠も，発注者と入札者間の信頼による拘束であるが，ドイツ建設請負規則 A 編（VOB/A）26 条は，一般的契約締結拒絶権を例外としてのみ定めているので，ある入札者の入札書が最も有利と判明するとき，その入札者は受注を堅く信頼してよい。さらに，ドイツ建設請負規則 A 編（VOB/A）の入札手続規則は，高度の注意義務を入札募集者に課しており，その義務の違反は重大な誠実義務違反ともなりうるとして，履行利益の賠償を認める[46]。

また，Medicus はまず入札手続規則の保護範囲を検討する。通常，私人による入札募集の場合のように，入札の目的が，発注者・入札募集者の利益だけを考慮し，できるだけ多くの入札応募者を得て，最も有利な申出をした入札者に委託されるべきであるときには，期待を裏切られた入札応募者の賠償請求は認められず，むしろ，（たとえば，入札結果が入札参加者により不正に策謀され操作されたときなど）発注者・入札募集者の方が賠償請求できることがある。したがって，入札手続規則が発注者・入札募集者の利益だけでなく，入札応募者の，落札して獲得できる利益にも配慮しているときにのみ入札応募者は履行利益の賠償を請求できるとする。そして，ドイツ建設請負規則 A 編（VOB/A）のような公的入札手続規則の場合には，入札によって公的予算を節約する目的があり，そのためには，よく練られ，合理的な予定価格の入札書類が入札参加者から発注者に提示され，競われねばならない。しかし，そのような入札書類の作成には，入札応募者にかなりの出費が必要となる。したがって，入札応募者がそれでも入札に参加する刺激となるものが必要となる。最も適切な入札応募者として実際に落札する期待が，その期待に相当する履行利益の賠償によって法的に保護されないならば，そのように準備して入札に参加する刺激が全くないこととなろう。このとき，履行利益賠償も保護範囲内にあるとする[47]。

さらに，Medicus は，履行利益賠償のためには，発注者・入札募集者の手続違反がなければ（落札しなかった）入札応募者が受注に至ったことが必要であ

---

[46] Küpper, a.a.O., S. 333ff..
[47] Medicus, FS f. Lange, S. 550ff..

る，とする。しかし，発注者・入札募集者に裁量余地があり，特に，代金だけでなく，入札参加者の経験やこれまでに実証済みの信頼性なども重視されるので，上記の立証は困難なことが多いとする[47]。

Medicusの述べるように，通常の私人による入札募集の場合のように，入札の目的が入札募集者の利益だけしか保護しない場合には，入札応募者の賠償請求が認められないこともある。しかし，入札手続において，発注者が一定の評価基準に従って落札者を決定すると入札者が信頼してよい場合には，発注者が，重大な理由なしに入札を撤回・取消したり，裁量の余地を越えて特定の入札者に落札させたりすれば，信義則上の義務違反として，信頼利益の賠償責任を負うことがある。また，発注者は，説明義務に違反して，見込みのない入札手続に参加させたり，入札手続を進めたりしてはならない。さらに，KüpperやMedicusの認めるように，入札手続規則が入札応募者の落札する期待・利益まで保護すべき趣旨である場合には，落札できたはずの入札者の履行利益の賠償まで認められよう[48]。

小　括

(1) 契約締結に至らない場合の信義則上の責任においては，決定自由と信頼保護との関係が問題となる。締結自由の原則により，交渉当事者は，相手方が契約の締結を期待して費消的処分をしたと知っていても，原則として自由に交渉を中断しうる。しかし，自己の表示や行為態様によって交渉相手方の交渉リスクを増大させた場合は別である。つまり，契約が確実に成立するとの誤まった外観を作出したり，企図された契約の締結や履行・履行準備に必要な交渉相手方の具体的措置・処分を誘発する場合（誤信惹起型）には，説明義務違反が問題となりうるし，また，契約は確実に成立するだろうという交渉相手方の信頼を生ぜしめておきながら，契約交渉を正当な理由なく破棄する場合（信頼裏切り型）などである。というのは，契約交渉は，本契約の締結のためになされ，交渉当事者は，契約が成立するだろうということから出発する

---

[48] なお，BGH VersR 1966, 630 は，ドイツの連邦補償法68条により，ある応募者を政治的迫害者として発注に際し優先的に顧慮しなければならないときに，「契約締結上の過失」のほか，保護法規違反の不法行為および公務員の義務違反も考慮して，履行利益の賠償を認めた。

ので，交渉失敗の場合の損失分担合意等の必要性についてまで考えず，逆に，交渉当事者が交渉失敗のときの対策をいつも考慮しなければならないとすると，元来意図されていた本契約の準備と推進を非常に困難としてしまうからであり，また，信頼保護は，取引効率と取引の摩擦なきことを促進するからである。つまり，交渉当事者は，交渉中も自己決定に基づき損失分担合意等をすることができるが，交渉中には，本契約の締結に一生懸命で，自己決定原理に基づく損失分担合意等をすることまで期待できないので，補完的に信義則上の責任が必要であり，契約締結に至らない場合の信義則上の責任は，このように，自己決定原理を補完する。

(2) この交渉段階での信頼保護は，契約締結自由を考慮して，財産的処分の賠償に制限され，原則として履行利益の賠償は認められない。

(3) 交渉中の交渉相手方に対する信頼は，契約の成立に対してではなく，交渉補助者に交渉する権限があるということに向けられており，また，交渉相手方本人が，自己の利益のために締結権限のない交渉補助者を介入させて，過度な交渉リスクに交渉者をさらすことを許してはならないので，民法99条以下の類推，および「履行補助者」法理の類推適用により，交渉補助者に締結権限がなくとも，交渉権限があれば，その交渉当事者本人が信義則上の責任を負う。

(4) 契約締結への信頼による拘束は，契約による拘束よりも強くなりえず，交渉破棄の正当事由は，事情変更や相手方の重大な義務違反など，契約による拘束がある場合でも免責される事情であれば十分であり，すでに交渉済みの契約事項でないか，交渉中付随事項とされなかった事情で，信頼生ぜしめに際し予見できずあとで避けえず，交渉破棄を誠実違反としないほど重大な事情である。さらに，一方当事者が目ざされた契約の目的・基礎を危殆化したり，信頼関係を著しく破壊するときにも正当事由は認められよう。

(5) 入札においても，信頼破棄型や説明義務違反型の信頼利益賠償責任が問題となりうる。さらに，入札手続規則が発注者・入札募集者をも拘束して入札募集者の締結自由を制限し，入札応募者の落札する期待・利益まで保護すべき趣旨であり，履行利益の賠償も義務の保護範囲内にある場合には，手続違反がなければ受注に至ったはずの入札応募者に対し履行利益の賠償責任を

発注者・入札募集者は負おう。

第2節　わが国の契約準備段階での信義則上の責任判例

1　交渉破棄責任の新類型

(1)　はじめに

　契約準備段階における信義則上の責任は，信義則を根拠として説明義務等の違反や信頼による拘束の破棄の問題として扱われ，誠実な交渉当事者であれば通常ある行動をとるであろうとの一般的誠実性期待を保護し，私的自治的形成を可能とする補完物となっている。特に契約締結に至らなかった場合には信頼による拘束の正当事由なき破棄や説明義務違反の問題となる。説明義務違反の場合（誤信惹起型）には，契約締結に確実に至るとの誤信を相手方に生じさせてはならない説明義務，または，損失分担確約等の言動によって相手方の具体的措置・処分を誘発し，契約締結に至るとの誤信を生じさせてはならない説明義務が問題となる[49]。

　次に，信頼による拘束（信頼裏切り型）にも，確実に契約締結に至るとの信頼を相手方に生ぜしめる場合だけでなく，損失分担確約等の言動によって相手方の具体的措置・処分を誘発する場合もある。最判平成19年2月27日判時1964号45頁は，最高裁として初めて後者の場合に信義則上の責任を認めた[50]。確実に契約締結に至るとの信頼を相手方に生ぜしめる場合には，原則として締結拒否によって無駄となった処分の賠償となる[51]。これに対し，損失分担確約等の言動によって相手方の具体的処分を誘発する場合には，契約の締結に至らなかったときに無駄となる出費の損失分担確約はあるが，契約締結の確約はないので，制限された信頼保護が問題となっている。したがっ

---

[49]　拙著『表示責任と契約法理』（日本評論社，1994年）229頁—231頁（岩波映画事件東京地判昭53・5・29判時925号81頁，最判昭59・9・18判時1137号51頁等）。

[50]　本書第2章46頁＝拙稿「契約締結上の過失責任」151頁，池田清治・本件判批・民商137巻8号2007年336頁参照。長久保尚善・本件判批・判タ平成19年度主要判例解説61頁は「原審が契約締結に至らなかった責任を問題としたのに対し，本判決は，交渉中にYがした行為を重視しており，観点の相違により判断が分かれた」とする。

[51]　最判平成2・7・5裁集民160・187＝注49拙著248頁，最判平成18年9月4日金商判1256号28頁。

て，契約の締結を信頼してなした処分の全部の賠償は認められず，交渉権限者の損失分担確約等の言動によって具体的に誘発された処分・出費の賠償が認められるにすぎない[52]。

(2) 最判平成 19 年 2 月 27 日（判時 1964 号 45 頁）
【事案】
　ゲーム機等を販売する米国の A 社は，平成 8 年ころから，米国等のカジノで普及している「パイゴウ（牌九）」と呼ばれるゲームに使用する牌を自動的に整列させる装置（以下「本件装置」という。）及びその専用牌（以下，本件装置と併せて「本件商品」という。）を開発することができる業者を探していた。A 社は平成 9 年 4 月 23 日，B 社を通じて Y 社に対し，本件商品を開発する業者を手配し，本件商品の A 社への供給を委託した。これを受け，Y 社は，同年 5 月，X 社に対し，本件商品の開発を打診した。
　X 社は，その開発は可能であると判断し，本件商品の開発，製造等の発注があればこれを受けることとした。そして，X 社は，同年 6 月，A 社の代表者 C，Y 社の担当者 D，B 社の代表者らの訪問を受けて，開発費を最終的に A 社側が負担すること，少なくとも本件装置 1000 台の取引を目標とすること，本件装置は，カジノで使用されるため，長時間の連続稼働が可能な耐久性が必要であることなどを確認した上で，本件商品の開発に着手した。
　X 社は，平成 9 年 8 月 6 日，本件装置の試作 1 号機を完成させ，これを C，D らに示し，動作確認を経て，これらの者の間で開発の続行が合意された。X 社は，C 及び D から，それぞれ本件商品の開発費等に係る見積書の提出を要請され，同月 18 日，Y 社に対し，本件商品の開発費（うち Y 社負担分として 960 万円等を計上）等を記載した見積書（以下「本件見積書」という。）を提出した。これに対し，D は，X 社に対し，Y 社が開発費を同年 9 月末日までに支払う旨を口頭で約したが，Y 社との間で本件商品の開発に係る契約書を交わしたいとする X 社の要望には応じなかった。この Y 社の対応に不安を感じた X 社代表者は，9 月 11 日，開発作業を一時的に中止させたところ，D は，9 月

---

[52] 本書第 2 章 46 頁 = 拙稿「契約締結上の過失責任」151 頁。

24日，X社に対し，「牌九開発費支払い確認書」と題する書面（以下「本件支払確認書」という。）を交付した。本件支払確認書には，Y社が平成9年12月8日に開発費として960万円（消費税込みで1008万円）を支払う旨が記載されていた。

　平成9年10月3日，A社の会長でCのスポンサーと名乗るEが，本件装置の試作機の視察のためX社を訪問したが，開発を一時的に中止していた影響もあって試作2号機はうまく作動せず，専用牌の自動整列に要する処理速度にも問題があったため，Eは，X社に対する不信感を抱き，X社に対し，用意してきた開発費の支払をしなかった。その後，C，E，X社代表者，D等による協議が行われ，A社側から，上記処理速度の短縮等についての改良の要望が出され，同年12月までに改良が完成すれば，平成10年3月に米国で開催が予定されている展示会に出展すること，上記改良が完成しなければ取引を白紙に戻すこと等の意向が示され，X社側もこれを了承した。その後，X社は，試作2号機の処理速度の短縮等を行い，Dもこれを承認したことから，本件装置の開発の続行が決まった。Cも，試作2号機の動作確認をし，処理速度について了承して，X社に対し，更に安定性と耐久性についての改良を要請した。

　平成9年11月，X社はY社に対し，X社が開発費を負担すること，専用牌の金型代金は，牌の販売利益によって償却すること及び本件装置1000台以上を受注することを前提として，本件装置の代金を1台20万円とすることなどを内容とする見積書を提出した。Dは，X社に対し，同年12月初めに契約の取りまとめを行う意向を示しただけで，X社との契約締結について明確な態度を取らなかった。このため，X社代表者は，B社代表者の仲介により，Y社の専務取締役Fと会談したところ，Fから，ここまできたらY社としても本件商品の取引を実現させるしかないとの意向を示され，X社はY社との間で契約が締結されることを信頼して開発を継続させることとした。

　しかし，その後も，Dは，X社に対し，本件装置1000台の購入を確約することはできず，具体的な発注書を出すこともできないとの意向を示したため，X社は，本件商品の開発，製造を継続するには銀行から融資を受けるために必要であるとして，Y社に対して正式な発注書の発行を要求した。これを受

け，Dは，12月26日ころ，X社に対し，Y社がX社に本件装置200台を発注することを提案し，本件装置を正式に発注することを口頭で約した。X社は，12月27日，本件装置に関する5つの発明について特許出願を行うとともに，特許権の帰属に関し，Cとの交渉を続けた。

　Y社は，平成10年1月21日，「発注書」と題する書面（以下「本件発注書」という。）を作成し，これをX社に交付した。本件発注書には，X社とY社との間の合意内容として，X社において，本件装置1000台以上及びその専用牌を継続して販売することを目標とし，専用牌の金型代金は，牌の販売利益で償却すること，本件装置100台を1台26万円，専用牌7万組を1組1500円で発注すること，正式な売買契約書は後日作成すること等の記載がある。また，Cも，Dとの交渉において本件発注書記載の取引条件を了承し，Y社とA社との間においても，同日付けで同内容の覚書が交わされた。もっとも，X社とY社との間で，本件商品についての具体的な納期は定められなかった。

　平成10年3月，X社は本件装置の試作3号機2台をラスベガスで行われた展示会に出展して好評を博した。その後，X社は，Cから要請された作動音の低減化と軽量化の改良を終え，Dの承認を得て，本件装置は，量産機として基本的に完成した。そして，X社は，本件装置の部品のうち，納入に2ヶ月を要するモーターを始め，本件装置100台分の部品等を外部発注し，本件商品の量産に備えた。

　しかし，その後も，Y社は，Cからの具体的な発注がないことを理由に，X社に対して納入スケジュール等を示さなかったため，X社代表者は，Y社の上記対応に憤慨し，同年6月4日，Y社に対し，本件商品の契約締結の見込みが立たないのであれば，本件商品の開発にこれ以上時間と費用を費やすことはできない旨を伝え，しかるべき返答を求めたところ，Y社は，6月16日，X社に対し，「全自動牌九の取引について」と題する書面（以下「本件条件提示書」という。）を送付し，平成10年7月から平成11年4月までの10ヶ月間本件装置を毎月30台発注すること，その単価を30万円とすることなどを内容とする提案をした。X社代表者は，Y社の上記提案を本件商品の増加発注及び納入スケジュールの提示であると考え，平成10年6月17日，単価を40万

円としたい旨を回答するなどし，以降，X社とY社との間で，条件交渉が続けられた。

X社は，平成10年6月末までに本件装置の量産機の開発を終えた。Cは，同年7月1日，量産機の動作確認を行い，作動音の低減化や軽量化についても承認した。また，X社は，7月上旬ころまでには，専用牌を製造するために必要な金型2台を完成させた。

X社は，7月までに，本件装置の量産機30台及び専用牌3600組（以下「7月分商品」という。）を製造して，Y社の指示した場所に搬入し，Y社の意向に従い，B社あての納品書及び請求書を発行した。さらに，X社は，同年8月，量産機30台を製造した。

本件商品の販売に関しては，X社，Y社，A社及びB社の間で，X社がB社を経由してY社に本件商品を販売し，Y社がこれをA社に販売するという取引の流れが合意された。その上で，上記4社は，同年7月1日，「牌九の条件合意書」と題する書面を作成し，本件装置の単価を30万円又は31万円とすること，専用牌の単価を1600円とすること，代金は，当該月に納入した分について当該月内に支払うこととすることなどを最終的に合意した。さらに，X社とY社は，7月中に，上記合意を踏まえ，上記4社間での契約（以下「4社契約」という。）を締結することを合意した。

その後，上記4社は，4社契約の具体的な条項を検討し，同年8月17日までに，その案文が完成した。同案文には，上記4社について，X社は，A社の発案の下で本件商品を開発，製造する位置を，B社は，X社からY社に取次供給する位置を，Y社は，A社に本件商品を販売する位置を，A社は，本件商品の発案委託者として総販売代理権者の地位をそれぞれ取得すること，4社契約締結の月から10ヶ月間，毎月30台の取引を行うこと，本件商品の仕様，販売価格等が記載されていた。

そして，平成10年8月17日，4社契約締結のため，X社担当者，D，CがB社の事務所に集まったが，Cが，突然，既に製造済みの60台を含めて本件装置のテーブルへの取付位置を約5cm低くすること，牌の投入口を広くすることなどの仕様変更を要求し，X社はそのためには基本設計から修正が必要であることから，結局4社契約の締結に至らなかった。

その後，X社は，同年9月16日を支払期限とする手形の決済に7月分商品の代金1549万8000円を充てることを予定していたことから，Y社に対し，納入済みの本件商品の現金化を懇請したところ，Dは，Cに対して7月分商品の購入代金の支払を了承させるとともに，Y社がこれを取り次ぐのではなく，取引関係のあるG社に，CとX社との間の取次を依頼し，その承諾を得て，X社に対してG社あての納品書及び請求書を発行するよう指示した。そして，G社は，同年9月14日，X社に対し，上記の手形決済に必要であった1000万円を支払った。

X社は，主位的請求として，Y社との間で商品の継続的な製造，販売に係る契約が成立したにもかかわらず，Y社が，商品の受領を拒み，代金の一部の支払をしなかったため，X社において上記契約を解除したところ，これによって商品の開発費，製作費等相当額1億5937万円余の損害を被ったと主張し，予備的請求として，Y社には，基本契約の準備段階における信義則上の注意義務違反があり，これにより上記同額の損害を被ったと主張して損害賠償を求めた。

第1審は主位的請求を棄却したが，予備的請求につき，Y社は「一連の行為によって，X社に対し，基本契約の締結が確実であるとの信頼を与えておきながらこれを裏切った」として，逸失利益も含め1億3219万円余の賠償を認めた。Y社が控訴し，X社も付帯控訴し，原審は，4社契約が締結されるに至らなかったのは，A社代表者のCが時機に後れて新たに本件装置の改良を要求したためであり，Y社は，Cが本件商品の買受けを承諾しないのに，X社との間で本件商品の売買契約を成立させるわけにはいかない立場にあったから，Y社がX社と契約を締結しなかったことが信義則に違反するとまでは認められないし，4社契約が締結に至らなかったことについて，CもYも契約当事者でありCの行為をYの行為と同視することもできないから，X社はY社が契約の締結を拒否したことを理由として損害賠償を請求することはできないとして予備的請求をも棄却した。X社が上告し最高裁はX社の予備的請求につき原判決を取消し，原審に差戻した。

【判旨】

「前記事実関係によれば，Xは，Yとの間で本件商品の開発，製造に係る契

約が締結されずに開発等を継続することに難色を示していたところ，Yは，Xに本件商品の開発等を継続させるため，Aから本件商品の具体的な発注を受けていないにもかかわらず，YがXとの間の契約の当事者になることを前提として，平成9年12月26日ころ，Xに対し，本件装置200台を発注することを提案し，これを正式に発注する旨を口頭で約し，平成10年1月21日に，本件装置100台を発注する旨等を記載した本件発注書を交付し，同年6月16日に，本件装置を10か月間，毎月30台を発注する旨等の提案をした本件条件提示書を送付するなどし，このため，Xは，本件装置100台及び専用牌の製造に要する部品を発注し，専用牌を製造するために必要な金型2台を完成させるなど，相応の費用を投じて本件商品の開発，改良等の作業を進め，7月分商品を製造し，これをYに対して納入したというのである。

これらの事実関係に照らすと，Yの上記各行為によって，Xが，Yとの間で，本件基本契約又はこれと同様の本件商品の継続的な製造，販売に係る契約が締結されることについて強い期待を抱いたことには相当の理由があるというべきであり，Xは，Yの上記各行為を信頼して，相応の費用を投じて上記のような開発，製造をしたというべきである。

そうすると，Yは，一面で原審が指摘するような立場にあったとしても，Aから本件商品の具体的な発注を受けていない以上，最終的にYとAとの間の契約が締結に至らない可能性が相当程度あるにもかかわらず，上記各行為により，Xに対し，本件基本契約又は4社契約が締結されることについて過大な期待を抱かせ，本件商品の開発，製造をさせたことは否定できない。上記事実関係の下においては，Xも，Yも，最終的に契約の締結に至らない可能性があることは，当然に予測しておくべきことであったということはできるが，Yの上記各行為の内容によれば，これによってXが本件商品の開発，製造にまで至ったのは無理からぬことであったというべきであり，Yとしては，それによってXが本件商品の開発，製造にまで至ることを十分認識しながら上記各行為に及んだというべきである。したがって，Yには，Xに対する関係で，契約準備段階における信義則上の注意義務違反があり，Yは，これによりXに生じた損害を賠償すべき責任を負うというべきである。本件4社交渉は，Cが新たな改良を要求したことに端を発して決裂し，その後のX

とYとのやりとりの中で4社契約の締結に向けた交渉が最終的に決裂したものであるが、上記交渉決裂の主たる原因は、Yに本件商品の開発業者の手配を委託し、終始Yに本件商品の開発に関する指示をしていたAの代表者であるCが時機に後れた改良要求をしたことにあるというべきであり、Xにも上記交渉決裂の責任の一端があるとしても、上記交渉決裂の経緯は、Yの上記責任を免れさせることにはならない。」と判示した。

(3) 交渉補助者の信義則上の責任

本件では、A社の交渉補助者であるY社の信義則上の損害賠償責任が問題となっている。平成10年7月1日ごろ、ようやくXBYA間における4社契約の締結が合意され、Y社もX社との間の契約当事者となっている。しかし、それまではXA以外の当事者がどのように契約に関わるかがはっきりせず、Y社はアメリカのA社より本件商品を開発する業者を手配しA社に対して本件商品を供給する旨を委託された者であり、XYAB間では本件商品の開発費を最終的にA社が負担することが約されていた。そうすると、4社契約の締結が合意されるまでは、Y社はA社の交渉補助者であったこととなり、最高裁は、契約締結に至らなかった場合における交渉補助者の信義則上の責任を初めて認めたことになる[53]。

(4) 具体的措置・処分の誘因となる言動

最高裁は特にY社は、「Aから本件商品の具体的な発注を受けていない以上、最終的にYとAとの間の契約が締結に至らない可能性が相当程度あるにもかかわらず、上記各行為により、Xに対し、本件基本契約又は4社契約が締結されることについて過大な期待を抱かせ、本件商品の開発、製造をさせたことは否定できない。上記事実関係の下においては、Xも、Yも、最終的に契約の締結に至らない可能性があることは、当然に予測しておくべきこ

---

[53] 野澤正充・本件判批・NBL 855号(2007年)17頁18頁、池田清治・本件判批・民商137巻8号(2007年)336頁、大島梨沙・本件判批・北大法学論集61巻4号(2010年)251頁、大滝哲祐・本件判批・北海学園大法学研究44巻2号(2008年)202頁、福本忍・本件判批・法時83巻5号125頁参照。長久保尚善・本件判批・判夕平成19年度主要判例解説61頁も「本判決は、交渉中にYがした行為を重視して」いるという。

とであったということはできるが、Yの上記各行為の内容によれば、これによってXが本件商品の開発、製造にまで至ったのは無理からぬことであったというべきであり、Yとしては、それによってXが本件商品の開発、製造にまで至ることを十分認識しながら上記各行為に及んだというべきである。」として、Y社には、X社に対する関係で、契約準備段階における信義則上の注意義務違反があると述べており、確実に契約締結に至るとのX社の信頼を問題としていない[54]。意図された契約の締結や履行に必要な具体的措置・処分の誘発によって黙示的に契約締結が確実であるとの信頼を相手方に生じさせることがある[55]が、本件では契約締結が確実であるとの信頼を相手方に生じさせてはいない。① 開発費支払い確認書の交付、② 正式発注する旨の口頭での約束と本件発注書の交付、③ 本件装置を10ヶ月間にわたって毎月30台発注する旨を提案した本件条件提示書といったY社の「上記行為によって……本件商品の開発、製造をさせた」ことからは、本件ではY社は損失分担確約等の言動によって相手方の具体的処分・措置を誘発し、具体的処分・措置を賠償なしに無意味としない義務を引き受けたというべきである。そして、Y社は信頼構成要件の作出によって相手方に信頼を生ぜしめ、この信頼に応じた財産的処分をなすであろうことを認識していたか、知り得たので、Y社に帰責される[56]。そして、Y社は、A社から本件商品の具体的な発注を受けていない以上、最終的にY社とA社との間の契約が締結に至らない可能性が相当程度あることも一応X社に対して明示してはいたが、本件では、Y

---

[54] 高田淳・本件判批・法学セミナー630号（2007年）114頁も、「『Aからの発注は確実』と述べて契約締結の確実性を誤信させるような積極的行為までは、Dはしていない。」という。
[55] 下記(6)最判平成18年9月4日金商判1256号28頁参照。
[56] 大島梨沙・本件判批・北大法学論集61巻4号（2010年）253頁は、積極的に契約前段階での開発・製造を促したことがY社への帰責根拠となるとする。鳥海修・高野雄市・本件判批・NBL 858号28頁も、本判決は「X社が一定の先行投資を伴う開発を進めるにあたり、契約締結の先行きに不安を覚えるたびに、Y社に対し確認を求めていた点に着目し、Y社がそのつどX社の信頼を誘発する行為を行っていた点を重視して、その責任を認めている点に注目すべき」と述べ、また、「Y社はA社より本件商品の開発業者の手配の委託を受けていること、商品開発・仕様修正の過程においてY社が仕様の承認を行っていること、X社が取引成立への不安を訴えるつどY社自身が発注にかかわる提案書その他の書面をX社に提示していること」から「相手方から見れば、Y社が単にA社のメッセンジャーとして機能していたのではなく、主体的に物事を判断し得る取引の当事者として理解し、その言動に対し、より高い信頼を置いたとしても無理からぬ状況にあった」と指摘している。最高裁判決はY社の「上記行為」に①を含めていないが、X社の本件商品開発を誘発した①の開発費支払い確認書の交付もY社の「上記行為」に含めるべきである。

社がX社に開発・製造させる「上記各行為」をしただけでなく、その都度Y社の「上記各行為」に対するA社またはA社の代表取締役Cの了承があったことからX社の信頼が強められたというべきである。

(5) 損害賠償の範囲

「Xは、Yとの間で本件商品の開発、製造に係る契約が締結されずに開発等を継続することに難色を示していたところ、Yは、Xに本件商品の開発等を継続させるため、Aから本件商品の具体的な発注を受けていないにもかかわらず、YがXとの間の契約の当事者になることを前提として、平成9年12月26日ころ、Xに対し、本件装置200台を発注することを提案し、これを正式に発注する旨を口頭で約し、平成10年1月21日に、本件装置100台を発注する旨等を記載した本件発注書を交付し、同年6月16日に、本件装置を10か月間、毎月30台を発注する旨等の提案をした本件条件提示書を送付するなどし、このため、Xは、本件装置100台及び専用牌の製造に要する部品を発注し、専用牌を製造するために必要な金型2台を完成させるなど、相応の費用を投じて本件商品の開発、改良等の作業を進め、7月分商品を製造し、これをYに対して納入した」との最高裁の判断に従い、差戻し後の控訴審では、「Yの上記各行為によりXが本件商品の開発、製造をしたことにより生じた損害と解するのが相当」であるとして、本件商品の開発費用、専用牌の制作費用、本件装置の在庫分（平成10年8月に納品予定の本件装置と製品化されていない部品の原価）等の賠償を認めた[57]。これらは交渉補助者の損失分担確約等の言動によって具体的に誘発された処分・出費の賠償である。これに対し、確実に契約締結に至るとの信頼を相手方に生ぜしめる場合には、原則として締結拒否によって無駄となった処分の賠償となる[58]。さらに、本件事案とは異なり、もしもA（Y）が継続的にずっと確実に契約締結に至ると故意にX社を誤信させながら四社契約締結時に突如無理な仕様変更を要求して締結に至らせなかったような場合には、A（Y）の誠実義務違反がなければ契約締結に至っていたのであり、履行利益の賠償も認められることがあろう[59]。

---

[57] 野澤正充・本件差戻審判批・NBL 871号（2007年）6頁。差戻審は9387万円の賠償を認めた。
[58] 下記(6)最判平成18年9月4日金商判1256号28頁参照。

(6) 最判平成 18 年 9 月 4 日との関係

最判平成 18 年 9 月 4 日金商判 1256 号 28 頁[60]は、Y 大学の新建物の建築にあたり、Y より建物の設計監理を受託した A 建築研究所を介して、建築資材の輸入・販売業者 X による建具の納入等の準備作業が行われた事件において、X が交渉補助者である A ではなく Y 大学に対し信義則上の損害賠償請求をした事件である。不法行為構成ではあるが、交渉補助者 A の言動を Y 大学に帰責している。また、X が交渉補助者 A を介して随時 Y 大学の了承を得ていたことを重視している。

【事案】

Y 大学は、Y の大学構内に研究教育施設用建物（以下「本件建物」という。）の建築を計画して、文部科学省に補助金の交付を申請し、平成 14 年初春、A を代表者とする A 建築研究所（以下「A 研究所」という。）に、本件建物の企画設計を依頼し、また補助金交付の決定があったときは本件建物の設計監理を委託したいと申入れて、上記決定があり次第直ちに本件建物の建築を始められるように準備を進めていた。

建築資材の輸入・販売業者 X は、平成 14 年 3 月中旬ころ、A 研究所から、本件建物の壁面にドイツの B 社のガラス製品を用いたガラスカーテンウォール（以下「本件建具」という。）を使用する計画であるので設計に協力してほしいとの依頼があったため、技術的な検討と見積作業を開始した。Y 大学は、前記申請に係る補助金交付の内定があったことから、平成 14 年 4 月 15 日ころ、A 研究所に本件建物の設計監理を委託し、A 研究所は、本件建物の基本設計を開始した。

本件建物の竣工は平成 15 年 3 月と予定されており、これに間に合うよう

---

[59] 履行利益の賠償を認めるアメリカの判例として Chrysler v. Quimby, 144 A. 2d 123, 885（Supr. Ct. of Delaware 1958）などがある。また、履行利益賠償が認められた場合につき、ハイン・ケッツ／潮見佳男・中田邦博・松岡久和訳『ヨーロッパ契約法Ⅰ』（法律文化社、1999 年）59 頁以下参照。

[60] 本件判批として、野口恵三・NBL 853 号（2007 年）55 頁、上田貴彦・同志社法学 58 巻 7 号（2008 年）597 頁、丸山絵美子・法学セミナー 629 号（2007 年）123 頁、円谷峻・金融商事判例 1267 号（2007 年）2 頁、同・民商法雑誌 136 巻 3 号（2007 年）361 頁、坂本武憲・私法判例リマークス 36 号（2008 年）51 頁、武川幸嗣・受験新報 673 号 18 頁がある。最判昭 56・1・27 民集 35 巻 1 号 35 頁につき前掲注 49 抽著 246 頁。

に本件建具の納入等をするには，遅くとも平成14年6月初めころには，本件建具の形状，寸法等の打合せや製作図の作成等の準備作業を開始し，同年9月初めころには，ドイツ工場で本件建具の製作を開始する必要があった。Aは，平成14年5月下旬ころ，Xの担当者から，この事情の説明を受け，直ちに本件建具の納入等の準備作業を開始することについて了承を求められたため，Y大学における本件建物の建築に関する担当者である助教授に，この事情を説明した上で，サッシ業者に上記準備作業の開始を依頼すること及び依頼後は別の業者を選ぶことができなくなることについて了承を求めたところ，同助教授はこれらを了承した。なお，建物建築工事における建具の納入等は，建具の納入業者が建物の施工業者との間で下請契約を締結して行うのが通常の形態であるが，文部科学省への届出においてはY傘下のY建設を施工業者としており，本件建物の実際の施工業者は，この当時，いまだ決定しておらず，同年8月末に決定する予定であった。

　Xは，AからY大学の了承があった旨の説明を受け，直ちに上記準備作業を開始するよう依頼もなされたことから，本件建具の製作図の本格的な作成，打合せ，製造ラインの確保等の準備作業を開始した。A研究所は，平成14年6月中旬ころまでに基本設計を，同年7月20日ころまでに実施設計を行い，これらについてY大学の了承を得た。Yは，7月初旬ころに本件建物の建築確認申請をなし，大学施設増築及び高度制限解除等の許可を受けた。ところが，平成14年8月27日にYは将来の収支に不安定な要因があることを理由に本件建物の建築計画の中止を決定し，補助金の交付の申請を取り下げた。

　XはY大学に対し不法行為に基づき損害賠償を求めた。1審は「Xは，A建築研究所の監理の下に，Yと施工業者との間で本件建物建築請負契約が締結された場合に，Xと施工業者との間で本件建具の納入契約が締結されることが予定されていたというに過ぎない。しかしながら，建築工事において使用することが予定されていた建具について，注文者と請負業者との間の請負契約の締結を待って製作していたのでは竣工に間に合わなくなるという特別の事情がある場合において，建具の納入業者となることが予定されていた者が，注文者の了承を得た上で建具の製作のための準備作業に着手した後に，注文者が注文者側の事情により請負契約の締結を取りやめたというときに

は，注文者は，当該建具の納入業者が，請負契約及び建具の納入契約が締結されるものと信頼して行動したことにより被った損害を賠償する責任を負う」として準備作業のためXが支出した費用1456万円余の賠償を認めた。Y大学の控訴を受けた原審は，Xによる本件建具の納入等の準備作業は，本件建物の施工業者が選定されるまでは，XとA研究所との間の契約関係に基づいて行われたものと推認されるから，本件におけるXの損害は，同研究所との間で解決が図られるべきものであるとしてXとの契約を直接締結する予定のないY大学に対する請求をすべて棄却した。Y大学が建築の計画をしていた建物の建具の納入等に関して，XがY大学の了承に基づいて準備作業を開始した後にY大学が上記計画を中止することは不法行為を構成するとのXの上告受理申立を受理した最高裁は，以下のように述べて原判決を破棄し，原審に差戻した。

【判旨】

「前記事実関係によれば，建物建築工事における建具の納入等は，建具の納入業者が建物の施工業者との間で下請契約を締結して行うのが通常の形態であるが，本件建物の竣工予定時期に間に合うよう本件建具の納入等をするためには，Yが本件建物の施工業者を決定する前に，本件建具の納入等の準備作業を開始する必要があったことから，Yは，本件建物の設計監理を委託していたA研究所の代表者であるAの説明を受け，同人の求めに応じて，平成14年5月下旬ころ，サッシ業者に上記準備作業の開始を依頼すること及び依頼後は別の業者を選ぶことができなくなることを了承し，また，Xは，Aから，上記のとおりYの了承があった旨の説明を受けるとともに，直ちに上記準備作業を開始するよう依頼を受けたことから，本件建具の製作図の本格的な作成，打合せ，製造ラインの確保等の準備作業を開始したというのである。このような事情の下においては，XがAから上記準備作業に要した費用等についてはA研究所で負担するとの説明を受けていたなどの特段の事情のない限り，Xは，Yの上記了承があったことから，Yが誰を本件建物の施工業者に選定したとしても，その施工業者との間で本件建具の納入等の下請契約を確実に締結できるものと信頼して，上記準備作業を開始したものというべきであり，また，Yは，Xが上記準備作業のために費用等を費やすこ

とになることを予見し得たものというべきである。……

　そして，上記特段の事情が認められず，Xが本件建物の施工業者との間で本件建具の納入等の下請契約を確実に締結できるものと信頼して上記準備作業を開始したものであり，Yが上記のとおりの予見をし得たものとすれば，信義衡平の原則に照らし，Xの上記信頼には法的保護が与えられなければならず，YにXとの関係で本件建物の施工業者を選定して請負契約の締結を図るべき法的義務があったとまでは認め難いとしても，上記信頼に基づく行為によってXが支出した費用を補てんするなどの代償的措置を講ずることなくYが将来の収支に不安定な要因があることを理由として本件建物の建築計画を中止することは，Xの上記信頼を不当に損なうものというべきであり，Yは，これにより生じたXの損害について不法行為による賠償責任を免れない。」

【検討】

　Xは，交渉権限ある交渉補助者Aから，注文者であるY大学の了承があった旨の説明を受けるとともに，直ちに準備作業を開始するよう依頼を受けたことから，本件建具の製作図の本格的な作成，打合せ，製造ラインの確保等の準備作業を開始している。したがって，Xは，注文者であるY大学の了承があったことから，Y大学が誰を本件建物の施工業者に選定したとしても，その施工業者との間で本件建具の納入等の下請契約を確実に締結できるものと信頼して準備作業を開始しており，また，Y大学は，Xが準備作業のために費用等を費やすことになることを予見し得た。すなわち，交渉権限ある交渉補助者Aから，注文者Yの了承を得て直ちに準備作業を開始するよう依頼されたという，意図された契約の締結や履行に必要な具体的措置・処分の誘発によって黙示的に契約締結が確実であるとの信頼を相手方Xに生じさせた。そして，交渉補助者Aが履行に必要な準備作業の開始をXに依頼することにつき注文者Yは了承したことから，Y大学またはY大学の交渉補助者Aによって作出された信頼構成要件を注文者であるY大学は知っているか知っていなければならないというべきである。

　上記最判平成19年2月27日判時1964号45頁においても，Xは交渉補助者Yだけでなく，随時了承してXの信頼を惹起した注文者Aに対しても信

義則上の損害賠償請求をすることができたであろう。

2　将来の契約基礎の危殆化

(1) はじめに

契約準備段階における信義則上の責任は，契約交渉や契約的接触に当事者が事実上入ることによって信義則に基づき調査・説明・協力義務などの義務が発生するので，契約の無効・不成立の場合や有効な契約が成立した場合だけでなく，契約締結に至らなかった場合においても成立する，とされる[61]。

契約締結に至らず，契約交渉が失敗した場合の信義則上の責任には，交渉失敗に至るにもかかわらず契約締結を信頼させたり，その信頼を維持するという説明義務違反類型のほかに，契約締結は確実であるとの信頼を契約相手方に生ぜしめ，締結や履行に必要な具体的措置・処分を誘発した者は，正当理由なく締結を拒否してはならないとの信頼による拘束の類型がある[62]。しかし，後者の信頼による拘束の類型には，上記のような正当理由なき交渉破棄事例のほかに，契約準備のための措置を遅滞したり，契約が成立していれば不完全履行や附随義務違反となる信義則上の協力義務・誠実義務の違反のため，契約の目的・基礎が危殆化されたり，信頼基礎が著しく破壊される場合のあることが指摘され[63]，近時，そのような協力義務・誠実義務違反類型の判決例が増加している。以下では，まず，これらの新判決例を紹介したのち，このような新たな類型についてまとめて検討する。

(2) 近時の新判決例

以下に見るように，溶接工場新築事件において，初めて明確に契約準備段階における協力義務が認められ，その後，同様の信義則上の協力義務を認める判決例として，インドネシア・プラント事件判決，運転シミュレータ共同開発事件判決などが出てきている。

---

[61] 北川善太郎『契約責任の研究』（有斐閣，1962年）356頁以下など。
[62] 拙著『表示責任と契約法理』（日本評論社，1994年）205頁以下，本書第2章第1節42頁以下。
[63] 拙稿「工場建築請負予約の不成立と契約準備段階での信義則上の責任」私法判例リマークス12号（1996年）63頁。

(a) 溶接工場新築事件（東京地判平 6・4・26 判時 1522 号 91 頁。以下，① 判決という。）

【事実】
　日産自動車の下請として部品を製造する Y_1 金属は，日産自動車の平成 2 年 6 月からの増産計画に伴い，同年 5 月末までに自動車部品を大量生産できる溶接工場を新規に増設する必要に迫られた。Y_2 建設による一般工法での建物建築では平成 2 年 9 月以降の完成となるので，Y_1 は，工場用システム建築製品による建築につき問い合わせたところ，システム建築製品による建築業者 X は，平成 2 年 1 月 10 日，問い合わせのあった工場用資材は生産が間に合わないものの，Y_1 の作業内容・作業量であれば 1 階コンクリート，防火工事をすれば本来事務所用建物製品である資材でも十分に溶接工場として対応できるし，現在在庫があり平成 2 年 5 月中の工場建物完成にも間に合うとして，上記資材による工場建設を勧めた。

　平成 2 年 1 月 26 日，X，Y_1，Y_2 の間で協議が行われ，Y_1 金属が Y_2 建設に上記資材による工場建築を注文し，X が Y_2 の下請として建築に当たることが了承され，この協議に従って建築申請がなされるなどの準備が進められた。しかし，市役所から申請建物の 2 階部分の床の積載荷重が不足すること，防火構造の点で問題があると指摘され，Y_2 は，このまま上記資材による建築を進めれば，2 階部分も Y_1 は溶接工場として使用し，万一事故が起きれば，Y_2 建設が関係官庁から厳しい指導・行政処分を受けかねず，地元の建設業者として致命的な信用失墜を来すと危惧を抱き，Y_2 建設は協力を拒否したため，Y_1 金属も上記資材による工場建築を断念した。

【判旨】
　このような事案について ① 判決は，上記協議時では「最終的な建築請負契約締結にはなお将来不確定な要因が介在していることが窺われ，本件当事者間には右契約締結の実現のために尽力すべき協力関係ないし協力義務が生じていた」が，予約は認められない，と判示した。

　さらに，① 判決は，締結拒否の正当事由につき，「スタンオフィスによる本件工場用建物建築計画は，敷地の開発許可用途目的の制約とあいまって元々建築確認申請手続上種々の点（建築基準法，消防法）で問題を包含していた」ので，「市役所からスタンオフィスによる申請建物の 2 階床の積載荷重の構造

計算の点及び防火構造の点について倉庫としての申請では問題がある旨の指摘を受けたことは，右の問題が顕在化し，計画の遂行の無理が露呈したものともいうべきである。すると，このような事態の下で，Y_2建設代表者ないしY_2がXの提供するスタンオフィスによる溶接工場用建物の建築に危険を感じ，事故が発生した場合における施主及び請負人としての責任及び建設業者としての信用の毀損を慮り，右建築請負契約の締結のための協力関係を離脱し，スタンオフィスによる右工場建築契約の締結を拒否したことにはやむを得ない正当な事由があ」り，Yらは損害賠償責任を負わない，と判示した[64]。

(b) **インドネシア・プラント事件**（東京地判平 10・11・26 判時 1684 号 75 頁。以下，②判決という。）

【事実】

X 社は，インドネシアの A 社との間で，A 社を注文主，X 社を請負人として，インドネシアに A 社が建設する予定の工場プラントに設置する機械機器等を代金約 2 億円で納入する旨の契約を締結し，Y 社は，平成 7 年 2 月，X 社との間で，上記工場プラントの機械機器製造の下請契約の締結に向けて交渉を開始した。

上記機械機器製造につき，Y 社が 1 億 7000 万円（エンジニアリング費等 1300 万円込み）の見積もりを出し，契約内容についておおむね合意に達し，平成 7 年 6 月 20 日には契約書案が作成された。そして，Y 社は，X 社の支払能力に不安があったため，X 社が A 社から受領する信用状（本件請負代金と同額）であって信頼の措ける一流銀行発行のものの譲渡を受けないと本契約を締結しない意向を X 社に対し表明し，X・Y は，信用状の Y 社への譲渡後に本契約を成立させ，それまでは本契約を履行しなくてもよいことに合意したが，X 社は速やかに信用状を譲渡できると説明していたので，Y 社は間もなく契約書に調印できると考えていた。

X 社は，上記契約書案完成後まもない平成 7 年 6 月ころ，エンジニアリング業務だけでも先に作業を始めてほしいと Y 社に要望したので，X・Y は，同業務の費用の支払いを受けることを条件に同業務のみの開始を合意し，同

---

[64] より詳しくは，前掲注 63 拙稿・60 頁以下参照。

費用1300万円がXからYに送金され，「L/C（信用状）開設遅延の可能性が生じたために，プラント建設早期完成を目的として当覚書を作成する。Yは，Xから，設計，図面の作成及びエンジニアリング費として1300万円を領収後，本プロジェクトに必要なエンジニアリング，設計，図面の作成を始める。万一本プロジェクトが中止された場合，Yは1300万円の返還の必要はない。」との覚書が調印され，同年8月にはY社は同業務を終了し，設計図等の必要書類をX社に引き渡した。

また，上記工場プラントの機械機器をインドネシアに輸出するのに必要なインドネシア当局の輸入許可のために，および，信用状を発行してもらうためにインドネシア当局に提出する必要のあるマスターリストと呼ばれる主要品目機器リストの作成業務を，X・Y間の本契約の対象外であるにもかかわらず，平成7年5月ごろ，X社・A社に要請され，Y社は，リスト作成能力のないA社に代行して完成させ，X側に引渡した。

その後約1年間，X社からY社へ信用状の譲渡がなく，本契約を締結できなかったが，平成8年7月ころ，X社は，上記工場プラントのうち製造に時間のかかる機械機器の一部（ポンプ類）の製造の開始をY社に申し入れ，Y社は前金支払いを条件としてこれに応じた。X社は注文書を発行し，前金1397万円を送金し，Y社は，機械の設計図の作成等の業務を遂行し，また，Y社の担当者がインドネシアの現地に出張し，設計した機械を設置するに足りる工場建物が建設されているかどうかについての現地における指導監督の業務をした。

Y社は，1年以上も契約締結が遅れたため，平成8年9月にはX社に対し本契約の請負代金の20％増額を要求していた。同年11月1日にようやく信用状（金額1億4017万円）の写しがX社からY社にファクシミリで送信されたが，上記信用状はY社への譲渡ができないもので，金額も不足しており，重要な点においてX・Y間の約束に反するものであったので，Y社は，本契約締結が困難との意思をX社に表示した。

X社は，平成7年6月20日にX・Y間において代金1億7000万円とする請負契約が成立していたが，Y社が2割増しの代金を請求するなどしたとして，これを解除し，支払済みの内金・中間金の返還を訴求した。これに対し，

Y社は，上記本契約は信用状の譲渡を前提としていたが，信用状の交付がなく，未だ締結準備段階で本契約は成立していないとして，「契約締結上の過失」に基づく損害賠償請求権との相殺を主張した。

【判旨】
　このような事案について，②判決は，X社の主張する本契約の成立について，契約書案にX・Y双方の押印がされていないとして，未だ成立していないと判示し，平成7年6月に支払われた1300万円については，エンジニアリング業務だけについての個別の請負契約についての支払いで，Y社履行済みであるので返還の必要はないと判示した。さらに，「契約締結上の過失」に基づく損害賠償請求権を自働債権として，Xの請求残額と相殺するとのY社の主張につき，以下のように述べて，本契約の成立を信じてY社が被ったマスターリスト等の作成費用，インドネシアでの打ち合わせ・調査費用，機械機器の設計費用の賠償請求のみを認めた。

　「Xが，信用状をYに譲渡できる十分な見通しもないのにこれが確実であるかのようにYに対して説明して代金1億7000万円の本契約書案を作成し，A社の本件SSプラントの早期完成に協力してほしい旨をYに対して要請し，代金全額前払済みのエンジニアリング業務のみならず，マスターリストの作成代行，現地における工場建物建設等についての指導監督，一部機械機器の設計図（原案図）の作成などの多くの業務を遂行させたという事実を推認することができる。

　そして，このような多くの業務は，すべて，XがYに対して本契約締結前に本契約の成立は確実であると誤信させて本契約の内容を一部実行してほしい旨を要請し，または，本来A社又はXにおいて作成すべきマスターリストについてYに作成代行してほしい旨を要請したために，Yにおいて実行に移したものであって，X側からの要請もないのにY側が先走って実行に移した業務は存在しないということができる。

　他方においては，いずれ本契約が締結されることは確実であるとYが信じた点について，Yに格別の落ち度があったことを認めるに足りる証拠はない。

　そうすると，契約締結交渉関係にあった者の間の関係を規律する信義誠実

の原則に照らし，Xは，Yが本契約の締結を信じて行った右各業務にかかった費用相当額の損害を，Yに対して賠償すべき義務（いわゆる契約締結上の過失の理論に基づく義務）を負うものというべきである。」

【検討】

以上のように，②判決は，平成7年6月のエンジニアリング業務だけについての合意を，個別の請負契約と認定したが，X・Y間において調印されたところの，「プラント建設早期完成を目的として当覚書を作成する。Yは，Xから……1300万円を領収後，本プロジェクトに必要なエンジニアリング，設計，図面の作成を始める。万一本プロジェクトが中止された場合，Yは1300万円の返還の必要はない。」旨の覚書の文言自体からは，本契約締結前の一部履行の費用負担についての損失分担合意が成立したとも考えられる。

②判決は，X社がY社に対して「本契約締結前に本契約の成立は確実であると誤信させて」作業の一部を実行させたと認定している。事実認定の問題であるが，Y社は，X社の支払能力に不安を抱き，X社がA社から支払を受ける代金を確実にそのままY社への請負代金の支払いに充当できるよう，本件請負代金と同額の信用状であって一流銀行発行のものの譲渡を受けないと本契約を締結しない意向をX社に表明していたのに対し，X社は，速やかに信用状を譲渡できると説明して本契約の成立が確実であると信頼させ，一部履行などをY社に求めたことにより，X社は，上記信用状を速やかにY社に譲渡する協力義務・誠実義務を負うに至ったと言うべきである。

(c) **運転シミュレータ共同開発事件** （東京地判平10・12・21判時1681号121頁。以下，③判決という。）

【事実】

鉄道車両の車体改造等を目的とするX社は，平成5年11月頃，平成6年5月施行の道路交通法の改正によって，自動車教習所において運転免許取得のための教習の一環として，動く映像を用いて道路上での運転を擬似体験させる模擬運転装置である運転シミュレータの実用化が図られること，先発メーカーの自動車教習所向け運転シミュレータの製品価格は約1500万円であることなどの情報を入手した。鉄道車両に関する訓練機器のノウハウを生かしたいX社は，コンピュータグラフィックスの技術を有する提携相手さ

えあれば高品質のものができ，先発メーカーがいても販売市場に参入できると考え，平成6年2月，業務用アミューズメント機器の製造・販売を目的とするY社に対し，提携の可能性について打診を始め，X社が入手していた運転シミュレータに関する情報を提供し，コンピュータグラフィックス用ハードウェアとソフトウェアの開発可能性について打診した。

平成6年3月31日，Y社はシミュレータ用コンピュータグラフィックス画面のサンプルができたとしてX社にその良好な画面を見せ，先発他社に対し画像で優位を保つためにテクスチャーマッピングの使用を提案した（その際，Y社は開発についての技術的問題点やハードウェアの仕様についての説明はしなかった）。そこで，同年4月5日，X社はY社との技術提携を決定した。その後，X・Y間で各社の担当分野，量産化の時期，販売価格，販売台数などについて意見交換がなされ，同年5月1日にはY社の要望により秘密保持契約書を取り交わし，同月2日の警察庁の説明会にX・Yとも参加し，運転シミュレータの仕様，認定の条件，制度の内容等について説明を受けた。Y社は，5月19日，上記仕様に基づいて運転シミュレータに関する社内資料を作成し，X社にも送付し，6月29日には先発商品である6画面のA社の製品をドライビングスクールで実際に見学した。

同年7月5日，X・Y間で，Y社はソフトウェア，映像用ハードウェアをそのリスク負担で開発し，ロイヤリティベースでX社に供給し，関東以外の地域の販売を担当する，X社は筐体，メカニズム部分をそのリスク負担で開発し，Y社からソフトウェア，ハードウェアの供給を受けて製品とし，X社名義で製品の認可を受け，関東地区の販売を担当する旨合意し，製品の販売価格について1000万円程度を想定し，X・Yは，同年8月12日，「自動車運転教習用ドライビングシミュレータ共同開発に関する協定」（以下「本協定」という）を締結した。

本協定1条は，「XとYとはドライビングシミュレータの開発を提携して迅速に推進しX・Y双方の販売計画に遺漏のないように努めるものとする」と販売を前提とした協定の目的について定め，2条は，警察庁の仕様に基づいたX・Y双方の開発の分担を定め，3条は，X・Yが「それぞれ開発工程を相互に交換し，計画，進行等について随時協議する」と定める。そして，既

に先発商品が販売されており市場が狭められることを避け、後発メーカーとしての開発が無意味とならないよう、4条では、「本開発による製品が販売可能になる時期は平成6年12月末日を超えないこととする」と定めていた。そして、最後に「本協定書は、本契約締結までの双方の申し合わせ事項とする」旨記載されていた。

　本協定に基づき、X社は、製品の運転席部分の構成を実車そのままにするために、同年6月6日、日産プリメーラ1台を購入して調査し、操縦装置部分のメカニズムの設計試作をし、Y社と協議の上で9月8日には関東の自動車教習所協会の大会において平成6年12月発売予定と記載した宣伝用パンフレットなどを配布し、協会役員と接触するなど営業活動に着手し、X社担当分野の開発について10月6日には第一次試作品を完成させた。11月15日にはX社とY社は製品価格についての打合せを行い、X社は平成7年1月には量産モデル1号機まで完成させ、担当分野の開発を完了させた。

　他方、Y社は、X社からのソフト開発工程の現状と今後、先行3社と比較した場合のソフトの具体的優位点などの問い合わせに対し、平成6年10月5日付け回答書で、テクスチャーマッピングなどソフトの優位点について回答し、開発工程については開発総合計画書のみを送付した。品質性能において先行商品を上回るために、Y社はサイドミラー及びルームミラー用画面など計6画面でテクスチャーマッピングを使用することを目指していたが、同年11月7日の警察庁の係官立会いの下での画像テストでは、1画面のみの画像で、人物や対向車などのキャラクターはなく、曲がり角が明瞭に見えないなどの問題があった。11月15日にはX・Yは製品価格の打合せをしていたが、12月27日に突如、Y社はソフトウェア開発の遅れを書面で詫びた。X社は、Y社に対し遅滞の原因および開発の進行状況に関して再三再四説明を求めていたところ、平成7年4月20日に、Y社は、ハードウェアが十分機能せず、画面の半分以上にテクスチャーマッピングを使用するとスピードが落ちて毎秒25フレームという警察庁の仕様を充足できないため、テクスチャーマッピングの使用を最小限に抑えてソフトウェアで対応するか、現在のものより性能のよい新しいハードウェアを使用するしかない旨発言した。同月28日、Y社はX社に対し、テクスチャーマッピングを全面的に使用した画像と

それを最小限に抑えた画像を示したが，どちらも毎秒25フレームという警察庁の仕様を充足せず，商品化できる状態ではなかった。6月12日にY社はハードウェアの選定ミスがあったことを認め，7割方ソフトウェアを作ったが，開発を継続しても無理であるとしてX社に開発中止を申し入れた。

そこでX社は，Y社が本協定1条などに基づく完成義務に違反し，また，本協定3条に基づく開発状況を開示し説明協議する義務にも違反したとして，債務不履行に基づく損害賠償を，予備的に，Y社が担当開発分野に必要なボードの能力等について早期に十分な検証をせず，また，担当分野の技術的問題点等をXに説明しなかったとして，契約締結段階における信義則上の義務違反に基づく損害賠償をXはYに対し求めた。

【判旨】

次のように判示して，③判決は「契約締結上の過失」に基づく予備的請求を一部認容し，X社が本契約の成立を信用して投下した開発費用（材料費，外注費，諸経費，労務費からなる開発に要した直接費用約2845万円および管理者の人件費など開発に要した間接費用と附帯人件費約1473万円）の賠償を認めたが，Y社が本協定書どおり開発を完了したとすればX社が得られたであろう販売による利益の賠償は認めなかった。

「本件において，本協定書に基づく『本契約』が締結されるに至らなかったことは，当事者間に争いがない。その意味では，運転シミュレータの共同開発契約は，結局のところ当事者間に成立しなかったと言える。

しかしながら，右事実によれば，X・Y間には遅くとも平成6年3月31日以降本協定がXにより解除されるまでの平成7年9月5日までの間，前述のような交渉が行われ，右共同開発契約の締結をめざして，同年5月1日には秘密保持契約が，同年8月12日には本協定がそれぞれ締結され，本協定書に基づき，同年9月には，同年12月の販売を前提とした営業活動が，同年11月15日には販売価額の交渉が行われ，Xは，平成7年1月には，ほぼ本協定書によりXの担当とされた分野の開発を完了したこと，Yも，秘密保持契約締結の翌日である5月2日には警察庁の仕様について説明を受け，6月29日には先発商品であるA社の製品を実際に見学した上で，前記のような開発完了のタイムリミットを設けた本協定書に調印したこと，本件共同開発の目

的は，既に先行商品が販売されていることから，品質性能においてこれを上回り，価格はこれよりも安い商品を開発するという点で明確であり，だからこそ，Yも，品質面において優位を保つために，平成6年3月31日の時点で，Xに対し，テクスチャーマッピングの採用を申し入れたこと，しかるに，Yは，開発完了期限である12月27日に至り，ソフトウェアの開発が遅れている旨を書面で詫び，平成7年4月28日の時点においても警察庁の仕様を満足するハードウェアを開発することができず，ついには同年6月12日，ハードウェアの選定ミスがあったことを認め，Xに対して開発の中止を申し入れたことが明らかであり，以上のような本件の事実経過にかんがみれば，Yは，Xに対し，本契約が成立するであろうという信頼を与えておきながら，結局これを裏切ったと言わざるを得ない。そうだとすると，Yは，信義則に基づき，Xが本契約の成立を信用して投下した開発費用を賠償する責任がある。」

① 共同開発契約

　共同開発契約とは，ある技術を開発するために，2社以上の企業がノウハウ，人材，資本などを互いに出しあい協力することを約する契約である。ライセンス契約では，すでに技術移転の対象となる対象技術が現存しているのに対し，共同開発契約では，その移転の対象となるものをこれから共同して開発せねばならず，その仮想の対象についての取引条件をあらかじめ定めておこうとするので，一般に共同開発契約の交渉は厄介で時間もかかる[65]。したがって，本件事案のように，共同開発の本契約締結前に，協定書や覚書が作成されたりする。

　共同開発契約には，同種技術を持つ企業の研究開発力を足しあわせて時間と危険を軽減しようとするものと，異なる技術をドッキングさせて飛躍的な技術の開発を実現するものとがある[65]。本件協定は，鉄道車両に関する訓練機器のノウハウを有するX社と，コンピュータグラフィックスの技術を有するY社との間で，販売することを前提に自動車教習所用の運転シミュレータを早く共同開発しようとする協定であり，異なる技術をドッキングさせよ

---

[65] 澤田壽夫編『新国際取引ハンドブック』（有斐閣，1990年）243頁。

うとするものと言える。

② 本件共同開発協定の性格

本件では，既に先行商品が販売されていたので，品質性能においてこれを上回り，ヨリ安い価格の商品を開発し，先行商品によって市場が狭められないよう早く商戦に参入することが共同開発の目的である。Y社はこのことを了解して，警察庁提示の仕様に基づく運転シミュレータのソフトウェアと映像ハードウェアの開発分担を引受け，その開発完了のタイムリミットを平成6年12月末日とする本件協定書に調印していた。

一般に共同開発では，開発の分担が定められることが多いが，「開発完了期限を過ぎても完成しない」とか，完成しても「期待していたものと全く異なる」，「あとになって予定していない開発費の増額を要求された」といったトラブルが生じやすい。開発担当企業の納期が遅れた原因が，相手方による仕様の確定が遅れたことなど，相手方の責に帰すべき事由に基づく場合もあるが，本件事案においては，共同開発の当初より警察庁の提示する仕様に基づくとされていた。どこまでY社が開発すれば作業が終了するかについても，協定書において警察庁の提示する仕様に基づくとされていたので，開発対象は明確であった。

もし本件事案において同様の開発分担を約する共同開発の本契約が成立していたとすれば，X・Yとも，請負契約や請負型の開発委託契約の場合[66]と同様に開発分担部分を完成する義務を負うであろう。Y社について言えば，平成6年12月末日までに，警察庁提示の仕様に基づく運転シミュレータのソフトウェアと映像ハードウェアという開発分担部分を完成させる義務を負っていたであろう[67]。しかし，本件協定は，「本協定書は，本契約締結までの双方の申し合わせ事項とする。」と記載され，秘密保持契約書のほうの記名者は，X・Yとも代表取締役社長であったが，本協定書の記名者は，Xは専務取締

---

[66] 藤木 久「プログラム開発契約における瑕疵の諸問題」北川善太郎編『知的財産法制』（東京布井出版，1996年）351頁以下は，プログラム開発契約を請負契約の一種とする。生駒正文「コンピュータプログラムの開発・改造等の請負人の債務不履行責任」仙元隆一郎編『知的財産権判例研究Ⅱ』（日本知的財産協会，1997年）520頁以下，広島地判平11・10・27判時1699号101頁も参照されたい。

[67] 共同開発契約上の債務不履行について，中島憲三『共同研究・開発の契約と実務』（民事法研究会，1999年）170頁以下参照。

役，Yは取締役生産開発本部長であって，共同開発の本契約は成立していない。

③ 契約準備段階における信義則上の責任

共同開発契約が成立していなかったとしても，共同開発に関する本契約の締結のための準備段階における信義則上の責任が問題となりうる。

契約準備段階における信義則に基づき，自己の行為態様から，相手方に本契約の成立が確実であるとの信頼を生ぜしめ，相手方に締結や履行のための財産的処分をさせる当事者は，正当理由なく交渉を中止してはならないだけでなく，本契約締結のために尽力すべき協力義務・誠実義務まで負うことがある。すなわち，覚書や協定などにより，契約に必要な準備行為が表明・確認され，その措置・行為の実行が信頼されてよい場合には，その措置・行為を遅滞したりして将来の契約の基礎・目的を挫折させない協力義務，さらに，自己の行為態様によって将来の契約の目的・基礎を著しく危殆化したり，自己の信頼性と誠実に対する相手方の信頼を自分でゆるがさない協力義務まで負うことがある。

この点につき，本件事案を見てみると，X社は，平成6年2月，X社の取引先を通じてY社に対し提携の可能性について打診を始め，その後，直接に，X社が入手していた運転シミュレータに関する情報を提供し，コンピュータグラフィックス用ハードウェアとソフトウェアの開発可能性について打診した。これに対し，Y社は，同年3月31日，シミュレータ用コンピュータグラフィックス画面のサンプルができたとして，Y社の中央研究所にX社を案内して，先行他社に対し画像で優位を保つためにテクスチャーマッピングの使用を提案し，モニター画面上にテクスチャーマッピングを施した街路風景を写し出し，マウス操作で走行している自動車内から見ているかのように見せ，先行商品の画像の水準より数段優れたものであった。Y社から開発についての技術的問題についての説明もなかったので，X社はY社との技術提携を決定し，Y社との担当分野，量産化の時期，販売価格などについての意見交換，秘密保持契約，共同開発の一応の合意，協定締結と進捗していったのであるから，シミュレータ用画面のサンプルを見せ，テクスチャーマッピングの使用を提案した平成6年3月31日のY社のX社に対する対応は，X

社に共同開発契約の成立が確実であるとの信頼を生ぜしめ，締結や履行準備・履行のための行為を促したと言える。

したがってY社は平成6年3月31日ごろから，信義則上，少なくとも誠実交渉義務を負い，その後の交渉の進展から，誠実に分担範囲の開発を進める協力義務，および，誠実に開発状況を開示し，説明協議する協力義務を負う。さらに本件共同開発では，既に先行商品が販売されており，商品開発が遅れて市場が狭められることを避けるため，協定書において開発完了期限が定められていたのであるから，共同開発の目的にとって開発完了期限も重要である。したがって，この期限に遅れないよう分担部分の開発を進め，分担部分の開発が遅れたり，開発困難が生じた場合には原因や状況の説明をする協力義務まで負っていたと言うべきである。

ところがY社は，平成6年3月31日の当初から開発についての技術的問題点やハードウェアの仕様についての説明をせず，開発完了期限である12月27日になって突如，ソフトウェアの開発が遅れていることを書面で詫び，X社からの遅滞の原因などの説明の求めにもかかわらず，平成7年4月20日になってハードウェアの能力不足を開示し，4月28日の画像テストの時点でも警察庁の仕様を充足するソフトウェア，ハードウェアを開発できず，問題点が多くて商品化できる状態でなく，同年6月12日になってようやくハードウェアの選定ミスがあったことを認め，X社に対し開発の中止を申し入れた。このような分担部分の開発の遅れなどの協力義務の違反により，Y社は，本件共同開発の目的・基礎を挫折させ，相手方X社にとって共同開発はその意味を失ったので，Y社はX社に対し，Xの開発費用の損害賠償責任を負う。

(3) 将来の契約基礎の危殆化

契約交渉中も予約や，インドネシア・プラント事件でのエンジニアニング業務引受の際の覚書のように，損失分担合意をすることができるが，インドネシア・プラント事件でのその後や，溶接工場新築事件，運転シミュレータ共同開発事件におけるように，当事者は交渉中，本契約の締結に一生懸命で，大変な時間とコストを必要とする予約や損失分担合意をすることまで期待できない。契約交渉段階においても信頼保護が必要である。たとえば，契約準

備段階における信義則から，交渉失敗に至る事情を知りえたにもかかわらず，契約締結を確実であると信頼させてはならないし，また，相手方に本契約の成立が確実であるとの信頼を生ぜしめ，相手方に締結や履行のための財産的処分をさせる当事者は，正当理由なく交渉を中止してはならない。

このように，契約締結に至らなかった場合の信義則上の責任には，交渉失敗に至るにもかかわらず契約締結を信頼させたりする説明義務違反類型のほかに，相手方に契約締結への信頼を生ぜしめていながら，のちにその信頼を義務に反して破棄する類型がある。その類型の代表例は，正当理由なき交渉中断であるが，上記(2)で見てきたように，その類型には，信頼に反して契約準備措置を遅滞したりして，目ざされた契約の基礎・目的が挫折させられる場合もある。

たとえば，運転シミュレータ共同開発事件にみられるように，共同開発の本契約成立前に協定書や覚書において本契約上の履行に当たるような開発分担部分の完成を当事者双方が引受けることがある。協定書や覚書の定め通りに本契約の成立を信頼して一方当事者が履行を始めたにもかかわらず，その後，相手方の開発分担部分の完成の遅れにより本契約締結が無意味となった場合には，履行した当事者は，その被った損害を賠償されるべきである。

すなわち，運転シミュレータ共同開発事件では，既に先行商品が販売されており，商品開発が遅れて市場が狭められることを避けるため，共同開発の協定書において開発完了期限が定められていたのであるから，共同開発の目的としても開発完了時期は重要であり，当事者双方は，開発完了時期に遅れないよう分担部分の開発を進める協力義務を負っていた。それにもかかわらず，Y社は，当初より開発についての技術的問題点の説明をせず，開発完了期限になって突如，開発の遅れを詫び，開発完了期限の半年後もなお警察庁の仕様を充足するソフトウェア，ハードウェアを開発できず，Y社は，自己の分担部分の開発の遅れにより，共同開発の目的・基礎を挫折させ，相手方X社にとって本契約の締結はその意味を失った，と言うべきである。したがって，X社は，共同開発の本契約の締結を拒否できるだけでなく，被った損害の賠償を求めることができる。

さらに，自己の行為態様によって，将来の契約の目的・基礎を著しく危殆

化したり，自己の信頼性と誠実に対する相手の信頼を自分でゆるがす行為をしてはならない。たとえば，インドネシア・プラント事件では，下請のY社は，元請のX社の支払能力に不安があったため，X社が注文者A社から支払を受ける代金を確実にそのままY社への請負代金の支払いに充当できるよう，請負代金と同額の信用状であって一流銀行発行のものの譲渡を受けないと本契約を締結しない意向をX社に表明していたのに対し，X社は，速やかに信用状を譲渡できると説明して，本契約の成立が確実であると信頼させ，Y社に一部履行などを求めたことにより，X社は，同信用状を速やかにY社に譲渡する協力義務を負うこととなった。しかし，そのような合意から約1年半後にようやく信用状の写しがXからYにファクシミリで送信されたが，同信用状は，Y社へ譲渡できないもので金額も不足しており，このX社の対応は，X社の信頼性と誠実に対する相手方の信頼を自らゆるがすものであり，信頼基礎を著しく破壊するものと言えよう。

　また，溶接工場建築事件において，当事者間に工場建築請負契約の締結のために尽力すべき協力義務が生じていても，下請負人X勧奨の資材による溶接工場用建物建築には，建築確認申請手続上種々の点（建築基準法，消防法）で問題を包含することが判明し，工場として使用したときの事故発生による信用毀損をYらが慮り，上記工場建築契約を拒否したことにはやむを得ない正当な事由があると判示されたように，溶接工場として使用するという契約目的への資材の不適合が協力義務の発生後判明し，（請負契約が成立していれば）Xの請負契約義務の不完全履行・附随義務違反ともなる事情が判明したのであり，下請負人Xが自らの義務違反により，Yらが請負契約の締結を拒否する正当理由を作り出した，と言える。下請負人Xが自らの協力義務の違反により，契約の目的・基礎を著しく危殆化した事例である。

　以上のように，契約準備段階における信義則上の信頼による拘束は，正当理由なき交渉中止を禁ずるだけでなく，さらにより積極的な協力行為をも目的とすることができる。義務づけられる協力行為の程度・範囲は多様であり，契約に必要な準備行為が表明・確認される場合には，誠実交渉義務だけでなく，その事案の全事情に基づき，相手方は期待された措置をするだろうと信頼してよい。すなわち，有効な契約の締結に必要な許可を得る義務などの協

力義務といった強化された交渉義務を相手方に負わせることができるし，さらに，将来の本契約上の履行やその準備となるような措置・行為を義務づけたり，信頼基礎を破壊しない義務を負わせることができる。後者の義務は，本契約が成立していれば，契約上の附随義務に当たるものである[68]。

このような，正当理由なき交渉中止を禁じるだけの信頼拘束を超える協力義務を根拠づけるのは，交渉中の特別の信頼構成要件であり，その結果，信頼作出者の相手方は，その者が期待された措置・行為をするだろうと信頼してよいのである。

協力義務違反の効果については，信頼作出者の協力義務違反の効果として履行利益の賠償を認めることは，本契約を締結するかどうかという信頼作出者が留保している契約締結自由の原則と対立するため，原則として本契約の締結を信頼しての財産的出費・処分の賠償しか認められない[69]。

(4) 小　括

以上のように，契約準備段階における信義則上の信頼による拘束は，正当理由なき交渉中止を禁ずるだけでなく，さらにより多様な協力行為をも目的とすることができる。すなわち，将来の本契約上の履行やその準備となるような措置・行為を義務づけたり，信頼基礎を破壊しない義務を負わせることができる。交渉当事者であっても，将来の契約の基礎・目的を挫折させない協力義務，さらに，自己の行為態様によって，将来の契約の目的・基礎を著しく危殆化したり，自己の信頼性と誠実に対する相手方の信頼を自分でゆるがさない協力義務を負うことがある。このような協力義務を根拠づけるのは，交渉中の特別の信頼構成要件であり，その結果，信頼作出者の相手方は，その者が期待された措置・行為をするだろうと信頼してよい。契約準備段階における信義則上の信頼拘束の違反には，正当理由なき交渉破棄類型だけではなく，このような特別の信頼に基づく協力義務違反の類型も含まれるというべきである。

---

[68] Vgl. Küpper, Das Scheitern von Vertragsverhandlungen als Fallgruppe der culpa in contrahendo, 1988, S. 202ff.；Emmerich, Das Recht der Leistungsstörungen, 4. Aufl., 1997, S. 67ff.

[69] 例外的に信義則上の協力義務違反の効果として，履行利益賠償が認められる場合について，本書第2章第1節48頁以下参照。

第3節　不利な契約が締結された場合

はじめに

　取引交渉過程上の法的責任は，一般に「契約締結上の過失」といわれ，契約交渉や契約準備的接触に当事者が事実上入ることによって，意思ではなく信義則を根拠として調査・解明・告知・説明・保護義務が発生しうるとされ，契約の無効・不成立の場合や，有効な契約が成立した場合だけでなく，契約締結に至らず準備段階にとどまった場合においてもその責任が問題となる，とされる[70]。本節では，有効な契約が成立した場合の責任を中心に検討する。

　有効な契約が成立している場合，交渉中の相手方当事者による虚偽の説明または説明の懈怠により，一方当事者の自由な意思決定が影響され，契約内容が不利と思われる契約が成立してしまい，その場合（「過失の詐欺」）の責任の効果として，損害賠償のほか契約解消まで認められるかが争われる。

　また，不意打ちなどの不当な販売方法により契約締結に至り，自己決定の侵害がある場合も信義則上の責任に含めうるか，問題とされ[71]，さらに，「経済的威迫」や「不当威圧」のような強迫の拡張理論も，信義則上の責任に組み入れることができるかも問題とされ，「過失の詐欺」の問題領域と区別される[72]。

　以上のように，有効な契約が成立した場合の信義則上の責任をめぐる問題状況としては，「過失の詐欺」の問題領域と「不意打ち・不当威圧」の問題領域とがある。次に，それぞれの問題領域ごとに，近時の議論状況を見てみる。

---

[70] 北川善太郎「契約締結上の過失」『契約法大系Ⅰ』（有斐閣，1962年）233頁，本田純一「『契約締結上の過失』理論について」『現代契約法大系1』（有斐閣，1983年）207頁，今西康人「契約の不当勧誘の私法的効果について」中川淳先生還暦記念『民事責任の現代的課題』（世界思想社，1989年）235頁，東京高判昭和52・3・31判時858号69頁など。本書では，取消，契約解除などを契約解消という。

[71] 本田・前掲注70　208頁。

[72] 河上正二「契約の成否と同意の範囲についての序論的考察（4・完）」NBL 472号（1991年）38頁以下。

(1) 過失の詐欺

過失の詐欺につき，近時，フランス法における情報提供義務論を参考に，情報提供義務を詐欺や錯誤の拡張理論ととらえたり[73]，従来の「詐欺にも錯誤にも該当しないいわば中間的な領域につき詐欺・錯誤の両方を拡張して被害者の救済を図った結果として生まれた，詐欺と錯誤の接点に位置する」と考えたりされている[74]。その結果，説明義務違反も瑕疵ある意思表示と位置づけようとされたり，説明義務と自己決定や意思の自由との関係が問題とされるようになってきている。しかし，契約的接触における信義則上の説明義務を認める説においても，契約意思の形成過程における付随義務と位置づけ[75]，意思自由や自己決定との関係をも考慮していたといえよう。

また，詐欺の故意と違法性が認められないのに，動機錯誤顧慮の拡張や，説明義務違反の効果として契約解消を認める見解は，実質的には過失による詐欺取消を認めるものであり，伝統的理解の下での詐欺取消の制度趣旨と評価矛盾する，と主張され[76]，詐欺規定との評価矛盾の克服のため，詐欺要件を維持しながら，説明義務違反を根拠として契約解消が認められるケースを一定の範囲に限定し，その部分領域についての特別法として位置づけようとされる[77]。

さらに，契約の効力を積極的に否定しないまま，その契約が不法行為であるとして損害賠償の形で給付の返還を認めるのは，実質的に評価矛盾するのではないかが問題とされ[78]，ある見解によれば，契約締結によって契約相手方の意思の自由を侵害するような場合には，民法が持っている種々の制度がある種の限界に達しており，その限界の克服が必要であり，「その契約が有効であるとしながら，部分的に契約上給付したものの返還を認めるというのは，要するに，その契約が100％有効ではないということを裏から認めているという評価につなが」り，「今現在，不法行為法でとらえられている問題を，も

---

[73] 森田宏樹「『合意の瑕疵』の構造とその拡張理論」NBL 482 号，483 号，484 号（1991 年）。
[74] 後藤巻則「フランス契約法における詐欺・錯誤と情報提供義務」民商 102 巻 2 号（1990 年）59 頁。
[75] 北川善太郎「債務不履行」『注釈民法(10)』（有斐閣，1987 年）325 頁，379 頁，同『契約責任の研究』（有斐閣，1963 年）287 頁，356 頁，377 頁参照。
[76] 磯村保「契約成立の瑕疵と内容の瑕疵（2・完）」ジュリ 1084 号（1996 年）80 頁参照。
[77] 磯村保「違法な取引行為に対する救済」ジュリ 1097 号（1996 年）113 頁参照。

う一度法律行為法の中に取り込む過程というのが，現在大きな問題点になっている」とされる[79]。

以上の点につきドイツ法においては，説明義務違反の効果として損害賠償請求は認められているが，詐欺取消規定の制度趣旨との関係で，契約解消まで認められるか，について争いがある。ドイツの判例は，説明義務を尽していれば，そもそも契約は締結されなかった場合に，原状回復まで認めるドイツ民法249条の損害賠償の内容として契約解消を認め，この損害賠償と詐欺取消とは効力が異なり，詐欺取消規定によって排除されない，という。

ドイツ判例と同じく，「契約締結上の過失」に基づく契約解消を，ラーレンツは認めていた[80]が，より制限的に，シューベルトは，ドイツ民法123条（詐欺・強迫）は意思決定の自由を保護し，「契約締結上の過失」責任は財産的損害を塡補するとして，過失による欺罔から財産的損害が生じている場合には契約解消を認める[81]。

これに対し，メディックスは，かつて「契約締結上の過失」に基づく契約解消に反対していた[82]が，説明義務負担者がその特別の専門知識などに基づ

---

[78] 潮見佳男「規範競合の視点から見た損害論の現状と課題（2・完）」ジュリ1080号（1995年）86頁以下，松岡久和「原状回復法と損害賠償法」ジュリ1085号（1996年）87頁以下，道垣内弘人「取引的不法行為――評価矛盾との批判のある一つの局面に限定して」ジュリ1090号（1996年）137頁以下，橋本佳幸「取引的不法行為における過失相殺」ジュリ1094号（1996年）148頁以下，磯村・前掲注77 113頁以下，同「＜シンポジウム＞取引関係における違法行為とその法的処理――制度間競合論の視点から」私法59号（1997年）4頁以下参照。なお，商品取引所法や金融商品取引法によって規制される問屋である業者の勧誘規制の問題と，「契約締結上の過失」の問題とは，区別されるべき点があろう。本節では，後者の問題を扱う。また，業者の勧誘規制につき，証券取引法研究会国際部会編『証券取引における自己責任原則と投資者保護』（日本証券経済研究所，1996年），拙稿「取引における説明義務」消費者取引判例百選参照。

[79] 私法59号（1997年）72頁（磯村保教授の発言），78頁（山本敬三教授の発言）参照。道垣内・前掲注78論文140頁も，説明義務は「過渡的な法理として機能して」おり，「本来的には，法律行為法，契約法の再検討こそがなされるべきである」とされ，橋本・前掲注78論文153頁も，「説明義務違反――過失相殺」構成は，契約解消制度の拡充にかえて「まさに契約の効力を（割合的に）奪うのである」とされる。小粥太郎「『説明義務違反による損害賠償』に関する2，3の覚書」自由と正義1996年10月号43頁も，説明義務の目的は「合意の瑕疵」と同じであって，「法律行為法によるそれと全く無関係のものとするほうが不自然であろう」とされる。

[80] Larenz, Bemerkungen zur Haftung für "culpa in contrahendo", in: Festschrift für Ballerstedt zum 70. Geburtstag, Berlin, 1975, S. 397, S. 411.

[81] Schubert, Unredliches Verhalten Dritter bei Vertragsschluß, AcP 168 (1968), 470, 504ff. シューベルトの見解について，今西康人「ドイツにおける契約締結上の過失責任理論の展開（二）」六甲台論集28巻3号（1981年）55頁参照。

[82] Medicus, Grenzen der Haftung für culpa in contrahendo, JuS 1965, 209, 212ff..

き，契約相手方に対し保証人的地位（Garantenstellung）に立つ場合に契約解消を認め，ドイツ民法123条の制定法訂正を承認する[83]。

また，カナーリスも，「契約締結上の過失」の効果としての財産的損害の金銭的賠償は，詐欺取消規定の評価と矛盾しないが，効果としての契約解消は，詐欺取消規定の評価を顧慮すると，原則として認められず，例外的に（詐欺取消規定も考慮していなかった）被害者の保護必要性のある場合，たとえば未経験者が無意味な契約締結に誤導させられるか，あるいは，虚偽広告による誤導の場合には，契約解消も許される，と述べていた[84]。

(2) 不意打ち・不当威圧

不意打ち・不当威圧においては，程度・質の差はあれ，自由な意思決定の侵害そのものがある点では，強迫に類似する。

森田教授は，強迫においては，錯誤・詐欺とは異なり，合意の前提となる契約内容の認識に錯誤はないが，合意が表意者の「自由な意思」に基づくものではない点において瑕疵があり，自由な意思決定の侵害そのものであるが，詐欺は自由な意思決定の侵害そのものではないとして，詐欺の拡張理論とは別に，非良心的な行為態様による意思決定の自由に対する侵害などの「ミニ強迫」を強迫の拡張理論として検討しようとされる[85]。

また，「契約締結上の過失」責任の一類型として，不意打ちにより契約締結に誘導され，自由な意思形成への妨害がある場合に，損害賠償や契約解除が認められるべきである，との主張[86]のほか，無差別電話勧誘や不適格者勧誘のように「取引への意思」を欠く場合も「契約締結上の過失」として契約解除を認めようとする主張[87]，不正競争防止法が欺瞞的商法にも対処しうる消

---

[83] Medicus, Bürgerliches Recht, 17. Aufl., 1996, Rz. 150.（第16版の訳である河内宏＝河野俊行監訳『ドイツ民法上』（信山社，1997年）136—137頁参照）。このメディックスの見解に賛同して，Willemsen, AcP 182 (1982), 515, 540 ; Gottwald, JuS 1982, 877, 881.
[84] Canaris, Leistungsstörungen beim Unternehmenskauf, ZGB 1982, 395, 416ff..
[85] 森田・前掲注73 NBL 483号62頁以下，484号56頁以下。また，河上・前掲注72 NBL 472号41頁参照。
[86] 本田・前掲注70 207頁。
[87] 今西康人「消費者取引被害における消費者の契約締結意思について」神戸商大論集40巻4＝5号（1989年）605頁以下。

費者私法基本法として機能するようになり，そのような不正競争防止法をさらに民法が一般法として補完できること，東京都の消費生活条例に列記されているような不当行為類型が「契約締結上の過失」論に取り込めたり，「取引不法行為にあっては，契約締結上の過失を基礎づける事情でもあるのが通常であるから，被害者としては契約を解除することが許される」との主張[88]がなされている。

さらに，契約締結準備過程における不当威圧 (undue influence) にも着目されるようになってきており[89]，「不当威圧」のような強迫の拡張理論も「契約締結上の過失」責任に組み入れうるかが問題とされ，相手方の不当な行為態様を重視しようとされる[90]。また，契約締結の際の決定自由侵害について，公序良俗違反による内容規制だけでなく，公序良俗違反と近接した「契約締結上の過失」責任による解決可能性が指摘されるようになってきている[91]。

(3) 本節の目的

カナーリスの弟子であるグリゴライトは，近時，契約前の誤導についての責任規定であるドイツ民法 123 条（詐欺・強迫）と 826 条（故意の良俗違反の不法行為）の関係を検討しながら，メディックスやカナーリスの見解を発展させ，説明義務違反の効果として契約解消と損害賠償を認めようとする。また，ローレンツ（比較法学者 Werner Lorenz の子息）も，ドイツ民法 123 条との関係に注意しながら，有効な契約が成立した場合の「契約締結上の過失」責任には，「過

---

[88] 松本恒雄「消費者私法ないし消費者契約という観念は可能かつ必要か」椿寿夫編『現代契約と現代債権の展望・第 6 巻』（日本評論社，1991 年）17 頁以下。
[89] 内田貴『契約の再生』（弘文堂，1990 年）39 頁。
[90] 河上・前掲注 72 NBL 472 号 38 頁以下。
[91] カナーリス（山本敬三訳）「ドイツ私法に対する基本権の影響」論叢 142 巻 4 号（1998 年）21 頁は，銀行から融資を受ける主たる債務者の子や配偶者が，財産や収入もないのに銀行員から保証は「書類をととのえるためだけ」に必要と説明されてリスクはないと誤解して保証したドイツ連邦憲法裁判所判決事件 BVerfGE 89, 214 のような，契約締結の際の決定自由侵害をめぐって，公序良俗違反による規制だけでなく，公序良俗違反と近接した「契約締結上の過失」責任による解決可能性を指摘する。すなわち，公序良俗違反による規制においては，契約内容が一方に著しく不利益であったという契約内容に関する要素と，一方の取引上の未経験を銀行が利用したり，一方の家庭内での心理的威圧状況を銀行が利用したりなどして一方の決定自由が不当に侵害されたという契約締結過程に関する要素が重畳的に考慮されるが，それとは別に，契約締結過程に関する要素のみを重視した責任がある，というのである。

失の詐欺」の場合と不意打ちの場合とがあるとして,不当威圧や不意打ちの場合を含めて検討している。本節では,グリゴライトとローレンツの見解を参照しつつ,「過失の詐欺」の場合の効果や,不当威圧・不意打ちの場合を「契約締結上の過失」責任に含めることができるかを検討する。

1 グリゴライトの見解

グリゴライトは,契約前の誤導についての責任規定であるドイツ民法(以下独民という)123条(詐欺・強迫)と826条(故意の良俗違反の不法行為)との関係を検討し,歴史的解釈によれば,故意の欺罔の場合にのみ責任を予定していた,という立法者意思から出発しながら,以下のように法解釈方法論的検討をして,説明義務違反の効果として契約解消と損害賠償を認めようとする[92]。

(1) 狭義の欠缺補充か?

ラーレンツ・カナーリスによれば,制定法内在的な法の継続形成は,制定法の「構想に反する不完全性」である(狭義の)制定法欠缺を前提とし,制定法の基礎となっている規律構想の意義通りに,制定法内在的評価の意義通りに制定法を適用するために,その欠缺を補充しなければならない[93]。しかし,グリゴライトは説明義務違反により有効な契約が成立した場合の「契約締結上の過失」責任の領域については,他の「契約締結上の過失」の類型と異なり,(狭義の)制定法欠缺はないので,制定法内在的な法の継続形成は問題とならない,という。というのは,詐欺につき故意必要とのドイツ民法典のドグマは,この領域での過失責任を排除するとの規律構想通りであるから,という。また,この領域での過失責任を排除するとのドイツ民法典の評価決定の克服は,慣習法上の承認によっても,信義則の援用や判例への制度的委任によっても根拠づけえない,という。それゆえ,この立法者の評価決定の修正のため,広義の欠缺補充もしくは制定法を越え出る法の継続形成,あるいは,制定法訂正が考えられる,という[94]。

---

[92] Grigoleit, Vorvertragliche Informationshaftung, München 1997.
[93] Larenz/Canaris, Methodenlehre der Rechtswissenschaft, 3. Auflage, 1995, S. 191ff..
[94] Grigoleit, a.a.O., S. 40ff..

(2) 制定法訂正

　社会や経済の発展につれ，従来は規律されていなかった領域が規律必要な法的問題となってくるし，さまざまな部分領域の規律は，時間的にずれて立法されるので，規律間の評価矛盾はいつも完全に回避されるとは限らない。ラーレンツ・カナーリスによれば，このようなときになされる立法者の具体的評価決定の修正は，制定法の構想を基準とする「制定法内在的な法の継続形成」ではなく，「制定法を越え出る法の継続形成」「広義の欠缺補充」と呼ばれる。つまり，後者は，もはや制定法の規律構想や制定法自体の内在的目的論自体にのみ方向づけられるのではなく，それを越え出る法思想に方向づけられ，なるほど制定法の規律の外部にあるが，全法秩序及びその基礎にある法原理の枠内にあるのである。そして，後者は，なるほど制定法の評価に違反するが，全法秩序の要請から見て除去する必要のある不完全性のある場合を含む，という[95]。

　これに対し，グリゴライトは，客観的解釈ではなく，歴史的立法者の規律意図を重視し，欠缺概念を狭く解する立場から，全法秩序に基づく立法者の具体的評価の訂正を，制定法訂正と呼び，法秩序の機能変化などにより認められる，という[96]。

　グリゴライトによれば，故意ドグマの訂正，すなわち，契約前の説明についての過失責任は，法秩序の機能変化によって正当化される，という。つまり，ドイツ民法典発効後の法発展において，多くの特別法が新たに制定され，故意ドグマが修正され，また，判例による契約前の責任準則の展開に対し，立法者は認容的態度をとり，故意ドグマの拘束力は，このような近時の法発展によって制限されている，という。

　さらに，故意ドグマを克服する積極的基礎は，独民122条（取消者の損害賠償義務），179条（無権代理人の責任），307条（消極的利益の賠償），309条（法律違反の契約）に見られる契約前の保護原理であり，この契約前の保護原理は，結局，財産的利益だけでなく，意思自由をも保護するものである，という。

　最後に，客観的目的論的視点から，立法者は，今日の契約前の説明必要性

---

[95] Larenz/Canaris, a.a.O., 197ff..
[96] Grigoleit, a.a.O., S. 46ff..

の重要性に全く気づかず,説明義務は,情報的弱者の決定基礎を強め,私的自治原理の機能前提を保護する目的を持つが,故意ドグマはこの説明義務の目的に反するので,故意ドグマは修正されるべきである,という[97]。

(3) 体系適合の規範代用

グリゴライトによれば,ドイツ民法典の故意ドグマは,契約前の情報提供責任の要件を限定しているだけで,その法律効果については何も言っておらず,何ら限定していない。したがって,法形成による故意ドグマの克服は,責任の要件面だけに限定される。というのは,故意ドグマ訂正の理由も,法律効果面に関係しないからである,という。

故意ドグマによって契約前の説明についての過失責任を排除した立法者の決定は,必ずしもその過失責任の法律効果について述べることができず,ここでは,カナーリスのいう(広義の)欠缺補充の問題であり,新たな拡張された説明義務の過失責任の法律効果を定めるにつき,法形成をさせた原因である契約前の保護原理には十分具体化できる法律効果の細目がないので,契約前の保護原理が(すでに少なくとも法律効果に対する)方向性だけ示している制定法に頼る必要がある,という。そして,グリゴライトは,狭い欠缺概念の立場から,この制定法訂正の原因に即応した法形成の制約を「体系適合の規範代用 (systemkonforme Normsubstitution)」という。この体系適合の規範代用による説明義務についての過失責任の法律効果の定めにつき,特別の理由がない限り,ドイツ民法典の責任体系,特に,契約前の情報責任についての独民123条(詐欺・強迫)と826条(故意の良俗違反の不法行為)との調和・適合が必要である,という[98]。

(4) 説明義務違反の法律効果

グリゴライトは,契約前の過失での説明義務侵害の法律効果を「体系適合の規範代用」により明らかにするため,ドイツ民法典の準則,特に,詐欺取消(独民123条)と詐欺による損害賠償(独民826条)という2種類の法律効果相

---

[97] Grigoleit, a.a.O., S. 47ff..
[98] Grigoleit, a.a.O., S. 84ff..

互の関係を検討する。

　グリゴライトによれば，独民123条（詐欺・強迫）の悪意の詐欺があれば，原則として，独民826条により損害賠償請求権も発生するので，ドイツ民法典の詐欺では，取消権と損害賠償請求権の構成要件の同一性が見られる，という。そして，取消権と損害賠償請求権の構成要件の広い同一性の基礎となっている立法者の考え方として，取消権優先の原則があるという。つまり，取消による詐欺者の責任のほうが，詐欺者の損害賠償責任よりも軽いとの考え方がある，という。というのは，損害賠償請求権は，独民123条と反対に，詐欺者の完全な責任能力を前提とし，また，独民123条第2項第1文（日民96条第2項に対応）による第三者の責任の帰責も，独民831条（使用者責任）の規定よりも広いから，という。

　取消という効果と要件としての故意の結合が必然的でないことを，独民119条（錯誤取消）も証明するし，契約前の説明義務に関係する特別法上の規定，とりわけドイツ不正競争防止法13条a[99]，特別法上の目論見書責任（Prospekthaftung）の規定，ドイツ保険法上の説明義務も，過失での説明義務違反の効果として，契約解消を排除し損害賠償に限定することに反対するし，逆に，契約前の意思形成の違法な妨害の場合に，錯誤で締結した（説明義務違反者との）契約に拘束し，損害賠償に限定する制定法規定はない，という。

　また，グリゴライトによれば，法の継続形成による故意ドグマ克服によって承認される契約前の過失での説明義務侵害と，独民123条の詐欺の要件とは，客観的に契約前の誤認誘導という側面をともに有し，ただ主観的要件面で区別される，という。独民123条は，錯誤を前提とする意思表示は，独民123条，124条，142—144条により取り消しうるとも述べているのであるから，他者によって誤導された瑕疵ある意思表示である過失での説明義務侵害についても詐欺取消の法律効果が類推されるべきである，という。というの

---

[99] ドイツ不正競争防止法13条a第1項第1文「顧客が，第4条にいう虚偽でかつ誤認を生ぜしめるのに適した広告であって，その広告が向けられた人集団にとって契約締結に決定的であるような広告によって購入を決意した場合は，その顧客は契約を解除することができる。広告が第三者の記載によるときは，顧客の契約の相手方が記載は虚偽であり誤認に適していることを知っていたか，または，知りうべきであった場合，もしくはそのような記載のある広告を自らの措置により利用した場合に限り，顧客は解除することができる。」（松本恒雄「詐欺・錯誤と契約締結における情報提供義務」法教177号（1995年）59—60頁より。原文は，BGBl 1986, Teil 1, S. 1171）

は，理由書は，独民123条の趣旨として，法秩序は法律行為領域での自由な自己決定を違法に侵害することを許すべきでないということをあげているが，過失での説明義務侵害も，今日の理解によれば，法律行為領域での自由な自己決定の違法な侵害であるからである，という。そして，取消期間については，締結意思が他人によって誤導された場合が問題であるとして，詐欺についての独民124条（日民126条に対応）を類推し，また，第三者の誤導の帰責について，独民123条第2項（日民96条2項に対応）を類推する[100]。

2　ローレンツの見解

　グリゴライトは，ドイツ民法典の故意ドグマは，契約前の情報提供責任の要件を限定しているだけであるとして，契約前の過失での説明義務侵害についても詐欺取消の法律効果が類推されるべきであると主張したが，ローレンツは，以下のように，要件だけでなく法律効果レベルにおいても，独民123条（詐欺・強迫）は，「契約締結上の過失」の特別事例であるとして，詐欺取消の法律効果を類推することに反対する。また，イギリスの不当威圧法理の比較法的検討の後，不当威圧類似の，不意打ちによる決定自由への許されない直接的干渉についての責任をも，「過失の詐欺」についての責任とともに「契約締結上の過失」責任に取り込もうとする[101]。

(1)　詐欺取消との関係

　ドイツ法は，説明義務違反の効果として損害賠償請求を認めるが，詐欺取消規定があるにもかかわらず契約解消まで認められるか，について争いがある。ドイツ連邦通常裁判所の判決 BGH NJW 1962, 1196 は，説明義務を尽していれば，そもそも契約は締結されなかった場合に，原状回復まで認める損害賠償の内容として契約解消を認め，この契約解消は，相手方のみに対する債権的請求であるのに対し，取消は対第三者効まで有し，効力が異なり，詐欺取消規定によってこの契約解消は排除されない，と判示していた。これに対し，次に紹介する近時のドイツ連邦通常裁判所の判決は，詐欺取消と「契

---

[100] Grigoleit, a.a.O., S. 87ff..
[101] Stephan Lorenz, Der Schutz vor dem unerwünschten Vertrag, 1997, München.

約締結上の過失」との保護目的が異なることから,「契約締結上の過失」に基づく契約解消を認める。

(a) ドイツ連邦通常裁判所の立場

1997年9月26日のドイツ連邦通常裁判所の判決NJW 1998, 302では,不動産所有者Yはその所有する不動産をW社を通して売りに出し,Xは,信託される分譲住宅を購入するに際し（信託型Treuhandmodel）,W社の被用者から,「その分譲住宅の購入は,賃料収入と節税効果のため,結局,出費なしで済む」との虚偽の説明を信じて,銀行から融資を受けて分譲住宅を購入した。しかし,実際には買主Xには,毎年少なくとも2100マルクの出費が必要となったので,Yの「契約締結上の過失」に基づき,購入した分譲住宅の返還と引換えに,与信契約上の債務からの解放を求めた事件である。

この判決によれば,詐欺取消は,損害の発生,つまり,なされた法律行為の経済的不利にかかわりなく,自由な意思決定自体を保護するのに対し,「契約締結上の過失」に基づく契約解消は財産的損害の発生を前提とし,「契約締結上の過失」と詐欺取消とは,その保護目的が異なるので,併存する。したがって,「契約締結上の過失」に基づく契約の解消は,財産的損害を前提とする,と判示した。

さらに,本判決は,「契約締結上の過失」に基づく契約解消に必要な「財産的損害」概念につき,被害者の主観をも顧慮して拡張する。すなわち,「責任設定的行為態様によって,そのような行為態様がなければ締結しなかったであろう契約を締結させられた者は,給付と反対給付間に客観的には等価性があっても,給付がその者の目的にとって完全には利用できないことによって財産的損害を被りうる。……もっとも,この観点の下で財産的損害があるとされるために前提とされるのは,不都合な契約によって得られた給付が純主観的に恣意的視点から損害とみなされるだけでなく,現状を顧慮すれば取引上の通念も契約締結を,具体的財産的利益に適しない,無分別なものと,したがって不利なものとみなすということである」と判示した。

(b) ローレンツの批判

このようなドイツ連邦通常裁判所の判決に対し,ローレンツは,まず,ドイツの判例が,有力説の批判にもかかわらず,「契約締結上の過失」に基づく

契約解消を認めてきたことは，自己決定に対する過失での侵害を顧慮すべき，法倫理上の根本的必要性があることを証明する，と述べ，「制定法を越え出る法の継続形成」[102]によって「契約締結上の過失」に基づく契約解消は認められる，という。

次に，ローレンツは，このドイツ連邦通常裁判所判決につき，一方で「契約締結上の過失」に基づく契約解消のために，被害者にとって経済的に不利な契約締結という「財産的損害」が必要であるとし，他方では，「財産的損害」概念を拡張して，被害者がその財産的処分において侵害されたときに「財産的損害」があると述べているのであって，結局，処分自由，それゆえ，意思決定の自由を問題とするに至っている，したがって「財産的損害」の存在にこだわるべきでない，と批判する[103]。

ローレンツによれば，ドイツ民法249条第1文は「損害賠償の義務を負う者は，賠償を義務づける事情が生じなかったならば存するであろう状態を回復しなければならない」と規定し，この原状回復は，財産的損害の存在を求めず，したがって，すでに契約に拘束されるという負担は，ドイツ民法249条第1文の意味での損害であり，いわば「契約締結損害」と言える，という。そして，被害者に生じた財産的利益は損益相殺の枠内で考慮すればよい，という。それゆえ，ドイツ民法249条第1文の原状回復は，「財産的損害」を前提としない，という。

そして，ローレンツによれば，「契約締結上の過失」の保護目的は，一律的にではなく，その時々の契約前の義務ごとに確定され，原則としてすべてを包括する，という。すなわち，財産自体だけではなく，法律行為上の決定自由を含む交渉者の法的に承認された各利益も保護され，したがって，契約前の法律関係から，相手方に財産的損害を与えない義務だけでなく，相手方の法律行為上の決定自由を許されないやり方で侵害しない義務も生じる，という。

ローレンツは，いくつかのドイツ連邦通常裁判所もこのことを認めるに

---

[102] 制定法の構想を基準とする「制定法内在的な法の継続形成」に対比される「制定法を越え出る法の継続形成」について，本書第3節1(2)参照。

[103] Lorenz, ZIP 1998, S. 1053ff..

第3節　不利な契約が締結された場合　　97

至っている，という。たとえば，ホテル経営を目的とする民法上の組合において，組合へ勧誘する目論見書を見て投資し組合員となったXが，組合の管理者や目論見書作成に影響力を持った事実上の支配的組合員に対し，「契約締結上の過失」に基づく契約解消を求め，これを認めたBGHZ 115, 213は，純資本参加の要素とクライアントモデル（Bauherrenmodel）の要素を統合した投資方式の場合にも，公開型合資会社について発展した民法上の目論見書責任の原則は適用できるとし，Xの資本参加がなお価値を保持していても，本件の目論見書によって将来のX自身の分譲住宅取得の可能性を期待できた本件Xの場合のように，目論見書に記述された投資モデルとは根本的に異なる投資モデルで，投資者にとってかけがえのない投資モデルが問題である場合には，契約解消できる，と判示した。その理由として，判決は，「そうでなければ，投資者の意思に反して投資モデルが投資者に押しつけられうるだろう」という。これは，ローレンツによれば，「契約締結上の過失」に基づき法律行為上の決定自由自体を保護したものに他ならない，という。

　そして，ローレンツは，詐欺取消と「契約締結上の過失」に基づく契約解消の併存を正当化するのは，因果関係要件にみられる相違である，という。すなわち，悪意の詐欺があれば，いつも契約解消を求めることができるのに対し，契約前の義務違反の場合には，一定の事情の下でのみ契約解消を求めることができるにすぎない。つまり，詐欺取消のためには，もし詐欺がなければ，被詐欺者の意思表示はなされなかったか，そのようにはなされなかったか，もしくは，その時点にはなされなかったということで十分であり，意思形成への干渉だけで十分であるが，これに対し，「契約締結上の過失」に基づく契約解消のためには，契約前の義務違反がもしなければ契約は全く締結されなかっただろうという具体的因果関係が必要である，という。

　それゆえ，悪意の詐欺は，それが契約意思を左右するとき，つねに契約解消することができ，詐欺取消は，法倫理上特に重大と思われる意思決定への介入の場合の定型的保護であるが，これに対し，（過失での）「契約締結上の過失」という責任法上の保護の場合，必ずしも契約解消に至る必要のない，全く個別的な保護制度が問題であり，123条（詐欺・強迫）と比べてずっと洗練された具体的因果関係がある場合にのみ，契約解消することができるにすぎな

い,という。このように,「契約解消」という法律効果のための要件的前提は,全く個別的に認められるので,詐欺取消の場合よりもヨリ厳格であり,「契約締結上の過失」の,制定法上規定された特別事例であるドイツ民法123条は,法律効果レベルにおいても「契約締結上の過失」の特別事例であるので,終局的規定ではない,という。それゆえ,ドイツ民法124条(取消期間)の,「契約締結上の過失」に基づく契約解消への類推適用は考慮されない,という。

　以上のような理由づけにより,ローレンツは,詐欺取消と,「契約締結上の過失」に基づく契約解消との併存を認める[104]。

(2) 決定自由とドイツ民法123条(詐欺・強迫)

　ローレンツによれば,ドイツの意思表示法において意思の形成過程での障害・瑕疵に対処する規定としては,独民123条(詐欺・強迫)の,悪意の詐欺による取消と違法な強迫による取消のみがある。この独民123条の規定は,区別されるべき二つの観点から,法律行為上の決定自由への外因的干渉であり他者が責任を負いうる干渉から絶対的に保護しようとする,という。すなわち,悪意の詐欺による取消は,認識状況の観点から,決定自由への間接的干渉から保護しようとし,これに対し,違法な強迫による取消は,自由自体への直接的干渉から保護しようとする,という。

　しかし,ドイツの判例が独民123条第1項(詐欺・強迫)の規定にもかかわらず,「契約締結上の過失」に基づく契約解消を認めている点につき,ローレンツによれば,過失の詐欺の場合の,「契約締結上の過失」に基づく損害賠償としての契約解消は,独民123条第1項に規定された故意要件にも,独民124条の規定する取消期間にも違反せず,独民123条第1項は,悪意の詐欺に関しても,違法な強迫に関しても,終局的規定ではないという。

　すなわち,責任法上の契約解消の場合,詐欺取消とは別のもの(aliud)が問題である,とローレンツはいう。つまり,悪意の詐欺は,それが契約意思を左右するとき,つねに契約解消することができ,詐欺取消は,法倫理上特に重大と思われる意思決定への介入の場合の定型的保護であるが,これに対し,

---

[104] Lorenz, ZIP 1998, S. 1053ff..

(過失での)「契約締結上の過失」という責任法上の保護の場合，必ずしも契約解消に至る必要のない，全く個別的な保護制度が問題であり，123 条（詐欺・強迫）と比べてずっと洗練された具体的因果関係がある場合にのみ，契約解消することができるにすぎない，という。つまり，詐欺取消のためには，もし詐欺がなければ，被詐欺者の意思表示はなされなかったか，そのようにはなされなかったか，もしくは，その時点ではなされなかったということで十分であり，意思形成への干渉だけで十分であるが，これに対し，「契約締結上の過失」に基づく契約解消のためには，契約前の義務違反がもしなければ契約は全く締結されなかっただろうという具体的因果関係が必要である，という。したがって，グリゴライトと同様に，ローレンツは，独民 123 条（詐欺・強迫）を，制定法上規定された，「契約締結上の過失」の特別事例と位置づけるが，さらに法律効果レベルにおいても，123 条は「契約締結上の過失」の特別事例である，という。ローレンツによれば，それゆえ，構想に反する規律欠缺は何ら存在せず，独民 124 条（取消期間）の，「契約締結上の過失」による契約解消への類推適用は考慮されない[105]。

(3) 錯誤・詐欺の類推適用？

　拘束力ある意思表示は，原則として自由な，影響されない意思に基づかねばならず，独民 123 条（詐欺・強迫）と 119 条（錯誤）の取消は，当事者の意思決定の自由の不足から認められるとして，独民 123 条と 119 条の両条の，過失での違法な意思への介入の場合への類推適用を認めるドイツの学説に対しても，ローレンツは以下のように反対する。

　すなわち，ローレンツによれば，独民 119 条による取消と独民 123 条による取消とは，それぞれ全く異なることが規定されているので，両取消規定間に，取消権に関して「欠缺」は何ら存在しない。つまり，両取消規定は当事者の決定自由の侵害に基づくものではなく，独民 119 条第 1 項（意思欠缺）による表示の錯誤と内容の錯誤での取消は，意思伝達の「技術的」誤まりという純内因的な意思欠缺に基づくものであり，意思形成における誤りは，顧慮

---

[105] Lorenz, a.a.O., S. 313ff..

されないままである，という。それゆえ，立法者は，意思形成への侵害を，独民 123 条においてのみ，及び，限定的に独民 119 条第 2 項（性質錯誤）においてのみ顧慮しており，この動機錯誤顧慮に反対する立法者の原則的決定によって，取消に関しては，意思形成に瑕疵のあることは，取消の一般的根拠ではないことを立法者は示した，という。独民 119 条第 1 項において，取消の構成要件を表示の錯誤と内容の錯誤に限定したことが明らかにすることは，独民 122 条による損害賠償義務での調整にもかかわらず，内因的錯誤による取消は，原則として法的取引の円滑を妨げるファクターであり，したがって，狭く限定された類型に取消は制限されねばならないということである，という。そして，この理解は，比較法上も確認される，という。

これに対し，独民 123 条（詐欺・強迫）は，決定的に，表意者における錯誤の存在及び種類に注目せず，相手方（表示受領者）の（違法な）行為態様に着目し，故意の外因的干渉，とりわけ故意での意思形成への外因的干渉を顧慮し，その主観的重大さゆえに契約解消権を認める，という。

そして，ローレンツによれば，独民 119 条（錯誤）と異なり，独民 123 条（詐欺・強迫）においては，取消を一定の種類の錯誤に制限せず，その契約解消権は，詐欺・強迫によって生ぜしめられた決定自由の妨害の，他者の責に帰せられるべき性格，及び，その結果，表意者に自己責任を問えなくなることに基づく。その際，帰責は，個別的に表示相手方の故意または過失（独民 123 条第 2 項第 1 文，日民 96 条 2 項に対応）でなされる，という。そこから，法律行為上の決定自由侵害による契約解消可能性は，契約相手方に帰責しうる，意思形成の外因的瑕疵の場合にのみ考慮されるということが，法体系上結論として出てくる，という。帰責原理として，危殆化思想及び過失原理が考えられる，という。そして，現行の意思表示法の完全な再構成をしないのであれば，取消権の拡張よりも，柔軟な法律効果を持ち，自己決定や自己責任をあまり害しない，責任法上の契約解消を優先すべきである，という[106]。

---

[106] Lorenz, a.a.O., S. 345ff..

(4) 保護法益としての決定自由

ローレンツによれば,瑕疵ある意思表示法だけでなく,「契約締結上の過失」責任も法律行為上の決定自由を保護する。「契約締結上の過失」責任は,財産自体を保護するだけでなく,法律行為上の決定自由を保護することも含む,という。「不都合な契約」は,すでにそれ自体,損害である,という。「契約締結上の過失」責任は,瑕疵ある意思表示法によって対処できないか,対処しにくい契約準備の計略や,独民138条(公序良俗違反)でも包括的に利益に即応するようにうまく対処できない契約準備の策略に対して効果的に妨げとなりうる,という。

ローレンツによれば,独民123条第1項(詐欺・強迫)は,一方で認識状況の観点から,他方では自由自体の観点から決定自由を保護しているが,終局的規定ではなく,「契約締結上の過失」責任のレベルでもそれぞれの変種による決定自由の保護が継続形成されるべきである。すなわち,情報提供がないか,告知された情報が虚偽であるため,「自由」な決定の基礎が欠け,決定自由が間接的に干渉される「過失の詐欺」の場合と,心理的圧迫の形態での意思形成への直接的干渉による自由自体の侵害である「不意打ち」の場合とである,という[107]。

(5) 過失の詐欺

ローレンツによれば,ドイツ法は,私的自治の原則,自己責任の原則に基づいており,したがって,契約意思の基礎となっているが,契約構成部分となっていない事実の不正確さのリスクを,原則として(行為基礎となる場合を例外として),その事実を法律行為上の決定の基礎とした者が負う。さらに,不作為による「過失の詐欺」の場合があるし,瑕疵ある情報提供の場合も,その瑕疵がいつも情報提供者にのみ帰責できるとは限らないとして,「過失の詐欺」についての表示責任は過失責任である,という。

そして,ローレンツは,「過失の詐欺」を,積極的行為による詐欺の場合と,説明義務違反の場合とに分ける。積極的行為による詐欺の場合は,取引にお

---

[107] Lorenz, a.a.O., S. 387ff..

ける一般的誠実性期待から生ずる真実義務（Wahrheitspflicht）の違反であり，契約準備的接触関係内の特別の開示義務や特別の信頼，自己情報収集の期待不可能性を必要とせず，原則として義務違反である，という。

　次に，ローレンツは，説明義務違反の場合を，契約目的の危殆化の場合，特別の契約危険の場合，先行行為（Ingerenz）のある場合，特別の信頼の要求のある場合に区分し，これらのすべての類型において，説明必要性という基準に基づいて説明義務は根拠づけられる，という[108]。

(6) 不意打ちからの保護

　ローレンツによれば，「契約締結上の過失」責任に基づく第２の決定自由の保護は，瑕疵ある情報提供からの保護ではなく，意思形成への直接的干渉からの契約当事者の保護であり，心理的強制の形態での契約意思への直接的干渉による自由自体の侵害が問題である。この「不意打ち」からの保護の場合には，強迫になりえないもの，ないし，その異種物（aliud）が問題であり，決定自由への強迫類似の干渉だけでなく，契約決定への各種の直接的心理的干渉を含む，という。そこでは，時間的圧迫や別の形態での心理的圧迫によって契約締結者の実質的決定自由が侵害され，契約を締結せざるを得なくなるのである，という。

　そして，契約前の行為義務は，説明義務だけでなく，契約相手方の利益に配慮する一般的保護義務も含み，法律行為上の決定自由も顧慮するのであり，そのような決定自由への直接的干渉に対する保護は，「契約締結上の過失」責任によって図りうる，という。すなわち，契約を締結した場合のよい面と悪い面を慎重に検討できない状況に契約相手方を追い込まない義務が契約準備関係から生ずる，という。

　ローレンツによれば，このように「契約締結上の過失」責任を「不意打ち」からの保護手段として活用することによって，ドイツ民法138条第１項（公序良俗違反）の枠組とは異なり，原則としてただ契約準備過程に着目できる。そして，不意打ちからの保護について，ドイツ民法123条（詐欺・強迫）も，ド

---

[108] Lorenz, a.a.O., S. 392ff..

イツ訪問販売法第1条に基づく撤回権も終局的規定ではなく,「契約締結上の過失」責任に基づく柔軟な不意打ちからの保護が継続形成されるべきである,という[109]。

(a) 不当威圧法理の比較法的検討

イギリスの不法威圧法理の比較法的検討の結果,ローレンツは,法律行為上の決定自由への外因的干渉について,悪意の詐欺や強迫を超える不当威圧のような法的救済を認めても,法的不安定には陥らない,という。

ローレンツによれば,法律行為上の決定自由への干渉にのみ着目し,純契約締結規制の手段であるイギリスの不当威圧の法理は,ドイツ法におけるドイツ民法138条(公序良俗違反)での契約の内容規制よりも合理的である。すなわち,ドイツ法での保証契約の公序良俗違反の判断においては,将来も支払えないほどの債務負担による絶望的な債務超過が要件となっており,負担した債務に見合う財産を担保供与者が有している場合には,公序良俗違反とならないのに対し,イギリス法では,物的担保提供者に対してもその決定自由の侵害のみに着目して不当威圧を認める。つまり,イギリス法では,決定自由への許されない干渉があれば,弱者だけでなく資産家も,当該法律行為の不利な結果や甚だしい債務超過を問題とせずに保護され,逆に,決定自由への許されない干渉がなければ,甚だしい債務超過があっても保護されず,イギリス法は,不当威圧の法理によって契約準備過程に着目するにもかかわらず,決定自由自体を保護して私的自治の思想および自己責任思想を維持し堅固なものとする,という。したがって,ドイツ法においても,たとえば,債権者と担保提供者間の契約前の義務関係から,心理的圧迫を行使して担保提供者の決定自由を侵害しない債権者の義務や,主たる債務者などの第三者の許されない干渉を利用しない債権者の義務が生じ,自己決定への外因的干渉から保護するために,「契約締結上の過失」責任が活用されるべきであり,甚だしい債務超過や破壊的債務負担という異常な事態は,従来通りドイツ民法138条(公序良俗違反)によって処理されるべきである,という。

また,意思決定の自由の侵害は原則として違法ではなく,決定自由への許

---

[109] Lorenz, a.a.O., S. 445ff..

されない直接的干渉についての責任においては，許された干渉と許されない干渉の限界づけの問題があるが，不当威圧の法理との比較法的検討から，その限界づけは，効果・結果関連的ではなく，行為態様関連的にのみ定められうる，という。すなわち，義務の対象，ひいては責任の連結点は，ドイツ民法123条（詐欺・強迫）の要件におけるように相手方への干渉自体ではなく，一定の行為態様によって干渉しないこと，もしくは，一定の決定自由侵害の状況を利用しないことのみでありうる，という。それゆえ，法的に許されない他者決定は，干渉があるかどうかの問題ではなく，どのような干渉かの問題であり，一定の行為態様にかからしめない法律行為上の決定自由自体の一般的状態保護はありえない，という[110]。

(b) 競争法上の行為態様命令の参照

ローレンツによれば，ドイツ法において一般私法の領域で，これまでドイツ民法123条，138条の要件を別にして，許された干渉と許されない干渉との間の限界づけ基準は発展させられなかったが，許されない行為態様はどのようなものかについての貴重な手がかりを，ドイツ不正競争防止法第1条[111]の枠内で発展した，心理的購入強制，不意打ち，迷惑な宣伝，未経験の利用など心理的圧迫による許されない顧客獲得（Kundenfang）の類型が与えてくれる。この類型は，その不正競争防止法上の性格とともに，消費者を個別的に保護する性格をも有しているので，そこで表明されている評価は，その保護目的を注意深く検討して，契約前の義務関係においても参照しうる，という。

ローレンツによれば，不正競争防止法上の評価をそれぞれの私法上の保護目的に添って一般私法に継受する例としてすでにドイツ訪問販売法第1条がある。その撤回規定の根拠は，消費者の法律行為上の決定自由をも保護目的に取り入れる不正競争防止法上の行為態様要求とパラレルであり，意思決定の自由についての契約前の保護義務の基本構造を，この契約準備過程関連的な撤回規定は示す，という。すなわち，物理的もしくは精神的に契約締結をやめることを不可能とする状況に交渉当事者を置くことが許されない，とい

---

[110] Lorenz, a.a.O., S. 469ff..
[111] 2004年改正前のドイツ不正競争防止法第1条は，良俗違反の競争行為を禁止する一般条項として，「業務上の取引において競争の目的で良俗に反する行為をなす者に対し，差止及び損害賠償を請求できる」と規定していた。

う。ただし，定型的保護をめざすドイツ訪問販売法の規制の場合とは異なり，「契約締結上の過失」に基づく決定自由の保護の場合には，そのつどの特別状況における個々人の能力に着目する個別的保護が問題であり，過失責任が問題である，という。ドイツの不正競争防止法および訪問販売法の評価を参照して，私法上も義務違反であるのは，狭義の不意打ちによって契約を締結させること，「客引き (Anreißen)」の形態でしつこくつきまとう行為態様 (belästigendes Verhalten) によって締結させること，強要の形態での心理的圧迫によって締結させることである，という。そして，過失の詐欺における説明義務設定につき自己情報収集の期待可能性が決定的ファクターであるように，ここでは，決定自由侵害から自己責任的に防御する期待可能性が重要であり，当事者が干渉により影響されやすいかどうか，その当事者にとっての，なされる契約の経済的意味が特に考慮されるべきである，という[112]。

小　括

(1) 過失の詐欺

　他人によって錯誤が惹起されたりして自己責任の領域にないリスクについて，契約前の説明義務違反に基づく責任は，グリゴライトのいうように，情報提供を重視する法秩序の機能変化によって正当化される。また，わが民法も詐欺規定を有するだけでなく，無権代理人の責任規定などに見られる契約前の保護原理を有し，意思自由をも保護しているのであるから，詐欺規定だけを重視して，契約前の説明義務を否定できない。

　グリゴライト及びローレンツは，同じく独民 123 条（日民 96 条に対応）を，制定法上規定された「契約締結上の過失」の特例事例と位置づけるが，グリゴライトのほうは，ドイツ民法典の故意ドグマは，契約前の情報提供責任の要件を限定しているだけで，その法律効果については何も言っておらず，何ら限定していない，と考えるのに対し，ローレンツは，法律効果レベルにおいても，独民 123 条は「契約締結上の過失」の特別事例である，と考える。すなわち，ローレンツによれば，詐欺取消と責任法上の契約解消とは異質で

---

[112] Lorenz, a.a.O., S. 445ff..

あり，悪意の詐欺では，それが契約意思を左右するとき，つねに定型的に契約を解消することができるのに対し，(過失での)「契約締結上の過失」という責任法上の保護の場合には，必ずしも契約解消に至る必要のない，全く個別的な保護が問題であり，契約前の義務違反がもしなければ契約は全く締結されなかっただろうという具体的因果関係がある場合にだけ契約解消することができるにすぎず，さらに損害軽減義務違反があれば契約解消できなくなることもあるとして，独民124条の類推適用を否定する。確かに，ローレンツの述べるように，詐欺取消と責任法上の契約解消とは異質といえよう。すなわち，詐欺の場合にはいつも契約解消を求めることができるのに対し，契約前の義務違反の場合には，契約解消は個別的，制限的に認められ，制度の保護目的が異なることから，詐欺取消との併存が承認されよう。

(2) 錯誤・詐欺の類推適用？

独民123条(詐欺)と119条(錯誤)の両取消規定は，当事者の決定自由の侵害に基づくものであるとして，過失での違法な意思への干渉の場合について両条の類推適用を認める学説について，グリゴライトもローレンツも，両条はそれぞれ独自の規定趣旨を有し，両取消規定間に「欠缺」はないとして，両条の類推適用に反対する。この点につき，ローレンツによれば，独民119条第1項(意思欠缺)による錯誤取消は，純内因的な意思欠缺に基づくものであり，立法者は，意思形成への侵害を，独民123条，及び，限定的に独民119条第2項(性質錯誤)においてのみ顧慮しており，この動機錯誤顧慮に反対する原則的決定によって，取消については，意思形成に瑕疵のあることは，取消の一般的根拠でないことを立法者は示した。独民123条(詐欺・強迫)による契約解消においては，詐欺・強迫によって生じた決定自由侵害の，他者の責に帰せられるべき性格，したがって，表意者に自己責任を問いえなくなることに基づくとして，法律行為上の決定自由侵害による契約解消の可能性は，契約相手方に帰責しうる，意思形成の外因的瑕疵の場合にのみ考慮されることが，法体系上帰結される，とする。そして，取消権の拡張という道もあるが，現行の瑕疵ある意思表示法の完全な再構成をしないのであれば，責任法上の契約解消を優先すべきである，とする。

わが国の民法新96条と新95条につき，新95条は純内因的な意思欠缺のほか基礎錯誤をも保護し，96条は，意思形成の外因的瑕疵についての規定であり，過失での違法な決定自由侵害からの救済のための取消権の拡張という道もあるし，「契約締結上の過失」責任に基づく契約解消という道もあろう。

(3) 不意打ち・不当威圧

理論上，不意打ち・不当威圧による契約締結者の実質的決定自由侵害も，契約当事者の利益に配慮する契約前の保護義務違反として，「契約締結上の過失」責任に取り込みうる。

不意打ち・不当威圧による決定自由への許されない直接的干渉についての責任においては，許された干渉と許されない干渉との限界づけの問題があるが，イギリスの不当威圧法理に見られるように，行為態様関連的に限定すべきであり，一定の行為態様によって干渉しないこと，もしくは，一定の決定自由侵害の状況を利用しないことを法的に問題とすべきである。

何がそのような違反行為か，が問題となる。わが国の不正競争防止法は，原告適格を事業者に限定し，個々の消費者自身の保護の観点は極めて弱く，そこでの違反行為類型の参照は困難であるが，わが国の特定商取引に関する法律6条第3項第4項は，人を威迫して困惑させて契約を締結させてはならないなどとしており，そこでの違反行為類型は，民法上も信義則上の配慮義務違反もしくは不法行為となることがあろう[113]。公序良俗違反の判断においては，契約内容が一方に著しく不利益であったという契約内容に関する要素が必要であるが，そのような公序良俗違反による内容規制とは別に，契約締結過程における意思決定への許されない干渉は，信義則上の配慮義務違反もしくは不法行為となるのである。

また，消費者保護においては，不当表示規制や説明義務による私的自治の補完の問題のほかに，脆弱な（vulnerable）消費者の保護の問題があり，事業者による配慮が求められる。2005年のEUの不公正取引方法指令（Unfair Com-

---

[113] ドイツにおいても，特にドイツ訪問販売法の発効前には，不意打ちによる決定自由侵害について，LG Landau MDR 1974, 41f.；LG Oldenburg MDR 1969, 392 は，「契約締結上の過失」責任に基づいて消費者に契約解消を認める。

mercial Practices Directiv）5 条も，誤認惹起的取引方法（指令6 条7 条）のほか，精神的・身体的弱さ，年齢または信じやすさゆえに事業者から影響を受けやすい弱い消費者（vulnerable consumer）につき，「困惑行為（ハラスメント），有形力の行使を含む強制，不当威圧により，平均的消費者の当該製品に関する選択または行動の自由を著しく歪めまたはそのおそれがあり，それによって消費者に，それがなければしなかったであろう取引上の決定をさせ，またはそれをさせるおそれがある場合」には攻撃的取引方法として禁止する（指令8 条9 条）。そして，指令9 条は，困惑行為（ハラスメント），有形力の行使を含む強制，不当威圧を用いているかを判断するにあたって考慮される諸事情として，a）そのタイミング，場所，性質またはしつこさ　b）威嚇的または侮辱的な表現または行動の使用　c）事業者が知っている，消費者の判断を損なうほどの具体的な不幸な状況や困難な状況を，製品に関する消費者の決定に影響を与えるために，事業者が利用すること　d）契約の解消，または他の製品もしくは他の事業者への変更の権利を含む，契約上の権利を消費者が行使するのを妨げようとして事業者が用いた，負担となるか，不相当な，契約に由来しない障害　e）法的に許されない行為をするという脅しをあげている[114]。2015 年のドイツ不正競争防止法 4a 条は指令8 条9 条の内容をほぼそのまま条文としている[115]。イギリスでは，攻撃的取引方法の一部につき不当威迫などの判例法に基づき対処していたが，2008 年に不公正な取引からの消費者保護に関する規則（The Consumer Protection from Unfair Trading Regulation 2008）が制定され，その7 条が攻撃的取引方法を規定し，その効果として刑事罰が導入された（規則11 条12 条）。2013 年には同規則は改正され，民事的救済手段として契約解除（27F 条，27G 条，27H 条），減額請求（27I 条，27H 条），損害賠償請求（27J 条）が消費者に付与された[116]。フランスにおいては，消費法典 L.

---

[114] 平田健治「EU 契約法と消費者保護」阪大法学55 巻2 号（2005 年）579 頁，原田昌和「ドイツ不正競争防止法における消費者の決定自由の保護」立教法学82 号（2011 年）275 頁参照。

[115] BGBl. I 2015 S. 2158. ドイツ不正競争防止法の2008 年，2009 年改正について，原田昌和「ドイツ不正競争防止法の最近の展開」現代消費者法7 号76 頁，同「ドイツ不正競争防止法における消費者の決定自由の保護」立教法学82 号（2011 年）275 頁，同「攻撃的取引方法からの消費者の保護について」『淡路剛久先生古稀祝賀』（有斐閣，2012 年）237 頁参照。

[116] 上杉めぐみ「ヨーロッパでの攻撃的取引行為への規制」愛知大学法経論集207 号（2016 年）1 頁以下参照。

122-8, 122-10条に, 事業者による脆弱性の濫用に関する規定があり, 脆弱性は,「諸状況に照らして, 同人が企図している契約がもたらす効果を適切に評価することができず, もしくは, 勧誘のために計略や策略が用いられていることを認識していないこと, または, 同人が強制状態に置かれていることが明らかであること」と定義される。事業者は, 消費者の「脆弱性」または「無知」を認識していたと推定される。事業者による脆弱性の濫用には, 刑罰が科せられ, 締結された契約は「無効で効力を生じない」(L. 122-8条5項) とされていた[117]。その後, 2005年のEU不公正取引方法指令があり, 攻撃的取引方法に関する規定を2008年改正消費法典のL. 122-11条からL. 122-15条に設け, 締結された契約は無効としている (L. 122-15条)。攻撃的取引方法と脆弱性の濫用という2つの概念が部分的に重なり合っている状態となっている[118]。さらに, 2016年2月10日のフランス債務法改正オルドナンスは, 経済的強迫 (状況の濫用) に関する規定 (1143条) を新設し, 効果は契約の無効としている。わが国においても, 2017年8月8日の消費者契約法改正のための消費者委員会「消費者契約法専門調査会報告書」において, 心理的負担を抱かせる言動等による困惑類型の追加や, 合理的な判断をすることができない事情を利用して契約を締結させる類型の追加が議論されている[119]。

第4節　法的性質・消滅時効

はじめに

本節では, 契約締結前の説明義務に関する近時の最高裁判決平23・4・22民集65・3・1405 (以下, ①最判という) を中心に検討する。信販会社が独立的交渉補助者である販売会社を使って立替払い契約を締結させた場合などに

---

[117] ノベルト・ライヒ/角田美穂子訳「EU法における『脆弱な消費者』について」一橋法学15巻2号469頁以下, 馬場圭太・荻野奈緒「フランスの法制度」別冊NBL 121号33頁以下参照。
[118] 馬場圭太「フランスにおける広告規制法の新たな展開」甲南法学50巻2・3号 (2009年) 47頁以下。その後の2016年消費法典改正につき大澤彩・日仏法学29号 (2017年) 188頁。
[119] 大濱巌生「消費者契約法専門調査会報告書の概要」NBL 1105号 (2017年) 58頁以下。また, 平成28年改正消費者契約法における同様の議論について, 丸山絵美子「合理的な判断を行うことができない事情を利用した契約の締結」名大法政論集265号 (2016年) 165頁参照。

は，独立的交渉補助者の言明について契約当事者が責任を負うかが問題となるところ，①最判では，説明義務違反に基づく損害賠償請求権の消滅時効が争われているので，まず，これまでの学説を見てみよう。

契約準備段階の責任につき当初の学説は，詐欺を理由として不法行為が成立しない以上責任は認められない[120]としたが，売主の担保責任の規定を類推して不法行為責任を認める説[121]や，契約が無効な場合について原始的不能を告知・調査しないことは契約法を支配する信義則に反するとして不法行為責任を認め，契約が有効な場合については締結前の注意義務の違反に契約の事前的効力から契約責任を認める見解が出てきた[122]。通説は「事実上契約によって結合された当事者間の関係は，何ら特別の関係のない者の間の責任（不法行為上の責任）以上の責任を生ずるとなすことが，正に信義則の要求するところだから」一種の契約責任として立証責任・履行補助者法理等が類推されるとし[123]，その効果として損害賠償のほか被害者が契約をした目的を達成できない場合には契約解除を認めるものがある[124]。また，有効な契約が成立した場合は意思自由の実質化のため契約責任であり，そのほかの場合は不法行為責任であるとの説[125]や，契約締結に際しての説明義務違反を不法行為または債務不履行として損害賠償を認める説がある[126]。

契約準備段階の責任は，1861年にイェーリングによって初めて編み出され，フランスでも1907年のサレイユ論文に始まる新たな責任であり，本来的契約責任と通常の不法行為責任との中間領域の責任である[127]。ギリシア法

---

[120] 石坂音四郎『改纂民法研究下』（1924年）189頁―190頁，岡松参太郎『無過失損害賠償責任論』（1916年）329頁。
[121] 末弘厳太郎「双務契約と履行不能（二）」法協34巻4号〈1916年〉47頁以下。
[122] 鳩山秀夫『債権法における信義誠実の原則』（1955年）303頁以下。
[123] 我妻栄『債権各論上巻』（1954年）38頁―42頁，松阪佐一『債権者取消権の研究』（1962年）201頁―205頁。締結交渉破棄につき近時の東京地判平28・4・14判時2340号76頁。
[124] 北川善太郎「契約締結上の過失」『契約法大系Ⅰ』（1962年）233頁，本田純一「『契約締結上の過失』理論について」現代契約法大系第1巻（1983年）208頁。本書第2章第5節1(2)134頁の④東京高判平2・1・25金商判845号19頁は錯誤無効ではなく契約解除を認める。
[125] 平井宜雄『債権総論第2版』（1994年）55頁，宮下修一『消費者保護と私法理論』（2006年）474頁―484頁。
[126] 潮見佳男『債権総論Ⅰ第2版』（2003年）582頁―583頁，平野裕之『契約法第3版』（2007年）40頁，48頁。平野教授は，「それぞれの問題について，不法行為でありながら債務不履行についての特別規定の趣旨が妥当するような事例もあり，中間的な灰色の領域があ」るという。

198条・ポルトガル法227条・イタリア法1337条1338条は，不法行為，債務不履行とは別に契約準備段階の責任に関する規定を有する。ドイツ法・オーストリア法・ギリシア法は，契約的接触に入った当事者間の正当な信頼を保護するため信義則に基づき調査・説明・保護義務が発生し，契約責任とする。わが国の709条と同様の一般条項的不法行為規定を持つスイス法・オランダ法・ポルトガル法・スペイン法・オーストリア法・ギリシア法でも契約準備段階の責任の法的性質は争われる。すなわち，スペインでは最高裁の部により契約責任とする部と不法行為責任とする部に分かれ，オランダ法は性質未決定とし，オーストリア・ギリシアとスイスの学説・判例は一致して履行補助者法理等を類推する。イギリスの1967年不実表示法2条1項は，不実表示者の側で誤った表示を過失なく正当であると信じていたことを証明しない限り免責されないとして，無過失の立証責任を不実表示者側に負わしている。これらの動向も契約準備段階の責任の中間責任との位置づけを示すものであり，以下では契約締結過程における信義則上の説明義務に関する近時の最高裁判例を中間責任との立場から分析したい。

1　① 最判平23・4・22

【事実】Y信用組合は，不動産業やサービス業の特定顧客に対する大口融資を増加させたが，バブル崩壊に伴い，大口貸付先に対する多額の債権が不良債権化し，平成8年の監督官庁の立入検査によれば自己資本比率はマイナス1.80%であり，その後も状況は改善しなかったところ，平成10年4月から早期是正措置制度が施行され自己資本比率が0%未満となると業務停止命令の対象となることとなり，Yは出資を募った。Yの支店長は，平成10年10月よりXに出資を勧誘し，平成11年3月Xらは出資した。

Yは平成12年12月16日，金融再生法8条に基づき，金融整理管財人による業務及び財産の管理を命ずる処分を受け破綻し，出資が無価値となった。Xらは訴訟を提起し，出資をした時点で，既にYは実質的な債務超過の状態にあり早晩破綻のおそれがあることをY役員らにおいて認識し又は容易に

---

[127] 奥田昌道「契約法と不法行為法の接点」『於保還暦記念・民法学の基礎的課題㊥』257頁，大村敦志『新基本民法4債権編』（有斐閣，2016年）104頁参照。

認識し得たにもかかわらず，これを告げずに出資の勧誘をしたとして，不法行為（主位的請求）ないし債務不履行（予備的請求）に基づき出資金相当の損害金の支払などを求めた。

Yは主位的請求について3年の短期消滅時効を援用したところ，一審は，Xの主位的請求につき，Yの信義則上の説明義務違反による不法行為責任を認め時効消滅しているとしたが，予備的請求につき，本件説明義務違反は，「契約に基づく本来の給付義務が発生する前の段階における問題であるから……これを契約上の債務不履行責任と解することはできない」とのYの主張を退けてYの債務不履行責任を認め，これによる損害賠償請求権に基づいてXの請求を認容した。控訴審判決も同様であった。

Yは，ドイツ債務法改正においても，債務不履行・不法行為ともに3年の統一的時効期間に統一された今日，本件説明義務違反に基づく損害賠償請求権には，3年の消滅時効が適用され，時効消滅しているとして上告した。

【① 最判判旨】　破棄自判

「イ，契約の一方当事者が，当該契約の締結に先立ち，信義則上の説明義務に違反して，当該契約を締結するか否かに関する判断に影響を及ぼすべき情報を相手方に提供しなかった場合には，上記一方当事者は，相手方が当該契約を締結したことにより被った損害につき，不法行為による賠償責任を負うことがあるのは格別，当該契約上の債務の不履行による賠償責任を負うことはないというべきである。

ロ，なぜなら，上記のように，一方当事者が信義則上の説明義務に違反したために，相手方が本来であれば締結しなかったはずの契約を締結するに至り，損害を被った場合には，後に締結された契約は，上記説明義務の違反によって生じた結果と位置付けられるのであって，上記説明義務をもって上記契約に基づいて生じた義務であるということは，それを契約上の本来的な債務というか付随義務というかにかかわらず，一種の背理であるといわざるを得ないからである。契約締結の準備段階においても，信義則が当事者間の法律関係を規律し，信義則上の義務が発生するからといって，その義務が当然にその後に締結された契約に基づくものであるということにならないことはいうまでもない。

ハ、このように解すると、上記のような場合の損害賠償請求権は不法行為により発生したものであるから、これには民法724条前段所定の3年の消滅時効が適用されることになるが、上記の消滅時効の制度趣旨や同条前段の起算点の定めに鑑みると、このことにより被害者の権利救済が不当に妨げられることにはならない」

2 当事者の説明義務と交渉補助者

情報提供義務に関する規定を新設するフランスの債務法改正オルドナンス1112—1条1項は、「他方の当事者の同意にとってその重要性が決定的である情報を認識している当事者は、他方の当事者が、この情報を知らないことまたはその相手方を信頼することが正当であるときは、情報を他方の当事者に知らせなければならない。」と規定し、当事者の説明義務を問題としている。そしてフランスのオルドナンス1112—1条6項は、情報提供義務違反の効果として、損害賠償のほか「同意の瑕疵」として契約の取消を認めている。そして、フランスの判例は、情報提供義務違反につき主として詐欺の適用範囲を拡張してきたところ、「同意の瑕疵」に関する条文中のオルドナンス1138条は交渉補助者に関して「契約当事者の代理人、事務管理者、被用者または請合人による場合も詐欺になる。共謀する第三者による場合も詐欺になる。」と規定している[128]。これらの場合、フランスの判例も契約当事者の情報提供義務を問題としている[129]。わが国でも「契約締結上の過失」においては、当事者の信義則上の義務が問題とされている。そして、当事者の交渉補助者の言明が当事者の負う説明義務の違反となるとき、履行補助者法理が類推適用されるべきかどうかが問題となる。使用者責任では、被用者自身の不法行為の成立が前提となり、被用者自身の義務違反が必要となるのであって、当事者の負う信義則上の義務の違反ではない[130]。このことから、スイス法は、信義則上の説明義務について履行補助者法理を類推適用している。

① 事件と同じY信用組合に出資し無価値となったとしてYの使用者責任

---

[128] 訳につき山城一真「沈黙による詐欺と情報収集義務（2・完）」早稲田法学92巻1号（2016年）145頁、および荻野奈緒・馬場圭太・齋藤由起・山城一真訳同志社法学390号79頁以下参照。
[129] 馬場圭太「物の価値に関する買主の情報提供義務」『判例にみるフランス民法の軌跡』（法律文化社、2012年）131頁以下参照。

を追及したが、直接勧誘した従業員には過失がなく709条の不法行為が成立しないとして原告敗訴とした大阪地判平20・9・30判タ1336・75などがあるのに対し、①事件の第一審判決も控訴審判決も、不法行為構成でも債務不履行構成でも契約当事者の信義則上の同じ説明義務を認め、Xらに直接勧誘した交渉補助者である従業員の言明を問題とし、履行補助者法理を類推適用したのと同じ法的構成となっている。そして、この契約当事者自身の説明義務については、Yの上告受理申立理由でも不服申立されず、①最判においても「契約締結の準備段階においても、信義則が当事者間の法律関係を規律し、信義則上の義務が発生する」として、また、千葉補足意見においても「契約交渉に入った者同士の間では、誠実に交渉を行い、一定の場合には重要な情報を相手に提供すべき信義則上の義務を負い、」「この義務は、あくまでも契約交渉に入ったこと自体を発生の根拠として捉えるものであ」る、として是認されている。すなわち、①事件第一審判決によれば、出資を勧誘するYは、「従業員である支店長らを通じて、組合員であるXらに対し、普通銀行への転換のために、あるいは、自己資本比率を高めるために増資の必要があるなどと述べて勧誘し」、「Yは、Xらに対して本件各出資を勧誘した当時、実質的に大幅な債務超過の状態にあり、早晩、監督官庁から破綻認定を受け、そのことに伴い、出資した組合員に対して出資金の払戻しをすることができない事態に至る現実的な危険性があったものであり、かつ、Y（Yの理事長ら旧役員）自ら、そのことを認識することができたものと認めることができる。そして、Yがそのような状況にあることは、Xらが出資に応じるか否かの意思決定をする上で極めて重要な情報というべき」としてYは信義則上の説明義務を負うが、Yの支店長が、「本件各出資をするに当たり、Xらに対し上記のようなYの経営や財務に関する事情を説明したとは認められない」として

---

[130] この点で証券業者が問屋である証券取引は特殊である。フランスにおいても情報提供義務の判例として証券取引事例はほとんど見られない。金融商品は複雑であり、専門知識や経験のある証券業者から説明されなければ顧客は金融商品の内容・リスクを正しく理解できず、証券業者は問屋である。拙稿「取引における説明義務」消費者取引判例百選および本書第3章「アレンジャーの情報提供義務」参照。なお、金融商品取引法36条、66条の7は、金融商品取引業者等およびその役員・使用者、金融商品仲介業者およびその役員・使用者が顧客に対し誠実公正義務を負うと定めている。戸田暁「金融取引における『仲介者』の法規制」『企業法の課題と展望，森本滋先生還暦記念』（商事法務、2009年）508頁。

交渉補助者の言明のみに着目し履行補助者法理を類推して契約当事者Yの説明義務違反を認めている。

　信販会社が販売会社を使って立替払い契約を締結させたり，下記③最判平 17・9・16 のように独立的交渉補助者を介入させる場合には，不法行為の使用者責任では，相手方が保護を受けられないおそれがある。契約締結前であっても信義則上の説明義務を負う当事者はその説明義務を果たさねばならず，当事者が交渉権限を与えた交渉補助者の言明につき不法行為構成の場合でも履行補助者法理等が類推されるべきである。なぜなら，当事者が自己の利益のために締結権限のない交渉補助者を使って相手方を過度に交渉リスクにさらしてはならないし，交渉補助者に締結権限がないというだけで，当事者本人から委任された交渉補助者の言明を相手方が頼ってはならないとすると取引効率が害されるし，逆に交渉権限ある補助者の言明について本人に帰責しても，本人は相手方に説明することによって交渉補助者の交渉余地を制限しコントロールできるので本人の利益をほとんど害しないからである[131]。潮見教授も①最判の判例批評において「消滅時効以外の問題にも不法行為規範が適用されるとまで，本判決は述べていない。例えば，交渉補助者の行為による責任の問題が使用者責任により処理されるかといえば，本判決にはそこまでの守備範囲はないものと理解すべきである。」とされている[132]。また，金山教授も，交渉補助者一般について，契約当事者は，交渉補助者を用いることによって，自ら負う信義則上の義務を回避することはできないはずであるから，自分で行ったならば自己に帰責されるような説明義務違反が交渉補助者によって行われた場合には自己の責任を免れないとされる[133]。

3　消滅時効

　①最判では，契約締結前の信義則上の説明義務違反に基づく損害賠償請求権には，3年の消滅時効が適用されるかどうかが争われ，千葉補足意見も，①最判の法廷意見を「本件説明義務違反が債務不履行責任を構成せず，その結

---

[131] 本書第2章第1節「契約締結に至らなかった場合」42頁。
[132] 潮見佳男・金法 1953 号（2012 年）78 頁。
[133] 金山直樹「契約締結補助者の理論」法学研究 88 巻 7 号（2015）17 頁以下，同「契約締結補助者の理論―その二」同志社法学 68 巻 2 号（2015 年）141 頁以下。

果，これにより発生した損害賠償請求権について民法724条前段が適用されるとした」とまとめ，潮見教授は①最判判旨ハの「説示からは，最高裁は，消滅時効とは異なる法律問題が登場する場面で，被害者の権利救済の観点から……別の枠組みによる救済法理を立てる余地を残したものとも見ることができ，交渉補助者の過失の問題は，同判決が出た後もなお，まさにこの後者の観点から別途検討に値する」と指摘されている[134]。

①最判は，「信義則上の説明義務に違反したために，相手方が本来であれば締結しなかったはずの契約を締結するに至り，損害を被った場合には，後に締結された契約は，上記説明義務の違反によって生じた結果と位置付けられ」，「信義則上の義務が発生するからといって，その義務が当然にその後に締結された契約に基づくものであるということにならない」として中間責任としての性格を認めつつも[135]，本件説明義務違反が，本来的債務不履行ではないことだけを理由に民法724条前段を「適用」しているが，上記鳩山説の法的構成を否定したにとどまり，なお多様な理論構成が可能である。従来は，本来的な債務不履行でも不法行為でもない中間的責任について，消滅時効についても請求権競合により処理してきたが，千葉補足意見によると，本件「説明義務は，そもそも契約関係に入るか否かの判断をする際に問題になるものであり，契約締結前に限ってその存否，違反の有無が問題になるものである。加えて，そのような説明義務の存否，内容，程度等は，当事者の立場や状況，交渉の経緯等の具体的な事情を前提にした上で，信義則により決められるものであって，個別的，非類型的なものであり，契約の付随義務として内容が一義的に明らかになっているようなものではなく，通常の契約上の義務とは異なる面もある。」として「債務不履行責任についての消滅時効の規定の適用を認めることはできない」という。結局，①最判は，「信義則上の説明義務」の発生と義務内容は，契約的接触という個別的・具体的状況に依拠するという点では「個別的，非類型的」であることを強調して，証拠の収集・保全の困難さのため，もしくは法律関係の早期処理への説明義務違反者の期待を保護するため民法724条前段を[136]，(上記「当事者の説明義務と交渉補助者」に見られ

---

[134] 潮見『新版注民10 II』203頁。
[135] 最も早く拙稿・判批・私法判例リマークス1996年上62頁。

る）中間責任に類推適用したと言うべきであろう。わが国の改正債権法の下では，債務不履行責任の場合には主観的起算点から5年（新166条1項1号），客観的起算点から10年（新166条1項2号）で債権は時効によって消滅することとなり，不法行為の場合の消滅時効と比べてどちらが有利とは一概には言えなくなろう[137]。

4　①最判の射程と関連最判

(1)①最判の射程は，「契約締結上の過失」とされるもの一般に及ぶものではなく，契約準備段階の説明義務違反の一場面のみに限定的なものとされ[138]，同じ最二小判の平24・2・24金商判1388・29は，安全配慮義務違反につき請求権競合を維持している。

千葉補足意見は，契約締結前の説明義務には，「信義則上の説明義務」と「契約の付随義務」とされるものとの2種類があるとし，契約締結前の説明が当該契約の内容・趣旨において類型的に要求される場合には「契約の付随義務」とされる。すなわち，「①素人が銀行に対して相談や問い合わせをした上で一定の契約を締結した場合に，その相談や問い合わせに対する銀行の指示に誤りがあって，顧客が損害を被ったときや，②電気器具販売業者が顧客に使用方法の指示を誤って，後でその品物を買った買主が損害を被ったとき（我妻栄「債権各論上巻」38頁参照）」のような「適切な指示をすべき義務の具体例は，……私としては，これらは，締結された契約自体に付随する義務とみる」とされる場合に念頭に置かれているのは，事例の類似性からは，近時の②最判平18・6・12金商判1251・27と③最判平17・9・16金商判1232・19であると思われる。

(2)まず，②最判平18・6・12は，「信義則上の義務」とし，その差戻審（大阪高判平19・9・27金商判1283・42）は，「契約に付随する説明義務」という。②

---

[136] 佐久間毅・本件判批・金法1928号44頁。
[137] 松本恒雄「契約締結交渉段階における契約締結の判断に影響を及ぼす説明義務の法的性質」金商判1511号58頁以下。
[138] 「本件解説」判時2116号54頁。①最判の最狭義の射程範囲は，「金融商品取引における契約交渉過程での説明義務違反に特化」し，かつそのときの消滅時効期間に関してとなろう。潮見佳男・本件判批・金法1953号（2012年）76頁，市川多美子・本件判批・法曹時報66巻6号156頁157頁160頁参照。

最判では，土地所有者Xは，取引先のY₁銀行の担当者からY₂建設を紹介され，北側土地を坪350万円で売却して自己資金を捻出することが可能と説明され，Xは，Y₁銀行から5階建てマンション建築資金全額の融資を受け，本件建物を建築した。

ところが，本件建物は，土地全体を敷地として容積率いっぱいの建築確認がされたため，北側土地が売却されると，残された土地では容積率の制限を超える違法な建築物となり，また，北側土地を買主が敷地として建物を建築する際には，異なる建築物について土地を二重に敷地として使用するため，建築確認をすぐに受けられない敷地問題があった。そのため北側土地の売却価格は低下するが，YらはXに何ら説明しなかったため，Xは，本件建物の建築後，予定どおり北側土地を売却できず，返済資金を確保できないこととなり，貸付に係る債務の支払を遅滞し損害を被ったと主張して，Yらに対し，不法行為又は債務不履行に基づき，損害賠償を求めた。

②最判は，敷地問題を認識していた「Y₂担当者には，本件計画を提案するに際し，Xに対して本件敷地問題とこれによる本件北側土地の価格低下を説明すべき信義則上の義務があった」と判示し，また，「銀行担当者は，①Xに対し，本件各土地の有効利用を図ることを提案してY₂を紹介しただけではなく，②本件北側土地の売却によりY₁銀行に対する返済資金をねん出することを前提とする本件経営企画書を基に本件投資プランを作成し，これらに基づき，Y₂担当者と共にその内容を説明し，Xは，上記説明により，本件貸付けの返済計画が実現可能であると考え，本件貸付けを受けて本件建物を建築したというのである。そして，③Xは，銀行担当者が上記説明をした際，本件北側土地の売却について銀行も取引先に働き掛けてでも確実に実現させる旨述べるなど特段の事情があったと主張して」おり，「銀行担当者についても，本件敷地問題を含め本件北側土地の売却可能性を調査し，これをXに説明すべき信義則上の義務を肯認する余地がある」と判示した。

Xにとって北側土地を売却して自己資金を確保し，借入返済額を縮小させることが重要であり，銀行も取引先に働き掛けてでも北側土地売却を確実に実現させる旨までXに述べたので，支払能力を超えない計画であると誤信して建て替える必要のない旧建物を壊してまでして銀行から提案された大規

模投資計画のため融資を受けたのであり，Y らの職業的専門性に対する顧客 X の信頼を利用しつつ X にその支払能力を上回り契約目的に反する融資契約および請負契約を締結させたのであるから，各契約に付随する説明義務が認められるべきであろう。

(3)③ 最判平 17・9・16 は，独立的交渉補助者である Y_2 不動産販売が説明しなかった場合に，Y_1 不動産の瑕疵担保責任だけでなく，売買契約上の付随義務として Y_1 の説明義務の違反を認める。X の亡夫 A は，Y_1 からマンションの 802 号室を購入し，その際，Y_1 不動産の販売代理人 Y_2 は販売事務の一切をした。A・X の居住からわずか 6 日目，主寝室で火災が発生し，A は死亡してしまった。主寝室寄りに防火戸が設置されており，室内で火災が発生すると自動的に閉じて，主寝室を含む北側区画と居間等の南側区画とに区切り，出火した側の区画から他の区画への延焼等を防止するようになっていたが，火災時に防火戸の電源スイッチが入っていなかったため南側区画への延焼等を防止できなかった。

買主 A の権利義務を相続した X が，Y らに対し損害賠償を求め，最高裁は，Y_1 不動産には防火戸の電源スイッチが切られて作動しない状態で引き渡されたことにつき瑕疵担保責任があるとして，また，Y_2 販売は，信義則上，Y_1 と同様の説明義務の違反があるとして，防火戸が作動しなかったことによる拡大損害部分について賠償すべきと判示した。すなわち，防火戸は，防火設備の一つとして極めて重要だが，Y_1 不動産から委託を受けた Y_2 販売は，防火戸の電源スイッチが，分かりにくい場所に設置されていたにもかかわらず，何ら説明しなかったため，防火戸は火災時に作動しなかったのであるから，Y_1 不動産には，「少なくとも，本件売買契約上の付随義務として，上記電源スイッチの位置，操作方法等について説明すべき義務があった」と述べ，この Y_1 の付随義務を前提として，Y_2 販売は，販売業務に関する専門家であり，売主と一体となって，マンションの販売に関し引渡に至るまで一切の事務も自らの利益のために行い，顧客 A も売主と同等か，又はそれ以上の専門性を有する Y_2 販売の実力，実績を信頼して手続きを執り行っていた場合に，Y_2 の信義則上の説明義務を不法行為として認める。

以上のように，Y_1 の本件説明義務は，防火設備を備えたマンションの売買

契約の目的を円滑に達成できるか否かに関する事項について契約締結に際して又は引渡までに説明すべき義務であり，さらにY_1の職業的専門性に対する顧客の信頼まであるのであるから「契約上の付随義務」といってよい。

　(4) また，④最決平成12・9・26では，大阪高判平成11・9・17判タ1051・286が信義則上の説明義務違反による売買契約の解除と信頼利益の賠償を認め，同じ賠償につき販売代理人Y_2の説明義務違反に基づく不法行為責任も認め，売主Yらが上告受理申立をしたが，④最決は不受理決定をした。Yらのパンフレットでは，「上階からは二条城の眺望が広がります。」との記載があり，買主Xがマンション6階の本件居室を購入した動機は，西側窓から二条城が見えることであった。買主Xはマンション完成前に契約し，売主Y_1社の販売代理人Y_2社の担当者から西側窓から二条城が見えると説明されたが，マンション完成後の西側窓の正面に隣接ビルのクーリングタワーがあるため，二条城方面の眺望の大部分が遮られた。Xは，眺望について特約違反を主張して売買契約の解除，手付金の返還を求め，新たにマンションを借りるために支払った仲介手数料などの信頼利益の賠償を求めた。第一審は眺望に関する契約意思がなく，販売担当者の代理権の有無を検討するまでもないとして眺望に関する特約（性質保証）を認めなかった。

　買主XがYらの信義則上の説明義務違反を主張して控訴し，大阪高判は，「未だ完成前のマンションの販売においては，購入希望者は現物を見ることができないから，売主は購入希望者に対し，その売買予定物の状況について，その実物を見聞できたのと同程度にまで説明する義務がある」と述べ，本件でも，買主Xは購入に際し「Y_2の担当者に対して，視界を遮るものがないかどうかについて，何度も質問しており，Y_2においても，Xが二条城への眺望を重視し，本件居室を購入する動機としていることを認識し得たのであるから，Y_2は，」「窓等からの視界についてその視界を遮るものがあるか，ないかについて調査，確認して正確な情報を提供すべき義務があ」り，買主Xとしては，クーリングタワーが「西側窓のほぼ正面の位置に見えるとの説明を受けるか，少なくともその可能性について告知説明があれば，その購入をしなかった」として売買契約の解除と信頼利益の賠償を認めた。④最決では，買主は職業的専門性のある販売代理人に対し大学教員であることを明示して購

入交渉において重要視している眺望を確認までし性質保証の成否も争われており，契約に付随する説明義務を認めてよかろう。

(5) 以上のように，「契約の付随義務」としての説明義務は，契約の目的を円滑に達成できるか否かに関する事項について説明すべき義務であり，さらに一方当事者の職業的専門性に対する顧客の信頼まである場合に認められると考えるが，「信義則上の説明義務」との区別はあいまいな点がある。

5 「信義則上の説明義務」

「信義則上の説明義務」と「契約の付随義務」の両者を認める考え方は，契約の締結に向けられた説明義務と，契約の履行に向けられた説明義務を区別し，前者は不法行為責任を発生させ，後者は債務不履行責任を発生させるフランスの一学説[139]と似ているが，フランス法ではわが国と異なり破棄院1922年1月11日判決以来請求権非競合説が採られ，契約責任が成立する場合には不法行為責任は排除されるため契約責任か不法行為責任かどちらかに性質決定しなければならず，請求権競合説を採るわが国の議論とはその前提が異なっている。フランスの2017年3月13日の民事責任改正案1233条も，「契約上の債務の不履行の場合，債務者も債権者も，契約外責任に特有の規律を選択して，契約責任に固有の諸規定の適用を免れることはできない。」[140]として請求権非競合原則を維持している。また，フランス法は，契約の締結に向けられた説明義務の違反において意思表示論のレベルでも「情報が提供されていたならばその契約を締結していなかった」場合に詐欺・錯誤といった「同意の瑕疵」として契約取消も認める[141]。

① 最判がいう「一方当事者が信義則上の説明義務に違反したために，相手方が本来であれば締結しなかったはずの契約を締結するに至り，損害を被った場合」には，フランス法もドイツ法[142]も契約解消をも認めているのである

---

[139] 横山美夏「契約締結過程における情報提供義務」ジュリ1094号131頁。
[140] 訳につき中原太郎「民事責任の改正に関する法律草案」法学80巻5号（2016年）104頁以下参照。
[141] 馬場圭太「フランス法における情報提供義務理論の生成と展開（二・完）」〈1998年〉早法74巻1号49頁。
[142] ドイツの判例は，説明義務を尽くしていれば被害者が契約を締結していないであろう場合には，独民249条の損害賠償の原状回復として契約解消を認める。

が，単なる不法行為というだけでは契約解消できない。そして，情報提供義務に関する規定を新設するフランスの債務法改正オルドナンス1112—1条は，その1項で「他方の当事者の同意にとってその重要性が決定的である情報を認識している当事者は，他方の当事者が，この情報を知らないことまたはその相手方を信頼することが正当であるときは，情報を他方の当事者に知らせなければならない。」と規定し，その4項で立証責任について「他方の当事者が情報提供をすべきであったことは，情報が提供されるべきであったと主張する者が証明する責を負う。他方の当事者は，自ら情報を提供したことを証明する責を負う。」，その6項で「この者が負う〔損害賠償〕責任に加えて，この損害賠償責任に対する違反は，1130条以下〔同意の瑕疵に関する諸規定〕で定められている要件に従い，契約の無効をもたらすことができる。」と定めている[143]ことも，この情報提供義務の中間責任性を示すものと考えられる。そして，この交渉当事者が負う情報提供義務の根拠は，フランス法においても交渉当事者間の正当な信頼と信義則と考えられている。そうすると，交渉当事者間には契約関係におけるのと同様の信義則の支配する関係があるとしてこの契約的接触関係に履行補助者法理等の契約責任法理を類推適用することは理論的にも可能である[144]。

(1) 契約解消・代金減額（残留信頼損害）

フランスの債務法改正オルドナンス（2016年2月10日）は「同意の瑕疵」の領域を拡大し，交渉補助者の詐欺的言明を当事者の詐欺的言明と同一視する点に意義がある[145]。フランスにおいて契約前の情報提供義務に関する規定を新設する債務法改正オルドナンス1112—1条1項は，「他方の当事者の同意にとってその重要性が決定的である情報を認識している当事者は，他方の当事者が，この情報を知らないことまたはその相手方を信頼することが正当であるときは，情報を他方の当事者に知らせなければならない。」と定め，オル

---

[143] 訳につき山城一真「沈黙による詐欺と情報収集義務（2・完）」早稲田法学92巻1号（2016年）145頁，荻野奈緒・馬場圭太・齋藤由起・山城一真訳同志社法学390号79頁以下参照。
[144] フランスの債務法改正オルドナンス1138条も交渉補助者の詐欺的言明を当事者の詐欺的言明と同一視する。
[145] ピエール・カタラ／野澤正充訳「民法・商法および消費者法」ジュリ1356号（2008年）180頁参照。

ドナンス1112―1条6項は、「義務を負う者の〔損害賠償〕責任に加えて、この情報提供義務に対する違反は、1130条以下〔＝同意の瑕疵に関する諸規定〕に定められる要件に従い、契約の取消をもたらしうる。」と規定して、情報提供義務違反の効果として、損害賠償のほか契約の取消を認めている[146]。そして、「同意の瑕疵」[147]に関するオルドナンス1130条は、「1項　錯誤、詐欺および強迫は、それらがなければ当事者の一方は契約をしなかったであろうとき、または実質上異なる条件で契約をしていたであろうとき、同意を瑕疵あるものとする。2項　錯誤、詐欺および強迫の決定的性格は、同意がなされたときの人および状況にかんがみて評価される。」と規定している。そして、フランスの判例は情報提供義務違反につき主として詐欺の適用範囲を拡張してきたところ、契約締結の際に交渉補助者の関与があることを考慮して、オルドナンス1138条は「1項　契約当事者の代理人、事務管理者、被用者または請合人による場合も詐欺になる。2項　共謀する第三者による場合も詐欺になる。」と定め、交渉補助者の詐欺的言明を契約当事者の詐欺的言明と同一視する[148]。情報提供義務違反の効果について、フランスの判例は、「情報が提供されていたならばその契約を締結していなかった」場合に「同意の瑕疵」として契約取消を認めてきており[149]、この判例の立場はフランス新債務法の下でも維持されよう。このフランスの判例を参照して、わが国においても情報提供義務違反の効果として、錯誤・詐欺の拡張が主張されている[150]。わが国に

---

[146] 訳につき山城一真「沈黙による詐欺と情報収集義務（2・完）」早稲田法学92巻1号（2016年）145頁参照。

[147] フランスの情報提供義務と同意の瑕疵について、後藤巻則『消費者契約の法理論』（弘文堂、2002年）、柳本祐加子「フランスにおける情報提供義務に関する議論について」早稲田大学法研論集49号（1989年）161頁、森田宏樹「『合意の瑕疵』の構造とその拡張理論(1)(2)(3)」NBL 482号（1991年）483号56頁、484号56頁、横山美夏「契約締結過程における情報提供義務」ジュリ1094号（1996年）128頁、馬場圭太「フランスにおける情報提供義務理論の生成と展開(1)(2・完)」早稲田法学73巻2号（1997年）55頁、74巻1号（1998年）43頁、山下純司「情報の収集と錯誤の利用(1)(2)」法協119巻5号（2002年）779頁、123巻1号（2006年）1頁、山城一真『契約締結過程における正当な信頼』（有斐閣、2014年）、矢島秀和「フランチャイザーの情報提供義務と合意の瑕疵との関係性」法と政治67巻1号（2016年）407頁などがある。

[148] 山岡真治「フランス債権法改正準備草案における錯誤及び詐欺の検討」『ヨーロッパ私法の展開と課題』（日本評論社、2008年）463頁参照。

[149] 馬場・前掲注147早法74巻1号49頁。

[150] 後藤巻則「情報提供義務」『ジュリスト増刊　民法の争点』（有斐閣、2007年）218頁、森田宏樹「『合意の瑕疵』の構造とその拡張理論(2)(3)」NBL（1991年）483号58頁以下、484号58頁以下。

おいても詐欺・錯誤を類推して説明義務違反がなければ被害者が契約を締結しなかった場合に取消を認める[151]か，同様の過失ある説明義務違反の場合に限定して信義則により基礎錯誤を類推することもありえよう。その場合，契約解消だけでなく，契約解消のみでは被害者の救済が不十分である場合には，契約解消＋損害賠償も認められるべきである。金山教授も契約解消によって損害が完全に塡補されない場合には，それに加えて損害賠償が与えられねばならない，とされている[152]。フランスのオルドナンス 1112—1 条も契約解消＋損害賠償を認める立場であろう。なお，①最判など契約の締結に向けられた説明義務と契約の履行に向けられた説明義務に区分する見解においては，後者の説明義務は契約の付随義務とされるため，その効果は，損害賠償のほか，契約解除となろう[153]。

　ドイツ法も新独民 324 条は，双務契約の債務者が契約の付随義務に違反する場合において「債権者を契約に拘束することがもはや期待できないときは，債権者は契約を解除することができる」と規定したので，契約前の説明義務においても付随義務と同程度に被害者の契約拘束への期待不可能性があるとして，契約前の説明義務違反の場合に新独民 324 条類推に基づき解除できるとの説[154]や OLG Hamm NJW-RR 2003, 1360 がある。その場合，新独民 325 条が「契約の解除は双務契約において損害賠償を請求する権利を妨げない。」と規定しているので損害賠償も請求できる。OLG Hamm NJW-RR 2003, 1360 においては売主 Y は輸入車であることを説明せずに買主 X に乗用車を売った場合に，価格低下する輸入車であることを説明されていれば売買契約を締結していなかったとして買主 X は新独民 324 条により解除できるとする[155]。また，ドイツの損害賠償に関する 249 条は原状回復の方法を認めているので，

---

[151] 大村敦志『新基本民法 1 総則編』（有斐閣，2017 年）72 頁。
[152] 金山直樹「契約締結補助者の理論」法学研究 88 巻 7 号（2015 年）32 頁。
[153] わが国の改正民法 458 条の 2 が定める債権者の保証人に対する（主たる債務の履行状況に関する）情報提供義務の効果として，潮見佳男『民法（債権関係）改正法案の概要』111 頁は，損害賠償，保証契約の解除という。
[154] Grunewald, FS für Wiedemann, 2002, S. 77；MünchKomm/Ernst,（2003）§ 324 BGB Rn. 6；Soergel/Gsell, 13. Aufl 2005 § 324 Rn. 6；Bamberger/Roth/Grothe, § 324 Rn. 5；Brox/Walker, Schuldrecht AT § 25 Rn. 20；Harke, Schuldrecht AT 2010, Rn. 291；Looschelders, Schuldrecht AT 14. Aufl. 2016, Rn. 156a；Dassbach, JA 2016, 325（331）など。
[155] Emmerich, NJW 2004, 163.

BGHは説明義務を尽くしていれば被害者が契約を締結していないであろう場合には伝統的手法に従い原状回復として契約解消＋損害賠償を認めている。

　わが国においても物の瑕疵とされない事情に関する説明義務は瑕疵担保（契約不適合）の不備（法欠缺）を補充しているし、瑕疵担保（契約不適合）責任の一部は説明義務違反でもあるので、信義則上の説明義務違反について新542条1項を類推することもできよう。わが国の通説・判例も説明義務違反がなかったならば被害者が契約を締結しなかった場合（被害者が契約目的を達成できないほど重大な違反となる場合）にだけ個別的、制限的に契約解除を認めている。たとえば、東京外大の英語学科の学生であると誤解して両親は子供の英語の家庭教師として契約を結んでおり、学生のほうは契約締結時に両親の誤解を認識していながら黙っていた場合に両親は学生の説明義務違反がなければ契約を締結しなかったとして契約を解除できるであろう[156]。さらに、フランス法もドイツ法も、たとえば虚偽の貸借対照表を示されて企業を買収し、説明義務違反がなければ契約を締結しなかったであろうときに契約解消できるし、また、被害者は契約を維持して代金減額もしくは払い過ぎ分である残留信頼損害の賠償も請求できよう[157]。

(2) 瑕疵担保責任との関係

　フランス法もドイツ法も、売主の説明義務違反が売買目的物の瑕疵に関するとき、瑕疵担保責任と併存して説明義務違反も認められるかを問題としている。ドイツの通説・判例は、瑕疵担保責任が成立する場合には、もはや説明義務違反は問題とならず、売主が契約に適合しない物を引渡したことが問題であり原則として瑕疵担保責任が優先すると考える。その理由は、①瑕疵担保責任の追及には説明義務違反とは異なり短期の期間制限（新独民438条）があることや、説明義務違反では買主の過失・重過失は過失相殺の問題とな

---

[156] このような事項の説明義務の存否につき、憲法上の価値判断も考慮されるべきである。
[157] 第2章第5節「契約の解消・代金減額」140頁—142頁参照。フランス法につき、ケッツ／潮見佳男・中田邦博・松岡久和訳『ヨーロッパ契約法I』（法律文化社、1999年）389頁、武川幸嗣「『契約締結上の過失』責任における『合意』と『損害』の意義」『民事責任の法理・円谷峻先生古稀祝賀論文集』（成文堂、2015年）111頁参照。

るが，瑕疵担保に関する新独民442条によれば，瑕疵につき契約締結時の買主の悪意や重過失は瑕疵担保責任を排除することから，瑕疵担保が特別法であるし，また②瑕疵担保の効果につき新独民437条が解除，代金減額，損害賠償に対し追完請求を優先しているが，もし説明義務違反も競合して認めれば追完請求の優先が骨抜きとなるからという。しかし，ドイツの通説・判例は，例外として，瑕疵につき故意の売主の場合には，②のように追完を優先して売主を保護する必要がないし，①の理由についても故意の売主を保護する必要がないとして説明義務違反との競合を認める[158]。

　わが国においても，新562条から564条は追完の優先を認め，新566条は短期の期間制限を定め，売主が悪意又は重過失の場合には短期の期間制限がないことを規定しているので，これらの議論は参考に値しよう[159]。

(3) 立証責任

　フランスの判例では，「情報提供義務は契約上の債務となることも不法行為上のフォートの前提である行為義務となることもあり」，「情報提供義務違反が不法行為に基づく損害賠償を基礎づけるフォートの構成要素であったとしても，(契約債務の証明とその履行の証明に関する仏民) 1315条が適用される」[160]との法発展がみられ，その成果を取り入れて情報提供義務に関するフランスの債務法改正オルドナンス1112—1条4項は，立証責任について「他方の当事者が情報提供をすべきであったことは，情報が提供されるべきであったと主張する者が証明する義務を負う。他方の当事者は，自ら情報を提供したことを証明する義務を負う。」と定めている[161]。また，イギリスの1967年不実表示法2条1項は，不実表示者の側で誤った表示を過失なく正当であると信じていたことを証明しない限り免責されないとして，無過失の立証責任を不

---

[158] BGHZ 180, 205；Fischinger, NJW 2009, 2496など。BGHZ 180, 205につき古谷貴之「ドイツにおける瑕疵担保責任と契約締結上の過失責任の競合問題」同志社法学61巻5号117頁以下参照。
[159] 本書第2章第4節4の③最判平17・9・16判タ1192号256頁参照。
[160] 馬場圭太「説明義務の履行と証明責任」早法74巻4号 (1999年) 562頁—568頁。仏民1315条1項　債務の履行を要求する者は，債務を証明しなければならない。2項　反対に，〔債務から〕解放されたと主張する者は，弁済又はその債務の消滅をもたらした事実を証明しなければならない。訳につき馬場・同稿参照。
[161] 訳につき荻野奈緒・馬場圭太・齋藤由起・山城一真訳同志社法学390号79頁以下参照。

実表示者側に負わしている。

　ドイツ法においては，説明義務違反は，履行遅滞・不能よりもドイツ民法典に規定されていない積極的債権侵害に似ているとして，履行不能に関する旧独民282条が類推適用されてきたが，債務法改正後は付随義務違反に関する独民280条1項第2文によれば，説明義務違反が認められると，説明義務違反者が自己に帰責事由のなかったことを立証しなければならない[162]。ドイツの判例には，売主が複雑な商品につき誤ったリスク説明をし買主がその説明を頼って不利な契約を締結した場合に，被害者側の説明義務違反の主張責任を緩和するものがあり，被害者が一般的な説明義務違反の事実を主張すれば，説明義務違反者側の二次的主張責任（否認事由主張責任）として説明義務をどのように果たしたか具体的に主張立証しなければならず，それらを果たさない場合には擬制自白という不利益を受ける[163]。説明義務違反と損害との因果関係の立証についても，説明義務を尽くしていれば被害者は合理的に行為し不利な契約に応じず損害を被っていなかったとして説明義務違反と損害との因果関係を（一応の）推定するものがあり[164]，さらに銀行等の説明義務の保護目的から説明義務違反と損害との因果関係の立証責任を転換するものもあり[165]，説明義務違反の効果として信頼利益の賠償が認められる。さらに説明義務を尽くしていれば被害者はより有利な条件で契約を締結していたと被害者が主張・立証した場合には履行利益の賠償が認められうるという[166]。

　わが国においても説明義務違反があったこと，および，説明義務違反と損

---

[162] 第2章第5節④ 東京高判平2・1・25金商判845号19頁参照。なお，説明義務違反者は情報提供できるよう状況により検査・照会など必要なことをしたことの立証責任を負うことがある。

[163] BGH NJW 2006, 1429；BGH NJW 2009, 3429など。被害者はその主張が適切でないと立証すればよい。2次的主張責任につき，木川統一郎「第2次主張・立証責任について」判タ1270号5頁以下，Prutting/森勇訳「ドイツからみた証拠法と証明責任の現在問題」比較法雑誌39巻4号（2006年）15頁以下，松本博之『民事訴訟における事案の解明』（日本加除出版，2015年）251頁252頁参照。

[164] BGHZ 193, 193 Rn. 36など。Vermutung aufklärungsrichtigen Verhaltensといわれる。上記の，契約解消できるのに契約を維持したときの代金減額・残留信頼損害の賠償の場合にも利用される。

[165] BGHZ 193, 159 Rn. 29など。この立証責任の転換の場合，説明義務違反者は，説明義務を尽くしていても被害者は不利な契約に応じていたであろうとの反証をすることができる。

[166] BGHZ 168, 35 Rn. 23＝BGH, NJW 2006, 3139など。フランスにおいても履行利益賠償を認める判例や議論につき，武川幸嗣「『契約締結上の過失』責任における『合意』と『損害』の意義」『民事責任の法理・円谷峻先生古稀祝賀論文集』（成文堂，2015年）112頁。

害との間の因果関係の主張立証が重要である[167]が，提供された情報の合理性に疑問を抱かせる程度の主張で足りる類型があるとの見解がある[168]。その場合には，事業者は説明義務を尽くしたことを具体的に主張立証すべきである[169]。それが事業者にできなければ，事業者の説明義務違反が認められよう。また，説明義務違反と損害との間の因果関係につき少なくとも事実上の推定や一応の推定が活用されるべきであろう[170]。①最判でも，Yは債務超過の状態にあり早晩破綻するおそれを基礎づける事実を隠して「Yは良好」とXを勧誘し，情報収集不能のXとしてはYの説明に頼らざるをえない事例であり，Yが破綻のおそれを基礎づける事実を説明していればXは破綻により無価値となるような出資に応じなかったであろうとの事実上の推定ができよう。

小　　括

①最判の第一審・控訴審判決はともに契約当事者自身の説明義務を問題とし，その交渉補助者の言明を履行補助者法理の類推により契約当事者自身に帰責しているが，これは上告受理申立の理由とはされておらず，①最判も是認している。また，売主の説明義務違反が売買目的物の瑕疵に関するとき，瑕疵担保責任と併存して「信義則上の説明義務」も認められるかが問題となる。このとき，「信義則上の説明義務」を本来的不法行為とすれば自由な競合が認められるであろうが，わが国やドイツの通説・判例は，瑕疵担保責任が成立し契約上の義務違反とされる場合には，もはや信義則上の説明義務違反は問題とならず，売主が契約に適合しない物を引渡したことが問題であり原則として瑕疵担保責任が優先すると考える[171]。さらにフランスの新債務法も

---

[167] 井出直樹「説明義務関係訴訟の審理の弁護士から見た特徴・注意点」判タ1178号〈2005年〉259頁。
[168] 本田晃「新型役務提供契約」加藤新太郎編『契約締結上の過失』(2004年) 332頁，343頁。
[169] 小塚荘一郎「フランチャイズ契約と説明義務」判タ1178号174頁。
[170] 被害者保護の特別の必要性からさらに反証可能な説明義務違反と損害との因果関係の立証責任の転換につき宮下・前掲注125書484頁。ドイツであれば説明義務違反と損害との因果関係の立証責任の転換が認められそうなわが国の事案として，クーポンスワップ取引の勧誘に際し解除清算金等に関する説明義務違反を認める東京地判平成28年4月15日判時2323号110頁参照。
[171] 本書第2章第4節4③最判平17・9・16金商判1232号19頁参照。

ドイツ法もわが国の判例も認めているように契約前の説明義務を果たしていれば契約を締結しなかった場合には契約解消の必要性もある。これらは,「信義則上の説明義務」の中間責任性を示すものである。

① 最判は,「信義則上の説明義務」の発生と義務内容は,契約的接触という個別的・具体的状況に依拠するという点では「個別的,非類型的」であることを強調して,証拠の収集・保全の困難さのため,もしくは法律関係の早期処理への説明義務違反者の期待を保護するため民法724条前段を類推適用したにすぎず,中間責任である説明義務違反にも,少なくとも履行補助者法理などの契約責任法理を類推適用すべきであり[172],今後も,中間責任性を明示するための「不法行為又は債務不履行」との請求にはメリットがあろう。

第5節　契約の解消・代金減額（残留信頼損害）

はじめに

事業者の不当な勧誘につき,詐欺・強迫では二重の故意が必要とされ,錯誤無効では,「要素の錯誤」であるために一般に動機とされる事情が契約の内容（基礎）に取り込まれる必要がある[173]とされ,民法では要件が厳格すぎて十分に対応できないし,また,公序良俗違反や信義則違反だけではどのような消費者契約の条項が無効となるのか分かりにくい,として,消費者契約法が制定された。

すなわち,消費者契約法は,事業者と消費者（自然人）との間の消費者契約に適用され,一方では,消費者にとって一方的に不当に不利益な契約条項を無効（または一部無効）とする不当条項規制がなされ,他方では,事業者の一定の不適切な勧誘行為によって消費者が誤認または困惑して契約を締結した場

---

[172] 「信義則上の説明義務」を契約責任としつつ,不法行為と同じ消滅時効期間を定めるギリシア民法198条2項,「信義則上の説明義務」に不法行為の消滅時効を類推しつつ履行補助者法理も類推するスイス法,情報提供義務違反につき,その効果として契約解消と損害賠償を認め,立証責任及び交渉補助者に関する特別規定を新設したフランス新債務法1112—1条・1138条参照。また,最判平成19年2月27日判時1964号45頁,東京地判平28・4・14判時2340号76頁参照。

[173] 大村敦志『新基本民法Ⅰ』（有斐閣,2017年）72頁73頁77頁。

合に消費者が契約を取り消すことができるとする契約締結過程の規制が導入された。そして，契約締結過程の規制では，事業者が契約締結の勧誘に際し，重要事項について不実告知したり（同法4条1項1号），契約目的となるものに関し断定的判断を提供したり（同法4条1項2号），事業者が不利益事実を故意に告げなかったことによって（同法4条2項），消費者を誤認させて契約の申込みまたは承諾の意思表示をさせた場合には，消費者はその意思表示を取り消すことができるとする。また，事業者が契約締結の勧誘に際し，住居・職場から退去を消費者が求めたのに退去せず（同法4条3項1号），または，勧誘場所から退去したいと消費者が求めたのに退去を著しく困難にして（同条3項2号），消費者を困惑させて契約の申込みまたは承諾の意思表示をさせた場合には，消費者はその意思表示を取り消すことができることとした。

しかしながら，消費者契約法が制定されても「対応できず，従来の裁判例の枠組みにより解決される必要のあるケースが依然として広範に残ることに変わりはない」との主張がみられる[174]。

そこで本節では，不動産売買において事業者の説明義務違反による契約解除が問題となった以下の近時の判決例を検討・分析し，消費者契約法制定後の法運用を検討しようとするものである。①③④⑤⑥⑧事件では説明義務違反による契約解除が認められ，②⑦事件は，宅建業者が売主であれば，売買契約の解除が問題となる事件である。

① 東京高判昭52・3・31判時858号69頁
② 東京地八王子支判昭54・7・26判時947号74頁
③ 大阪高判昭58・7・19判時1099号59頁，判タ512号137頁
④ 東京高判平2・1・25金商判845号19頁
⑤ 東京地判平9・1・28判時1619号93頁
⑥ 大阪高判平11・9・17判タ1051号286頁
⑦ 東京高判平12・10・26判時1739号53頁
⑧ 福岡地判平18・2・2判タ1224・255

---

[174] 川村正幸「金融商品販売法・消費者契約法の成立と金融取引」銀行法務21 579号（2000年）1頁。潮見・民商123巻4・5号（2001年）668頁注⑸⑼も同旨であろう。

第5節　契約の解消・代金減額　131

1　近時の関連判例と不実告知・不告知

近時の関連判例を，消費者を誤認させる事業者の行為態様に従い，不実告知，黙示的不実告知，不告知に分類して分析・検討する。

(1)　不実告知

消費者契約法上の明示的不実告知がなされたのは，⑤事件である。

⑤東京地判平9・1・28判時1619号93頁では，娘と同居するため一戸建を求めるXは，本件土地・建物の所有者Y_1から委任を受けた仲介業者Y_2の担当者に対し，建て替えは大丈夫かと尋ねたところ，「Xだけで自由に建て替えができる」と説明したので，売主Y_1から本件土地・建物を買い受ける売買契約を締結し，Y_1に手付金を，Y_2に仲介手数料を支払った。ところが，本件建物は，その敷地である本件土地とこれに隣接する土地を一つの敷地として棟割り式の連棟の1個の建物として建築されている建物の1区画であったため，中野区の宅地細分化防止に関する指導要綱によれば，本件建物を取り壊して独立した1個の建物として建て替えることは実際上不可能であった。⑤判決は，売主Y_1自身が不動産売買について素人であっても，Y_1の委任したY_2はY_1の履行補助者であるから，Y_2の不履行の責めは売主Y_1も負うところ，本件指導要綱の存在を熟知している売主Y_1およびY_2はXに対し「右指導要綱の存在を全く説明せず，なおかつ，本件建物の建て替えに際し，隣家の同意が容易に得られるから建て替えは自由にできる旨説明していたものであるから」「売買契約における信義則から導かれる契約上の附随義務の一種」である説明義務の違反があり，売主Y_1の契約上の義務不履行を理由として契約の解除をすることができると判示して，Xの売主Y_1に対する手付金返還請求および説明義務違反による損害賠償として約定違約金の支払請求，Y_2に対する仲介手数料相当額の損害賠償請求を認めた。

本件では，消費者契約法のいう不実告知が問題となっているが，売主Y_1は事業者でないので本件契約は消費者契約ではなく，消費者契約法5条による第三者の行為態様の帰責もできない。売主Y_1の信義則上の責任であれば，Y_2のような独立的補助者の説明義務違反についても，売主Y_1は，交渉補助者を

利用することによって自己の活動領域を拡張し、そこから利益を得ているのであるから、その危険も負担すべきである[175]と言えよう。

(2) 黙示的不実告知

消費者契約法1条および3条[176]の趣旨からも、意思表示の解釈準則が類推され、表示受領者である消費者の理解力を基準として、社会通念によれば黙示的告知と解されるべき、誤認させる行為態様があるかどうかが問題となる。したがって、事業者が事実の一部だけを述べたが、述べられなかった事実のため不完全な告知であり、その不完全性ゆえに消費者を誤認させるにふさわしいものである場合は、黙示的であれ、「不実告知」というべきである。というのは、不完全な表示は、「明示的に言明されたことを超えて、何ら特別な事情は存しない」と誤認させる危険をはらんでいるからである。以下の①③④⑤⑥⑦⑧事件においては、このような、黙示的であれ、不実告知が認められよう。

① 東京高判昭52・3・31判時858号69頁では、建売住宅の建築販売を業とするX社は、建売用住宅地を探していたところ、宅建業者であるY_1有限会社が取扱物件として店頭に表示した一筆と思われる「宅地」について、Y_1社代表取締役Y_2と売買の交渉に入り、Y_2から本件土地は三筆に分れているが、三筆共に所有者はその場の立会人であり、登記簿を見るなどして翌週に売買を持ち越すとすでに土地に客がついているので売ってしまう旨聞かされ、土曜日に売主をY_1社として売買契約を締結し、手付金150万円を交付した。しかし、宅建業法の規定する取引主任者による重要事項の説明は一切なく、物件説明書を後日交付すると述べてX社を信用させておきながら遂にその提出はなされず、X社側がその後念のため調査すると、一筆は市所有の市道部分であり、他の一筆も別人の所有地で根抵当権が設定されかつ処分禁止の仮

---

[175] 落合誠一『運送責任の基礎理論』(1979年) 216頁以下参照。
[176] 当初の消費者契約法1条は、この法律の目的として、消費者と事業者との間の情報力格差と交渉力格差にかんがみ、事業者の一定の行為により消費者が誤認して契約の締結をした場合に意思表示を取り消すことができることとし、消費者の利益の擁護を図ることを明記し、同3条は、消費者の権利義務その他の消費者契約の内容が消費者にとって明確かつ平易なものになるよう事業者は配慮し、契約の勧誘に際しては、消費者の理解を深めるために、契約についての必要な情報を提供するよう努めなければならない、としていた。

処分がなされ，契約上の履行期に Y_1 社がこれらの第三者から完全に所有権を取得して買主に移転することが不可能であることが判明した事案で，①判決は，契約「後に判明した事実がもし契約前に判明していれば本件土地を買受けることはしなかったであろうことが認められる」し，重要事項に関する「当初の説明が極めて不十分不正確であることが契約締結後に判明し，しかもそのことが契約の成否を決するについての重要性をもっている」として，売主 Y_1 社の附随義務違反を理由とする売買契約の解除を認めた。

本件では，所有者らしき者を立ち会わせたりして不正確不完全な説明と真実を隠す言動によって，売買対象である物件にトラブルはなく，問題なく履行できるとの信頼を買主に生じさせた場合につき，契約解除が認められた。本件売主の説明は，消費者契約法の（黙示的）不実告知であるが，事業者間取引であるので消費者契約法に基づく取消はできない。

③ 大阪高判昭 58・7・19 判時 1099 号 59 頁，判タ 512 号 137 頁では，宅建業者である土地売主 Y_1 が宅建業者 Y_2 に委託するとともに，自らも契約交渉に関与し，買主 X は取引完了後は本件土地に直ちに建物を建築する予定であり，売買契約時にそのことを Y_1Y_2 に明示しており，Y_1Y_2 はこれに対し，本件土地に家を建てるには市から開発許可を取得する必要がある旨のみ説明したので，買主 X は，本件土地に家を建てるには開発許可で足りるとの認識のもとに売買契約をなした。しかし，実際には，本件土地に家を建てるには開発許可だけでは不十分であって，開発許可に従った工事を完了させ，その工事の完了検査証の取得まで必要であった。③判決は，売主 Y_1 のように，宅建業者が売主となっている場合には，本件建築規制の説明義務は，本件土地売買に附随する売主の当然の義務であり，その説明義務を尽さず，また開発工事に着手する協力義務に違反したとして契約解除を認めた。仲介人 Y_2 については，本件建築規制の説明義務を尽さなかったことは，宅建業法 35 条 1 項に違反するものであり，X は，「開発許可後の開発工事の完了とその検査証の取得が必要であるとの本件建築規制を知っていたならば，本件土地を買受けることをしなかったものと認められるから，Y_2 が本件建築規制の説明義務を尽さなかった不作為とこれにより X が被った損害との間に因果関係が存する」として，X が被った手附金相当額の損害を賠償すべき不法行為責任を

認めた。

　本件では，売主側の「本件土地に建物を建築するには開発許可を得ることが必要である」との半分真実の説明により，買主Xとしては，本件土地に家を建てるには開発許可で足りるとの認識の下に契約したが，建築規制により許可に従った工事の施工および工事完了後の完了検査証の取得まで必要であり，事実上家を建てられず，契約解除が認められた。本事案では，消費者契約法によっても故意の不告知のほか，（黙示的）不実告知として取消が認められよう。

　④ 東京高判平2・1・25金商判845号19頁では，ともに宅建業者である売主Yと買主X間において，他の仲介業者Aを通じて売りに出されているとXが知るに至った河川沿いのY所有地につき，Xの分譲マンション建設目的のため土地売買契約が結ばれた。その際，Y側の仲介業者BからXは本件土地に関する制限として「一級河川改修計画有り（拡幅）」とのみ手書きされた重要事項説明書を受領していたが，補足資料は添付されておらず，買主Xは遊歩道の開設に伴う拡幅のことであり，マンション建築には差支えがないと思い，ほとんど気に留めなかった。ところが，実際には，河川拡幅の計画があり，本件土地の3分の1が河川拡幅計画部分に入り，そこには建物を建築させない行政指導がなされており，買主Xは予定したマンションの建築確認を受けられず，契約目的を達しがたいものであった。

　④ 判決は，買主Xから土地買取の目的が3階建て分譲マンションの建築であることを聞いており，また，本件土地につき河川拡幅計画があることも知り，都建設局にある拡幅予定線入りの図面を入手して本件土地の約3分の1が拡幅計画部分に入ることや，拡幅計画部分に建物建築を認めない行政指導が行われていることを知っていたYは，「売主として，本件建築規制について提供の容易な情報と資料を保有し，それが買主にとって重要なものであることを認識し得る職業的立場にあったことを考えると，本件においては，右の保有情報を正確かつ十分に買主に伝達することが円滑な取引のための第一歩であり，業者が買主であるがゆえに，前記の程度の情報提供で足りるとか，それ以上を要求することが取引上無理であるとは認められない」として，売主Yの信義則上の説明義務違反に基づく売買契約解除を認め，手付金相

当の賠償をYに命じた。そして、この売主Yの説明義務は、宅建業法「31条、35条の規定を引くまでもなく、売買契約における信義則から導かれる広義の契約上の付随義務の一種であ」ると判示し、原審判決は、錯誤による売買契約の無効を理由とする手付金返還請求を認容していたが、それではY側の仲介人Bなどの代理権の問題があるためか、④判決は、「Yの責に帰し得ない事由によると認められない以上、Yは、……売主として要求される説明義務を十分尽くさなかった責任を免れない」と判示した。

本件では、大幅な拡幅計画部分を明示した補足資料を添付せず、「一級河川改修計画有り（拡幅）」とのみ手書きした半分真実の説明書により、買主が購入目的であるマンション建築には差支えないと誤認して契約を締結した場合に契約解除が認められた。

⑥ 大阪高判平11・9・17判タ1051号286頁では、自宅で仕事をすることが多い大学教員Xが、窓からの眺望を重視して分譲マンションを探していたところ、売主Y_1社の販売代理人Y_2社のモデルルームを訪れ、Y_2社の社員から「6階は5階建ての隣接ビルより高く二条城が見える」との説明を受けて、6階の住居の購入を申し込み、手付金460万円を支払っていたが、その9ヶ月後のマンション完成後に開かれた内覧会で、Xが6階住居の窓を開けたところ、窓の正面に、マンション着工前から存し隣接する5階建てビルの冷却塔があるため、窓から二条城はほとんど見えず、その冷却塔からのひどい機械音もあった。原審判決（京都地判平10・3・23判タ1051号290頁）は、Y_2社担当者の「説明が不十分であったとしても、事実を知りながら敢えて告知しなかった」ものではないことなどを理由に、信義則上契約の解除を相当とする事情を否定していたが、控訴審である⑥判決は、完成前のマンションを販売する場合につき、「購入希望者は現物を見ることができないから、……売主はその実物を見聞できたのと同程度にまで説明する義務がある」とし、売主側の説明がその後に完成したマンションの状況と一致せず、そういう条件ならば買主は契約を結ばなかったと認められる場合には、買主は売買契約を解除することができ、本件では、マンションの売買において、眺望は重視される要素であり、自ら使用する物の売買契約においては目的物が主観的な好みや必要に応じているかどうかは極めて重要であり、Xが二条城への眺望を重視して

いることをY₂社は認識しえたのであるから，Y₂社は，「窓等からの視界を遮るものがあるかないかについて調査，確認して正確な情報を提供する義務があった」し，買主Xとしては，冷却塔が視界を遮る可能性について説明があれば，購入をしなかったものと認められるとして，契約解除による手付金の返還と買主Xの信頼利益の損害賠償をY₁社に命じ，Y₁社の上告受理の申立てにつき最決平12・9・26は上告不受理決定をした[177]。

原審判決が認めるように，販売代理人の調査不足であって故意に告知しなかったわけではないので，消費者契約法上の不利益事実の故意の不告知とはならないが，本件でも，隣接する5階建てビルの冷却塔があるため二条城はほとんど見えないにもかかわらず，販売代理人Y₂の社員からの「二条城が見える」との半分真実の説明を信じて6階の住居を購入した場合に契約解除を認めた。同様に⑧判決では「全戸オーシャンビューのリビング」との販売パンフレットの記載を信じ，501号室と眺望の差異がないことを確認して301号室を購入したが，301号室のベランダの前に電柱があった事例において，売主から説明があれば501号室を購入して301号室を購入しなかったとして契約解除を認めている。

⑦東京高判平12・10・26判時1739号53頁では，医師Xは，老後のことを考え，閑静な場所に土地を購入し建物を新築したいと思い，大手不動産会社Yからがけ地を含む本件土地を紹介され，仲介契約を結んだ。Y社担当者は，擁壁設計案として，本件土地の東側境界付近に2000万円〜1000万円程度で擁壁を築造すれば，本件土地の大半を建物の敷地部分として利用できるかのように記載した概算見積書を買主Xに交付し，盛り土をする場合，宅地造成等規制法，同法施行令および指導方針による規制がある旨の告知はしたが，その具体的な説明は行わず，また，本件土地につき建築基準法，県建築基準条例（県条例）および指導方針に基づく規制があることの説明をしなかったので，買主Xは，本件東側の境界近くに2000万円〜1000万円程度で擁壁を築造でき，これによって本件土地の全体的な利用が可能であると誤解して土地所有者から本件土地を代金1億1800万円で買い受ける契約を締結した。

---

[177] 平成12年10月30日朝日新聞朝刊。

ところが，本件概算見積書にある擁壁設計案は，建築基準法，県条例および指導方針に基づく規制に適合せず，Xの希望するような土地の利用ができなかった。⑦判決は，Y社は，「擁壁設計案としては不完全で，かつ，誤解を与えるような本件概算見積書を格別の説明を加えることもなく交付して」買主Xに誤解を生じさせたのは，善管注意義務に違反すると判示し，本件土地の客観的価値9500万円と売買代金額との差額2300万円と仲介手数料全額の損害賠償を過失相殺して認め，さらに，弁護士費用の賠償を認めた。

⑦事件では，消費者契約法上の故意の不告知は無理であるが，「不完全で，かつ，誤解を与えるような本件概算見積書」の交付は，買主に「土地の全体的な利用が可能であるかのような誤解を生じさせ」る（黙示的）不実告知と言えよう。

(3) 不告知

次の②事件では，宅建業者の不告知が問題とされた。

②東京地八王子支判昭54・7・26判時947号74頁では，音楽教師Xは，宅建業者Y₂の仲介により，すぐに買受価格より高くなる土地だと聞かされ，転売目的で，もと畑で急傾斜地である本件土地を所有者Y₁から代金1404万円で買い受けたが，本件土地には宅地造成等規制法（宅造法）の適用ないし制限があって，莫大な造成費用をかけなければ建物を建てられないことがわかり，別の宅建業者に代金735万円で売却した。②判決は，売主Y₁の瑕疵担保責任を否定したが，仲介した宅建業者Y₂については，買主Xが，土地に「宅造法の適用ないし制限があることを知っておれば，同土地は買受けなかったものであること」を認めることができ，宅建業法35条1項2号に基づき，買主に対し土地に宅造法の適用ないし制限があることを説明すべき義務があるのに何ら説明せず，Y₂には債務不履行に基づく損害賠償責任があると判示し，買主の実際の転売価格は，石油ショックによる地価の暴落時に売り急ぐ必要もないのに安値で売り急いだものであるとして，買主Xの買受代金と実際の転売代金との差額669万円の約3分の1の200万円の賠償を認めた。

②事件では，宅造法の適用ないし制限についての宅建業者の不告知が宅建業法により説明義務違反とされたが，消費者契約法上の不利益事実の故意の

不告知ともされよう。②事件において，宅建業者 Y_2 が売主でもある場合には，買主 X は，土地に「宅造法の適用ないし制限があることを知っておれば，同土地は買受けなかった」と認定されているので，契約解除が認められたであろう。

また，⑨東京地判平6・9・21判時1538号198頁では，医師 X は不動産業者 Y に，節税のため不動産購入を委託したが，Y は医師 X に不当に高額な売買価格で不動産を売却した事案において，⑨判決は，委託を受けた Y が売主になった場合，買主に対し時価の的確な情報提供の義務があると判示した。この⑨事件は，当事者間に信頼関係があり，信頼される当事者が事実を開示することを当然期待されてよい場合に説明義務を認めるものである。

そのほか，⑥事件において，たとえば，販売員が「二条城が見える」と説明した直後に冷却塔が設置された場合のように，先行行為がある場合などには，信義則上，説明義務が認められうる。

(4) 第三者の行為態様の帰責

事業者から契約の勧誘・締結の媒介の委託を受けた第三者（その第三者からさらに委託を受けた者を含む）やその代理人が，消費者に誤認させる行為や困惑させる行為をした場合にも，消費者は事業者との契約の意思表示を取り消すことができると規定する消費者契約法5条の立法趣旨としては，事業者が自己の利益のために締結権限のない交渉補助者を介入させて，消費者を過度な交渉リスクにさらすことを許してはならないこと，および，交渉権限ある補助者の言明等について事業者に帰責しても，事業者は，消費者に説明することによって交渉補助者の交渉余地を制限しコントロールできるので，事業者の利益をあまり害しないことが考えられる[178]。同法5条1項のほか，特に5条2項は，せいぜい交渉権限しかないはずの「受託者等の代理人」の行為態様の帰責を問題とし，交渉権限に着目していると考えられるからである。

すでに関連判例にみられるように，契約前の信義則上の義務においても，当事者の委託した交渉補助者の言明等の当事者本人への帰責につき，民法99

---

[178] 第2章第1節42頁参照。

条以下の代理規定および「履行補助者の過失」法理の類推適用により，同様の帰責が認められてきた。すなわち，交渉補助者の不実告知，説明義務違反などの違法行為については履行補助者法理が類推適用され，また，交渉補助者の言明が，言明時には真実であり，適法であったが，その後，契約締結までに不実となった場合には，民法99条以下の代理規定も併せて類推適用され，交渉権限ある補助者の適法な言明も本人に帰責されるのである。

2 効　果

これまでは，説明義務違反により契約解除が認められた判決例が消費者契約法の下でどのように扱われるか，を検討してきたが，ここでは，説明義務違反の効果そのものを検討する。

(1) 契約解消

通説・判例は，主たる給付義務以外の義務違反であっても契約をした目的を達することができない場合には契約を解除できるとする[179]。したがって，契約前の説明義務違反によって，被害者が契約において期待してよかったものが実質的に奪われることになる場合には契約解除でき，近時の関連判例①③④⑤⑥⑧は，これを，説明義務違反がなかったならば契約を締結しなかったと認められる場合には契約を解除することができると定式化している。契約前の説明義務違反につき，ドイツ法，フランス法も，わが国の関連判例と同様の定式化の下で，契約解消を認める[180]。説明義務違反がなかったならば契約を締結しなかった場合に詐欺・錯誤の類推による契約解消も可能であろ

---

[179] 浜田稔「付随的債務の不履行と解除」『契約法大系Ⅰ』（1962年）307頁以下，石田穣『民法Ⅴ』（青林，1982年）80頁，北川善太郎『債権総論第2版』（1996年）170頁，潮見佳男『債権総論』（1994年）257頁など。

　この契約目的の達成不能をユニドロア国際商事契約原則第7・3・1条は「重大な不履行」といい，それは，「当該契約のもとで被害当事者の期待することが当然であったものを実質的に奪うことになる」場合などに認められると定める（広瀬久和「ユニドロア国際商事契約原則（仮訳）」『日本民法学の形成と課題下』（1996年）。

[180] ドイツ法について，第2章第4節5(1)124頁，フランス法について，「情報が提供されていたならばその契約を締結してはいなかったという程度に当該情報が同意に対して影響力を持っていた」場合に情報提供義務違反の効果として契約解消を認めていることにつき，馬場圭太・早法74巻1号（1998年）49頁，および第2章第4節5(1)123頁参照。

う[181]。

(2) 契約解消＋損害賠償

⑥事件において，売主に手付金の返還のほかに売買代金支払のための借入金利息，本件居室に入居できず，新たにマンションを借りるため支払った仲介手数料，弁護士費用，慰謝料といった信頼利益の賠償が認められ，⑤事件において，売主に手付金返還のほか，違約金の支払が認められたように，契約締結にとって重要な事情についての不実告知もしくは説明義務違反の場合，契約被害者は，契約は期待されたものであると信頼して契約を締結し，出費をするが，実際の契約は期待されたものではなく，出費は挫折する。契約解消による原状回復以上のこのような損害を契約被害者が被っていた場合には，信義則上の責任に基づき被害者はその損害の賠償をも求めることができるというべきである。ユニドロア国際商事契約原則第3・18条も，この契約解消＋損害賠償を認め，「契約が取り消されたか否かにかかわらず，取消原因を知り又は知り得べきであった当事者は，相手方を，契約の締結をしていなかったならば相手方が置かれていたであろう状態に置くように，損害賠償する義務がある[182]。」と定める。契約前の情報提供義務に関するフランスの改正債務法1112—1条も契約解消＋損害賠償を認める立場であろう。

(3) 契約解消せず，契約を維持した場合

不実告知や説明義務違反により誤認をして契約を締結した被害者は，契約解消できるのに，契約解消せずに契約を維持することを選択することがある。

たとえば，買主は，売主作成の虚偽記載のある貸借対照表を見て，その売主から企業を100万マルクで買収したが，実際のその企業の価値は40万マルクしかなく，売主作成の貸借対照表が正確であったとしてもその企業の客観的価値は80万マルクであった（買主は企業の価値を20万マルク高く評価していたことになる）。買主は，貸借対照表の虚偽記載のため，売買契約を締結したが，企業の実際の財産状況がわかっていれば企業を買収しなかった。しかし，買

---

[181]　大村・前掲注173書72頁参照。
[182]　広瀬久和・前掲注179書1388頁。

主は買収した企業に投資して再建したので，契約解消を求めずに契約を維持し，「契約締結上の過失」に基づき売主に対し損害賠償を求めた。このような場合に，どのように損害を算定するか，が問題となる。

この場合につき，第1説は，買主は契約を思いとどまった場合にいるであろう状態よりも，財産関係上，悪い状態になってはならないとして，この場合に買主が契約を締結していなければ，支払われた売買代金100万マルクをなお有しており，それゆえ40万マルクの企業価値よりも60万マルク多く有していたとして，買主に60万マルクの損害賠償を認める。しかし，買主が企業買収の対価として100万マルクではなく，60万マルクしか支払っていなかったとすると，買主には20万マルクの損害賠償しか認められないことになる。つまり，第1説によれば，契約対象の実際の価値と支払われた代金とが比べられる。

第2説は，BGHZ 69, 53の立場であるが，買主がもたらされると期待してよい給付の客観的価値と実際の給付の価値との割合に応じて売買代金を減額する。すなわち，買主が売買代金100万円を支払った場合には，〔(80万−40万)/80万〕×100万＝50万となり，買主は50万マルクの損害賠償を求めることができる。買主が売買代金60万円を支払った場合には，〔(80万−40万)/80万〕×60万＝30万となり，30万マルクの損害賠償となる。

第2説は，このような契約締結時の価値を基準とした代金減額も，履行利益ではなく，消極的契約利益の賠償であり，また，「過失の詐欺」においては，本来は契約解消し，契約は期待に適合すると誤認して契約締結して引受けた出費が賠償されるべきであるが，契約被害者が契約解消せずに，期待した契約目的に一部適合するものとしてその契約を維持する場合には，契約被害者が相手方の説明によれば期待してよかったものを対価を支払うことによって完全には得ていないので，（契約被害者のほうの対価支払という出費の）部分的目的挫折のみを主張することも許されるべきであるとして，代金減額を認める[183]。

カナーリスも，買主が売買代金60万マルクを支払った場合，第1説によれば，買主は20万マルクの賠償を求めることができるにすぎず，買主は利益を

---

[183] Hans Stoll, Haftung für fehlerhafte Erklärungen beim Vertragsschluß, in：Festschrift für S. Riesenfeld（1983）, S. 282ff..

全く失うことになるが，売主は自己の「過失の詐欺」によって利潤を得ることになると批判し，第2説に賛成する[184]。ドイツの判例は，売主が十分に説明していれば，買主はよりわずかの代金で契約していたであろうとして，払い過ぎた分の損害賠償を認め，被害者側の立証軽減もする[185]。このように，不実告知や説明義務違反により誤認して契約を締結し，契約解消できるのに，契約解消せずに契約を維持した場合には，代金減額もしくは契約維持して残留する信頼損害の賠償も認められるべきであろう[186]。

②⑦事件においては，宅建業者は仲介しただけであったので，売買契約の解除は問題とならなかったが，②⑦事件において宅建業者が売主であり，被害者である買主が契約解除できるのに解除しなかったとすると，このような部分的目的挫折の問題となる。たとえば，⑦事件において宅建業者が売主であっても買主が契約を維持し，土地の購入代金1億1800万円は買主が期待してよい土地の客観的価値であり，実際の土地の価値が9500万円であるとすると，⑦判決と同様に，払い過ぎ分である差額2300万円という残留信頼損害の賠償もしくは代金減額が認められよう。

小　括

(1) 説明義務違反によって契約解除が認められた①③④⑤⑥⑧事件のうち，明らかに不実告知といえるのは⑤事件だけであったが，消費者契約法1条および3条の趣旨から事業者の不完全な告知についても，告知受領者である消費者の理解力を基準として，その不完全性ゆえに消費者を誤認させるにふさわしいものである場合には，黙示的であれ，不実告知というべきである。なお，⑤事件においては，不実告知はあっても消費者契約ではないため，消

---

[184] Canaris, Wandlungen des Schuldvertragsrechts, AcP 200, S. 304ff..
[185] BGH NJW 2012, 346 など。そして，Vermutung aufklärungsrichtigen Verhalten という推定をする。BGH NJW 2001, 2163；NJW 2012, 2427；NJW 2013, 1807 など。この推定につき第2章第4節5(3)127頁参照。
[186] ドイツの判例・学説につき小笠原奈菜「ドイツにおける契約締結の際の情報提供義務違反における残留信頼損害の賠償」山形大法政論叢60・61号(2014年)193頁，同「情報提供義務違反による損害賠償の範囲」山形大学紀要(社会科学)45巻1号(2014年)21頁。フランスにおける同様の判例につき，武川幸嗣「『契約締結上の過失』責任における『合意』と『損害』の意義」『民事責任の法理・円谷峻先生古稀祝賀論文集』(成文堂，2015年)111頁参照。わが国において新563条の代金減額規定の類推適用という道も考えられよう。

費者契約法5条によっても取消はできず，説明義務違反による解除が必要であった。また，不告知には故意が必要とされているので，信義則上の責任による補完が必要である[187]。

(2) すでにわが国の判決例①③④⑤⑥⑧は，ドイツ法，フランス法と同様に，契約前の説明義務違反の場合にも，説明義務違反がなかったならば契約を締結しなかった場合には，契約を解除することができると定式化している。さらに，⑥事件は，契約解除＋信頼利益の賠償を認めているし，被害者が契約解除できるのに解除せずに契約を維持する場合には，部分的目的挫折として代金減額もしくは残留信頼損害の賠償が認められるべきであろう。

---

[187] 消費者契約法4条2項の不利益事実の不告知につき，故意のほか，「重大な過失」を追加することが議論されている。大濱巖生「消費者契約法専門調査会報告書の概要」NBL 1105号（2017年）58頁。

第3章　アレンジャーの情報提供義務違反

第1節　はじめに

　シンジケート・ローン（以下，シ・ローンという）とは，複数の貸付人が借入人に対して1個の契約書により融資を実行するものである。まず，借入人がシ・ローンの組成をアレンジャーに委任し，次に，アレンジャーが，与信判断に当たって必要となる借入人の情報や貸付条件等を記載したインフォメーション・メモランダム（以下，インフォ・メモという）を交付して参加金融機関を招聘し，借入人と各参加金融機関との間でそれぞれ消費貸借が実行されたが，まもなく借入人が倒産することがある。①最三小判平成24年11月27日[1]は，そのような事案において，アレンジャーの参加金融機関に対する信義則上の情報提供義務違反を認めた初めての最判である。

第2節　最判平成24年11月27日

【事実】

　1　Y銀行は，平成17年2月頃から石油製品の卸売等を行うA社と銀行取引を行っていたが，平成19年8月末，A社から委託を受けて，総額10億円を予定するシ・ローンのアレンジャーとなって，X_1信金，X_2信金，X_3銀行らに対しその参加を招聘した。その際，A社の同年3月期決算書のほか，上記シ・ローンの条件の概要等を記載した参加案内資料（インフォ・メモ）及び上記シ・ローンの必要性，返済見込み等を記載した補足資料を交付し，両資料には，貸付金の使途は前渡金とのみ記載されていた。そして，Y銀行は，口

---

[1]　裁時1568号3頁，裁判集民事242号1頁，判時2175号15頁，判タ1384号112頁，金商判1412号14頁，金法1963号88頁。

頭でXらに対し貸付金の使途について，A社の仕入代金の前払に使用し，低価格で仕入れる旨，ただし，貸付金のうち3億円はY銀行のA社に対する既存の貸付金3億円の回収に充てる旨説明した。

2　他方，A社のメインバンクMは，平成19年3月，A社に対し総額約30億円の別のMシ・ローンを組成・実行するとともに，Mシ・ローンにおいて他の参加金融機関のエージェントとなっていたところ，同年8月末，A社の代表者Bに対し，A社の同年3月期決算書に粉飾決算の疑いが生じたため，同決算書に関して専門家による財務調査を行わなければ，同年9月末以降のMシ・ローンの継続ができない旨を告げた。

代表者Bは，財務調査の実施を承諾し，Mシ・ローンの各参加金融機関に対し，A社の上記決算書において一部不適切な処理がされている可能性があるため，上場コンサルティング会社Dに同決算書の精査を依頼予定である旨を記載したA社名義の平成19年9月10日付けの本件書面を送付した。

3　Y銀行による上記1の参加招聘に対し，Xらは，それぞれ，A社の決算書等を検討し，Y銀行に質問するなどして，平成19年9月20日頃までに参加の意向を示したため，Y銀行及びXらによる総額9億円の本件シ・ローンが組成・実行されることとなった。同月21日，その調印手続に先立ち，Bは，Y銀行の本件シ・ローンの担当者Eに対し，本件書面を示し，メインバンクMがA社の同年3月期決算書に粉飾決算の疑念を有しており，Mシ・ローンの参加金融機関に本件書面を送付した旨の情報（本件情報）を告げた。

しかし，Y銀行ないしEは，本件情報をXらに一切告げることなく，本件シ・ローンの組成・実行手続を継続し，同月28日，A社に対し，本件シ・ローンの実行として，Yが4億円，X_1及びX_2が各2億円，X_3が1億円の合計9億円を貸し付けた。同日，Y銀行は，A社よりアレンジャーフィーもしくはエージェントフィーとして3780万円の支払を受けた。

4　Dによる財務調査の結果，A社の同年3月期決算書には，純資産額が約40億円過大となる粉飾のあることが判明したため，Mは，A社に対し，同年10月末，Mシ・ローンの継続はできない旨及び自行単独融資分につき期限の利益喪失を通知し，その後，A社は，再生手続開始の決定を受けた。

そこで，Xらは，本件シ・ローンの実行後，程なくしてA社の経営が破綻

して回収不能額の損害を被ったことにつき，Y銀行にアレンジャーとしての情報提供義務違反があったとして不法行為等に基づく損害賠償を求めて訴えを提起した。

第1審は，Y銀行の損害賠償責任を認めなかったところ，原審は，本件情報を開示していないY銀行には，アレンジャーとしての信義則上の情報提供義務に反した不法行為責任があるとして，Xらの請求を認容した。

【判旨】上告棄却

「本件情報は，Aの信用力についての判断に重大な影響を与えるものであって，本来，借主となるA自身が貸主となるXらに対して明らかにすべきであり，Xらが本件シ・ローン参加前にこれを知れば，その参加を取り止めるか，少なくとも上記精査の結果を待つことにするのが通常の対応であるということができ，その対応をとっていたならば，本件シ・ローンを実行したことによる損害を被ることもなかったものと解される。他方，本件情報は，別件シ・ローンに関与していないXらが自ら知ることは通常期待し得ないものであるところ，前記事実関係によれば，Bは，本件シ・ローンのアレンジャーであるYないしその担当者のEに本件シ・ローンの組成・実行手続の継続に係る判断を委ねる趣旨で，本件情報をEに告げた」

「これらの事実に照らせば，アレンジャーであるYから本件シ・ローンの説明と参加の招へいを受けたXらとしては，Yから交付された資料の中に，資料に含まれる情報の正確性・真実性についてYは一切の責任を負わず，招へい先金融機関で独自にAの信用力等の審査を行う必要があることなどが記載されていたものがあるとしても，Yがアレンジャー業務の遂行過程で入手した本件情報については，これがXらに提供されるように対応することを期待するのが当然といえ，Xらに対し本件シ・ローンへの参加を招へいしたYとしても，そのような対応が必要であることに容易に思い至るべきものといえる。また，この場合において，YがXらに直接本件情報を提供したとしても，本件の事実関係の下では，YのAに対する守秘義務違反が問題となるものとはいえず，他にYによる本件情報の提供に何らかの支障があることもうかがわれない。

そうすると，本件シ・ローンのアレンジャーであるYは，本件シ・ローン

への参加を招へいしたXらに対し，信義則上，本件シ・ローン組成・実行前に本件情報を提供すべき注意義務を負うものと解するのが相当である。」

第3節　アレンジャーの情報提供義務

1　シンジケート・ローンの組成

シ・ローンでは，まず，借入人との交渉の段階では，アレンジャーとなるべき金融機関が「シ・ローン提案書」を借入人に提示し，借入人がアレンジャーに「マンデート」を付与してシ・ローンの組成を依頼する準委任契約が締結される。次に，アレンジャーと参加金融機関との交渉段階では，与信判断に当たって必要となる借入人の情報や貸付条件等を記載したインフォ・メモをアレンジャーが提示して参加金融機関が招聘される。アレンジャーを通じて借入人とのシ・ローン契約書の作成が進められ，アレンジャーと参加金融機関がシンジケート団を結成してシ・ローン契約書に調印し，借入人と各参加金融機関間でそれぞれ消費貸借が実行される。締結後，エージェントは，貸付人の代理人であるとされ，貸付債権の回収や権利行使では貸付人間に一種の組合的契約関係があるとされる[2]。

2　アレンジャーの義務

シ・ローンのアレンジメントには，自ら貸付人となるアレンジャーとの関係を除けば借入人と参加金融機関との貸付契約の締結に向けて尽力する媒介の要素があり[3]，また，アレンジャーは，参加金融機関との契約締結交渉を委ねられているので独立的交渉補助者である。

借入人とアレンジャー間には準委任契約があり，アレンジャーは借入人に

---

[2] 大西邦弘「シンジケートローンにおける参加金融機関相互の法律関係」金法1773号（2006年）23頁，大垣尚司「市場型間接金融のシンジケートローン」法教340号（2009年）144頁，長谷川貞之『担保権信託の法理』(勁草書房，2011年)141頁。ドイツ法も組合契約という（Münch. Komm-BGB/Ulmer/Schäffer, 6. Aufl. 2013, vor §705, Rn. 58-59)。

[3] 大垣尚司「本件原審判批」金法1921号（2011年）59頁，松田和之「本件原審判批」金法1925号（2011年）65頁など。

対し善管注意義務を負うが，アレンジャーと参加金融機関との間には組成前には契約関係はない。しかし，このような独立的交渉補助者について，契約相手方に対する信義則上の説明義務を認める最判がある。

　②最判平17・9・16判時1912号8頁では，買主Xらは，Y₁不動産から防火戸が設置されたマンション一室を購入し，引渡を受けた。Xらが同室への居住を始めてからわずか6日目，たばこを原因として火災が発生した。同室の防火戸の電源スイッチが入っていれば，同室内で火災が発生した場合には自動的に閉じて，出火した側の区画から他の区画への延焼等を防止するようになっていたが，本件火災時に，同室内の防火戸は，電源スイッチが入っていなかったため，自動的に閉まらず，防火区画外である南側区画への延焼等を防止できなかった。

　②最判は，独立的締結補助者である販売代理人Y₂が本件防火戸の電源スイッチの位置及び操作方法等については，買主に全く説明をしていなかった場合に，売主Y₁の瑕疵担保責任だけでなく，売買契約上の付随義務としてY₁の説明義務の違反を認める。そして，この，防火設備を有するマンション一室の売買契約の目的を円滑に達成できるか否かに関する事項について説明すべきY₁の売買契約上の付随義務を前提として，宅建業者である販売代理人Y₂は，「その業務において密接な関係にある売主Y₁から委託を受け，Y₁と一体となって，本件売買契約の締結手続のほか，802号室の販売に関し，買主に対する引渡しを含めた一切の事務を行い，買主においても，Y₂を上記販売に係る事務を行う者として信頼した上で，本件売買契約を締結して802号室の引渡しを受けたこととなるのであるから，このような事情の下においては，Y₂には，信義則上，売主Y₁の上記義務と同様の義務があったと解すべきであり，その義務違反により買主が損害を被った場合には，Y₂は，買主に対し，不法行為による損害賠償義務を負う」として一貫して販売交渉にあたった販売代理人Y₂の信義則上の説明義務を認めている。

　しかし，①最判においては，業者と消費者ではなく，金融機関同士における情報提供義務が問題となっており，専門性への信頼はあまりない。そのようなアレンジャーと参加金融機関との間においても，どのような場合に信義則上の情報提供義務が認められるかが問題となっている。

3 提供されるべき情報

①最判の原審は,「その内容が疑念の段階に止まるものであっても提供義務の対象となる」,「アレンジャーが,重要な情報を従前からの金融取引等によって了知・取得していることがある」と述べる。これによると,「メインバンクがアレンジャーである場合,アレンジャーが借入人の決算等に何らかの疑念を有すれば直ちに当該疑念を有していることにつき情報提供義務を有することにもなりかねず妥当ではない」等,アレンジャーの情報提供義務を拡張しすぎると批判する見解があった[4]。なるほど,アレンジャーは,通常,借入人の財務状況について知らないし,借入人の財務状況等について疑いがあれば開示義務が生じるとすると,それが虚偽情報となって借入人に損害が発生したりするので,アレンジャーが借入人の財務状況について積極的に自己の情報として何も述べておらず,沈黙しているだけの場合には,財務状況のすべての疑いについて開示義務があるとすべきではない。

これに対し,①最判は,調印手続に先立ち,A社代表者Bは,Y銀行担当者Eに対し,本件書面を示し,メインバンクMがAの平成19年3月期決算書に粉飾決算の疑念を有しており,Mシ・ローンの参加金融機関に本件書面を送付した旨の本件情報を告げたことを重視しており,「本件情報は,AのメインバンクであるMが,Aの平成19年3月期決算書の内容に単に疑念を抱いたというにとどまらず,Aに対し,外部専門業者による決算書の精査を強く指示した上,その旨を別件Mシ・ローンの参加金融機関にも周知させたというものである。このような本件情報は,Aの信用力についての判断に重大な影響を与えるものであ」るという。すなわち,貸付金融機関はメインバンクの動向に関心を持つところ,決算書粉飾の疑念をメインバンクが有し,専門家による財務調査を行わなければ同年19年9月末以降のMシ・ローンの継続ができない旨告げてMシ・ローンの参加金融機関にも周知させたという事実を開示する義務を①最判は問題としている[5]。

情報提供義務が認められるのは,一方のみが知ることができ,かつ知られ

---

[4] 松田・前掲注3 70頁など。
[5] ①最判の田原裁判官の補足意見,および,森下哲朗「本件判批」金法1968号(2013年)15頁。

た事情で，相手方にとっての意味もまたその一方が知っているか知らねばならないという特別の事情についてのみである。相手方によって契約締結の基本的前提とされた事情，たとえば，契約目的の重大な危殆化を知っている者は黙秘してはならない。本件では，借入人 A が事実と合致しない虚偽の決算書等の資料を提供していたことをアレンジャー Y は正確には知らなかったのであるが，借入人 A の信用力についての判断に重大な影響を与える本件情報を知ったのであるから，本件情報をそれまで A と取引のなかった参加金融機関に提供することによって，先に提供した決算書等の資料や口頭での Y 自身による説明によって生ぜしめられた誤解を訂正・払拭する義務があり，この義務は，アレンジャーという職業的地位（もしくは先行行為）に基づく作為義務といえよう[6]。

4 守秘義務との関係

①最判の原審は，借入人は，アレンジャーによる本件情報の提供について「黙示的にあるいは慣習上容認している」とし，①最判は，借入人 A 社の代表者 B は，「本件シ・ローンのアレンジャーである Y ないしその担当者の E に本件シ・ローンの組成・実行手続の継続に係る判断を委ねる趣旨で，本件情報を E に告げた」として，Y 銀行が X らに直接本件情報を提供したとしても，借入人が情報提供に黙示的であっても同意しており，Y の A 社に対する守秘義務違反は問題とならないという。

これに対し，田原裁判官の補足意見は，「借受人が金融機関にシンジケート・ローンのアレンジャー業務を委託した場合において，その業務の遂行に必要な情報は，借受人とアレンジャーとの間で別段の合意がない限り，当然に招聘先に開示されるべきものであり，借受人はアレンジャーに対し，守秘を求める利益を有しないものというべきである。そして，本件情報は……A

---

[6] 拙著『表示責任と契約法理』（日本評論社，1994 年）252 頁，BGH ZIP1999, 275。同様に，NatWest Australia Bank Ltd. v. Tricontinental Corporation Ltd. [1993] ATPR (Digest) 46-109 で，インフォ・メモの借入人の債務欄に記載されなかったが，実際には，借入人にはアレンジャーに対する巨額の保証債務等があり，アレンジャーは，この保証債務等の存在を知っており，シ・ローン契約後，借入人は破綻した場合に，アレンジャーはこの保証債務等の存在について開示する義務があるという。森下哲朗「シンジケートローンの法的問題と契約書」金法 1591 号（2000 年）9 頁，道垣内弘人・ジュリ 1368 号（2008 年）100 頁参照。

とY間で本件情報の秘匿に関する特段の合意がなされたことは窺えないのであるから，本件情報の提供に関し，Yの守秘義務が問題となる余地はないものというべきである。」という。

田原裁判官の補足意見がこのように述べる理由は，本件情報が，「従前からの取引等によって得た情報」ではなく，「アレンジャー業務の遂行過程で入手した本件情報」であり，その場合には，アレンジャー・借入人間のマンデートレターの中で，シ・ローンの「組成に係る必要な情報は開示することがあります，それを認識してくださいということが記載してあり，必要情報の開示については一応了解を受けて」いるとされているからであろう[7]。

また，別の理由としては，シ・ローン契約書において，借入人は，貸付人等に対し，契約締結日及び実行日において，借入人が作成する報告書等が会計基準に照らして正確で，かつ，適法に作成されていることや，決算終了後も借入人の事業や財政状態を低化させ契約の義務の履行に重大な影響を与える可能性のある重要な変更は発生していないことなどを「真実に相違ない」と表明保証している（JSLAタームローン契約書16条）のであるから，契約日（や組成段階）において，そのような重要な変更が生じていれば，借入人自ら開示すべきであるからであろう。

5　免責条項との関係

A社がY銀行に対して本件シ・ローンの組成を委託するに際して提出したインフォ・メモには，留意事項として，資料に含まれる情報の正確性・真実性についてY銀行は一切の責任を負わないこと，資料は必要な情報を全て包含しているわけではなく，招聘先金融機関で独自にA社の信用力等の審査を行う必要があることなどが記載されていた。

① 最判の原審は，この免責条項について，「記載内容の正確性・真実性を保証しないというにとどまり，アレンジャーが虚偽の重要情報を故意に上記のメモランダムに記載することや，メモランダムに記載されている重要な内容が虚偽である場合において，そのことを認識しながら是正することなくシ・

---

[7]　「〈座談会〉アレンジャーの情報提供義務と今後の実務影響—名古屋高裁シ・ローン判決を契機として」金法1925号（2011年）49頁（大西義朗発言）。

第3節　アレンジャーの情報提供義務　　*153*

ローンを成立させたとき」は免責されないと述べていた。情報訂正義務違反がこのような故意・重過失による場合には，インフォ・メモ記載の免責条項があっても免責されないであろう。

　これに対し，①最判は，インフォ・メモに明記されている免責条項が「あるとしても」本件情報については提供義務があるとする。これは，本件においては，免責条項を記載したインフォ・メモとは別の資料として，3月期決算書やシ・ローンの必要性，返済見込み等を記載した補足資料が参加金融機関に配布されており，本件情報には，インフォ・メモ記載の免責条項は及ばない趣旨か，インフォ・メモ交付後に知るに至った本件情報には上記免責条項は及ばない趣旨であるか，もしくは，本件情報の提供義務は，信義則に基づく重要な義務であるので，インフォ・メモに一方的に記載した約款的な免責条項による免責は無効であるとの趣旨であろう。

第4章　動機の錯誤

第1節　保証契約と動機の錯誤

　判例・通説は，民法 95 条の「要素の錯誤」とは，意思表示の内容の重要な部分に関する錯誤であり，内容の重要な部分とは，もし錯誤がなかったならば本人はその意思表示をしなかったであろうと考えられるばかりでなく（主観的重要性），通常人もその意思表示をしなかったであろうと考えられる（客観的重要性）ほどに重要な部分であると解してきた[1]。

　そして，従来の通説は，動機の錯誤については原則として 95 条の適用はないが，動機が明示または黙示に表示されているときに限り例外的に内容の錯誤となり，95 条の適用があると解し（二元説），判例もこの説に従ってきた[2]。

1　判　例

　判例も上記二元説の立場から，主たる債務者が誰であるかについての保証人の錯誤（同一性の錯誤）は要素の錯誤となるとする[3]が，主債務者の性状や財産状態に関する錯誤については，錯誤無効の主張を認めないことが多い。たとえば，東京高判昭 63・8・18（金法 1225 号 34 頁）は，債務者の財産状態や借入金の使途に関する物上保証人の錯誤について，「債務者の財産状態の評価の誤りをもって根抵当権設定契約の錯誤による無効の主張を許すとすれば，他人の債務の保証という制度自体を無意味にしてしまうし，借入金の使途についても，これが根抵当権設定契約締結に当って明示されていたとしても，借入後，債務者は事実上，その一存で借入金を自由に使用することができる

---

[1]　大判大 3・12・19 民録 20 輯 1101 頁，我妻栄『新訂民法総則』（1965 年）299 頁以下など。
[2]　我妻・前掲 297 頁，最二小判昭 29・11・26 民集 8 巻 2087 頁など。
[3]　大判昭 9・5・4 民集 13 巻 633 頁，神戸地判昭 41・3・26 判時 452 号 54 頁。

ものであって，これが当初の借入金の使途と異なることをもって根抵当権設定契約の錯誤による無効の主張を許すとすれば，債権者を害すること甚しいからである（これらの誤りは，まさに根抵当権設定契約において根抵当権設定者が債権者に対して引受けることを約した危険であるというべきである。）」と判示して，錯誤無効を認めなかった。

(1) 主債務者の財産状態の錯誤

しかし，例外的に，主たる債務者の財産状態に関する錯誤についても錯誤無効を認める判決例がある。たとえば，主たる債務者の経営状態についての債権者の説明を信じて保証契約を締結したが，その翌日には主たる債務者は経営破綻した事案について，大阪地判昭62・8・7（判タ669号164頁）は，「保証契約を締結するに当たりX（保証人）の意思表示にはその成立の過程で，動機の点で重大な錯誤があったものであり，しかも，右の動機は本件保証契約締結の際には，XとY（債権者）間においては当然の前提とされていたことは明らかであるから，右の錯誤は要素の錯誤に該当するものというべきである」と判示して錯誤無効を認めた。

同様に，水戸地下妻支判平11・3・29（金商判1066号37頁）も，本件連帯保証人は，主債務者会社の代表取締役からの要請に応じなければならない立場になく，最終的に責任を負うべき代表取締役に支払能力がないことを知っていたとすれば連帯保証契約を締結しなかったことが認められ，しかも，締結に際しての「右代表取締役は大丈夫ですか」との連帯保証人の問いに対し，債権者である銀行の担当者は，「長い付き合いであり，資産も信用もあり，支払いもきちんとしているので間違いありませんよ」と答えて，連帯保証人の動機は表示されているとみることができるから，連帯保証契約は錯誤により無効であると判示した。

(2) 他に保証人がいるとの錯誤

他に連帯保証人がいるとの主たる債務者の言明を誤信して連帯保証した場合につき，最一小判昭32・12・19（民集11巻13号2299頁）は，「保証契約は，保証人と債権者との間に成立する契約であって，他に連帯保証人があるかど

うかは，通常は保証契約をなす単なる縁由にすぎず，当然にはその保証契約の内容となるものではない。されば，Yにおいて訴外人も連帯保証人となることを特に本件保証契約の内容とした旨の主張，立証のない本件においては，（錯誤無効の主張を排斥した）原判決の判断は正当である」と判示していた。

これに対し，他に保証人がいるとの錯誤についても錯誤無効を認める判決例がある。たとえば，主たる債務者から「Aが保証人になってくれるので，Y信用金庫から1500万円を借受けるについて保証人になって欲しい」と依頼され，Aとは飲み友達でよく知っており，かつ，Aは真面目で経済力もあると考え，Aが連帯保証人になることを条件に連帯保証人になることを内諾し，Y信用金庫担当者も，「主債務者所有の家と土地を担保に入れて貰うし，同人の営業も順調であり，信用保証協会の保証付きである」，「Aさんに連帯保証人になって貰うことの承諾もとっている」と説明したので，保証人Xは，「Aが連帯保証人になるのであれば自分も連帯保証人になってもよい」と述べ，Y信用金庫と連帯保証契約を締結していたが，その後，Aは，自分の月収と比べて連帯保証する額が多過ぎることに気付き，かつ，主たる債務者の経営も苦しい状態であるとの噂を聞いたので，連帯保証を拒絶したが，Y信用金庫担当者は，「（一応，形式的に連帯保証人になるために）取り敢えず印鑑を貸して欲しい。2，3週間で他の人に連帯保証人を代えるから，連帯保証人としての責任を負わせない」と約束してAと連帯保証契約を結んでいた事案において，大阪高判平2・6・21（判時1366号53頁）は，Aの連帯保証契約は虚偽表示で無効であり，したがって，Aも適法・有効に連帯保証をすることを動機とし，かつその動機を表示し，これを要素として締結されたXの連帯保証契約には，一部その要素に錯誤があるとし，Xは「本件貸付につき，Aと連帯してその保証責任を負う意思であったというべきであるところ，弁論の全趣旨によれば，XとAとの共同の連帯保証については，その負担部分の定めのなかったことが認められるから，Xは，少なくとも，前記1500万円の本件貸付のうち，その2分の1については，その支払いの責に任ずる意思で，本件連帯保証契約を締結したものというべきである。したがって，本件連帯保証契約は，右2分の1を越える部分については，要素の錯誤により，無効というべきである」と判示して一部無効を認めた。

同様に，東京地判平9・11・25（金商判1042号47頁）も，連帯根保証契約を締結する際，保証人は，商工ローン会社担当者に対し最終的に自己に責任が及ぶかどうか尋ねたところ，「主債務者会社の社長所有の土地建物を抵当に取る。この物件は時価3000万円程度で，先順位の抵当権が2000万円ほどついているが担保価値は十分である。最終的にはそこから十分回収できるので安心してよい。第三者の連帯保証は形式的なもの」と説明されたため，最終的な責任は負わないと信じて保証に応じたが，実際には，提供物件には説明されていない別の2000万円の根抵当権も設定され，既に担保余力はなかった場合に，保証人の動機は表示され，しかも要素の錯誤に当たり，連帯根保証契約は無効と判示した[4]。

2　近時の学説

上記のような判例や従来の通説に対し，動機の錯誤を区別して扱うことを疑問とし，動機錯誤も95条の「錯誤」と一元的に扱う一元説が主張され[5]，表意者の錯誤について相手方に認識可能性がある場合に錯誤無効を認めうるとの説[6]や，錯誤に陥った事項が表意者にとって重要であることを相手方が認識できる場合に錯誤無効を認めうるとの説[7]が主張されている。

これに対し，近時，娘の結婚に際し贈る目的を表示して衣裳を購入したが，契約当時すでに婚約が破棄されていても錯誤の主張はできないように，動機が表示されただけでは錯誤者は保護されないとして，判例や従来の通説の動機の表示構成を批判しつつ，また，錯誤の認識可能性を統一的要件とする説は，意思表示の解釈原則との関係で表示錯誤において問題が生じるし，基礎錯誤においては，錯誤の認識可能性は真の保護要件ではないとして，表示錯誤と動機錯誤の保護要件を区別する新二元説が主張されている[8]。

ところで，保証人の錯誤については，主たる債務に人的・物的担保が提供

---

[4]　東京地判平6・11・9金法1438号も，債権者が定型的な「自動車割賦販売契約書」を使用したため所有権留保付売買契約の債務を保証すると誤信して連帯保証した場合に錯誤無効を認める。
[5]　舟橋諄一「意思表示の錯誤」九大10周年記念論文集。
[6]　川島武宜『民法総則』（1965年）298頁。
[7]　野村豊弘・法協93巻922頁。
[8]　磯村哲「スイスにおける信頼理論的錯誤論」民商93巻640頁以下，石田喜久夫編『民法総則』（1985年）155頁以下［磯村保］。

されているかどうかは，保証人が弁済した場合にその損失をどの程度回収しうるかに重大な影響を与えるものであるから，保証人にとって重要であり，その錯誤は要素の錯誤になりうる[9]，保証人にとって，債務者の資力・信用力は，重要な事項であって，債権者がそのことをどの程度知っていたか等，その他の要素を併せて判断し，場合によっては，錯誤無効が認められる場合もあると解すべきである[10]との見解がある。

第2節　高松高判平成11年11月18日[11]

　最判平成28年1月12日民集70巻1号1頁は主たる債務者が反社会的勢力でないことを保証契約の当事者双方が前提としていたとはいえないと判示し，共通基礎錯誤を否定したが，本判決は，商工ローン会社の担当者の言動によって，限定根保証契約であるのに，確定保証であるとの保証人の誤信が助長されて保証人が限定根保証契約を締結した場合に錯誤無効を認める。

【事案】

　商工ローン会社Y（反訴原告）はA社との間で，平成8年10月4日，YがA社に対し継続的反復的に金員を貸し付ける取引契約を締結し，取引契約に基づき同日300万円，同月11日250万円を貸し付けた。

　A社の代表取締役A′とY担当者は，平成8年12月9日，A′がPTA活動の関係で知り合ったX方に集まった。Xは葬儀社の代表取締役であるが，3年前に死亡した夫の跡を継いで形式的に経営に携わっていたにすぎず，実質的な会社経営にはほとんど当たっておらず，手形取引や保証契約に携わったこともなかった。

　A社代表取締役A′は，Yからの上記借受けを秘してXに対し，「今回A社がYから200万円を借り受ける，Yから借り受けるのは初めてであり，今後借り受けることはない」と説明して，その200万円について保証を依頼した。その場に同席し，A′の同説明・依頼を明確に見聞していたY担当者も，

---

[9] 野村豊弘「意思表示の錯誤(6)」法協93巻717頁。
[10] 野村豊弘「民法判例レビュー」判タ713号39頁。
[11] 判時1721号85頁。

その説明に何ら異論を述べず，既存の貸付について全く触れずにXに対し，「今回YがA社に200万円を貸し付ける」と告げて，貸付金額欄に200万円と記載され，さらに不動文字で「債務全額につき連帯保証」との表示のある公正証書作成嘱託の委任状をX及びA′に示し，これに署名押印するよう求め，X及びA′はこれに応じて署名押印してY担当者に交付し，保証契約書は翌日作成することとした。

翌日，Y担当者から保証契約書を示され，保証債務極度額欄に1000万円と記入すること，及び保証期間欄に平成8年12月10日から平成11年12月31日までと記入することを求められた際，Xは同記入に不審を感じ，「200万円の保証でしょう」と確認したところ，Y担当者は，前記200万円以外に貸し付けることがある旨の説明をせず，単に「一応1000万円の枠ですので，書いて下さい」と答えた。

Xは，前日のY担当者の言動から，貸付枠（保証枠）が1000万円とされていても，保証の対象はあくまで前記200万円のみであって，Xの了解がない限り，前記200万円以外の貸付がされても，これにつき保証の責めを負うものではないと理解し，これを前提に，前記保証契約書の保証債務極度額欄に「壱千万（円）」と，さらに前記保証期間を記載し，署名押印し，すぐあとYから本件保証契約が締結された旨の確認通知書を受け取り，署名押印して返送するよう求められた際も，同じ理解の下で署名押印して返送した。

その後，Yは，Xの了解を求めることも情報提供もせずに，A社に対し，① 平成9年2月7日，同日が弁済期日となっていた前記貸付金300万円の弁済を受けると同時に350万円を貸し付け，② 同年4月2日，同日が弁済期日となっていた前記貸付金250万円の弁済を受けると同時に250万円を貸し付け，③ 同年4月23日，同日が弁済期日となっていた前記貸付金200万円の弁済を受けると同時に200万円を貸し付けた。

Xは，平成9年6月，Yに対し200万円を弁済し，保証の対象は200万円の貸金のみであるとして，X（反訴Y）が，Y（反訴X）との間でした根保証契約に基づく債務が存在しないことの確認を求める本訴請求をし，Yは，本件根保証契約に基づく保証債務の履行として貸付残元本557万余円及び遅延損害金の支払を求める反訴請求をした。

原判決は，Yの請求は信義則に反し許されないとして，Xの本訴請求を認容し，Yの反訴請求を棄却した。

【判旨】

控訴審は，原審と同様に，保証限度額1000万円の根保証契約の成立を認めるが，動機の錯誤について，「A′は，本件保証契約を締結する前日，被控訴人Xに対し，実際は本件取引契約に基づき550万円の既存債務を負っているのにこれを秘し，控訴人Yから金員を借り受けるのは今回が初めてであり，借り受けるのは200万円だけである，今後控訴人Yから借り受けることはない，と虚偽の説明をし，その場にいて右説明等を聞いていたY担当者も，A′のした虚偽の説明を否定しなかったばかりか，今回控訴人YがA社に200万円を貸し付けることを告げた上，貸付金額（保証金額）を200万円とする公正証書作成嘱託の委任状を示し，これに署名押印するよう求めるなど，保証の対象が本件200万円貸金のみであるとの誤信を助長するような言動に出ているのである。したがって，同日の時点において，被控訴人Xが本件保証契約が本件200万円貸金のみを対象としたものであると誤信したことは当然であるといわなければならない。そして，被控訴人Xは，その翌日，Y担当者から保証契約書に，前記保証期間及び保証極度額1000万円と記載するよう求められた際，右記載に不審を感じてY担当者に確認したところ，同人から『一応1000万円の枠ですので，書いて下さい。』と言われ，前日に受けたA′及びY担当者からの説明を併せて，貸付枠（保証枠）が1000万円とされていても，保証の対象はあくまで右200万円のみであって，将来，控訴人Yから右200万円以外の貸付けがされたとしても，被控訴人Xの了解がない限り，これにつき保証の責めを負うものではないと理解したものというべきである。したがって，右保証契約書の記載内容どおりの被控訴人Xの意思表示は，その重要な部分で被控訴人Xの真意とは合致しないものであることが明らかである」し，かつXに重大な過失はないとして，本件保証契約の錯誤無効を認め，Yの控訴を棄却した。

第3節　基礎錯誤

1　表示錯誤と動機錯誤

　表示錯誤は，意思と表示の不一致の場合であるのに対し，動機錯誤は，意思表示の基礎にある事態についての観念の誤りであり，事態錯誤である[12]。
　娘の結婚に際し贈る目的を表示して衣裳を購入したが，契約当時すでに婚約が破棄されていた場合に，相手方たる売主が買主の錯誤をただ認識していたり，単なる共通事態錯誤に陥っていたとしても買主は錯誤を主張できないように，一方的基礎錯誤においても共通基礎錯誤においても，基礎錯誤の保護の根拠は，「錯誤対象たる一定事態が契約の前提に化し相手方も錯誤危険を引受ける」ことにあり，一方的基礎錯誤の場合も単に「相手方が錯誤を惹起したり認識したりすることは錯誤保護のためにとくに必要ではない」というべきである[13]。

2　保証人の保護要件

　保証人が主たる債務者を甲であるのに乙であると誤信した場合のように，保証人にとって主たる債務者の同一性の錯誤は「要素の錯誤」となるが，保証契約は，債権者のために主たる債務を担保するものであるので，主たる債務者の性質，及び特に主たる債務者の資力の有無は保証人のリスクに属することとなり，保証人が主たる債務者に資力があると誤信したとしても，原則として「要素の錯誤」には該当しない。ただし，たとえば大阪地判昭62・8・7（判タ669号164頁）において，保証人は主たる債務者の経営に強い不安を抱き，保証契約の締結を拒否していたが，融資を行おうとする金融機関の担当者に「主債務者は本当に大丈夫であるのか」と確認を求め，それに対し，金融機関の担当者は，「今その程度の融資を受ければ秋ころまでの決済資金と

---

[12]　この点で東京高判平13・2・20判時1740号46頁が，保証意思形成の動機につき，心裡留保により無効と判示した点は疑問である。
[13]　磯村哲・前掲論文806頁以下。フランス法も動機が契約内容に高められることを要求していることについて，山下純司「保証意思と錯誤の関係」学習院36巻2号93頁。

しては大丈夫であり，主債務者は秋ころまでには十分立ち直る，私共は大丈夫ではない会社には融資はしない」と説明したので，保証人はその説明を信じて保証契約を締結したが，実際には主たる債務者の経営は融資を受けたとしても翌日の不渡りも回避しえない程に破綻していた場合に，説明どおりの経営状況は保証契約の当然の前提とされていたとして錯誤無効が認められたように，主たる債務者の一定の資産状態が保証契約の前提・基礎とされていた場合には，錯誤無効（取消）が認められるべきである。

ところで，本件高松高判の事案では，根保証契約締結の前日，A′は，既存債務550万円を負っているのにこれを秘し，Yから今回初めて200万円だけ借り受け，今後借り受けることはないと虚偽の説明をし，そこに同席していたY担当者も，今回200万円を貸し付けることだけを告げて，貸付金額（保証金額）を200万円とする公正証書作成嘱託の委任状への署名押印を求め，Y担当者自身の不完全な言動によって，保証の対象が200万円の貸金のみであると，保証人Xを誤信させていた。

さらにその翌日，Y担当者から保証契約書に，保証期間及び保証極度額1000万円と記入するよう求められた際も，保証人Xは不審に思い，「200万円の保証でしょう」とはっきり質問して確認しているのに，Y担当者は200万円以外の既存債務について説明することなく，単に「一応1000万円の枠ですので，書いて下さい」と不完全に返答して，保証人Xを誤信させている。結局，本件では，Y担当者は，積極的に不完全な言動によって，極度額1000万円の根保証契約であるのに，保証の対象はあくまで200万円のみと保証人Xを誤信させたのであり，このことは根保証契約の前提・基礎とされていたといえる。

この基礎・前提化の判断に際し，本件債権者Yは，中小事業者に対し継続的に資金を融通することを業務としているのに対し，本件保証人Xは，葬儀社の代表取締役ではあるが，3年ほど前に死亡した夫の跡を継いで形式的に同社の経営に携わっていたにすぎず，実質的な会社経営にはほとんど当たっておらず，手形取引や保証契約に携わったこともなく，主たる債務者A社の代表取締役A′と，PTA活動の関係で知り合った程度の仲にすぎなかったことも考慮されている。すなわち，本件保証人Xは，保証契約について，十分

な判断能力を有しておらず，また，主たる債務者と経済的に緊密な関係にあったり，近親者であることなどから，保証契約のリスクについて知っているというような場合ではなかったのである。

さらに，債権者の不完全な説明によって保証人の誤信を惹起した場合だけでなく，主債務者同席の下，債権者は保証人が確定保証と誤信しているであろうことを知りながら根保証であることを説明せず，むしろ根保証であることを隠して保証人の誤信を助長した場合に錯誤による一部無効を認めた判決として，東京高判平11・12・15（金法1576号62頁）がある。

3 共通基礎錯誤

本件事案でないが，共通基礎錯誤においては，一般に，表意者の想定していた事態は，相手方の契約意思の形成にとっても重要であり，相手方自身が想定していたのと異なる事態を基礎とする契約に対する相手方の信頼も保護に値しないので，錯誤無効（取消）が認められるといえるが，保証契約においては，その契約の性格から，保証人の錯誤による契約無効（取消）は抑制的であるべきである。前述の最判平成28年1月12日も共通基礎錯誤を否定した。

これに対し，東京地判平8・2・21（判時1589号71頁）では，主債務者会社の代表取締役らの策謀により，債権者も主たる債務は質権によって担保されると信じて融資を実行し，保証人に連帯保証を求める際，質権が設定され確実な担保があるから連帯保証は形式的なものにすぎない旨説明したが，質権は無効であった場合に，保証人は，質権によって担保されることを前提に連帯保証契約を締結したとして錯誤無効が認められた。すなわち，この事件は共通基礎錯誤事例であるが，債権者が保証人に説明することによって，質権が設定されて将来実際に連帯保証人としての責任を追及される心配はないとの保証人の誤信に寄与した点が考慮されている[14]。

---

[14] 東京地判昭61・1・30判タ627号150頁も，主債務者の言動により債権者も軽率に誤信し，保証人が定職のない主債務者を公証人と誤信して物上保証をするのに寄与した場合に錯誤無効を認めた。また，大阪高判平29・4・27金商判1521号21頁，判時2346号72頁は，売買契約の目的物の実質的価値について共通基礎錯誤を認め，表意者に重過失があっても錯誤無効を主張することができるとする。

4　一部無効（取消）

　基礎錯誤の効果につき，基礎錯誤者が錯誤がなければこのような条件では契約を締結しなかったと主張するとき，一部無効の準則が適用される。そこでは，契約の基礎とされた真の事情を契約締結に際し既に知っておれば，信義則上，両当事者は何を合意したであろうか，が検査されるべきである。すなわち，両当事者の仮定的意思によればある別の内容で契約は締結されていたと認められる場合には，契約は全部無効（取消）ではなく，その内容で維持されるべきである[15]。

　本件保証人Xも，すでに債権者Yに200万円を弁済しており，「200万円の貸付についてのみ連帯保証したものである」と主張しているにすぎず，実質上は，全部無効ではなく一部無効を主張し，本判決も前記200万円以上の根保証契約に基づく債務の存在しないことを確認したにすぎない。

---

[15] 拙著『表示責任と契約法理』（1994年）53-58頁参照。

第5章　契約の解釈

第1節　契約解釈

はじめに

(1) 法律行為の解釈とは，広義では法律行為の内容の確定を意味する。そこには，法律行為の当事者のなした表示行為の意味を確定する狭義の法律行為の解釈のほか，法律行為を補充する補充的解釈や法律行為の内容を修正する修正的解釈という異質の作業が含まれるとされ，本章においては，前者の狭義の法律行為の解釈を対象とする。

契約，単独行為，合同行為からなる法律行為の狭義の解釈において，特に契約は，相対立する当事者の一致する意思表示からなっており，その当事者間などで表示の意味について争いが生じると意味の確定が必要となる。この狭義の解釈において，当事者が一致して表示に付与した主観的意味がある場合にはその意味によるべき（主観的解釈）かどうか，そのような当事者の事実上の意思の合致がなく，当事者双方により表示に異なった意味が付与された場合に表示がどのような意味で妥当するか，当事者の付与した意味のいずれかでか，客観的意味でか，という規範的解釈の問題が争われている。

(2) 立法者は，契約の解釈はまず当事者の真意の探究であると考えたようである[1]が，大正期以降は，法律行為の解釈は，表示行為の有すべき客観的意味を明らかにすることであり，その具体的基準として，当事者の企図する目的，慣習，任意規定，信義誠実の原則があげられた[2]。

---

[1] 岡松参太郎『民法理由　上』（有斐閣，1896年），富井政章「民法原論　第1巻総論下」（有斐閣，1903年）。

[2] 我妻栄『民法総則』（岩波書店，1930年），曄道文藝「法律行為ノ解釈」京都法学会雑誌10巻（1915年）など。

これに対し昭和40年代から，内池教授，賀集判事，星野教授，石田穣助教授によって，当事者の意思が一致している場合には，表示の客観的意味を問題とすることなく，当事者が一致して表示に付与した主観的意味において表示が効力を有することが主張された[3]。ただし，当事者の意思が一致しない場合に，内池教授は，当事者が理解した意味のいずれかしか問題とならないと主張されるが，星野教授は，「各自は，その使用する言葉その他の表現方法がその社会において有する意味に解されることを覚悟して行動すべき」として，客観的意味が基準となるとされる。

1 契約解釈の方法

(1) 磯村保「ドイツにおける法律行為解釈論について(1)～(4完)」[4]は，ドイツの法律行為解釈論を紹介・検討し，統一的客観的解釈は貫徹できないとして，主観的解釈と規範的解釈との二元論を根拠づけた。本論文は，解釈の主体は裁判官であること，解釈原理の検討から主観的解釈の場合と規範的解釈の場合とを区分し，主観的解釈の場合には表示受領者の信頼保護は問題とならないことを明らかにした点に意義がある。

(2) 本論文は，意思表示ないし法律行為の解釈についての総則的規定であるドイツ民法133条と157条の成立過程を検討し，両規定の実定法的内容の稀薄性は明白であり，解釈方法論に任されているとする。そして，法律行為の解釈に関する諸学説を検討し，客観的解釈方法の貫徹の方向と，両当事者の付与する意味が一致する場合の事実的(主観的)解釈と，一致しない場合の規範的解釈との二元論の方向とがあるとする。

まず，「誤表は害さず」原則を意思表示の二元性から位置づけ，統一的客観的解釈は貫徹できないとする。すなわち，意思表示には二重の機能があり，意思表示は，表意者からみれば，自己の効果意思実現手段としての自己決定行為であるが，他方では，一定の効果意思を他人に伝達する機能を果たし，表示受領者から見れば，表示内容に対する信頼保護が要請されるとする。そ

---

[3] 内池慶四郎「無意識的不合意と錯誤との関係について」法研38巻1号（1965年），賀集唱「契約の成否・解釈と証書の証明力」民商60巻2号（1969年），星野英一『民法概論Ⅰ』（良書普及会，1971年），石田穣「法律行為の解釈方法——再構成」法協92巻12号～93巻2号（1975～76年）。

[4] 神戸法学雑誌27巻3号・28巻2号・30巻3・4号（1977～81年）。

して，表示受領者の立場よりする解釈が表示価値に対する信頼を保護すべきものであるならば，その限界もまた表示価値に対する信頼によって画されるべきことになり，表示受領者の付与した主観的意味と表意者のそれとが一致している場合には，客観的な表示内容に対する現実の信頼がないから，もっぱら自己決定行為としての観点こそが顧慮されることになるとして，この類型における主観的意味の妥当を認め，統一的客観的解釈は貫徹できないとする。

次に，二元論での当事者の付与した意味が一致しない場合の規範的解釈においても，表示意味の確定に際し，各当事者が現実に付与していた意味を重視される。たとえば，12ダースという客観的意味を有する表示1グロスの意味を，申込者は20ダースの意味で，承諾者Bは10ダースの意味で理解していた双方的非共通意味錯誤の場合には，12ダースという表示の客観的意味に対するA・Bの現実の信頼がともに存しないとして，客観的意味による契約の成立を否定される。

磯村論文において「契約の解釈」の問題は，「受領を要する意思表示」という基本類型の中で，表意者Aの附与した意味をx，表示受領者Bの認識した意味をy，表示受領者が認識すべきであった意味をz，表示が一般的客観的に有する意味をz'として検討されているが，契約の場合には，表示受領者Bも独自の意思表示をなすことがあり，Bの理解についてのAの認識・認識可能性や帰責性も重要であり，「契約の解釈」に特有の問題も残っている[5]。

これに対し，遺言においては，遺言に対する信頼保護の必要性はなく，遺言者の真意の妥当を承認される。さらに，表示意識の有無は法律行為責任の外延を画する重要なメルクマールとして機能し，表示意識なき行為は，自己決定を欠く行為であるので，法律行為外的な責任の問題であると主張する。

2　その後の学界の展開

(1) その後，主観的解釈と規範的解釈の二元論は，学説において支持されつつある[6]が，現実の意思の合致している場合としていない場合とを区別せず，

---

[5]　本書第5章第2節参照。

表意者は相手方が理解していると認識すべき意味に拘束されるという統一的解釈原理が立てられるとして,「誤表は害さず」原則も,諸般の事情から両当事者の真意を認識しうべき場合に限って認められるべきとの主張もある[7]。しかし,Aは650ドルで売ろうとするが,誤って560ドルで申込み,それに対し,Bは,実際のAの意思を見抜きながらもただ承諾した場合,滝沢教授も認められるように,Aの信義則違反や「見抜かれ利用された錯誤」の場合として,事実上理解された意味650ドルでの契約の成立を認めざるをえないであろう[8]。

(2) 二元論の中で契約の解釈をめぐって,契約の成立段階における解釈の問題と契約の内容確定段階における解釈の問題とを区別すべき[9]とか,成立段階における解釈は,原則として合致あるいは不合致の確定に先行し,合致あるいは不合致の確定は,契約締結を目指す二つの意思表示の比較の結果であり,双方の意思表示の解釈の結果,事実的(主観的)合意もしくは規範的合意があれば意思表示の合致があり,契約の成立が認められ,その場合,契約の重要事項について意思表示の合致がなければならない[10]と主張される。つまり意思表示の合致があったか否かが争われる具体的事件においては,実際上,一部の契約事項についてのみ合致があったかどうかが争われ,その場合,裁判官はこの事項についてのみ,事実的(主観的)合意もしくは規範的合意があったかどうかを判断しなければならない。

そして内容確定段階における解釈においても,主観的解釈が優先され[11],このような主観的解釈や規範的解釈等によっても契約欠缺が残るとき,両当事者が自らなした契約を尊重して補充的契約解釈が問題となりうるとされる[12]。

---

[6] 須田晟雄「意思表示の解釈と錯誤の関係について」北園19巻1号・3号（1983〜84年），小林一俊「契約における合意と誤表」『現代契約法大系 第1巻』(1983年)，鹿野菜穂子「契約解釈における当事者の意思の探求」九大法学56号（1988年），沖野眞巳「フランス法における契約の解釈」私法54号（1992年），拙著『表示責任と契約法理』(日本評論社，1994年)第1章「契約解釈と契約の成否」。

[7] 滝沢昌彦「表示の意味の帰責について」一橋大学法学研究19号（1989年）306頁。

[8] 前掲注6拙著・23頁24頁。

[9] 沖野・前掲注6論文。

[10] 前掲注6拙著・第1章「契約解釈と契約の成否」。また,本書第2章第1節1(1)参照。

[11] ユニドロア国際商事契約原則第4・1条,ウィーン国際統一売買法第8条。

磯村論文は，内容段階における解釈だけでなく，成立段階における解釈の問題にもかかわるが，両者の解釈基準は同じか，内容段階における解釈においては，規範的・客観的解釈準則の比重が大きくならないか，問題となろう。さらに，表示意識なき表示が表意者に意思表示として帰責可能な例外事例がないか，も今後の検討の課題である[13]。

第2節　規範的解釈

はじめに

請負代金支払いに関する合意の契約解釈が問題となった①最三小判平成22・7・20裁時1512・7では，請負契約において注文者Yが請負人Xに交付した注文書に「ユーザーがリース会社と契約完了して入金後」支払う旨の記載について，停止条件かどうかが争われ，①最判は，表示に付随し，表示に意味を付与する関係にある全事情を考慮して契約締結の際の当事者意思を探るとともに規範的解釈である利益適合的解釈・契約目的適合的解釈をして停止条件ではない，と判決した初めての最高裁判決である。

1　最判平成22年7月20日

【事実】

請負人Xは，石油類供給設備に関する工事の設計，施工等を目的とする会社である。

Aは，平成17年ころ，温泉施設「甲」の建設を計画し，同施設に本件熱電供給システムを導入することを検討していた。Bは，Aから相談を受けて，Xに本件システムの製造及び設置に係る本件工事を施工させることを考え，請負人Xとの交渉を始めた。

Aは，平成17年9月ころ，Bに対し，本件システムを発注した。その当時，AとBは，本件システムについて，Bがリース会社Cに売却した上で，Aが

---

[12] 山本敬三「補充的契約解釈(1)～(5完)」論叢119～120巻（1986年）。
[13] ドイツ法・スイス法・オーストリア法の通説はそのような例外事例を認める。

Cとの間でリース契約を締結することを予定していた。

　請負人Xは，平成17年9月ころ，Bから，本件工事を請負代金2900万円（消費税別）で請け負ってもらえないかと打診され，代金額については了承したが，請負代金の支払を確保するために，Bと直接請負契約を締結するのではなく，信用のある会社を注文者として本件システムに係る取引に介在させること及び発注書の発行を求めたところ，Bが後に三菱重工エンジン又はY商社が正式な発注書を出すと述べて仮注文書を請負人Xに送付したのでBの求めに応じて本件工事に着手した。

　Y商社は，Bから依頼を受け，平成18年3月，請負人Xとの間で，請負代金を2900万円（消費税別）として，本件工事の請負契約を締結するとともに，本件システムをBに代金3070万円（消費税別）で売り渡す旨の売買契約を締結した。

　本件請負契約の締結に当たり，Bの指示を受けてY商社が請負人Xに交付した注文書には，「支払いについて，ユーザー（甲）がリース会社と契約完了入金後払いといたします。手形は，リース会社からの廻し手形とします。」との本件記載があった。

　請負人Xは，平成18年4月，本件工事を完成させて，本件システムをAに引き渡した。

　AとCとの間では，平成18年5月ころ，本件システムのリース契約が締結されないことになり，Aは，その後も，Bに対して本件システムの代金の支払をしていない。請負人Xは，Y商社に対し，請負代金及び遅延損害金の支払を訴求した。

　第一審判決は，本件システムは，本件温泉施設のために新たに設計・施工される熱電供給システムであるから，いったん本件温泉施設に本件システムを設置すれば，そう簡単に他所に移設・転売等できるものではないが，請負人Xは，Bの指示により，リース契約の成否を確認することもないまま，本件システムの施工に着手し完了している，また仮にリース契約の成立が本件契約成立の停止条件であったならば，Aがリース契約を締結しなかった場合には，請負人Xは，仕事を完成しながら，代金の支払を受けられないという極めて不合理な状況に陥ることになり，請負人Xがかかる不合理な条件付

きの契約締結を承諾するとは，到底考えがたい，として，当事者間の合理的意思解釈から，本件記載は単なる支払方法の定めにすぎないとして請負人Xの請求を認めた。

原判決は，本件請負契約は，リース契約が成立することを当然の前提としていたからAとCとの間で本件システムのリース契約が締結されることを停止条件とするものであり，上記リース契約が締結されないことになった時点で無効であることが確定したとして，請負人Xの請求を棄却した。

【判旨】原判決破棄，差戻

「AがCとの間で締結することを予定していたリース契約は，いわゆるファイナンス・リース契約であって，Aに本件システムの代金支払につき金融の便宜を付与することを目的とするものであったことは明らかである。そうすると，たとえ上記リース契約が成立せず，Aが金融の便宜を得ることができなくても，Aは，Bに対する代金支払義務を免れることはないというのが当事者の合理的意思に沿うものというべきである。加えて，Xは，本件工事の請負代金の支払確保のため，あえて信用のある会社を本件システムに係る取引に介在させることを求め，その結果，Yを注文者として本件請負契約が締結されたことをも考慮すると，XとYとの間においては，AとCとの間でリース契約が締結され，Cが振り出す手形によって請負代金が支払われることが予定されていたとしても，上記リース契約が締結されないことになった場合には，Yから請負代金が支払われることが当然予定されていたというべきであって，本件請負契約に基づき本件工事を完成させ，その引渡しを完了したにもかかわらず，この場合には，請負代金を受領できなくなることをXが了解していたとは，到底解し難い。

したがって，本件請負契約の締結に当たり，YがXに交付した注文書に前記記載があったとしても，本件請負契約は，AとCとの間で本件システムのリース契約が締結されることを停止条件とするものとはいえず，上記リース契約が締結されないことになった時点で，本件請負契約に基づく請負代金の支払期限が到来すると解するのが相当である。」

2　規範的解釈

　契約の解釈とは，契約の意味内容を明確にすることである。まず，当事者が表示に付与した主観的な意味が一致する場合には，その意味が妥当する[14]。本件においては，そのような事実上の意思の合致はない。次に，当事者双方によって表示に異なった意味が付与された場合の規範的解釈が問題となる。本件においても，Y商社は，Xに交付した注文書上の本件記載が，AとCとの間で本件システムのリース契約が締結されることを本件請負契約の停止条件とするものと理解していたと主張し，請負人Xの方は，本件記載は単なる支払方法の定めと理解していたと主張して，本件記載の意味内容が争われた。この契約解釈においては，当事者が契約した際の全事情（当事者の関係，契約締結の経緯，慣行，契約の目的等）を考慮するとともに，表示受領者の理解可能性を顧慮すべきである[15]。

(1)　関連判例

　請負契約に関し，他からお金が入れば請負代金を支払う旨の約束の解釈が問題となった判決例として以下の2判決がある。

　②東京地判平成13年1月31日判夕1071号190頁では，借地権を有するYは，平成10年1月，同地に，7階を自宅とし，他をワンルームとする7階建て賃貸マンション（本件建物）を建築しようとし，X不動産ホームは，Yからその設計及び建築確認業務を請け負った。Yは，平成10年3月末，Xホームに本件建物の建築実施設計図書一式をも発注し，請負代金の支払時期を「建物着工時」と合意した（本件請負契約）。Xホームは，完成した建築実施設計図書一式を提供したが，Yは建築資金の調達ができないなどとして，建物の建築に着手しないので，Xホームが，Yに対し上記請負代金を訴求し，請負代金支払時期である「建物着工時」は，不確定期限か，停止条件か争われた。

---

[14] 磯村保「法律行為の解釈方法」ジュリ増刊・民法の争点I 1985年30頁，ウィーン統一売買法8条。

[15] 石田喜久夫『民法総則』101頁，四宮和夫『民法総則第4版』148頁。川島武宜『民法総則』198頁も「表示受領者が当該事情のもとにおいて当該の表示から通常期待すると認められる内容は，当該の表示の意味として承認されるべき」という。

② 判決は，以下のように述べて，不確定期限の定めであるとしてXホームの請求を認容した。

(a) Xホームは，サービスとして，Yに対し，提携金融機関である協同住宅ローンを紹介したり融資申込の代行を行い，Yは本件建物の建築資金を協同住宅ローンからの融資によって得ることを予定していたこと。

(b) Yは，Xホームに対し，本件請負契約に基づく請負代金の支払については，協同住宅ローンのYに対する融資が実現した時期にXホームが支払うことを希望し，融資が実現する時期をX担当者に尋ね，これに対しX担当者が本件建物建築の着工時であれば間違いないと思われる旨答えた。そこでYが本件請負契約に基づく請負代金の支払期限を本件建物の建築着工時とすることを求め，本件請負契約の契約書の「支払方法　設計完了時」との記載を「支払方法　建物着工時」との記載に変更したこと。

(c) Yは，本件契約締結当時も平成10年6月19日当時も，平成10年7月1日に本件建物の建築に着工する予定であり，X担当者も，本件建物の完成予定と工期の流れを考えて，遅くとも平成10年7月1日には本件請負契約に基づく請負代金の支払が得られると考えていたこと。

上記(a)～(c)の事情から，②判決は，「XとYは，建物着工時が必ず到来するものであることを前提とした上で，代金の支払時期を本件建物における建築工事の着手時とするとともに，右建築工事の着手が社会通念上実現しないことに確定した場合には，右代金支払の期限が到来したこととすることを約したもの，すなわち，不確定期限を付したものというべき」と判示した。

そして，XホームとYが，本件請負契約締結の際，Yの請負代金支払義務の発生について，客観的に本件建物の建築に着工しうる状況になること，すなわち，Xホームが総合企画を行うことを目的とする契約を締結したことから，本件建物建築に必要な3億円の資金を調達しその融資証明を獲得すること等を停止条件とする旨合意したとのYの主張については，(1)XY間で本件建物の建築に関し総合企画を行うことを目的とする契約が締結されたことがなく，Yの上記主張はその前提を欠くこと。(2)本件請負契約において，その代金支払について停止条件を付することを明示する条項は存せず，「支払方法　建物着工時」との記載のみでは一義的に停止条件に関する記載とは解

されない上、XY双方は「建物着工時」が必ず到来するものであることを前提としていたこと。(3)一般に請負契約が仕事完成の対価支払を契約の要素としており、請負代金の支払を条件成就のない限り代金支払を受けられない結果となる停止条件にかからせることは特段の事情のない限りは合理的なものといいがたいが、本件ではそのような特段の事情は見当たらないこと。(4)契約上明文もないままに、代金支払が得られないままの状態となる停止条件を付すはずがないことから、停止条件の定めをしたものではない、と判示した。つまり、②判決は、仕事を完成させてその対価を取得する請負人としては、代金支払時期を「建物着工時」と合意していても、仕事を完成させながら代金支払がなくてもよいとは普通思わないことを重視する合理的意思解釈、すなわち、法的に有意義な規律とする利益適合的解釈[16]、もしくは合意された契約目的を尊重する契約目的適合的解釈をしたというべきである。

　③最判平成22年10月14日金商判1357号13頁では、Aは、平成16年7月、指名競争入札により、東部地域広域水道企業団から浄水場内の監視設備工事を請け負った。元請Aは、落札できなかったXからの働き掛けに応じ、浄水場内の監視設備機器の製造等をXに行わせることにしたが、下請Xも上記入札に参加していた関係から、元請Aの子会社か関係会社が発注することとなり、元請Aは、同年11月、YからXに発注する旨を下請Xに打診した（なお元請A担当者は、CからCが発注に介在することは下請Xに話さないでほしいと言われており、下請Xは知らなかったが、下請Xと以前トラブルのあったCが、元請Aから介在させる会社の選択等を任され、本件機器の製造等につき、元請AはBに対し、BはCに対し、CはDに対し、DはYに対し、Yは下請Xに対し、順次これを発注し、それぞれ請負契約が締結された）ところ、下請Xは、Yの与信調査を行った上で、元請Aに応諾する旨回答し、平成17年3月、XY間で、本件請負契約が締結された。その際、XYは、「支払条件」欄に「入金リンクとする」との入金リンク条項がある注文書と請書とを取り交わした。

　下請Xは、本件機器を完成させて本件機器を元請Aに引き渡し、元請AからB、Cと請負代金が支払われたが、Cは破産手続開始の決定を受け、Y、

---

[16] BGH NJW1998, 3268；NJW2002, 1044は利益適合的解釈をする。

下請Xは，請負代金の支払を受けていない。下請Xが，Yに対し，請負代金3億1500万円等の支払を訴求したが，Yは，本件入金リンク条項は停止条件を定めたものであると主張した。

③最判は，一般に，有償双務契約である請負契約において，下請負人が，自らの債務については履行したにもかかわらず，自らに対する注文者である請負人が注文者から請負代金の支払いを受けられない場合には，自らも請負代金の支払が受けられないなどという合意をすることは，通常は想定し難いこと，特に，本件請負代金額が高額であり，本件請負が公共事業に係るものであって，請負代金の支払は確実であったことから，XYが本件入金リンク条項の合意をしても「有償双務契約である本件請負契約の性質に則して，当事者の意思を合理的に解釈すれば，本件代金の支払につき，Yが上記支払を受けることを停止条件とする旨を定めたものとはいえ」ないとして，本件入金リンク条項を不確定期限の合意とした。

この③最判は，下請Xが，直接に元請Aと本件請負契約の打合せや引渡をし，Yはそれに関与しておらず，Yは，Cや元請Aを交渉補助者として本件請負契約の締結に至っており，下請Xは，本件請負契約締結当時，AYの他にCDが介在することを知らず，もしCDが介在することを知っておれば請負契約を締結しなかったこと，および，下請XがYに期待したものは，請負代金を通過させる役割にすぎなかったことといった，Yが「請負代金の支払を受けた後にXに対して本件代金を支払う旨を合意」についての請負契約締結交渉における意味を顧慮したものである。また，請負契約締結後も本件条項に下請Xの付与した意味は維持され，YACによってCDが介在することは下請Xに秘匿されたことも考慮されている。

(2) 規範的解釈

①最判において問題となっているのは，Y商社が請負人Xに交付した注文書に記載されていた，「支払いについて，ユーザー（甲）がリース会社と契約完了し入金後払いといたします。手形は，リース会社からの廻し手形とします。」という記載の解釈である。

受領を要する意思表示の解釈は，表示受領者が表示をどのように理解する

ことができたか，という表示受領者の理解可能性を顧慮してなされるべきである。その際，表示受領者がしかるべき努力によりわかることができた認識可能性のみが顧慮される[17]。したがって，注文者側が作成した注文書には「リース会社と契約完了し入金後払いといたします」としか記載されておらず，表示受領者が注意して読んでもその意味内容は明確でなく，①最判が述べるように，AがCとの間で締結することを予定していたリース契約は，Aに本件システムの代金支払につき金融の便宜を付与することを目的とするファイナンス・リース契約であって，Aは，金融の便宜を得ることができなくても，Bに対する代金支払義務を免れることはないというのが当事者の合理的意思であることが前提とされる。それ以上のリース契約がY商社の交渉補助者Bにとって有する停止条件とするとの意味は，表示受領者Xに認識できず，そのような意味内容によって請負人Xを拘束できない。

そして，注文者Yの表示を請負人Xが単なる支払方法と理解でき，かつ，理解してよく，その請負人Xの理解を注文者Yが認識できたかについては，請負契約締結に至る全事情が顧慮されるので，請負人Xが工事請負代金の支払を確保するために信用のある会社を本件システムに係る取引に介在させることを求めたことに対し，Y商社の交渉補助者BおよびY商社としては注文書に本件記載をして応じたことが重視される。請負人Xが本件工事の請負代金の支払を確保するために信用のあるY商社を本件取引に介在させることをY商社の交渉補助者Bは認識できるだけでなく認識しつつ，三菱重工エンジンかY商社が介在すると表明し，支払いについて「リース会社と契約完了し入金後払いといたします」などとY商社の注文書に記載したのであるから，本件記載は，単なる支払方法としての意味しかなく，AとCとの間で本件システムのリース契約が締結されることを本件請負契約の停止条件とするものではないこととなる[18]。

ところで，Y商社は，本件記載によって本件記載の定める支払方法が不能となるリスクを作り出し，このリスクを，ABCと何ら関係のない請負人Xよりもずっと良く支配できる。本件記載の上記解釈の下では，請負代金の支

---

[17] Larenz/Wolf, AT, 9. Aufl., S. 510.
[18] BGH NJW1999, 3191 は，契約解釈において締結代理権のない交渉補助者の言明を考慮する。

払期限が到達するのは，本件記載の定める支払方法が不能となった時点，すなわち，リース契約が締結されないことになった時点となり，Y商社が，本件記載の定める支払方法が不能となったリスクを負担することとなる。

(3) 規範的解釈としての利益適合的解釈・契約目的適合的解釈

①②③判決においては，すべて，注文者側が作成または使用した注文書等中の意味の明瞭でない記載の解釈が問題となっている（一種の不明瞭解釈準則）。①②③判決に見られるように，受領必要な意思表示の解釈においては，表示に付随し，表示に意味を付与する関係にある全事情，たとえば，関与者間での事前の交渉・話し合い，表意者または表示受領者の契約締結前の言明，交渉補助者の言明などが考慮される。③最判におけるように，契約締結後も注文者側によって注文者側の条項の意味理解が請負人に隠され，このような行為態様が契約締結の際の当事者の意思の手がかりとなる場合には，契約締結後の行為態様も当事者の意思解釈に際し考慮される。

また，①②③判決におけるように，契約当事者双方に法的に有意義な規律となるような利益適合的解釈，もしくは，両当事者によって共通に合意された契約目的を尊重する契約目的適合的解釈をすべき請負契約などにおいて停止条件付となる合意をするためには，表示に付随する全事情を考慮しても，明確に停止条件付と解釈されるような合意をすることが必要である。

①最判は，規範的解釈として，表示に付随し，表示に意味を付与する関係にある全事情を考慮して契約締結の際の当事者意思を探るとともに利益適合的解釈・契約目的適合的解釈をし，請負代金債務の履行期を判断したものとして，今後の裁判実務に影響するところが大きく，参考になると思われる。

第3節　手付条項の解釈と履行の着手

はじめに

近時，下記③名古屋高判平13・3・29判時1767号48頁をはじめ，手付契約の解釈方法が問題となっている。手付契約の解釈にあたっては，手付に関

する民法557条がある関係上，任意法規である民法557条と契約解釈との関係も問題となる。そこで，本節では，手付契約の解釈方法が問題となった判例を紹介・検討することによって，制定法適合的解釈と不明瞭解釈準則という手付契約の解釈方法を明らかにしたい。また，解約手付の場合における履行着手の意義についても検討する。

1 手付契約の解釈事例

① 最判昭24・10・4民集3巻10号437頁では，X（原告・控訴人・披上告人）は，当時居住していた大阪市が空襲の危険にさらされ，かつ居住建物を強制疎開で取り毀さねばならなかったので，昭和19年9月3日，Y（被告・被控訴人・上告人）が京都市に所有し訴外Aに賃貸中の家屋を代金1万500円で買受け，3，4ヶ月内にYがAに本件家屋を明渡させた上で家屋の所有権移転登記手続をすることと約定して，手付金1050円を交付した。ところが，売主Yは上記の期間の経過後もAを立退かせることができず，本件売買契約証書第9条（本件売買契約証書第9条には「買主本契約ヲ不履行ノ時ハ手附金ハ売主ニ於テ没収シ返却ノ義務ナキモノトス，売主不履行ノ時ハ買主ヘ既収手附金ヲ返還スルト同時ニ手附金ト同額ヲ違約金トシテ別ニ賠償シ以テ各損害補償ニ供スルモノトス」とあり，同第11条は「売買ニ関シ本契約ニ別段ノ定メナキ事項ハ民法ニ準ス」と定めていた）に基づき，売主Yは昭和21年2月，手付の倍戻しによる契約解除の意思表示をした。これに対し，買主Xは本件手付は解約手付ではなく証約手付であり，かりに解約手付であるとしてもX・Yともに履行に着手したとして，売主Yに対し本件家屋の所有権移転登記手続を訴求した事件である。第一審は，解約手付と解してXの請求棄却。控訴審は，大阪市が空襲の危険にさらされ，かつ居住建物は強制疎開で取り毀さねばならなかったので家族とともに居住するため本件家屋を買受けたという買主X側の動機，および本件売買契約証書第9条の文言から，本件手付は違約手付と認定し，原判決を取消してXの請求を認めた。売主Yは解約手付と主張して上告し，最高裁は以下のように述べて原判決を破棄差戻[19]。

「売買において買主が売主に手附を交付したときは売主は手附の倍額を償還して契約の解除を為し得ること民法第557条の明定する処である，固より

此規定は任意規定であるから，当事者が反対の合意をした時は其適用のないこというを待たない，しかし，其適用が排除される爲めには反対の意思表示が無ければならない，原審は本件甲第一号証の第9条が其反対の意思であると見たものの様である，固より意思表示は必しも明示たるを要しない，黙示的のものでも差支ないから右9条が前記民法の規定と相容れないものであるならばこれを以て右規定の適用を排除する意思表示と見ることが出来るであろう，しかし右第9条の趣旨と民法の規定とは相容れないものではなく十分両立し得るものだから同条はたとえ其文字通りの合意が真実あったものとしてもこれを以て民法の規定に対する反対の意思表示と見ることは出来ない，違約の場合手附の没収又は倍返しをするという約束は民法の規定による解除の留保を少しも妨げるものではない，解除権留保と併せて違約の場合の損害賠償額の予定を為し其額を手附の額によるものと定めることは少しも差支なく，十分考へ得べき処である，其故右9条の様な契約条項がある丈けでは（特に手附は右約旨の爲めのみに授受されたるものであることが表われない限り）民法の規定に対する反対の意思表示とはならない，されば原審が前記第9条によって直ちに民法557条の適用が排除されたものとしたことは首肯出来ない，（しかのみならずX自身原審において右第9条は坊間普通に販売されて居る売買契約用例の不動文字であって本件契約締結当時当事者双方原審の認定したる様な趣旨のものと解して居たのではなくむしろ普通の手附倍返しによる解除権留保の規定の様に解して居るものと見られる様な趣旨の供述をして居ること論旨に摘示してある通りであり其他論旨に指摘する各資料によっても当事者が右第9条を以て民法第557条の規定を排除する意思表示をしたものと見るのは相当無理の様にも思われる），なお原審は本件売買の動機を云々して居るけれどもそれが民法規定の適用排除の意思表示とならないのは勿論必しも原審認定の一資料たり得るものでもないとは論旨の詳細に論じて居る通りである（殊にXが本件売買締結の以前から同じく京都内にある他の家屋買入の交渉をして居り遂にこれを買取って居る事実並に本件家屋には当時賃借人が居住して居た事実X子女の転校が必ずしも本件売買成立の爲めであると見るべきでないこと等に関する所論は

19　なお，本判決の差戻審およびその上告審において，解約手付との認定は維持されたが，両当事者に履行着手があったとされ，買主Xの履行請求が認められた（最判昭30・12・26民集9巻14号2140頁）。

注目すべきものである)，要するに原審の挙示した資料では前記民法規定の適用排除の意思表示があったものとすることは出来ないのであって此点において論旨は理由があり原判決は破毀を免れない」(長谷川太一郎，井上登，河村又介，穂積重遠裁判官全員一致)。

次に，手付が授受された上，契約不履行の損害賠償が手付とは別に定められる場合がある。そのような場合につき，

② 最判平9・2・25判時1599号66頁[20]では，買主X (被控訴人・上告人) は，売主Y (控訴人・被上告人) との間でY所有の本件土地を，平成元年10月3日，代金1630万円で買い受ける旨の売買契約を締結し，手付として150万円を交付した。ところが売主Yは，平成2年2月7日ころ，本件土地を訴外A社に売り渡し，同月9日，A名義への移転登記手続をしたため，売主Yの買主Xに対する本件契約に基づく所有権移転義務は，売主Yの責めに帰すべき事由により履行不能となった。

本件契約は，社団法人兵庫県宅地建物取引業協会制定の定型書式を用いて締結されたが，本件契約書には，買主の義務不履行を理由として売主が契約を解除したときは，買主は違約損害金として手付金の返還を請求することができない旨の約定 (9条2項)，売主の義務不履行を理由として買主が契約を解除したときは，売主は手付金の倍額を支払わなければならない旨の約定 (同条3項) および「上記以外に特別の損害を被った当事者の一方は，相手方に違約金又は損害賠償の支払を求めることができる」旨の約定 (同条4項) が存していた。しかし，契約締結時に前記各条項の意味について当事者間で特段の話合いはなされなかった。

そこで，買主Xは売主Yに対し，9条3項に基づき，手付の倍額300万円の支払を求めるとともに，9条4項に基づき，本件土地の前記履行不能時の時価と売買代金との差額2240万円の支払を求めた。

一審では，「確かに同条3項は，売主の債務不履行による契約解除の際の賠償額の予定の約定であると考えられるが，XYが本件契約において，同条3項に加えて，同条4項を約定した趣旨は，買主が右債務不履行により同条3

---

[20] 三和一博「本件判批」判評465号18頁，野村豊弘「本件判批」私法判例リマークス1998(上)39頁参照。

項による予定額を超える特別損害を被った場合の賠償責任を定めるものと解するのが相当であり，右約定は，民法415条の規定に照しても不当とは言えないと考えられるから，これを文意不明の例文と解することはできない」として，手付の倍額300万円および履行不能による損害869万1050円の請求を認めた。

　二審である原審は，「この条項（9条4項）は甚だ漠然とした条項であってその意味内容を正確に捕捉することは困難であるけれども，違約手付に関する条項とあわせて総合的に判断するならば，債務不履行によって生じた通常損害については賠償額の予定により手付金の額より増減して請求することはできないが，特別の事情によって生じた特別損害については，その発生及び額を証明すれば法定の要件（予見可能性）の下に別途その賠償を請求することができる旨を定めた条項と解することができないわけでなく，本件契約の内容を合理的に解釈すれば，そのような約定が含まれているものと認めるのが相当」であると判断し，本件においては，特別の事情によって生じた損害は認められないとして，手付の倍額300万円およびその遅延損害金の限度で買主Xの請求を認容した。

　買主Xは9条4項の「特別の損害」とは，特別の事情によって生じた損害ではなく，賠償予定額以上の損害を意味するとして，上告した。

　結局，本件契約書9条2項3項のみであれば，損害賠償額の予定の性質を有する違約手付の合意と解しえたが，9条4項には「上記以外に特別の損害を被った当事者の一方は，相手方に違約金又は損害賠償の支払を求めることができる」との，損害賠償額の予定と矛盾する約定があり，9条2項ないし4項全体の意味について，②最判は一審判決と同様に，最小限度の損害賠償としての違約手付にとどまらず，債務不履行により現実に生じた損害全額の賠償を得させる趣旨と解した[21]。

　③ 名古屋高判平13・3・29判時1769号48頁[22]では，看護婦Y（控訴人）は，

---

[21] 本件の一審・二審判決は，本件手付は解約手付の性質をも有するものと判示し，最高裁もその立場であるとすると，「履行の着手があるまでは手付損倍戻しで任意に契約を解除できるが，ただ本来の債務不履行の損害賠償について，……手付額によらないとしているだけである」（来栖三郎『契約法』1974年33頁）と解していることになるが，本件の違約手付につき解約手付性を否定する有力説がある（来栖・前掲書34頁，三和一博・判評465号20頁）。

平成12年5月9日，宅建業者であるX有限会社（被控訴人）より，市街化区域内の農地を代金1880万円で購入する土地売買契約を締結し，手付金30万円を売主Xに支払っていたが，買主Yは同月16日，手付流しによる解除通知をした。これに対し，売主Xは，同月11日，農地転用届出書を農業委員会に提出し，履行に着手しており，買主Yの手付流しによる契約解除は認められないと主張して，売買契約の違約金条項に基づき売買代金の20パーセントの違約金を買主Yに対し請求した。

本件契約の手付解除条項には，「売主および買主は，相手方が契約の履行に着手するまで又は平成12年5月26日までは，この契約を解除することができる」と定められ，この条項の解釈について，売主Xは，「履行の着手まで」「又は」「平成12年5月26日まで」のいずれか早い時期までであれば手付解除は可能であるとする解釈（以下「甲解釈」という）を主張し，これに対し，買主Yは，「履行の着手まで」「又は」「5月26日まで」のいずれか遅い時期まで手付解除は可能であるとする解釈（以下「乙解釈」という）を主張した。

原審は，乙解釈であれば，売主「Xが寄せた契約の履行に対する多くの期待が無に帰」すとして，甲解釈を正当と認め，売主Xの請求を認容したが，③控訴審判決は，以下の①②③④の理由から乙解釈を正当として，原判決を取消し，Xの請求を棄却した。

すなわち，① 民法557条1項は任意規定であるから，「当事者がこれと異なり，履行の着手の前後を問わず手付損倍戻しにより契約を解除できる旨の特約をすることは何ら妨げられていない」。② 宅建業者自らが売主である場合，売主の履行の着手前でも買主の手付解除を制限する特約はその限度で無効である（宅地建物取引業法39条2，3項）から，「甲解釈によると，履行の着手前に5月26日が到来する場合に同条項の適用を排除する特約としての意義を有する本件手付解除条項は，売主であるXからの手付解除を制限する特約としては有効であるが，買主であるYからの手付解除を制限する特約としては無効であるということとなり，特約としての効力が制限される結果を招き，民法557条1項とは別にわざわざ『5月26日』を付加した意味は半減

22　野口恵三「判批」NBL 733号（2002年）88頁参照。

する」。本件手付解除条項の解釈に当たっては、当事者の真意にかかわらず、解約手付に関する民法および宅地建物取引業法の趣旨を前提に当事者の合理的意思解釈としてなるべく有効・可能なように解釈すべきであるところ、甲解釈は、当事者が手付解除が可能な期間として『5月26日』を付加した意義を一部無にすることとなる一方、乙解釈は、その意義を理由あらしめるとともに宅地建物取引業法39条3項の趣旨である消費者の保護に資する。③「一般に、履行の着手の意義について特別の知識を持たない通常人にとって、『履行の着手まで』『又は』『5月26日まで』手付解除ができるという本件手付解除条項を、履行の着手の前後にかかわらず『5月26日まで』は手付解除ができると理解することは至極当然であって、看護婦をしているYが、本件手付解除条項をこのように理解して本件手付解除に及んだことも肯けるところである」。④「乙解釈によると、履行の着手後の手付解除により相手方に一定の損害を蒙らせる結果となることは否定できず、手付解除の行使の期間には自ずから制限があるものではあるが、本件において手付解除が可能な期間である『5月26日』は本件売買契約締結日から20日余りの期間であり、履行の終了するまで手付解除ができるというがごとき無制限な手付解除を認める特約ではなく、本件手付解除によりXが損害を蒙ることがあったとしても、自ら前記のような手付解除の期間について『5月26日まで』と付加した以上、不測の損害とはいいがたい」との理由から、⑤控訴審判決は、本件手付解除条項の解釈については、民法557条1項の場合に加えて履行の着手後も手付解除ができる特約としての意義を有するとする乙解釈をもって相当と判示した。

2 履行の着手

履行の着手の意義につき、最大判昭40・11・24民集19巻8号2019頁は、「債務の内容たる給付の実行に着手すること、すなわち、客観的に外部から認識しうるような形で履行行為の一部をなし又は履行の提供をするために欠くことのできない前提行為をした場合を指す」という基準を立てた。しかし、近時の学説には、最判昭41・1・21民集20巻1号65頁のように、「責められるべき事情を有する相手方から契約解除権を奪う」という機能を果たす「サ

ンクションとしての履行着手類型」が，(最大判昭40・11・24のような) 本来的履行着手類型とは別に存在し，本来的履行着手基準は，「サンクションとしての履行着手類型」には適用されないとの主張[23]，また，昭40年最判と昭41年最判を比較検討し，「当事者が履行期を設定した趣旨・目的を重視することを通じて，当事者が手付解除についてどのような処理を考えていたか (または考えていたと解するのが合理的か)」を勘案したうえで，履行の着手であるか否かを判断するとの主張[24]がみられる。後者の主張する契約解釈によっては処理しきれない事例があるかもしれず，以下では，「サンクションとしての履行着手類型」を検討する。

① 最判昭24・10・4の差戻審およびその上告審において，解約手付との認定は維持されたが，両当事者に履行着手があったとされ，買主Xの履行請求が認められた。その理由として，上告審である最判昭30・12・26民集9巻14号2140頁は次のように述べる。

買主「Xは，売買契約後解除前たる昭和19年12月頃までの間に，しばしばYに対し，本件家屋の賃借人たる訴外Aにその明渡をなさしめて，これが引渡をなすべきことを督促し，その間常に残代金を用意し，右明渡があれば，いつでもその支払をなし得べき状態にあったものであり，他方Yは，契約後，まもなくXとともにA方に赴き，同人に売買の事情を告げて本件家屋の明渡を求めたものであるというのであって，かかる場合，買主たるX及び売主たるYの双方に履行の着手があったものと解した原判決の判断は正当としてこれを首肯し得る」。

売主Yが結局，賃借人を立退かせるという先行的協力行為をしなかったので，買主Xは履行の着手に至ることができなかっただけであるので，履行着手段階における売主Yの受領遅滞のようなオプリーゲンハイトおよびほぼ1年半もの間の解除しないとの買主Xの信頼保護のため，信義則上，買主Xの履行の着手は認められるべきである。

最判昭41・1・21民集20巻1号65頁では，土地建物の売買契約において

---

[23] 新田孝二「解約手付における履行着手の二類型」関東学園大学法学紀要10巻2号 (2000年) 3頁以下。
[24] 早川眞一郎「最判平5・3・16判批」法教増刊『民法の基本判例第二版』(1999年) 142頁。

死期が近いと思われていた重病の妻を考慮して，履行期は，売主Yの妻の病状が回復したとき，または最悪の事態が発生したときから，本件物件明渡に要する最短日数を加えた日時と定め，昭和33年1月27日，買主Xは手付を交付していた。ところが昭和33年6月頃からYの妻の病状回復を知った買主Xは数回，Yに履行期日の指定を督促したが，売主Yはこれに応ぜず，かえって本件物件を他に売却しようとしたので，昭和34年1月23日，買主Xは本件物件の処分禁止等仮処分決定を得，同月25日，売主Yに対し代金相当の預金通帳を示して履行を督促した結果，売主Yは同月27日までに履行期日を指定することを約した。しかし売主Yはその指定をしないので，買主Xは仮処分を執行し，同月31日到達の書面で履行の日時場所を同年2月9日法務局新宿出張所と指定し，その期日に買主Xは銀行振出の小切手を持参して売主Yを待ったが，売主Yは来ず，手付倍戻しによる解除の意思表示をした。買主Xは移転登記手続等を訴求した。

　第一審は，「本件売買契約における履行期の約定は，本件物件の明渡に関連してYの妻が病臥していることを考慮して定められたものであるから，少なくとも移転登記手続の履行にはYの妻の病状が如何であろうと何ら支障にならないと考えられるところ，右各認定事実によれば，Yの前記解除の意思表示以前に，Xは所有権移転登記を得ると引換に残代金を支払う心算でその履行に着手したものと認めなければならない。従って，Yの解除の抗弁は理由がない」として，買主Xの請求を認容した。

　第二審は，買主Xの上記行為は履行期前になされたとして履行の着手に当らないとしたが，最高裁は，履行期前であっても履行の着手はありうるとして破棄差戻した。

　昭41年最判では，第一審判決が認めるように，買主Xは昭和34年1月25日，残代金支払のための預金通帳を売主Yに示して本件土地建物の明渡を確約させ，売主Yは同月27日までに本件物件の明渡期日を指定することを約定したが指定しないので，買主Xが指定して，2月9日に残代金を登記所に携行し売主Yに受領を求めてYの来会を待ったのであるから，履行着手段階における売主の受領遅滞のようなオプリーゲンハイトまたは信義則違反を理由に信義則上，買主の履行の着手を認めるべきである。

最判平6・3・22民集48巻3号859頁では，買主Xは昭和61年11月，Yから本件土地を買い受け，本件土地への進入路を確保するため，売主Yが隣地の一部を買い取って買主Xに引き渡すという進入路特約，および，本件売買の履行期を同特約の履行完了後1週間以内とする旨，約定され，買主XはYに解約手付を交付した。売主Yはこの特約をなかなか履行しないので，買主Xは進入路特約の利益を放棄し，本件売買の履行を請求し，これに対し，売主Yは手付の倍額を口頭により提供して解除の意思表示をした。

第一審は，買主Xは昭和62年5月までには再三，「進入路特約の履行を求め，その履行がないため，Yによる特約の履行を不要として本件売買契約そのものの履行を求め，かつ，売主であるYが履行することになればいつでも支払えるよう具体的に残代金支払の準備をしていたものと認められ，このような場合には現実に残代金を提供しなくとも，民法557条1項所定の契約の履行に着手したものと認めることが相当」として，Xの請求を認容した。

第二審および上告審は，手付倍額の償還は現実の提供を要するとして買主Xの請求を認容した。

平成6年最判の第一審判決のように，売主が先履行となっている進入路特約の履行をしようとしないので，買主は進入路特約を放棄し，履行期を到来させて残代金支払の準備を整えたうえ履行を催告したときには，履行着手段階における売主のオプリーゲンハイトまたは信義則違反として信義則上買主の履行の着手を認め，売主の契約解除を排除すべきである。

以上のように，新田教授のおっしゃる「責められるべき事情を有する相手方から契約解除権を奪う」という機能を果たす「サンクションとしての履行着手類型」においては，「責められるべき事情」として，履行着手段階におけるオプリーゲンハイトや信義則違反[25]も含められるべきであり，そのような信義則に基づく履行着手の拡張的認定による手付解除の制限により，契約当事者間の信頼保護が図られるべきであろう。

---

[25] 履行遅滞による契約解除を信義則に基づき制限した判例として，最判昭41・3・29裁判集民82号785頁，最判昭48・2・2金法677号48頁がある。

3 手付契約の特別解釈方法

(1) 制定法適合的解釈

　任意法規は，契約の欠缺部分の補充だけでなく，契約の解釈に際しても役割を果たす。すなわち，事実上の合致する当事者意思[26]が認められず，規範的解釈が問題となる場合に，次の①②③という制定法適合的解釈準則が働く[27]。

　まず，①意味の争われる契約条項が制定法の定めをただくり返す場合，両当事者の事実上の意思や契約締結の諸事情から制定法とは別の意味が判明しない限り，制定法の意味において解されるべきである。

　次に，②任意法規と異なる当事者の取決は制限的に解釈されるべきである。任意法規と異なる権利・義務は両当事者の事実上の意思から明確に判明する範囲内でのみ効力があるが，できるだけ規範的解釈に際し任意法規に従って解釈されるべきである。

　第三に，③「疑わしきとき，任意法規に一致する解釈が優先に値する」との準則が通用し，したがって，任意法規と異なる定めをしようとする者は，十分明確にこのことを表明していなければならないこととなる。

　以上の一般解釈準則と同様に，任意法規（解釈規定）である民法557条も，契約の欠缺部分の補充に役立つだけでなく，手附の性質についての当事者の意思表示が不明瞭な場合にも，別段の慣習などの事情がなければ，内容の不明な手付は，解約手付と解されなければならないであろう。ただし，違約手付とする特別の合意があれば別である。そのためには，規範的解釈の枠内における制定法適合的解釈のため，違約手付とする両当事者の現実の共通意思があったことを主張，立証しなければならないであろう。

　すなわち民法557条第1項においても，任意法規（解釈規定）と異なる当事者の取決は制限的に解釈されるべきである。①最判昭24・10・4が，売買契

---

[26] 当事者の共通意思（主観的解釈）が規範的解釈に優先することについて，拙著『表示責任と契約法理』（日本評論社，1994年）56頁，ユニドロア国際商事契約原則第4・1条1項参照。

[27] そのようにスイス法について，Eva Maria Belser, Freiheit und Gerechtigkeit im Vertragsrecht, Freiburg, 2000, S. 482ff.；Gauch/Schluep/Schmid/Rey, Schweizerisches Obligationenrecht, Allgemeiner Teil, Band I, 7. Aufl., Zürich 1998, Nr. 1196-1235.

約証書「第9条の趣旨と民法の規定とは相容れないものではなく十分両立し得るものだから……違約の場合手付の没収又は倍返しをするという約束は民法の規定による解除の留保を少しも妨げるものではない，解除権留保と併せて違約の場合の損害賠償額の予定を為し其額を手付の額によるものと定めることは少しも差支なく，十分考へ得べき処である，其故右9条の様な契約条項がある丈けでは（特に手付は右約旨の為めのみに授受されたるものであることが表われない限り）民法の規定に対する反対の意思表示とはならない」と判示したように，任意法規である民法557条第1項と異なる権利・義務は両当事者の事実上の意思から明確に判明する範囲内で効力があるのであって，できるだけ任意法規である民法557条第1項に従って解釈されるべきであろう。

また，①最判昭24・10・4で問題となった売買契約証書第9条は，民法557条第1項の定めをただくり返したという側面も有しており，両当事者の事実上の意思や契約締結の諸事情から民法557条第1項とは異なる趣旨が判明しない限り，民法557条第1項の規定に従って解されるべきであろう。

さらに，任意法規（解釈規定）である民法557条第1項においても「疑わしきとき，任意法規に一致する解釈が優先に値する」との準則が妥当し，民法557条第1項と異なる定めをしようとする者（①最判昭24・10・4では家屋買主X）は，十分明確にそのことを表明していなければならないであろう。

(2) 不明瞭解釈準則

一方当事者が契約書を作成し，他方当事者は交渉せずにただこの契約書に署名した場合には，契約書を作成した当事者のみが，いくつかの契約条項の意味について事実上の意思を有するという事態が生じる。

このとき，まず，規範的解釈の段階でも，誠実な他方当事者が，締結した契約に期待して差支えない意味が契約内容となるように解釈することによって，弱い他方当事者の地位は配慮される。

たとえば③名古屋高判平13・3・29でも，宅建業者X社を売主，看護婦Yを買主とする農地の売買契約において，売主X社は，社団法人愛知県宅地建物取引業協会が編集発行している『契約書式ハンドブック（改訂版）』の不動産売買契約書雛形の手付解除条項をそのまま引用したものが「履行の着手ま

で」「又は」「5月26日まで」手付解除ができるという本件手付解除条項であり，同ハンドブックも，「履行の着手まで」「又は」「5月26日まで」のいずれか早い時期までであれば手付解除は可能であるとする甲解釈をとっていると主張したが，③判決は，看護婦Yのような，履行の着手の意義について特別の知識を持たない通常人にとって本件手付解除条項を，「履行の着手まで」「又は」「5月26日まで」のいずれか遅い時期までは手付解除ができる（乙解釈）と理解することは至極当然であるとして，規範的解釈によって乙解釈を正当とした。しかし，さらに本件手付解除条項が甲解釈も乙解釈も可能で不明瞭である場合には，不明瞭解釈準則により，疑わしきとき，当該契約条項を作成または使用した当事者に不利となる意味に解釈されるべきである。

この不明瞭解釈準則では，一方当事者により作成され，または，使用された契約条項が不明瞭な場合には，疑わしきとき，その当事者に不利となる契約条項の意味に解釈されるべきであるとされる。そして，疑わしきとき，契約を無効とせず，契約内容の不適切さがもっともなくなりまたは緩和される意味に解釈されるべきであり，また，疑わしきとき，制定法適合的に解釈されるべきである[28]。

この点，③名古屋高判も述べるように，「本件手付解除条項の解釈に当たっては，当事者の真意にかかわらず，解約手付に関する民法及び宅地建物取引業法の趣旨を前提に当事者の合理的意思解釈としてなるべく有効・可能なように解釈すべきである」。すなわち，不明瞭解釈準則から，疑わしきとき，契約を無効とせず，契約内容の不適切さがもっともなくなりまたは緩和される意味に解釈されるべきであり，また，疑わしきとき，制定法適合的に解釈されるべきである。そして，本件手付解除条項について，③名古屋高判も述べるように，宅建業者自らが売主である場合，売主の履行の着手前でも買主の手付解除を制限する特約はその限度で無効である（宅建業法39条2，3項）から，甲解釈によると，買主であるYからの手付解除を制限する特約としては無効となり，特約としての効力が制限されるのに対し，乙解釈は，履行の着手

---

[28] 不明瞭解釈準則について，ユニドロア国際商事契約原則第4・6条が定めを置いているほか，民法に不明瞭解釈準則の定めをもっていないスイス法の判例・学説が，このような不明瞭解釈準則を認めていることについて，Belser, a.a.O., S. 500ff.; Gauch/Schluep/Schmid/Rey, a.a.O., Nr. 1231-1242. また，上田誠一郎「フランス法における不明確条項解釈準則」同志社法学287号1頁参照。

後に5月26日が到来する場合に民法557条1項の適用を排除する特約としての意義を理由あらしめるとともに宅建業法39条3項の趣旨である消費者保護に資するし，また乙解釈により手付解除が可能な期間である「5月26日」は売買契約締結日から20日余りの期間であり，不合理な特約ではない。

しかし，②平成9年最判の事案のように，社団法人兵庫県宅地建物取引業協会制定の定型書式が使用され，両当事者がその定型書式を同程度に信頼していた場合には，不明瞭解釈準則は適用されず，通常の契約解釈準則に拠ることとなる。

小　括

(1) 判例をみてみると，最大判昭40・11・24の立てた履行着手の基準が妥当する本来的履行着手類型とは別に，「責められるべき事情を有する相手方から契約解除権を奪う」という機能を果たす「サンクションとしての履行着手類型」がみられる。しかし，その相手方の「責められるべき事情」として履行着手段階における相手方のオプリーゲンハイトや信義則違反も含められるべきであり，そのような信義則に基づく履行着手の拡張的認定による手付解除の制限により，契約当事者間の信頼保護が図られるべきであろう。

(2) 任意法規（解釈規定）である民法557条も，契約の欠缺部分の補充に役立つだけでなく，手付の性質についての当事者の意思表示が不明瞭な場合にも，別段の合意・慣習などの事情がなければ，解約手付と解されよう。ここで，制定法適合的解釈準則が働き，①意味の争われる契約条項が，民法557条1項の定めをただくり返す場合には，両当事者の事実上の意思や契約締結の諸事情から民法557条1項とは異なる趣旨が判明しない限り，民法557条1項の規定に従って解されるべきである。②任意法規である民法557条1項と異なる当事者の取決は制限的に解釈されるべきであり，民法557条1項と異なる権利・義務は両当事者の事実上の意思から明確に判明する範囲内で効力があるのであって，できるだけ民法557条1項に従って解釈されるべきである。③疑わしきとき，任意法規である民法557条1項に一致する解釈が優先に値するとの準則が妥当し，民法557条1項と異なる定めをしようとする者は，十分明確にそのことを表明していなければならないであろう。

さらに，一方当事者が手付条項を含む契約書を作成・使用し，他方当事者は交渉せずにただこの契約書に署名した場合には，契約書を作成・使用した当事者のみが，手付条項ほか，いくつかの契約条項の意味について事実上の意思を有するという事態が生じる。この場合，他方当事者の救済のため，通常の契約解釈が使われるほか，不明瞭解釈準則も役立つ。その不明瞭解釈準則では，一方当事者により作成・使用された契約条項が不明瞭な場合には，その当事者に不利となる契約条項の意味に解釈されるべきである。そして，疑わしきとき，契約を無効とせず，契約内容の不適切さがもっともなくなりまたは緩和される意味に解釈されるべきであり，また，疑わしきとき，制定法適合的に解釈されるべきであろう。

第4節　予約とその確定性

はじめに

　当事者が「予約」と呼ぶ契約が，当事者に本契約を締結する義務を負わせる債権的予約であったり，予約完結の意思表示があった時に直ちに本契約が成立する完結型予約[29]であったり，条件付きであれ本契約であったりする[30]。当事者双方が「予約」という言葉を使っていても，その当事者の意思が予約の締結を目的とするのか，すでに本契約の拘束を目的とするのかによって，予約の締結か，すでに本契約の締結があるのかが決定される。

　椿教授は，近時，予約をその法的効力の強さから段階づけをされ，①本契約が条件成就により自動的に成立する段階（条件付き契約），②本契約が完結

---

[29] 一方の予約の法的性質について争いがあるが，来栖教授は，一方の予約を，予約義務者の拘束力ある申込であり相手方の売買完結の意思表示はこれに対する承諾と解する説では，拘束力があっても単なる申込では予約権利者は仮登記をしその権利を保全できないし，また，停止条件附契約説についても，「売買の効力の発生が予約権利者の意思にかかるので，やはり停止条件附売買とは区別し，本契約たる売買は予約権利者の売買完結の意思表示によって成立すると構成する方が適当と思われる」として否定され，予約説を主張される（来栖三郎『契約法』（有斐閣，1974年）24-25頁）。

[30] 「予約」と呼ぶ契約のそのほかの契約の可能性について，拙稿「契約締結と予約」法時67巻10号（1995年）63頁以下参照。

権行使によって成立する段階（完結権型予約），③一方的意思表示だけで本契約は成立しないが，責任を生ずる段階（義務型予約），④本契約の成立も責任も生じない段階（法的効力欠落合意），という4ランクに区分され[31]，予約の効果を要件と相関的に検討する必要があるとして，完結権行使によって成立した本契約の履行を直接に訴求できる一方の予約は，契約内容の確定度において片務予約を上回っているのではないか[32]，と問題提起されている。

本節では，この椿教授の仮説を，一方の予約を規定する民法556条の制定過程の検討から，一方の予約にはフランス民法1589条1項の影響が見られること，スイス法においても同様の議論があることを述べたのち，わが国の判決例をも検討して検証しようとするものである。

1　日本民法556条の制定過程

民法556条，および，その前身である旧民法財産取得編第26条ないし第28条の規定は，「売買の予約は，物及び代金について両当事者の相互の同意が存在するときは，売買の効力を有する」[33]と規定するフランス民法1589条第1項をめぐる議論の影響の下に起草された[34]。

ボアソナードは，片務予約によって予約者は契約を締結するという為す債務を負うとして，フランス民法には対応する規定のないボアソナード民法草案663条・664条を起草し，また，フランス民法1589条をめぐる当時の少数説の解釈に従って，売買の双務予約についても，契約を締結する債務が発生することを原則としながら，当事者の意思の解釈により，双務予約が売買の効力を有しうるとのボアソナード民法草案665条を起草した[35]。

このボアソナード民法草案663条ないし665条は，663条2項が削除され，1項に「財産編第三百八条ノ条件及ヒ区別ニ従ヒテ」との文言が挿入された

---

[31]　椿寿夫「予約の機能・効力と履行請求権(3)」法時67巻12号62頁，同「銀行の融資拒絶・打切りと法的責任」ジュリ1030号（1993年）15頁。

[32]　椿・前掲論文（4・完）法時70巻2号（1998年）93頁。

[33]　『フランス民法典──物権・債権関係』（法曹会，1982年）140頁。

[34]　民法556条の起草過程を検討したものとしてすでに横山美夏「不動産売買契約の『成立』と所有権の移転㈠㈡・完」早法65巻2号（1989年），3号（1990年）がある。

[35]　横山・前掲注34　268頁以下。また，ボアソナードが支持し，双務予約によって二つの為す債務が発生するとするマルカデの学説について，同論文㈠79頁以下参照。

ほかは，ほぼそのまま旧民法財産取得編第 26 条ないし第 28 条として規定され，フランス民法 1589 条の多数説とは異なり，第 26 条・27 条の片務予約も，第 28 条の双務予約も，契約を締結する債務を発生させることを前提としていた。ボアソナード民法草案 663 条が旧民法 26 条に，草案 664 条が旧民法 27 条に，草案 665 条が旧民法 28 条に対応し[36]，旧民法財産取得編は次のように規定していた。

　第 26 条　売渡又ハ買受ノ一方ノミノ予約アルトキハ要約者カ財産編第三百八条ノ条件及ヒ区別ニ従ヒテ契約ノ取結ヲ要求スル時ヨリ諾約者ハ其予約ニ於テ定メタル代価及ビ条件ヲ以テ契約ヲ取結フ義務ヲ負担ス

　第 27 条　① 諾約者カ契約ヲ取結フコトヲ拒ムトキハ裁判所ハ売買カ成立シタリトノ判決ヲ為ス不動産権ノ売買ニ関スルトキハ其判決ヲ登記ス

　② 売渡ノ予約ヲ登記シタルトキハ右判決ハ登記ニ之ヲ附記ス其登記ハ売主ノ承継人ニ対シ既往ニ遡リテ効力ヲ生ズ

　第 28 条　① 売渡及ヒ買受ノ相互ノ予約アルトキハ当事者ノ一方ハ前条ニ従ヒ他ノ一方ニ対シテ契約ノ取結ヲ強要スルコトヲ得

　② 裁判所ハ此場合ニ於テ当事者ノ意思ヲ解釈シ売買ノ予約カ即時ノ売買ノ効ヲ有スルモノト判決シ又期間ノ定メアルトキハ其期間ハ履行ノミニ適用セラルルモノト判決スルコトヲ得

　現行民法の制定当時，「学説の大勢は，双務予約を偽す債務を発生させる契約とすることに異論はなかった」[37]。しかし，ボアソナードとは異なり，フランス民法 1589 条をめぐる多数説の解釈を支持し，売買の双務予約は売買と同一の効果を有するとして，双務予約について明文を設けることに反対する梅博士が現行民法第 556 条の起草を担当した。

　その民法修正案理由書は，真の双務予約は，実際上極めて稀なものであるとして，「総テ意志ノ解釈ニ一任シテ明文ニ規定セサルコトトセリ」[38]と述べる。

　一方の予約については，民法修正案理由書は，一方の予約は「往々実際ニ

---

[36] 横山・前掲注 34　268 頁以下。
[37] 横山・前掲注 34　278 頁。
[38] 『民法修正案理由書』第 556 条。

生スルモノニシテ豫メ法律ノ規定ヲ要スル」ので旧民法財産取得編と同じく明文で定めることとし，ただ，旧民法では予約の後に更に売買を締結しなければならないが，これは迂遠であるし，なるべく「速カニ売買ヲ完結セシムルハ現今ノ時勢ニ適スル」との理由から旧民法を改め，「売買ノ一方ノ予約ハ相手方カ売買ヲ完結スル意思ヲ表示シタル時ヨリ売買ノ効力ヲ生ス」と規定し，556条2項では「相当ノ期間」とし，「期間ハ或ハ之ヲ裁判所ニ於テ定ムヘシトスルノ説モアレトモ当事者間ノ事ハ成ヘク当事者ノ自由ニ之ヲ定ムルコトヲ得セシムルヲ可トスルニ依リ」旧民法と同じく「自由採択ノ放任主義」を採用したとする。

梅博士は，理論上「予約」と言えば，売主または買主のみがある条件で売買契約を締結する義務を負い，この「予約」を実行するためには更に本契約である売買契約を締結することを要するが，「是レ無益ノ煩労ニ過キサルヲ以テ」556条1項は完結の意思表示により売買は成立すると規定した，とする。なぜなら，申込と異なり，予約では，「一方カ義務ヲ負フヘキコトヲ申込ミタルニ対シテ他ノ一方ハ相手方カ義務ヲ負フコトヲ承諾シタルモノ」で，「双方ノ意思表示ニ因リ一ノ契約ヲ生スルモノ」であり，「予約者ハ申込ヨリモ一層強力ナル意思表示ヲ為シタル者ニシテ此意思表示ハ到底相手方ノ承諾ナケレハ之ヲ取消スコトヲ得サルモノナルカ故ニ相手方カ売買ヲ完結セント欲スルニ方リ特ニ其者ノ新ナル意思表示ヲ要セサルモノトスルモ敢テ条理ニ反スルモノトスヘカラス」と説明する[39,40]。

以上のように，梅博士は，フランス民法1589条をめぐる当時の多数説の影響の下に，一方の予約についての日本民法556条を起草したが，本契約の締結義務を生じさせる債権的予約も契約自由の原則から可能であると考えていたことがわかる。

---

[39] 梅謙次郎『民法要義巻之三債権編』（大正元年）477-480頁。
[40] また，同様に，仁井田博士は「売買ノ一方ノ予約ハ真ノ予約ニモ非ス亦契約申込ニモ非スシテ相手方カ売買ヲ完結セントスル意思ヲ表示スルニ依リテ売買其者ノ効果ヲ生スル一種ノ法律行為ナリト謂ハサル可カラサルナリ」と述べる（梅謙次郎・仁井田益太郎他『法典質疑問答第一編民法総則第5版』（有斐閣書房，明治42年）176-177頁）。

2 スイス法の動向

スイス法は，債権的予約についての明文規定を有しながらも，フランス民法1589条に影響されて，すでに本契約の法律効果を有する「予約」を認めるに至っている。

スイス債務法第22条は，その第1項で，「契約によって，将来の契約を締結する義務が創設されうる」と規定し，その第2項で「制定法が契約締結者の保護のため将来の契約の有効性につき方式を定めている場合には，これは予約についても通用する」と定める。

1890年代のドイツ民法典の立法者は，ヴィントシャイトなどの契約自由の原則に基づき予約を承認する通説や判例の下で，予約に関して規定しなくてもよいと信じたが，1911年のスイス債務法22条の立法者は，予約を承認する連邦裁判所（BGE 31 II 644E. 2；25 II 453E. 2）の確定判例にもかかわらず，予約制度を否定するシュロッスマンの有力説が1903年に発表されたので，予約を立法上明確に認めようとした，とされる[41]。

スイス債務法22条の文言によれば，予約という契約から発生する義務は，「将来の契約の締結」を目指すものであるので，本契約に必要な内容の確定性もしくは確定可能性を予約は有さねばならない，とされる[42]。

しかし，近時では，フランス民法に影響されて，予約と同一の当事者間において本契約も締結される場合には予約の有用性が疑われ，例外的に予約の有用性が承認される。

すなわち，スイスの判決例は，予約は，本契約の重要事項すべてをすでに定めているか定めうるときのみ拘束的である[43]とし，スイス連邦裁判所の判決 BGE 42 II 494 は，フランス民法1589条第1項と同様に，売買対象，代金，分割支払いの方法，明渡，危険移転が定められている不動産売買契約について，当事者双方が「予約」という合意は，実際には本契約であり，売買の法律効果すべてを生じさせる，けだし，その合意は本契約の重要事項すべてを

---

[41] Eugen Bucher, Die verschiedenen Bedeutungsstufen des Vorvertrages, Berner Festgabe zum schweizerischen Juristentag (1979) S. 172；Kramer, Berner Komm. VI/1/2/1a OR§22 N. 71.
[42] Merz, Verttag und Vertragsschluss, 1988, N. 290-327.
[43] BGE 31 II 640.

含み,「本契約」においてなおさらに何が定められる必要があるかわからないから,と判示した。

その後,1971年のスイス連邦裁判所判決 BGE 97 II 48 は,予約に基づき本契約の履行を直接訴求できず,予約に基づき本契約の締結を訴求すべきと判示していた。しかし,メルツ(Merz)は,予約は債権者の請求権を確定するか確定できるものでなければならず,そうすれば本契約による予約の具体化は不必要であり,「予約当事者が内容の同一の本契約をなお締結するならば,このことは,すでに合意されたことの法的に無意味な確認も同然である」として,予約が本契約の締結義務のみを創設することに反対した[44]。また,フランス語地域での,フランス民法1589条1項に由来する公証人実務の影響から,1992年3月6日のスイス連邦裁判所判決 BGE 118 II 32 は,予約と同じ当事者間で「予約」において予定された「本契約」を予約と同じ条件で締結すべき場合には,予約は本契約に等置されるべきであり,本契約の重要事項すべてをすでに含む予約に基づき,本契約の締結を介さず直接に履行を訴求できる,と判示した。

なお,メルツは,一定の事情の下で本契約締結のための予約の余地があるとし,それは予約の締結後,本契約を締結することは当事者双方の自由だからであり,特になお付随的事項が補充されるべきときには,本契約締結のための予約の余地がある[45]とし,1977年12月15日のスイス連邦裁判所判決 BGE 103 III 97 もこのような予約の余地を認める。

これに対し,ブッヒャーは,効果として損害賠償義務だけを生じさせる「予約」をも認める立場から,上記 BGE 118 II 32 の事案は,当事者によって「予約」と呼ばれる契約によって,すでに完全に拘束されようとし,契約締結時の当事者双方の意思によれば,直接,給付請求できる事例であったのであり,契約内容の完全な確定性という前提が充たされないときにどうなるかという問題は,未決定のままである[46]という。

クラマーも,予約がすでに契約内容の完全な確定性を有するときであって

---

[44] Merz, a.a.O., S. 148ff..
[45] Merz, a.a.O., S. 148ff..
[46] Bucher, Komm. zum Schweiz. PR, 2. Aufl. 1996, OR § 22, N. 30-54.

も，契約自由の原則から，当事者は本契約を締結する義務のみを創設する予約を締結できるのであり，結局は，当事者の意思の問題であるという[47]。

以上のように，フランス語地域を抱えるスイスでは，その地域の不動産取引実務の慣行から，フランス民法 1589 条 1 項の強い影響が見られ，予約の中にフランス民法 1589 条 1 項の意味ですでに本契約の法律効果を有する「予約」と，本契約の締結義務を生じるにすぎない予約とが認められる。すなわち，後者の予約においては，相手方が応じないときはまず本契約の締結を求める訴えを，ついでその履行を求める訴えを提起しなければならないが，これを全く不必要な迂遠な手続きとして前者の「予約」では，すぐに本契約の履行を求める訴えを提起できる。前者の「予約」は，同じくフランス民法 1589 条 1 項の影響を受けたわが国の「一方の予約」に対応し，後者の予約は，わが国の債権的予約に対応すると考えられよう。

3　わが国の判決例の検討

債権的予約を認める必要はないとする学説もあるが，わが国の通説は，556 条の規定する完結型予約のほかに，債権的予約も認めている。以下では，締結意思や確定性に着目しながら近時の完結型予約と債権的予約についての判決例を検討する。

(1) 完結型予約

一方当事者がある時点までは予約と同一内容の本契約を成立させようとするとき，一方の予約と認定されることが多い。

たとえば，売買対象と代金額が確定し，一方当事者は予約の締結後，ある時点までは本契約に入るつもりである場合に一方の予約と認定した判決として，東京地判平元・12・12 金商判 853 号 36 頁がある。

この東京地判平元・12・12 金商判 853 号 36 頁では，買主 X が本件土地，建物の購入を希望したが，売主 Y は締結交渉に入った段階から一貫して買主 X に本件土地，建物の先買権を与える先買契約の締結を企図しており，よ

---

[47] Kramer, a.a.O., OR § 22 N. 90-97.

うやく多義的解釈の余地のある「YはXに対し，本件土地，建物を本日から2ヶ年以内に売買代金1億5000万円で売渡す。Xは，これを買受ける」旨の覚書調印に至った事案において，判決は，同覚書を，買主Xのみに行使期間を2年間とする予約完結権を与える売買予約と解した。

さらに，本契約が予約と同じ内容でなくても，一方の予約は認められうる。たとえば，賃借予約者の希望する賃貸物件を建設して賃貸する予約において，建設費用の増減が予定され，貸付開始日も確定できない場合のように，本契約のすべての詳細な内容までは決定できないが，決定基準は定められている場合にも，一方の予約は利用される。

そのような場合についての東京高判昭58・8・31判タ594号75頁では，X外貿埠頭公団が一般外航貨物定期船埠頭の岸壁および関連施設等をY倉庫会社ほか2社から融資を受け建設して前記3社に貸し付ける賃貸借予約につき，「本件予約契約成立時点においては，本件岸壁等の賃貸借における貸付期間，貸付料額の基準及び算出方法その他の内容は賃貸借当事者間において確定されており，貸付開始日すなわち本件岸壁等の引渡日のみが不確定であったのであるから，本件予約契約は，同契約第4条に基づき，公団が3社に対し貸付開始日の1ヶ月前までに賃貸借契約締結の意思表示をすることにより，当該貸付開始日以降効力を発生する，公団のみが予約完結権を有する始期付賃貸借の予約と解するのが相当である」と述べ，岸壁等の建設費用の増減による貸付料予定額の変更が予定されていても貸付料額決定のための一般的算定基準が定められていれば確定されている，と判示した。

また，次の判決の事案のように，一方当事者は拘束されようとするが，他方当事者はなお本契約に入るかどうかを未決定のままにしようとするときにも一方の予約は利用される。

名古屋高金沢支判昭63・12・5判時1319号110頁では，X社は，Yの経営するホテルの営業譲渡につき売買交渉を行った結果，Yとの間で昭和60年6月3日，代金4億6000万円とする売買予約を締結し，その際，Y側から買付証明書を要求されたため，X社が真に買う意思があることを証するため，買付証明書を一筆書く代わりに額面1000万円の小切手を預け，ホテルの売上げが月1000万円以上あるとの確認がとれれば本契約を締結するとしてい

たが、その後、同ホテルの売上げが買主Xの予期したものより下回ると判明し、上記代金の減額交渉もなされたが折り合わず、本契約の締結に至らなかった事案において、上記予約は、予約完結権が買主Xのみに帰属する売買一方の予約である、と判示した。

以上のように、一方当事者は、予約の締結後、予約と同一内容の本契約に、あるいは、予約により予定され確定しうる内容の本契約に一定期間は入るつもりである場合や、一方当事者はすでに合意内容に拘束されようとするが、他方当事者はなお本契約に入るかどうかを未決定のままにしようとする場合には、通常、一方の予約の締結意思が認められよう。

(2) 債権的予約

将来、本契約を締結する義務を負わせる契約を債権的予約といい、債権的予約のうち、締結義務を当事者双方が負う予約を双務予約、一方当事者のみが締結義務を負う予約を片務予約という。そして、本契約の締結義務を創設する意思の認められる場合には、債権的予約の成立が認められる。

ドイツ法によれば、必要な官庁の許可がいつ得られるのかわからず、あるいは、賃借人がいつ引越すのか知らず、予約だけ締結したとか、税回避の目的で予約だけ締結したというように、法律上もしくは事実上の何らかの障害が本契約の締結を暫定的に妨げるが、当事者双方がすでに拘束されようとするときに債権的予約が認められるとされるが、わが国においても、そのような場合には、少なくとも債権的予約は認められよう。たとえば、議会や理事会の許可や承認があれば、許可・承認された条件・契約内容で本契約を締結する義務を創設する意思の認められる場合である。

そのような場合についての静岡地沼津支判平4・3・25判時1458号119頁では、建設業者Xは、Y市の複合施設建設工事につき、「発注者Y市長と請負人A・X建設工事共同企業体とはY市議会の議決を得た後Y市契約規則に基づく本契約を締結することを約し、仮契約を締結する」旨の建設工事請負仮契約をY市長との間で締結していたが、Y市議会は、地方自治法96条1項5号に基づき本契約締結のために必要な本件工事請負契約承認の議案を否決してしまった事案において、上記仮契約の法的性質が争われ、判決は、

「仮契約の趣旨，性格については，……第一次的には契約当事者の意思の解釈の問題であるが，……仮契約制度の目的にてらすと，通常は，議会の議決が得られることにより，当事者間に本契約を締結すべき債権債務が発生するが，議決の得られないことが確定すれば無効となる旨の，議決を停止条件とする本契約の予約であると解するのが相当である」と判示し，上記仮契約を停止条件付きの双務予約と解した[48]。

そのような場合とは別に，最三小判平6・9・13判時1513号103頁では，Y所有の木造2階建をXは昭和43年から賃借していたが，昭和55年，マンション業者によって同建物の敷地とそれに隣接する土地上に等価交換方式によりビルが建設されることとなり，新築後のビルの中にYが取得することになっていた区分所有建物を賃借人Xが借り受けることにして，「(1) Xは，右建物をYから賃借することを予約する，(2) Yは，Xに右建物を引き渡すまでにXと右建物に関する賃貸借の本契約を締結する，(3) Yの都合で右建物の賃貸借の本契約を締結することができないときは，Yは，Xに対し，4000万円の損害賠償金を支払う」との「賃貸借の予約」が締結された。本件において，同「賃貸借の予約」が予約かどうか，どのような予約かは争われず，本判決では，同「賃貸借の予約」から少なくとも賃貸人Yには賃貸借の本契約を締結する義務が発生すると解されており，片務予約と解される。

さまざまな場所・条件の特定物である複数の住宅を有するY不動産会社と賃借希望者Xが「Y所有の一住居を1平方メートルあたり1500円で賃借する」と予約したとしても，種類物でない賃借目的物も賃料も確定できず，賃貸借の予約は成立していないが，最三小判平6・9・13の「賃貸借の予約」においては，賃借物はY所有の区分所有建物と確定しており，賃料は相場に基づく相当賃料，賃借期間は従前の期間とするなどが前提とされていたとすれば，有効に賃貸借の予約は成立している。

この最三小判における賃貸借の「予約」のように，予約の時点では本契約の内容はなお未定な点が多く，完全な申込をできない場合や，開発途上の新

---

[48] 同様に，町が私有地売買仮契約を締結してのち同私有地買収議案が町議会で否決された場合の同仮契約を，停止条件付双務予約と判示した判決例として，すでに大阪高判昭59・10・26判時1146号69頁がある。

製品の売買予約のように,予約時には目的物も不確定の場合には,完結権型予約ではなく,相手方の締結義務を根拠づける義務型予約が利用されよう。

予約に基づき本契約の締結が訴求された場合,予約締結後の事情変更も考慮されることがあり,当事者双方がその変更を知っていれば合意するであろうように本契約の内容は確定されるべきである[49]。

小　括

日本民法556条の制定過程の検討から,フランス民法1589条1項をめぐる議論の影響の下に,一方の予約についてのみ起草者は日本民法556条を起草したが,本契約の締結義務を生じさせる債権的予約も可能と考えていたこと,逆に,スイス法は,債権的予約についての明文規定を有しながら,フランス民法1589条に影響されて,わが国の一方の予約のような機能を果たす「予約」を認めるに至っていること,その「予約」では,同じ当事者間で「予約」において予定された本契約を締結すべき場合には,「予約」は本契約に等置されるべきとされていることを見た。

次に,わが国の判決例の検討から,一方当事者は,予約と同一の本契約に,あるいは,予約により予定され確定しうる内容の本契約に,予約締結後,一定期間は入るつもりである場合や,一方当事者はすでに合意内容に拘束されようとするが,他方当事者はなお本契約に入るかどうかを未決定のままにしようとする場合には,通常,完結型予約の締結意思が認められる。これに対し,本契約の締結義務を創設する意思の認められる場合が債権的予約の場合であり,許可や承認があれば,許可・承認された条件・契約内容で本契約を締結しようとするときや,予約の時点では本契約の内容はなお未定な点が多く,完全な申込をできないときなどには,債権的予約が利用されよう。

以上の検討結果を踏まえ,以下では,さらに予約の締結意思と確定性についてまとめてみよう。

---

[49]　Kramer, Münchner Komm. 3. Aufl., Vor §145 Nr. 39.

(1) 予約の締結意思

まず，契約であるために不可欠な契約内容の部分であり，当事者双方による規律を必要とする契約内容の部分である契約の客観的要素は，原則として合意されるべきである[50]。

さらに，契約の客観的要素ではない付随的事項についても，付随的事項のある事項が合意されるかどうかに契約の締結をかからしめることができ，そのような主観的重要事項について合意に達しない場合には，少なくとも一方当事者の締結のための意思表示が欠けることとなり，契約不成立となろう。

この点について，ドイツ法やスイス法を見てみると，当事者の一方だけでも，重要で合意されねばならないと告知した事項すべてについて一致していない場合，疑わしいときには拘束意思はない，とするドイツ民法154条第1項は予約にも適用される。また，スイス債務法2条第1項は，「当事者双方が重要点すべてについて一致した場合，付随事項の留保はその契約の拘束性を妨げるべきでないと推定される」と規定し，同じく予約にも適用される。

このドイツ民法154条第1項とスイス債務法2条第1項とは，対立せず，互いに相補的であり，ドイツの規定は，当事者が重要事項すべてについてなお一致していない場合，疑わしいときには契約はなお拘束しない，と消極的に規定しているのに対し，スイスの規定は，積極的に，当事者が重要事項すべてについて一致した場合，付随事項についての一致がなお留保されていても，疑わしいときには契約は拘束する，と規定しているとされる[51]。

ところで，本契約のすべての点について定めていないが，すでに拘束されようとして予約を締結すると，拘束意思についての上記の解釈規定や推定原則は排除される。すなわち，本契約で規律することを予定すれば，すでに規律されるその事項が重要でないことの表明であるので，契約の客観的要素について合意するが，客観的付随事項である未決定な点が主観的に重要であることが証明できない場合には，予約は成立しており，未決定事項は契約補充されなければならない[52]。このことは，特に，本契約のすべての点について定

---

[50] 例外について，拙著『表示責任と契約法理』（日本評論社，1994年）59頁参照。
[51] Dieter Henrich, Vorvertrag, Optionsvertrag, Vorrechtsvertrag, 1965, S. 99ff.. ドイツ民法154条について前注拙著14頁以下参照。
[52] Henrich, a.a.O., S. 119ff.；Kramer, a.a.O., Vor §145 Nr. 35-37.

めていないが拘束されようとしてよく利用される債権的予約について言えよう。

(2) 予約の確定性

債権的予約においては，本契約の締結が訴求されるので，契約の重要事項が裁判官により確定できる程度の確定性があれば十分であり，予約における規律は，契約内容が確定できるための手がかり点を提供できればよい[53]，と言えよう。というのは，契約の重要事項が当事者自身によって定められていないのに，完全な予約効を認めることは，私的自治の原則に矛盾するからである[54]。

これに対し，完結型予約においては，予約完結の意思表示によって本契約が成立し，同時に効力を生じるので，本契約の給付が予約完結時に確定しうる程度に契約内容の確定性が必要と考えられる。売買契約での代金額（や賃貸借契約での賃料額）も確定できればよく，「時価」や「相場価格」でもよい。代金額（・賃料額）の修正が留保されているとき，当事者双方が代金額計算基準について一致し，代金計算の要素を確定できればよい。

以上のように，債権的予約の場合には，のちの本契約の締結に契約内容の決定を委ねることが多く，この点で完結型予約の確定性よりも債権的予約の確定性は緩和されていると言えよう。

---

[53] v. Einem, Die Rechtsnatur der Option, 1974, S. 124ff..
[54] Kramer, a.a.O., OR § 22 N. 97.

第6章　契約不適合（瑕疵担保）

第1節　契約不適合と表示

はじめに

　わが国の改正民法562条は、「引き渡された目的物が種類、品質又は種類に関して契約の内容に適合しないものであるとき」と規定し、これまでの瑕疵概念に代えて「契約不適合」概念を採用している。わが国の改正民法の採用するこの「契約不適合」概念は、国連動産売買法35条「物品の契約適合性」[1]やEUの消費用動産売買指令2条[2]を参考としているところ、ドイツ債務法改正における「契約不適合（瑕疵）」の採用も、国連動産売買法の影響を受けた消費用動産売買指令2条を国内法化したものである。以下では、改正民法の契約不適合、および、ドイツ法における契約不適合（瑕疵）と表示について検討した上で、わが国の「契約不適合」概念にとってドイツ法における契約不適合（瑕疵）が参考となるか、を検討したい。

1　改正民法の契約不適合

　民法（債権法）改正検討委員会の改正案では、どのような場合に瑕疵があるといえるかは、当事者の合意のほか、契約の趣旨や性質に従って判断されることから、「物の給付を目的とする契約において、物の瑕疵とは、その物が備えるべき性能、品質、数量を備えていない等、当事者の合意、契約の趣旨および性質に照らして、給付された物が契約に適合しないことをいう。」とされ、

---

[1]　シュレヒトリーム著（内田貴・曽野裕夫訳）『国際統一売買法』（商事法務研究会）、甲斐道太郎・石田喜久夫・田中英司編『注釈国際統一売買法Ⅰ』（法律文化社、2000年）などがある。
[2]　今西康人「消費者商品の売買および品質保証に関するEU指令（一）」関法50巻1号60頁。

物が備えるべき性能・品質・数量等が備わっているかどうかは当該契約に即して判断されるべきであるという趣旨を明確にするためには、「瑕疵」概念を捨てて「物の契約不適合」という概念にすべきであるとしていた[3]。

　法制審議会民法（債権関係）部会の民法改正中間試案では、「瑕疵」という文言に代えて、「瑕疵」に関する解釈の蓄積および裁判実務における取扱いを踏まえ、「売主が買主に引き渡すべき目的物は、種類、品質および数量に関して、当該売買契約の趣旨に適合するものでなければならない」として、売主の責任の成否は、目的物の品質等につき契約の趣旨に適合しているか否かによって決せられることを明示するに至る。その理由は、「瑕疵」の有無の判断は、目的物が本来備えるべき性状等を確定した上で、引き渡された目的物が当該「備えるべき性状等」に適合しているかどうかの判断であるところ、「備えるべき性状等」をどのように確定するかにつき、「主観的瑕疵概念を採る立場においても、明示ないし黙示の合意内容を探求することのみに終始することなく、契約をめぐる諸事情から認められる契約の趣旨に照らして（そこでは取引通念も考慮要素に含まれ得る。）目的物が有しているべき品質等を確定するのであって、そこでは客観的・規範的考慮が排除されているわけではない」し、客観的瑕疵概念を採る立場においても『『通常有するべき品質等』を画定する際に、契約をした目的等を一切捨象しているわけではないし、目的物の品質等につき当事者間に合意がある場合にはそれが優先的に考慮される。」からであり、また、売主の義務につき、「瑕疵のない物を引き渡さなければならない」とするよりも、「売主が引き渡すべき目的物は、契約において予定されていると認められる（契約の趣旨に照らして備えるべきと認められる）品質、数量等に適合していなければならない」などと表現するほうがわかりやすいからであるとされる。そして、まとめとして「瑕疵の存否は、結局、契約の趣旨を踏まえて目的物が有すべき品質、性状等を確定した上で、引き渡された目的物が当該あるべき品質等に適合しているか否かについての客観的・規範的判断に帰着すると考えられ、裁判実務においても、民法第570条の『瑕疵』に該当するか否かは、基本的にこのような手法で判断していると考えられる」と

---

[3] 民法（債権法）改正検討委員会編『詳解債権法改正の基本方針Ⅱ』（商事法務）17頁18頁。

第 1 節　契約不適合と表示　209

して，最判平成 22 年 6 月 1 日民集 64 巻 4 号 953 頁および最判平成 25 年 3 月 22 日判時 2184 号 33 頁が引用されている[4]。

　この中間試案を条文化した新 562 条は，物の品質・数量に関して契約の内容に適合した物を引渡す義務を前提とし，物が契約の内容に適合していなかった場合の売主の責任を債務不履行責任としたため，物の「瑕疵」という表現を避けて「契約不適合」という概念を使用している。そして，物の種類・品質面での契約適合性と数量面での契約適合性を物の契約適合性という観点から共通のルールのもとに位置付け，「数量指示売買とは，当事者において目的物の実際に有する数量を確保するため，その一定の面積，容積，重量，員数または尺度あることを売主が契約において表示し，かつ，この数量を基礎として代金額が定められた売買」であるとの最判昭和 43 年 8 月 20 日民集 22 巻 8 号 1692 頁は，民法改正後でも数量に関する契約適合性を判断する際の基準として維持されているという[5]。そうすると，中間試案の立場を踏襲する新 562 条の「契約不適合」の定義は中間試案と同じと考えられる。

2　ドイツ法における契約不適合（瑕疵）と表示

　ドイツ民法 434 条は，以下のように，その第 1 項において，基本的な瑕疵として，性状合意への不適合（第 1 文），契約において前提とした使用への不適合（第 2 文 1 号），通常の使用，普通の性状，期待できる性状への不適合（第 2 文 2 号）という 3 段階の契約不適合である瑕疵を問題としている。そして第 2 文 2 号の瑕疵には，売主，製造者の公の表示により買主が期待できる性質も含まれると定めている。以下では，売主や買主の表示，さらに製造者の表示にも着目しつつこれらの 3 段階の瑕疵について紹介・検討する[6]。

---

[4]　『民法改正中間試案の補足説明』（信山社，2013 年）399 頁—401 頁。

[5]　潮見佳男「売買・請負の担保責任」NBL 1045 号 2015 年 10 頁 11 頁，同『民法改正案の概要』231 頁 232 頁。

[6]　ドイツの瑕疵概念について，岡孝「目的物の瑕疵についての売主の責任」『契約法における現代化の課題』（法政大学出版局，2002 年）105 頁以下，田中志津子「ドイツ民法売買契約法における瑕疵担保責任」法学研究論集 18 号（2003 年）39 頁以下，アイゼンハルト（大場浩之・藤巻梓訳）「債務法改正後のドイツ売買法」比較法学 37 巻 2 号 2004 年 275 頁以下，田畑嘉洋「売主瑕疵担保責任における瑕疵概念と法的性質の関係」九大法学 103 号（2011 年）184 頁以下，古谷貴之「ドイツ売買法における売主の瑕疵担保責任に関する一考察」産大法学 47 巻 2 号（2013 年）1 頁以下，永岩慧子「ドイツ請負法における瑕疵概念」広島法学 40 巻 1 号 184 頁以下などがある。

独民434条　物の瑕疵
(1) 物が危険移転時に合意した性状を有するときは，その物に物の瑕疵がないものとする。性状につき合意のない限り，次の各号のいずれかに該当するときは，その物に物の瑕疵がないものとする。
　1　物が契約において前提とした使用に適する場合［そうでなければ］
　2　物が通常の使用に適し，かつ，同種の物において普通とされ，買主がその物の種類から期待できる性状を有する場合
　物の特定の性質に関する売主，製造者（製造物責任法第4条第1項及び第2項）又はその補助者による公の表示に基づき，特に広告又はラベル表示により，買主が期待できる性質も，前文第2号の性状に含まれる。ただし，売主がその表示を知らず，かつ，知ることを要しなかった場合，その表示が契約締結時に同様の方法により訂正されていた場合，又はその表示が購入決定に影響を及ぼさなかった場合は，この限りでない。
(2) 物の瑕疵は，合意された組立が売主又はその補助者によって適切に行われなかったときも，存するものとする。物の瑕疵は，組立説明書に瑕疵があるときは，組立用の物に存するものとする。ただし，その物が誤りなく組み立てられたときは，この限りでない。
(3) 売主が異種物を引き渡すとき，又は引き渡した物の量が過少であるときは，物の瑕疵と同様とする[7]。

(1) 性状合意

　契約当事者は売買目的物の性状を合意していなければならない。このことは意思表示の合致を必要とする。旧独民459条2項の性質保証（Zusicherung）の場合のような，売主の特別の保証意思は必要ではない。新車の売買申込書に記載された車のメーカー，型，色，エンジンの排気量・馬力などのように売主はその申込において商品につき厳密に表示し，買主がその申込を承諾するとき，または，逆に，買主が特定の性状を求め，それに売主が承諾するとき，明示的な性状合意がある。たとえば自動車販売店の売買契約書に印刷さ

---

[7] 岡孝『契約法における現代化の課題』190頁参照。

れた「自動車に事故損害が（ある：ない）。」との条項があり，販売店は「ない」にチェックを入れ署名した。これによって車に事故損害がないことが合意された[8]。また，担保責任を負わない目的でも性状合意は利用され，製造年から38年経ったポルシェの売主が売買契約書に手書きで「修理必要な時代遅れの車」と書き加えると，かなりの修理必要性が合意される[9]。

売主が売買目的物の性状について（たとえば中古車の製造年，排気量，走行距離，無事故，四輪駆動などと）特定の言明をするとき，原則として黙示的な性状合意があるとされる。というのは，買主がこの言明を全く非拘束なものとみなすことは困難であり，買主はこの言明を売主の申込の一部とみて承諾するからであり，売主が物の性状につき拘束的表示をしたかどうかは，当該ケースの全事情を考慮して，買主の視点から売主の表示をどのように理解すべきであったかにより判断されるからである[10]。たとえば売主が「Vertu（ヴァーチュ）ホワイトゴールド」と表示して中古携帯をネット・オークションに出品した場合，売買契約はこの表示に基づき締結されたので，同中古携帯は高級携帯電話Vertuのブランド品であることが問題であり，偽物でないことが合意される[11]。また，売主がキャビン付きボートを「長期の発見旅行ができ，旅行ができる」と表示してネット・オークションに出品した場合，買主はボートの耐航性に関するこの性状表示を購入決定の基礎とするので，黙示的な性状合意が認められる。しかし，購入したキャビン付きボートはカビだらけになっていたとき，ボートの耐航性はなく，契約不適合である[12]。さらにドイツ新民法の立法者によれば，売主が買主に対し契約締結に際し見本を示すとき，黙示的な性状合意があるとされる[13]。買主は欲する性状を注文または公募に記載し，売主がそれに何ら異議を述べずに目的物を引き渡すとき，そこに黙示的性状合意がありうるとされる[14]。

---

[8] Vgl. BGH NJW 2013, 1733.
[9] OLG Düsseldorf NJW 2013, 2763.
[10] Reinicke/Tiedke, Kaufrecht, 7. Aufl. S. 123；Oechler, Vertragliche Schuldverhältnisse, 2. Aufl. §2 Rn. 88；Reinking/Eggert, Der Autkauf, 12. Aufl., Rn. 416-424, Rn. 2440-2449；Vgl. RegE BT-Drucks. 14/6040, S. 212-213.
[11] BGH NJW 2012, 2723.
[12] BGH NJW 2013, 1074.
[13] RegE BT-Drucks. 14/6040, S. 212.

これに対し，売主が「前所有者によると事故車ではない」などと特定の情報源を明示して買主に言明するとき，この言明は性状合意の締結に向けられておらず観念の通知であり，性状合意は認められない。また，買主の（たとえば特定の絵画の作者についての）一方的観念も売主に知られていても性状合意に十分ではない。性状合意はそのための具体的手がかりがあるときのみ認められるべきである。このとき性状合意は認められなくとも，独民434条1項2文2号の瑕疵や契約締結上の過失が認められる可能性があるとされる[15]。

(2) 契約上前提とされた使用

性状合意が認められない場合，売買目的物が契約により前提とされた使用に適合するかどうかが問題である（独民434条1項第2文1号）。この場合においても契約に適合する性状の確定が問題であり，特定の使用に必要な性状は契約の内容であり，この性状のみが売主の履行義務に適する対象であるが，使用については契約の合意内容である必要はなく，使用は売主の履行義務の対象ではないとされる。むしろ必要であり十分であるのは，独民133条，157条[16]による客観的解釈準則により契約締結に際し使用目的が果たす役割から使用目的の達成を可能とする性状を導き出すことであるとされる。契約により前提とされた使用に必要であるのは，消費用動産売買指令2条2項bが「消費者がその目的を契約締結に際し売主に知らせ，かつ，売主がその目的に同意している場合」と定めているのと同じく[17]，買主の使用意図を売主が知ることができ，かつ，売主がその使用に同意したことである。このとき，契約により前提とされた使用は契約に適合する性状を確定するための解釈基準となるのであって，旧独民459条について主張された行為基礎の問題に過ぎ

---

[14] MünchKomm/Westermann, 6. Aufl., §434 Rn. 16；Staudinger/Matusche-Beckmann, BGB (2014) §434 Rn. 64；BGHZ 181, 170 Rn. 9；RegE BT-Drucks. 14/6040, S. 213.
[15] BeckOK BGB-Faust, §434, Rn. 40；Reinicke/Tiedke, Kaufrecht, 7. Aufl., S. 123；Reinking/Eggert, Der Autkauf, 12. Aufl., Rn. 2450-2454.
[16] 独民133条は「意思表示の解釈に際しては，真意が探求されるべきであり，その表現の字義に拘泥してはならない。」と定め，独民157条は「契約は，取引の慣習を考慮し，信義誠実が要請するところに従って解釈しなければならない。」と定めていることから，意思表示は客観的な表示受領者の観点から解釈される。訳につき法務省民事局参事官室編『民法（債権関係）改正に関する比較法資料』（商事法務，2014年）参照。
[17] 今西康人「消費者商品の売買および品質保証に関するEU指令(一)」関法50巻1号60頁参照。

ないとの見解は維持されない。それゆえ，買主の一方的観念は考慮されない。買主の使用意図の表明に対し売主が異議を出さないままになっているとき，使用に関する買主の表明が性状合意に入るかどうかは解釈問題である。売主が業者であり，買主にとって特定の使用が意味あることが知りうるのに，売主が「使用適合性について知らない」と少なくとも異議を出さないとき，通常，黙示的な売主の同意を認めるべきであろうとされる[18]。

(3) 契約上前提とされた使用と性状合意との関係

売買契約当事者によって特定の性状が合意され，契約上特定の使用も前提とされることがある。そのとき，売買目的物は両方の基準に適合しなければならない。合意された性状と契約上前提とされた使用とが矛盾する場合，それゆえ目的物は合意された性状を有するが契約上前提とされた使用に適合しない場合が問題である。たとえば買主は，建物の湿気損害を除去するため，500 m^3までの部屋の乾燥に適合する乾燥機を買いたい。売買交渉に際し，売主はこの目的の実現のため特定の乾燥能力のある乾燥機を薦め，買主は薦められた乾燥機を購入したが，購入した乾燥機は250 m^3までの部屋の乾燥能力しかなく買主の部屋の乾燥には不適合であった。このような場合において，性状合意と契約上前提とされた使用とのうちどちらが優先するかは，契約解釈により判断される。このための基準として，誰が意図された使用から必要な性状を導き出したかが挙げられる。買主が性状自体を確定したとき，通常，性状合意が優先し，その結果，目的物は合意された性状に適合するが，契約上前提とされた使用に不適合であるとき瑕疵はない。しかし，まず買主が売主に意図された使用だけを告げ，それに対して売主が特定の性状を持つ目的物を申込むとき，契約解釈（独民133条，157条）により，使用目的への適合性が決定的であり，この目的に不適合な（合意された）性状は基準でないと解釈され，目的物は合意された性状には適合しているけれども目的物は契約不適合である[19]。

---

[18] Canaris, Karlsruher Forum 2002, S. 57-58.；Grigoleit/Herresthal, JZ 2003, S, 234-235.
[19] BeckOK BGB-Faust, §434, Rn. 48；Reinicke/Tiedke, Kaufrecht, 7. Aufl., S. 127.

(4) 典型的当事者意思

　個別具体的な性状合意も契約により前提とされた使用も認められないとき，独民434条第2文2号によれば，物が通常の使用に適する場合，かつ，普通の性状及び買主がその物の種類から期待できる性状を示す場合には瑕疵がないとされる。このとき，客観的瑕疵概念は問題ではなく，独民133条，157条の意味での契約解釈の基準が問題であり，典型的当事者意思が問題であり，必要な場合には仮定的当事者意思が考慮されるとする[20]。

(a) 通常の使用

　何が通常の使用であるかについては，合理的な平均的買主の期待という視点からの契約締結時の取引観念により判断される。つまり，通常の使用は，同種類の他の物と比較してみて，同種類の他の物でなしうることである。購入した物をこのように使用できないとき，瑕疵がある。通常の使用については，普通の性状と異なり，中古品と新品とで区別されるべきではない。というのは，使用に不適合なものでよいといった契約合意がないとき，中古品についても使用に適することは期待されうるからである。平均的買主の期待という視点は，具体的に購入された製品によってだけでなく，それと競合する他の製品によっても基準を形造られ，音量調整できないラジオのようにこの種の製品の場合に自明とされるような基本機能が問題でなければならない。具体的に合意された代金ではなく，製品の属する価格帯も意味がある。というのは，製品が高価格帯のものか，低価格帯のものかによって買主の期待は影響されるからである。製品がブランド品や銘柄品かそうでないかも買主の品質への期待に影響するので意味がある。購入された物が通常の使用に適するかどうかという問題では，物が通常の方法で使用できることだけでなく，この使用が法的に許されており，かつ利用者や第三者にとって何ら危険がないことも問題である。たとえば自動車は公道での運転が許可されることに適していなければならない[21]。

---

[20] Canaris, Karlsruher Forum 2002, S. 58.; Grigoleit/Herresthal, JZ 2003, S, 235. 同様に，Schlechtriem, Schuldrecht, BT, 6. Aufl. Rn. 41 は意味を内包された合意（implizierte Vereinbarung）の内容の問題であるとする。

(b) 普通の性状

　普通の性状についても，通常の使用と同様に，同種類の他の物と比較して取引観念により判断され，平均的買主の期待が基準である。通常の使用と異なり，普通の性状については目的物が新品か中古かが意味を持つ[22]。

　中古車の場合には，新車とは異なり，その年式と走行距離相当の損耗と摩耗状況でありえ，通常の摩耗状況であれば原則として瑕疵とはならないが，軽微な毀損を超える事故損害を被っていれば瑕疵となる。黙示的であれ性状合意が認められないときには，売買目的物は新品でなければならない。土地の場合には，土地に産業廃棄物が隠れているとき普通の性状が欠ける。建築できることが普通の性状に含まれるかどうかは個別ケースごとに判断されるべきことである[23]。

(c) 期待できる性状

　「普通の性状」と「期待できる性状」との関係について，一つの見解によれば，消費用動産売買指令のフランスの理解からは，第1に物は普通の性状を持たねばならないこと，第2に買主が期待できる普通の性状を持たねばならないことが判明するとして，そうすると物が普通の性状を持つか，もしくは，買主が期待できる性状を持つとき瑕疵がないこととなる。

　この見解によると，普通の性状は合理的な平均的買主の期待基準によるので，期待しうる性状は通常，普通の性状と一致する。具体的買主が特別の事情に基づき平均的買主とは別の性状を期待できるときのみ状況は異なる。この買主の特別の期待は，普通の性状よりも良い性状に向けられたり，悪い性状に向けられたりする。たとえば，中古車はタクシーとして使用された，ラリーで使われた，または，異常な気象状況の下で使用されたと買主が知っているときには，買主は普通の性状よりも悪い性状を期待できる。このとき物が普通の性状を有するか，または期待できる性状を示すとき，434条1項第2

---

[21] BeckOK BGB-Faust, §434, Rn. 56-63；Reinicke/Tiedke, Kaufrecht, 7. Aufl., S. 128；Staudinger/Matusche-Beckmann (2014), §434, Rn. 84-88；Reinking/Eggert, Der Autkauf, 12. Aufl., Rn. 2514-2519.
[22] RegE BT-Drucks. 14/6040, S. 214.
[23] BeckOK BGB-Faust, §434, Rn. 64-71；Reinicke/Tiedke, Kaufrecht, 7. Aufl., S. 129；Staudinger/Matusche-Beckmann (2014), §434, Rn. 85-92.

文2号により瑕疵がないこととなる。

　買主がどのような期待を事実上持つかではなく，どのような期待を買主はしなければならない（「期待できる」）かが基準である。それゆえ，消費用動産売買指令2条2項dが「消費者が合理的に期待することができる性質及び性能」[24]というように，具体的買主が取引で必要な注意をした場合にどのような期待をするであろうかが問題である。たとえば中古車の買主が，売主やその補助者の言明により，中古車は以前近距離のタクシーとして特にひどく酷使されたと知っているとき，この中古車の摩耗状況は普通の中古車として普通ではないが，具体的買主は期待したので瑕疵はないことになろう[25]。

　これに対し，別の見解は，「普通の性状」と「期待できる性状」との関係について独民434条第2文第2号の文言通りに解し，買主は通常，普通の性状を期待できるから，期待できる性状は普通の性状によって包含されてしまうという。期待できる性状は普通の性状の具体化に役立つだけであり，独自の意味は明らかでないという。したがって普通の性状と期待できる性状との関係についての上記議論は意味がなく，物の種類により買主がどのような性状を期待できるかは，客観的に平均的買主が基準となり，それを判例は「客観的に正当な買主の期待」というとする。そして，買主がどのような期待を事実上持つかではなく，買主が取引上必要な注意をした場合に合理的にどのような期待を持ったであろうかが問題であるという[26]。

(d)　製造者・売主の広告・表示

　独民434条1項第2文第2号の意味で普通の性状または買主が期待できる性状は，独民434条1項第3文によれば，売主，製造者，またはその補助者の公の表示によっても確定されうる。独民434条1項第3文においては，この公の表示が性状合意に至らないときに意味があり，売主または買主が契約準備に際し製造者の表示を関係させたりして性状合意の内容となる場合には独民434条1項1文の問題となる。それゆえ独民434条1項第3文は，434条1項第2文第2号におけるよりも買主が製造者の広告・表示に基づきより

---

[24]　今西康人「消費者商品の売買および品質保証に関するEU指令（一）」関法50巻1号60頁。
[25]　BeckOK BGB-Faust, § 434, Rn. 54-74 ; Reinicke/Tiedke, Kaufrecht, 7. Aufl., S. 130.
[26]　Staudinger/Matusche-Beckmann（2014）, § 434, Rn. 81-95.

良い性状を期待できる場合に関する。その表示は，外部的に売主又は製造者の表示のように思われること，および，その表示が売主又は製造者に帰責されることを前提とする。表示は公に，つまり，不特定の人々に向けられていなければならない。その表示は売主又は製造者の広告又は商品表示などであり，テレビ，ラジオ，催し，新聞，ビラ，説明書，インターネットなどを介しうる。公の表示は，客観的な表示受領者の観点に基づき，買主にある性状期待を呼び起こすようなものでなければならない。それゆえ公の表示は売買目的物の特定の性質に関しなければならない[27]。

　自動車メーカーはカタログなどに「新型車の燃費は 100 km につき 3.2 リットルまでである」と記載し宣伝したので，買主はその新型車を販売店を通じ購入した場合，新型車は表示された燃費でなければならない[28]。

　また，たとえば，自動車メーカーはテレビでその新型車の安全装備について「新型車ではサイドエアバックも使える」と宣伝する。安全性に価値を置く買主は，自動車メーカーの特約店でその新型車を購入した。その際，広告された性質について何も話されなかった。引渡後すぐ，この車は旧型車に属し，サイドエアバックが使えないと判明する。サイドエアバック付きであることは性状合意されず，引渡された車は契約上前提とする使用に適するので，瑕疵は 434 条 1 項第 2 文第 2 号によって判断される。434 条 1 項第 2 文第 2 号によれば，目的物が通常の使用に適し，かつ，同種の物の場合に普通であり，物の種類により買主が期待できる性状を示すとき，瑕疵はない。車はサイドエアバックがなくても通常の使用に適するので，車がサイドエアバック付きであることを買主が期待できたかが問題である。このために 434 条 1 項第 3 文により売主または製造者の公の表示，特に広告に意味がある。その際，事実の表示が問題であり，誇張と知りうるものやイメージ広告は問題ではない。買主は特約店にサイドエアバック付きの新型車の引渡を求めることができる。

　広告が基準であるのは，434 条 1 項第 2 文第 2 号の瑕疵に関してのみであ

---

[27] BeckOK BGB-Faust, §434, Rn. 75-83；Reinicke/Tiedke, Kaufrecht, 7. Aufl., S. 130-131；Looschelders, BT, 10. Aufl. (2015) Rn. 50-54；Medicus/Lorenz, Schuldrecht BT, 17. Aufl., Rn. 86-89.
[28] BGH NJW 2007, 2111.

る。それゆえ販売店は，売買契約においてサイドエアバックなしに車は引き渡されると合意することによって，または，独民442条1項により契約締結前に買主に車にはサイドエアバックのないことを買主に知らせることによって，瑕疵担保責任を妨げ得る。

　独民434条1項第3文但書は，販売店の3つの免責事由を定め，販売店が立証責任を負うとする。第1に販売店の側の表示の不知が販売店を免責するのは，販売店が表示を知らず，知ることを要しないとき，つまり独民122条2項によれば販売店の不知が過失に基づかないときのみである。専門店でもない単なる個人商店には製造者の表示を調査することは求められえない。上記事例では，特約店がメーカーの当該広告を調べて知ることは特約店に期待されてよいので，販売店は免責されない。

　第2に表示が契約締結時に同様の方法により訂正されていた場合には販売店は免責される。上記事例では，広告は訂正されていないので，物の瑕疵がある。

　第3に表示が購入決定に影響を及ぼさなかった場合に販売店は免責される。契約締結時に表示がまだないか，契約締結後初めて表示が知られたとき，表示は買主の購入決心に影響を及ぼしえなかった。このとき，表示は，瑕疵を根拠づけえない。さらに，購入決定へのそのような表示の影響は，表示がなければ買主は売買契約を締結しなかったときにあるだけでなく，契約締結の前段階において買主がその意思決定の形成に際し表示を顧慮したことで十分であるとされる。それゆえ，買主が表示を知らなかったときのほか，表示が買主にとって全く重要でない性状に関するときにも販売店は免責される。上記事例では，広告は購入決心にとってささいでないので，物の瑕疵がある[29]。

(5) 性状保証

　独民276条は，「責任の加重又は軽減につき，定めがなく，債務関係のその他の内容，特に担保の引受又は調達リスクの引受から推知することができな

---

[29] BeckOK BGB-Faust, §434, Rn. 84-87；Reinicke/Tiedke, Kaufrecht, 7. Aufl., S. 130-131；Looschelders, BT, 10. Aufl.（2015）Rn. 50-54；Medicus/Lorenz, Schuldrecht BT, 17. Aufl., Rn. 86-89；Köhler/Lorenz, Schuldrecht BT, 19. Aufl., S. 38-39

い場合には，債務者は故意及び過失につき責任を負う。」[30]と定めているので，性状保証がある場合には，売主は無過失の損害賠償責任を負う。すなわち売主の瑕疵担保責任の場合には，売主に故意・過失があれば損害賠償責任を負うので，性状保証の意義は売主が無過失責任を負う点にある。また，独民444条は，「売主は，瑕疵を知りながら告げず又は物の性状につき担保を引き受けたときは，瑕疵に基づく買主の権利を排除又は制限する旨の合意を援用することができない。」[31]と定めているため，売主が性状保証をしている場合には，売主は免責条項や責任制限条項を援用できない。

ドイツの債務法改正後も，性状保証は，「性質の存在に対する担保の引受と，かかる性質が欠けるときにあらゆる結果につき責めを負おうとする約束」を必要とする。黙示的性状保証も認められ，その際，「買主が，売主のその他の行為態様および契約締結に至った事情を考慮し，信義誠実に基づき取引慣行を顧慮して，売主の表示をどのように理解すべきであったか」により認められる[32]。

独民434条1項1文の意味での性状合意と性状保証のどちらがあるのかは個別ケースの問題であり，契約上何が欲せられたかの解釈問題（独民133条，157条）であるとされるが，特に中古車売買の場合の性状保証の間接証拠としては，ドイツの債務法改正前と同じく，買主が目的物のある性質を重視し，売主がこの性質が存在すると対応する表示をなすことや，買主が自己に専門知識がないので売主がした売買目的物についての陳述を特に信頼することが知りうることなどが挙げられている[33]

3　新562条の「契約不適合」の解釈

わが国の改正民法562条の採用する「契約不適合」概念は，国連動産売買法やEUの消費用動産売買指令を参考としているところ，ドイツ債務法改正による「契約不適合（瑕疵）」の採用も，国連動産売買法の影響を受けた消費用動産売買指令を国内法化したものである。したがって，ドイツ法における契

---

[30] 訳につき，岡孝『契約法における現代化の課題』190頁参照。
[31] 訳につき，岡孝『契約法における現代化の課題』216頁参照。
[32] Reinicke/Tiedke, Kaufrecht, 7. Aufl., Rn. 569-583. 拙著『表示責任と契約法理』141頁142頁。
[33] Reinking/Eggert, Der Autkauf, 12. Aufl., Rn. 2592-2594. 拙著『表示責任と契約法理』142頁。

約不適合の判断基準は，わが国の改正民法562条における「契約不適合」の具体的な判断基準においても参考となると考えられる。

ドイツ法は上記「2　ドイツ法における契約不適合（瑕疵）と表示」において紹介・検討したように，性状合意，契約上前提とされた使用，典型的当事者意思という3段階によって契約不適合を判断している。この基本構造は，すでにわが国の民法改正の議論中の最判平成22年6月1日民集64巻4号953頁および最判平成25年3月22日が瑕疵概念に関してであるが採用している[34]。なお，売主が物の性状について客観的に虚偽の観念の通知をするとき，性状合意や契約上前提とした目的は認められなくとも，独民434条1項2文2号の瑕疵や「契約締結上の過失」が認められる可能性があるとされる。

この最判平成22年6月1日民集64巻4号953頁では，売買契約の目的物である土地の土壌に含まれていたフッ素が，売買契約締結当時の取引観念上は有害であると認識されていなかったが，その後，有害であると社会的に認識されたため，新たに法令に基づく規制の対象となり，フッ素が上記規制の限度を超えて上記土地の土壌に含まれていた場合に，「本件売買契約の当事者間において，本件土地が備えるべき属性として，その土壌に，ふっ素が含まれていないことや，本件売買契約締結当時に有害性が認識されていたか否かにかかわらず，人の健康に係る被害を生ずるおそれのある一切の物質が含まれていないことが，特に予定されてい」なかったとまず述べる。そして，普通の性状については「売買契約締結当時の取引観念をしんしゃくして判断

---

[34] 同旨，桑岡和久・最判平成22年6月1日判批・別冊ジュリスト民法判例百選第7版107頁。最判平成22年6月1日の判批として田中寛貴・登記情報586号48頁，大塚直・ジュリスト1407号66頁，中村肇・法学セミナー670号136頁，小賀野晶一・環境法研究35号35頁，井上治・ビジネス法務10巻11号45頁，松村弓彦・金判1354号7頁，加藤了・判例地方自治336号93頁，内田輝明・季刊不動産研究53巻1号35頁，野澤正充・法学教室判例セレクト2010 I 18頁，同・環境法判例百選第2版112頁，吉政知弘・民商法雑誌143巻4・5号36頁，田中宏・大宮ローレビュー7号139頁，半田吉信・判時2099号172頁，馬場隆紀＝小林信之・判例地方自治338号4頁，田中洋・神戸法学雑誌60巻3・4号163頁，田中宏治・ジュリスト1420号96頁，武川幸嗣・民事判例Ⅱ146頁，宮澤俊昭・速報判例解説8号349頁，潮見佳男・私法判例リマークス43巻38頁，橋口祐介・法政理論44巻1号236頁，加藤新太郎・別冊判タ32号86頁，山口成樹・速報判例解説9号75頁，野口大作・法律時報83巻13号357頁，中村秀雄・NBL 969号50頁，米谷壽代・同志社法学63巻6号139頁，薬師丸正二郎・立教大学大学院法学研究43巻45頁，牛尾洋也・法律時報87巻12号99頁などがある。また，瀬川信久「瑕疵の判断基準について」『民法学の新たな時代』（有斐閣，2015年）660頁以下参照。

すべきところ，……本件売買契約締結当時の取引観念上，それが土壌に含まれることに起因して人の健康に係る被害を生ずるおそれがあるとは認識されていなかったふっ素について，本件売買契約の当事者間において，それが人の健康を損なう限度を超えて本件土地の土壌に含まれていないことが予定されていたものとみることはでき」ないとして，売買契約締結時の取引観念であるフッ素の有害性の認識の欠如から普通の性状に適すると判断している。その理由は，調査官解説によれば，普通の性状については，「売買契約締結当時の取引観念をしんしゃくして判断することが相当であると思われる。そうでなければ，売買契約締結後に時の経過や科学の発達により目的物の品質・性能に対する評価に変更が生じ，契約当事者間において予定されていなかったような事態に至った場合も瑕疵に当たり得ることとなり，法的安定性を著しく害することにもなって，相当でなかろう。」からであるとされる[35]。

この理由をさらに検討すれば，売主は土地を主に工業用ふっ酸を製造するための工場用地として利用していたのであり，公社である買主の売買契約締結に先立つ土壌調査により東京都の定める公用地取得に係る重金属等による汚染土壌の処理基準を超える量の鉛，砒素，およびカドミウムなどが含まれている部分が存在することが契約締結前にすでに判明しており，売買契約締結当時，土壌に含まれるフッ素については，法令に基づく規制の対象となっていなかったし，契約当時の取引観念上も，フッ素が人の健康に被害を生ずるおそれがあると認識されておらず，買主もそのような認識を有していなかったのであるから，フッ素が基準値を超えて含まれていないことは，同じ状況の平均的買主が取引上必要な注意をした場合に合理的に期待したであろう「普通の性状」ではなく契約不適合でない，もしくは（土壌にフッ素が含まれていることを予想できる）具体的買主が取引上必要な注意をした場合に期待しなければならない性状（期待できる性状）ではなく契約不適合でないというべきではなかろうか。

---

[35] 榎本光宏・最高裁判所判例解説民事篇平成22年度348頁。

第2節　売買における契約不適合責任の効果，債務不履行との関係

はじめに

(1) 本節では，改正民法の条文を前提として売買における契約不適合責任の効果，および契約不適合責任（瑕疵担保）と一般債務不履行との関係を明らかにしようとする。

現民法においても，一般債務不履行と瑕疵担保との関係が問題となった最判昭和 36・12・15 民集 15 巻 11 号 2852 頁においては，有線放送用スピーカー1台を X 社より購入した買主 Y 社は昭和 27 年 4 月頃から同年 7 月頃までこれを街頭宣伝放送事業に使用していた。その間雑音および音質不良を来す故障が生じ，X 社側の技師が数回修理したが完全には修復できなかった。Y 社は昭和 27 年 6 月初め X 社に対し機械を持ち帰って完全な修理をなすことを求めたが X 社はこれを放置し修理しなかったので，Y 社は街頭放送のため別のスピーカーを第三者から借り受け使用するの止むなきに至った。Y 社は昭和 27 年 10 月 23 日本件売買契約解除の意思表示をした。最高裁は，「Y 社は，一旦本件放送機械を受領はしたが，隠れた瑕疵あることが判明して後は給付を完全ならしめるよう X 社に請求し続けていたものであって瑕疵の存在を知りつつ本件機械の引渡を履行として認容したことはなかったものであるから，不完全履行による契約の解除権を取得」すると判示した。この判決は，法定責任説の立場からは種類物に隠れた瑕疵がある場合に客観的な受領のみを分岐点とするのではなく履行として認容するという要素を考慮する判例を継受しつつ，代物請求を認めるため買主が「瑕疵の存在を認識した上でこれを履行として認容し債務者に対しいわゆる瑕疵担保責任を問うなどの事情」がない限り債務不履行責任を追及できると判示したと解する[36]。しかし，この法的構成に対し，買主が瑕疵を知りつつ履行として認容して受領する場

---

[36] 高木多喜男『民法総合判例研究 23 不完全履行と瑕疵担保責任』（一粒社，1980 年）85 頁以下。

合，買主は何ら売主の責任を追及しない趣旨とも解しえ，瑕疵担保責任の規律がほとんど適用されなくなってしまう，買主が瑕疵を知りつつ履行として認容して受領した以外は不完全履行の問題になるとすると，買主は瑕疵発見後一年ではなく通常の時効期間中は代物請求，損害賠償請求および解除ができることとなり不当であると批判された[37]。この批判を受け継ぎ，瑕疵担保責任の効果として追完請求権も認める契約責任説の立場からは，買主が一応本質的履行であると認容したときから売主の負う債務が変容するとの時的区分説が主張された[38]。これに対し，請負の瑕疵担保責任は債務不履行（不完全履行）の特則とされ，633条にいう引渡以降の責任であるとされているので，いわば時的区分説が通説・判例である[39]。同様に，ドイツの請負法においても請負人の担保責任は量的一部不履行ではなく，「引取」以降の質的一部不履行に関する責任であるとされてきた[40]。

(2) 改正民法における売買の契約不適合責任（瑕疵担保）は，契約責任説の立場に立ち，EUの消費用動産売買指令やドイツの債務法改正と同じく「引渡」以降の契約不適合の効果としてまず追完請求権を認める。すなわち，売主は契約に適合した目的物を給付する義務を負うことから，新562条は，引渡された目的物が契約不適合であるとき，買主は追完請求できるとする。そして，新563条によれば，買主が代金減額請求をするためには，原則としてその前提として，追完の催告をし，相当期間の経過が必要であるとする。さらに新564条は買主の解除権，損害賠償請求を定める。また新566条はこれらの担保責任につき1年の期間制限について規定している。これは，① 目的物の引渡後は履行が終了したという期待が売主に生じ，このような売主の期待を保護する必要があること，② 種類・品質に関する契約不適合の有無は目的物の使用や時間経過による劣化等により比較的短期間で判断が困難となることから，短期の期間制限を設けることにより法律関係を早期に安定化する必要が

---

[37] 星野英一「本件判批」法協80巻5号713頁以下。
[38] 拙著『表示責任と契約法理』（日本評論社，1994年）85頁以下，森田宏樹『契約責任の帰責構造』（有斐閣，2002年）285頁以下，内田貴『民法Ⅱ第3版』（東大出版会，2011年）132頁など。
[39] 我妻栄『債権各論中巻二』631頁～633頁。瑕疵は隠れたものに限らない。
[40] 右近健男編『注釈ドイツ契約法』（三省堂）412頁以下（青野博之），原田剛『請負における瑕疵担保責任』（成文堂）31頁以下参照。

あることを考慮したためである[41]。

次に一般債務不履行に関する改正民法の条文を見てみると，新414条で履行請求，新415条で損害賠償請求，新541条542条で法定解除権，新166条1項において5年の主観的起算点と10年の客観的起算点を規定している。法定解除権については，催告による解除に関する新541条によれば，催告し相当期間内に履行がないときに解除できる。ただし，相当期間経過時の不履行が軽微であるときは解除できないとして，信義則により解除を制限している。したがって，催告解除においては，契約目的達成不能でなくとも解除権が生じうる。これに対し新542条の無催告解除では，債務不履行により契約目的達成不能と評価できる場合に解除することができる。そして，(量的)一部不能につき新542条2項は一部解除できることを原則(一部解除の原則)とし，新542条1項3号は，一部不能により契約全部を解除できるためには契約目的達成不能が必要であるとして契約維持の原則を明らかにしている[42]。

(3) そうすると，買主の追完請求権にいつから1年の期間制限の適用があるのかという問題一つをとってみても，買主の有する本来の履行請求権と追完請求権との関係が問題となる。新562条の追完請求権は，本来の履行請求権とは異なり，契約不適合の効果と考えられ，売主は買主の請求した追完方法を変更できる。さらに，追完請求権の限界事由としての「不能」につき，いったん不完全にせよ履行がなされた段階における「不能」は緩やかに肯定されるべきとの主張がある[43]。そして，新564条は，追完請求権も本来の履行請求権であると考えられた頃にできた規定であり，その後，新566条の1年の期間制限の規定が明記されることとなった[44]。そのため，本来の履行請求と契約不適合責任の効果としての追完請求を区別しない見解がみられる。また，

---

[41] 潮見佳男『民法(債権関係)改正法案の概要』(きんざい，2015年)239頁。升田純『民法改正と請負契約』(大成出版社，2017年)122頁126頁は期間制限を除斥期間という。
[42] 潮見『民法(債権関係)改正法案の概要』216頁〜219頁，同『新債権総論Ⅰ』483頁注146参照。Medicus/Lorenz, Schuldrecht Ⅰ, 21 Aufl., Rn. 432ff. は契約不適合において問題となる質的一部不能と量的一部不能は，ドイツ民法において解除要件の立証責任など扱いが異なるという。
[43] 山野目章夫「民法の債権関係の規定の見直しにおける売買契約の新しい規律の構想」法曹時報68巻1号7頁，曽野裕夫「売買」法律時報86巻12号(2014年)90頁，潮見佳男『債権各論1第3版』(有斐閣，2017年)250頁，同『新債権総論Ⅰ』336頁337頁参照。
[44] 中間試案第35売買の4と6参照。『民法改正中間試案の補足説明』(信山社，2013年)403頁以下，潮見『新債権総論Ⅰ』330頁注120参照。

第 2 節 売買における契約不適合責任の効果，債務不履行との関係　　225

契約不適合の場合の催告解除と無催告解除の関係が分かりにくいし，契約不適合があり追完可能な場合には，買主・注文者は追完を催告し相当期間経過後に（なお契約目的達成可能であっても）契約不適合が軽微でなければ解除できるのに対して，追完不能の場合には，契約目的がなお達成可能なときは，買主・注文者はもはや解除することができず，アンバランスであると批判される[45]。そのような中，催告解除は主として履行が全くなされていないという意味での履行遅滞の場合を念頭に置いているが，質的不履行である契約不適合の場合に売主が相当期間内に追完しないために買主が契約全体を解除するためには契約目的を達成することができなくなったことを要するとの主張がある[46]。新 541 条の立法趣旨を生かすとすれば，催告解除を阻止するための軽微性には契約目的達成可能とは別の意義が認められるべきであろう[47]。また，追完請求権と代金減額請求権に関する新 562 条・563 条は引渡受領前の段階での契約不適合を直接の規律対象としていないとの主張がみられる[48]。以下では，一般債務不履行と瑕疵担保との関係が問題となった最判昭和 36・12・15 の事案を中心として，改正民法における契約不適合責任（瑕疵担保）の効果を概観したうえで，買主の有する本来の履行請求権と追完請求権との関係を検討する。

1　売買における契約不適合責任（瑕疵担保）の効果

新 563 条 1 項が，代金減額請求権について，売主の追完に対する利益に配慮する観点から原則として買主が追完を催告し相当期間のむだな経過を前提としていること，新 563 条の前に買主の追完請求権に関する新 562 条がある

---

[45]　磯村保「解除と危険負担」別冊 NBL 147 号 83 頁 84 頁，同「売買契約法の改正」Law Practice（2016 年）10 号 77 頁，潮見佳男『新債権総論 I』（信山社，2017 年）559 頁 569 頁，日本弁護士連合会『改正債権法』（弘文堂，2017 年）392 頁，大阪弁護士会民法改正問題特別委員会編『民法改正』（民事法研究会，2017 年）269 頁。
[46]　潮見佳男『債権各論 I 第 3 版』（新世社，2017 年）102 頁，森田宏樹『契約責任の帰責構造』（有斐閣，2002 年）262 頁参照。また，潮見佳男『新債権総論 I』（信山社，2017 年）329 頁 574 頁，大阪弁護士会民法改正問題特別委員会編『民法改正』（民事法研究会，2017 年）316 頁，甲斐道太郎他編『注釈国際統一売買法 I』（法律文化社，2000 年）352 頁 359 頁 389 頁参照。
[47]　東京弁護士会法制委員会民事部会『債権法改正』（新日本法規，2017 年）22 頁。
[48]　潮見佳男『新債権総論 II』（信山社，2017 年）64 頁注 186，同『新債権総論 I』205 頁 216 頁。山本敬三「契約責任法の改正」法曹時報 68 巻 5 号 9 頁も，本来の履行請求と，契約不適合の場合の修補請求を区別する。また中田裕康『契約法』（有斐閣，2017 年）319 頁参照。

ことから，1次的な追完があり，代金減額は瑕疵担保の2次的救済手段であり，代金減額に対する追完の優先が認められる[49]。同様に，全部解除には原則として追完の催告が必要である。また，新415条2項は，債権者が履行に代わる損害賠償を請求するためには，債務の履行が不能であるとき，債務者が債務の履行を拒絶する意思を明確に表示したときや解除権が発生したときなどに限定しており，買主が追完を催告することを前提としている。したがって，「履行に代わる損害賠償」においても原則として追完の優先が前提とされている[50]。以下の(1)～(4)において瑕疵担保の各救済手段について検討したのち，(5)～(7)において救済手段に関し補足的検討をする。

(1) 追完請求

買主は新品のスピーカーの引渡を受け(履行として認容し)たが，スピーカーには除去しうる瑕疵があったとすると(事例①)，買主は，新562条1項に基づく追完請求権を有する。追完は買主の選択により，瑕疵除去(スピーカーの修理)，もしくは，瑕疵なき代物の給付によってなされ，売主に帰責事由はいらない。それらの請求権は選択債務ではなく，選択的競合の関係にある。瑕疵除去(スピーカーの修理)は自分でする必要はなく，専門家等にやらせてよい。買主が瑕疵なき代物の給付を請求するとき，533条類推により代物給付と引換えに瑕疵あるスピーカーを返還しなければならない。新412条の2第1項により，「債務の履行が契約……及び取引上の社会通念に照らして不能であるときは」履行請求できず，債権者(買主)の受ける利益に比して債務の履行に過大の費用を要するときも，新412条の2第1項の「契約……及び取引上の社会通念に照らして不能であるとき」に含まれる[51]。さらに，新562条1項但書によれば，売主の提示する追完方法が買主に不相当な負担を課すものでないときは，売主は買主の選択した追完方法を拒絶して買主が請求した方法とは異なる方法で追完をすることができる。

---

[49] 『民法改正中間試案の補足説明』(信山社，2013年)408頁～410頁，潮見佳男『債権各論I第3版』(有斐閣，2017年)96頁参照。
[50] 潮見佳男『新債権総論I』275頁，修補に代わる損害賠償に修補請求が優先することにつき同『債権各論I第3版』251頁，同・NBL 1045号18頁参照。
[51] 潮見『民法(債権関係)改正法案の概要』54頁。

(2) 解　除

　代金減額は解除に代わるものである[52]ので，催告の要否等につき代金減額に関する新563条が新564条に基づく解除についても準用されるべきであろう。新542条1項と平仄を合わせた新563条2項によれば，追完不能のとき（1号）のほか，売主が「追完を拒絶する意思を明確に表示したとき」（2号），追完が定期行為であるとき（3号），買主が「催告をしても追完を受ける見込みがないことが明らかであるとき」（4号）には，催告を要せず無催告解除できる。買主に認められた追完方法が相当期間内に達成されなかったときは，新563条2項4号準用により催告は不要であろう。さらに，最判昭36年のように，修補が2回試みられて失敗に終わったときは（なかんずく物または瑕疵の種類，またはその他の事情から異なることが生じない限り）修補は達成されなかったものと事実上推定される。つまり，売主は，買主が選択し認められた追完が「契約……及取引上の社会通念に照らして」不能であること（新412条の2第1項）の立証責任を負い，そのことを立証していないし，上記修補不達成の事実上の推定の反証もしていないので，新563条2項4号準用により，催告は不要であろう。買主は，残っている種類の追完を主張するか，もしくは，直接に解除するかを選択できる。また，売主・買主間の信頼関係が壊れたり，売主が瑕疵につき詐欺をしたりして，買主には売主による追完を期待できないときなども，同項4号準用により催告は不要であろう。

　事例①において買主は質的一部遅滞として新564条541条に基づき売買契約を解除しうる。本件の場合の解除権につき，原則として（新542条1項および一部解除と同質である新563条2項準用により催告が不要でない限り），新564条562条563条541条は，買主が債務者（売主）に相当な期間を定めて追完を催告したが，その期間が無駄に経過したことを前提としている。買主が追完を求め，相当期間内に追完されないとき，買主は解除しうる[53]。ただし，この新564条541条による契約解除には制限があり，このときすでに売主が瑕疵ある物を

---

[52] 潮見・NBL 1045号15頁は，代金減額は一部解除と同質という。
[53] 我妻栄『債権各論中巻二』639頁参照。契約不適合という質的不履行による（「引渡」後の）解除につき，新564条は新541条542条を準用しているのであるから，契約不適合による解除のため，以下の本文のように新541条542条は一体的に活用されるべきであろう。「引渡」前は主として新541条の一般債務不履行による解除となろう。

引渡したことが売主の質的不履行であり，契約維持の原則および法定解除権の原則規定である新542条1項5号により，催告解除時に売主の質的不履行のため契約目的を達成できないときに買主は契約解除ができよう[54]。

(3) 代金減額請求

事例①において，買主は，新563条に基づき買主に帰責事由がなくとも「その不適合の程度に応じて」代金減額を主張しうる。その際，代金減額についても原則として新563条1項（542条1項）は，買主が債務者（売主）に相当な期間を定めて追完を催告したが，その期間が無駄に経過したことを前提としている。なお，催告の不要な場合につき，解除のところで述べたように，原則として新542条1項と平仄を合わせた新563条2項1号ないし3号により代金減額請求が無催告で認められるが，新563条2項4号では，買主が「催告をしても履行の追完を受ける見込みがないことが明らかであるとき」に無催告で代金減額を認める。

(4) 履行に代わる損害の賠償請求

事例①において，買主は，新564条，415条1項2項に基づき履行に代わる損害の賠償を請求しうる。履行に代わる損害の賠償請求についても新564条415条2項（563条562条）は，買主が売主に相当な期間を定めて追完を催告

---

[54] BGH NJW 2009, 508；BGH NJW 2011, 3708；Medicus/Lorenz, Schuldrecht II, 12 Aufl., Rn. 148ff. によれば，ドイツ法も除去しうる瑕疵の場合の契約解除につき追完請求による催告解除（独民323条1項）を独民323条5項第2文の重大な義務違反必要により制限する。潮見『新債権総論 I』567頁も，一部不能の新542条1項3号が契約目的達成不能を契約解除に必要とすることとのバランスを理由とする。契約不適合の場合に質的一部不能における564条542条1項による解除と，質的一部遅滞における564条541条による解除との評価矛盾を解消する必要もある。請負に関する旧634条635条は，修補請求ができるときでも契約目的達成不能の場合に限り解除を認めていた。大阪弁護士会民法改正問題特別委員会編『実務解説民法改正』（民事法研究会，2017年）316頁も「契約目的が達成できるのに，解除を認める必要はあるのか」と疑問を呈する。潮見佳男『債権各論 1 第3版』（有斐閣，2017年）102頁も，売買の契約不適合による解除の場合にも契約目的達成不能が必要であるという。法制審民法（債権関係）部会でも，追完の催告をしても追完がなされない場合について，契約目的を達成できない場合についてはじめて解除が認められるともされていた。杉本好央「民法改正案における法定解除制度の諸相」龍谷法学49巻4号（2017年）373頁，第78回議事録41頁42頁。中間試案では，契約不適合があり，売主への催告による追完の機会の保障を不要とする場合を新542条1項5号に相当する条文案において処理しようとしていた。『民法改正中間試案の補足説明』（信山社，2013年）134頁参照。

したが，相当期間が無駄に経過したことを前提としている (例外につき新542条1項563条2項準用)[55]。また，新415条1項により，債務者 (売主) は自己に帰責事由がないことを立証すれば免責される。なお，新564条，415条2項3号により「解除権が発生した」として全部の履行に代わる損害 (修補に代わる損害ではない) の賠償を請求するためには，解除と損害賠償において評価矛盾が生じないよう新542条1項5号を類推適用する必要があり，契約不適合により契約目的達成不能でないときは，買主は全部の履行に代わる損害の賠償請求ができないであろう。そのとき，買主は，不履行部分についてのみ履行に代わる損害賠償等を請求することができる。また，買主は遅延損害，給付と併にする損害 (最判昭36年の事案では応急的な瑕疵のないスピーカーの賃借料など) の賠償請求もできる。

(5) 同時履行の抗弁権

事例①では，売主は契約適合の目的物を給付する義務 (新562条) を果たしておらず，買主は同時履行の抗弁権 (533条) を有し，代金の支払を拒むことができる。

(6) 催告の不要

新品でなく中古スピーカーであったとして，その中古スピーカーには除去しうる瑕疵があったが，買主は瑕疵を知らずにスピーカーを受領していた。その後，スピーカーの瑕疵を発見し，買主は売主に瑕疵の修補を求めた (事例②) が，売主は修理費が高すぎるとして修理を最終的に拒否したとする。このとき，新563条2項 (542条1項) によれば，売主が追完を真摯にかつ最終的に拒絶するとき，催告は不要である。売主は瑕疵の修補ができるのに修補しておらず，その修補しない義務の違反が売主に帰責されると，買主は，新564条，415条2項に基づき履行に代わる損害賠償として代品購入費等の賠償を求めることができることがあろう。

---

[55] 潮見佳男『債権各論1 第3版』(有斐閣，2017年) 251頁100頁参照。

(7) 追完に過分の費用がかかるとき

事例②において、売主は修理には重要部品の交換が必要であり、その重要部品の交換だけで中古スピーカーの価格の2倍以上の費用がかかるとして修理を最終的に拒否したとする。新412条の2第1項は、債務の履行が「契約……及び取引上の社会通念に照らして不能であるとき」履行請求できないことを定め、瑕疵の些少性や債権者(買主)の利益に比して追完に過分の費用を要する場合もこの履行請求ができない場合である[56]。したがって、買主によって選択された追完方法が売主に過大な負担となるときは、売主は買主の選択した修補請求を新412条の2第1項により「不能」として正当に拒絶でき、他の追完方法がないとすると新412条の2のように瑕疵除去の不能な場

---

[56] 潮見『民法(債権関係)改正法案の概要』54頁285頁、同・NBL1045号17頁。ドイツにおいて、建物の瑕疵の修補費用が瑕疵のない状態における建物・土地価値を超える場合に売主に修補拒絶を認めたBGHZ 200, 350, Rn. 43 (2014.4.4) がある。独民275条2項による履行請求権の排除が比例原則に遡る権利濫用の禁止から正当化されることにつき、吉政知宏『事情変更法理と契約規範』(有斐閣、2014年) 254頁、買主の追完請求権の限界につき、田畑嘉洋「ドイツにおける買主の追完請求権と売主の追完拒絶権の関係について」九大法学109号 (2014年) 130頁、山田孝紀「比例原則を基礎とする給付拒絶の根拠」法と政治67巻4号 (2017年) 129頁参照。なお、甲斐道太郎他編『注釈国際統一売買法Ⅰ』(法律文化社、2000年) 359頁は、専門家たる売主自身による修補につき買主が特別な利益を有している場合には、売主は著しい費用と労力を負担しなければならないことがあり得るという。ドイツでも2016年の「請負契約法の改正及び売買法上の瑕疵責任の変更に関する法律」により追完に関するドイツ民法439条3項を追加し、売主による代物給付が行われるまでに買主が引渡を受けた瑕疵ある物を他の物に取り付けていたとき、売主は代物給付の内容として、瑕疵ある物を取り外し、代物給付する物を当該他の物へ取り付ける費用を負担すると定める。この取外しおよび取り付け費用は相当な額に制限されることがあり、BGHZ 192, 148, Rn. 54によれば、売買目的物が瑕疵のない状態で有する価値を上限とする。

新独民439条「(1)買主は、追完として、その選択に従い、瑕疵を除去し、又は瑕疵のない物の引渡を請求することができる。(2)売主は、追完のために必要な費用、特に、運送費、交通費、労務費及び材料費を負担しなければならない。(3)売主は、買主が瑕疵ある物をその種類及び使用目的に従って他の物へ取り付けたときは、追完の枠内で、瑕疵ある物を取外し、修補した物又は引渡した瑕疵のない物を取り付けるために必要な費用を買主に賠償する義務を負う。第442条第1項は、契約締結時に代えて、瑕疵ある物の取り付けを行う時点での買主の認識を基準として適用する。(4)売主は、買主が選択した追完に過分の費用がかかるときは、第275条第2項及び第3項の適用を妨げることなく、その追完を拒絶することができる。特に瑕疵のない状態における物の価値、瑕疵の程度及び買主に重大な不利益を被らせることなく他の追完をすることができたかを、その際に考慮する。この場合において、買主の請求権は、他の請求権に制限されるが、第1文の要件による売主の拒絶権を妨げない。(5)売主は、追完のために瑕疵のない物を引渡すときは、第346条から第348条までに従い、瑕疵のある物の返還を買主に請求することができる。BGBl. I 2017, 969；Picht, JZ 2017, 807；Maultzsch/遠藤歩(訳)「ドイツおよび欧州連合における売主瑕疵担保責任法の新たな展開」九大法政研究84巻2号 (2017年) 455頁以下、古谷貴之「ドイツ売買法における瑕疵責任の改正」産大法学50巻3・4号 (2017年) 269頁以下参照。

合である。この瑕疵除去の不能が売買契約締結前から存在したとすると，（事故車と知らずに買主が車を購入した場合のような）原始的に除去不能な瑕疵と同様に，買主は履行に代わる損害の賠償を新564条，412条の2第2項[57]に基づいて請求することができる。売主は，瑕疵とその除去の過大な負担を知らず，この不知を帰責されないことを立証しないと，この履行に代わる損害賠償につき免責されない。

(8) 小　括

以上の(1)～(4)のように，代金減額，解除，履行に代わる損害賠償という救済手段が，原則として買主が追完を催告し相当期間のむだな経過を前提としていることから，これらにおいては追完が1次的救済手段であり，解除，代金減額，履行に代わる損害賠償は瑕疵担保の2次的救済手段である[58]。また，以上の検討から，一般債務不履行法に比べて瑕疵担保法には買主にとって有利な面と不利な面がある。買主に有利な面としては，買主は新562条により，修補請求もしくは代物請求を選択的に請求できること，買主は一般債務不履行法では認められていない新563条の代金減額権を有することである。買主に不利な点としては，瑕疵担保権が新566条の1年の期間制限に服すること，追完の優先や新562条により売主が過分の追完費用がかかると主張したり買主に不相当な負担のない追完方法を主張すると買主は売主の追完に応じなければならないこと，新564条による全部解除権は，契約不適合のため契約目的達成不能となる場合（新542条1項5号）に制限されることなどである。

2　ドイツ法における履行請求権と追完請求権との関係

わが国の瑕疵担保責任規定の改正には，EU の消費用動産売買指令の影響がみられるところ，ドイツの2001年の債務法改正も消費用動産売買指令を国内法化したものであり，履行請求権と追完請求権との関係につきドイツ法を参照することができる。

---

[57] 新412条の2第2項は，債務の履行が原始的に不能な契約であっても原則として有効であるとし，債権者は，債務不履行の規定（新415条）の規定に従い「その履行の不能によって生じた損害の賠償を請求することを妨げない。」と規定している。

[58] 潮見佳男『債権各論1第3版』（有斐閣，2017年）251頁100頁96頁参照。

EUの消費用動産売買指令3条は，売主は，「消費用動産の引渡時に存在した契約違反について責任を負」い（同条1項），買主は瑕疵除去請求権，代金減額権，契約解除権を有すると規定する[59]。しかし，独民434条1項は，旧独民459条と同じく物の瑕疵の基準時を「危険移転時」とする。

　これに対し，期間制限につき，ウィーン売買条約（国連動産売買法）39条2項が，買主は物の引渡後遅くとも2年以内に売主に不適合の通知をしない時は瑕疵担保権を失う，と規定していることを範として，消費用動産売買指令5条1項1文でも「消費用動産の引渡後2年以内に契約違反が明らかになったときは」指令3条に規定する法的救済に従って責任を負う，と定めた。この指令に従い消滅時効としてではあるが独民438条2項は，「物を引渡した時から」2年の時効期間が進行すると規定した[60]。

　独民437条が定める買主の瑕疵除去請求権，代金減額権，契約解除権は，一般債務不履行法を修正し，代金減額権を追加し，短期消滅時効に服するので，いつからこのような瑕疵担保権となるかが争われ，以下の引渡時説と危険移転時説が主張される。

(1) 引渡時説

　ドイツの有力説は，独民437条439条に基づき優先的な追完請求権が成立するためには，その前に（瑕疵ある）給付がなければならないこと，独民437条の範となる指令3条1項によれば「引渡時」から瑕疵担保権に変容すると定めていること，その短期消滅時効の起算点を独民438条2項は動産および土地につき「引渡」と規定していることから，「引渡時」から履行請求権は追完請求権に変容するという。そして，ドイツ民法典は，いつこの「引渡」があるか，明示的解決を準備していないとして，437条から441条を目的論的に解釈すれば，「引渡」は履行がなされたと両当事者が考えてよい時点，つまり，請負における「引取」と同じく履行としての認容であるという。

　ドイツ民法の請負における引取（Abnahme）を見てみると，報酬は引取と同

---

[59] 青野博之「消費用動産売買指令とドイツ瑕疵責任」駒澤法曹6号（2010年）2頁。
[60] Canaris, in : Karlsruher Forum 2002, S. 72ff.；レーネン「瑕疵担保請求権の消滅時効」『法律学対話におけるドイツと日本』（信山社，2007年）254頁。以下の独民の条文につき，半田吉信『ドイツ債務法現代化法概説』（信山社，2003年）444頁以下参照。

時に支払わねばならず（独民641条1項1文），請負人は仕事の引取まで危険を負担する（独民644条1項）。引取は，瑕疵担保責任との関係でも重要である。引取（Abnahme）は，独民363条にいう履行として受領（Annahme als Erfüllung）と解され，注文者が仕事を物理的に受け取るだけでなく，本質上契約適合の履行として認容（Billigung）することを前提とし，本来の履行請求権が引取後は瑕疵担保権に変容する。すなわち，瑕疵担保権の消滅時効は，引取から開始し（独民634a条2項），引取時から瑕疵の立証責任転換が生じ，債権者（注文者）が給付物の契約不適合を立証しなければならない（独民363条）。また，注文者が瑕疵を知っているにもかかわらず瑕疵ある仕事を引き取ったときは，注文者は，引取に際して瑕疵担保権を留保していた場合のみ瑕疵担保権を有する（独民640条2項）こととなる[61]。

　ドイツの有力説は，この引取と同じ履行としての認容または拒絶までに売主による目的物給付の提供が先行しなければならず，買主がこの提供を受領し肯認すると少なくとも履行としての認容（独民363条）があり，一般給付障害法および瑕疵なき給付を求める本来の履行請求権はこの時点から独民437条以下の瑕疵担保権に変容される。これに対し，拒絶は，売主により提供された目的物を履行として拒否することであり，目的物はなお売主のものであるとの指摘を含まねばならず，一般給付障害法が適用されるままであるという[62]。

(2) 危険移転時説

　売買法につきドイツの通説は独民437条1項の定める瑕疵判断の基準時を重視し，瑕疵判断の基準時と同じく危険移転時（引渡等）から履行請求権は追完請求権に修正されるという[63]が，売買法においても，引渡と併せて「認容（Billigung）」という要素は放棄できないという。というのは，買主は原則として瑕疵ある給付を拒絶することができ，その拒絶によって，買主は瑕疵担保責任段階への移行を阻止し，段階移行による買主の不利を回避できなければ

---

[61] BGH NJW-RR 2010, 748；BGHZ 48, 257.
[62] BeckOK BGB Faust, §437, Rn. 4-6；Oetker/Maultzsch, Vertragliche Schuldverhältnisse, 4. Aufl., S. 79ff.；Ernst, in：Festschrift für U. Huber, 2006, S. 190.
[63] Medicus/Lorenz, Schuldrecht II, 17. Aufl. Rn. 67-70.

ならないからである。すなわち，買主に危険移転してしまう不利（独民446条）（や独民363条により買主が給付物の契約不適合を立証しなければならない不利）だけでなく，瑕疵担保責任の買主に不利な点（独民438条により瑕疵担保権が短期消滅時効に服すること，独民323条5項2文により全部解除するには瑕疵が重大でなければならないことや追完請求の優先があったり，独民275条2項により容易な独民439条3項の過分の追完費用の異議により買主は売主の追完に応じなければならないことなど）といった買主の不利を回避できるメリットがあるからである[64]。

この法的根拠としては，除去できる瑕疵の場合，独民266条「債務者は一部給付をする権利を有しない。」により売主は一部給付する権利がないので買主は質的一部給付として（受領遅滞に陥ることなく）（独民242条の信義則の制限の下で）独民266条により瑕疵ある目的物の提供を拒絶できる[65]。そして，重大でない瑕疵のある物でも拒絶すると，独民266条により売主は一部給付する権利がないので債務者である売主は全部遅滞に陥る可能性があり，買主は「完全権」の履行を求めて全部遅滞として全部解除等を主張して債務者である売主に圧力をかけ，「完全満足」を得やすくするメリットもある[66]。

しかし，特に，独民434条3項により物の瑕疵とされる過少の数量を給付した場合には，請負での引取と同じく履行としての認容から短期消滅時効に服するという。また，買主が物に瑕疵があることにつき立証責任を負うことになるのは，危険移転時からではなく履行としての認容からであるという[67]。

また，この有効な拒絶は，買主に適切な検査可能性が許容されることを前提とする。瑕疵の検査のため買主が目的物を受け取ると，相当な検査の機会・期間が経過するまで買主はなお拒絶できる（ウィーン売買条約86条参照）。瑕疵検査の相当な機会・期間が買主に許容されたにもかかわらず，買主が拒絶しようとしない場合には，買主の行為態様は履行認容と解されるべきである[68]。

---

[64] Jud, JuS 2004, 843ff.; Lorenz, NJW 2013, 1343f.; Grigoleit, in: Zehn Jahre Schuldrechtsreform, Beck 2014, S. 99ff.; Medicus/Lorenz, a.a.O., S. 25ff..

[65] MünchKomm. Krüger § 266, Rn. 4ff.; Jud, JuS 2004, 843ff.; Lorenz, NJW 2013, 1343f..

[66] Canaris, in: Karlsruher Forum 2002, S. 71ff.; Jud, JuS 2004, 843ff.; Lorenz, NJW 2013, 1343f.; Medicus/Lorenz, SR Ⅱ, S. 25ff..; Grigoleit, a.a.O., S. 99ff.. なお Jud 及び Lorenz は，瑕疵が除去できず，かつ軽微である場合には，瑕疵ある物の提供を拒絶できないという。

[67] Medicus/Lorenz, SR Ⅱ, S. 41ff., S. 88.

3 わが国における履行請求権と追完請求権との関係

(1) 拒絶と履行認容

新562条によれば，「引渡」前に買主が契約不適合を発見し目的物の受領を拒絶するとき，買主は一般債務不履行責任を追及できる[69]。しかし，新562条によれば，契約不適合な目的物の「引渡」から本来の履行請求権は追完請求権に変容する。このように新562条ないし564条，566条は，「引き渡された目的物」の契約不適合を問題としており，EUの消費用動産売買指令3条5条のような定めとなっており，「引渡」時から履行請求権は瑕疵担保権に変容するということができ，時的区分説に立っているということができる[70]。この「引渡」とは何かが問題となる。

(2) 履行として受領説

まず，「引渡」を請負における引渡と同様に関する立場がありうる。請負における引渡につきわが国の通説は，「原則として，直接占有の移転では足らず，注文者が，少くとも黙示に，仕事の結果を契約に適するものと肯認する（Billigung）ことを必要とする」と解し，報酬は引渡と同時に支払わねばならず（民633条），請負人は，原則として仕事の引渡まで危険を負担する[71]。この引渡は，履行としての受領と解され，注文者が仕事を物理的に受け取るだけでなく，本質上契約適の履行として認容することを前提とし，本来の履行請求権が引渡後は瑕疵担保権に変容する。すなわち，瑕疵担保権は，瑕疵を知ってから1年内に通知すべき期間制限にかかり（新637条1項），引渡時から瑕疵の立証責任転換が生じ，債権者（注文者）が給付物の契約不適合を立証しなければならない。また，注文者が瑕疵を知っているにもかかわらず瑕疵ある仕

---

[68] Ernst, NJW 1997, S. 897ff.; Ernst, in : Festschrift für U. Huber, 2006, S. 190ff.; Grigoleit, a.a.O., S. 99ff.. 履行認容について，拙著『表示責任と契約法理』85頁以下参照。
[69] 磯村保「売買契約法の改正」Law & Practice 10号（2016年）70頁，拙著『表示責任と契約法理』82頁以下126頁以下参照。
[70] なお，瑕疵担保権を「引渡」前に限定的に事前行使することは認められる。Wittler/Sieberg, BGB und VOB/B, NJW 2017, 1926f.；磯村保「売買契約法の改正」Law & Practice10号2016年71頁。
[71] 我妻・債権各論中巻二・629頁以下，笠井修『保証責任と契約法理論』（弘文堂，1999年）250頁以下参照。

事を引き取ったときは，注文者は，引渡に際して瑕疵担保権を留保していた場合のみ瑕疵担保権を有することとなる。

わが国の売買においても，新562条の「引渡」を請負における引渡と同様に解し，買主が売主による目的物給付を受領し肯認すると少なくとも履行としての認容があり，瑕疵なき給付を求める本来の履行請求権はこの時点から新562条以下の瑕疵担保権に変容されるとの立場がありうる[72]。すなわち，履行として受領前は，給付が債務の本旨に従ったものであることを主張する債務者（売主）が契約適合につき立証責任があるが，履行として受領した時から立証責任の転換が生じ，債権者（買主）が給付物の契約不適合を立証しなければならない。この履行として受領する時点というのは，売買契約の実行が進行して履行がなされたと両当事者が考えてよく，全く履行がない段階とは異なる両当事者の権利状態となっており，上記契約不適合の立証責任転換のほか，売買契約に基づく履行請求権は短期の期間制限に服する追完請求権に修正されること，全部解除するには契約不適合により契約目的を達成できないこと（新542条1項5号）となる。これに対し，拒絶は，売主により提供された目的物を履行として拒否することであり，目的物はなお売主のものであるとの指摘を含まねばならず，買主が拒絶すると一般の債務不履行法の適用領域のままである。

(3) 単なる引渡説

売買において単なる引渡から履行請求権は追完請求権に変容するとの立場に立ったとしても，引渡と併せて「認容（Billigung）」という要素は放棄できない[73]。というのは，買主は原則として瑕疵ある給付を拒絶することができ，その拒絶によって買主は瑕疵担保責任段階への移行を阻止し，段階移行による買主の不利を回避できなければならないからである。すなわち，買主に危険

---

[72] 田畑嘉洋・前掲注56論文90頁108頁，履行としての認容を維持し代金減額請求権を行使する場合につき大阪弁護士会民法改正問題特別委員会編『民法改正』（民事法研究会，2017年）266頁267頁参照。

[73] 新567条の危険移転との関係について，野中貴弘「契約適合性への買主の信頼」日本法学83巻1号2017年55頁以下，潮見『民法（債権関係）改正法の概要』（2017年）270頁参照。なお401条2項により給付危険が移転し，新567条により対価危険が移転するとの構成も可能であろう。

移転してしまう不利を回避できるだけでなく，瑕疵担保責任の買主に不利な点（瑕疵担保権の「買主が不適合を知ったときから」1年内に通知する新566条の短期期間制限，追完の優先があったり，売主が追完に過分の費用がかかると主張したり，買主に不相当な負担のない追完方法を主張すると買主は売主の追完に応じなければならないこと，全部解除するには解除の原則規定である新542条1項5号により瑕疵のため契約目的を達成できないことなど）といった買主の不利を回避できるメリットがあるからである。

その法的根拠は，除去できる瑕疵の場合，新541条が一部遅滞でも全部解除を認め，大判明治44・12・16民録17輯808頁が一部の提供では493条の提供とはならないとしていることから，債務者である売主は一部給付する権利がないので買主は質的一部給付として（受領遅滞に陥ることなく）（信義則の制限の下で）新541条，493条により瑕疵ある目的物の提供を拒絶できる。そして，重大でない瑕疵のある物でも拒絶すると，新541条，493条により売主は一部給付する権利がないので債務者（売主）は全部遅滞に陥る可能性があり，買主は完全な履行を求めて全部遅滞として全部解除等を主張して債務者である売主に圧力をかけ，「完全満足」を得やすくするメリットもある。

小　括

新562条ないし564条，566条は「引渡」としか規定していないので，この「引渡」を請負における引渡と同様に解し，瑕疵なき給付を求める本来の履行請求権は履行としての受領から瑕疵担保権に変容されると解することもできる[74]。

単なる引渡から瑕疵担保権に変容するとの立場であっても，来栖教授が，種類物に関する最判昭和36・12・15について，単なる「受領」と「履行として認容し受領」を区別し，「買主が単に瑕疵のあるものを受領したからといって，直ちに，その後は瑕疵担保責任しか問うことができないとすることは不都合で，債務不履行責任を問えてしかるべきであり，従って瑕疵のない代物

---

[74] 田畑嘉洋・前掲注56論文90頁108頁，大阪弁護士会民法改正問題特別委員会編『民法改正』（民事法研究会，2017年）266頁267頁，前掲注38拙著93頁以下128頁以下参照。解除や代物請求などをするときの履行認容撤回につき，拙著96頁128頁以下参照。

を請求し，また瑕疵のあるものを返却し，売主は未だ履行していないとして同時履行の抗弁権を提出し，代金の支払を拒絶することが認められるべきであろう。」と指摘されていた[75]ように，履行がなされたと両当事者が考えてよい時点までは受領拒絶を認めるべきであろう。買主が瑕疵あるものを正当に拒絶すれば一般債務不履行法のままである。

　すなわち，除去しうる瑕疵がある種類物であるスピーカーが履行として提供され，試運転してすぐに瑕疵を発見するとき，新541条，493条により売主は一部給付する権利がないので買主は質的一部給付として（受領遅滞に陥ることなく）（信義則の制限の下で）拒絶できる。そして，買主は，同時履行の抗弁権により（533条）代金支払いを拒絶できる。そのとき，買主は，売買契約に基づく本来の履行請求権を有するままである（新166条1項による瑕疵を知った時から5年の主観的起算点および10年の客観的起算点）。また，買主は，履行遅滞として新541条1項により（新542条1項5号の制限なしに）相当期間経過後，解除することができるか，もしくは，新415条により（新542条1項5号類推の制限なしに）相当期間経過後，売主が帰責事由ないことの立証ができなければ（全部の）履行に代わる損害の賠償請求をすることができる[76]。

　これに対し，買主が拒絶せず，（履行として）受領したとすると，瑕疵担保権に基づく新564条542条1項5号による解除，および，新564条415条2項3号による全部の履行に代わる損害賠償については，まず追完請求することのほか，それぞれ契約維持の原則および新542条1項5号，もしくは，新542条1項5号類推の制限がある。すなわち，解除に関する新564条542条1項5号によれば，買主は瑕疵のため契約目的達成不能であることを主張・立証する必要はなく，売主が瑕疵があっても契約目的を達成できることを抗弁し，瑕疵があっても契約目的を達成できることを売主が立証しないときは，買主は契約の全部解除ができる[77]。同様に損害賠償に関する新564条，415条2項，542条1項5号類推によれば，瑕疵があっても契約目的を達成できることを売主が立証しないときは，債権者（買主）は全部の履行に代わる損害の賠償請

---

[75] 来栖三郎『契約法』（有斐閣，1974年）114頁以下。
[76] 立証責任につき甲斐道太郎他編『注釈国際統一売買法I』（法律文化社，2000年）336頁337頁参照。

求ができる。したがって，瑕疵が軽微であれば，買主は契約の全部解除ができなかったり，全部の履行に代わる損害の賠償請求ができなかったりする。そのとき，買主は軽微な瑕疵ある目的物を保持し，代金減額，もしくは，不履行部分についてのみ履行に代わる損害賠償等を請求することができる。瑕疵担保権である新562条に基づく追完請求権は，新566条により「買主が不適合を知ったときから」1年内に通知すべき期間制限にかかる。

第3節　請負における契約不適合責任と債務不履行

はじめに

　請負は請負人が仕事を完成することを約し，注文者がそれに対して報酬を支払うことを約する契約であり，請負人は仕事完成義務を負う（民632条）。この仕事は無形・有形の内容にわたる。仕事が有形的結果の実現である場合を念頭において，民633条本文は，報酬の支払時期は目的物の引渡のときと定める。目的物の引渡を要しないときは仕事の完成のときである（民633条但書）。

　本来の履行請求権が瑕疵担保請求権に変容するのは，目的物が引渡を必要とする場合は完成した仕事を引渡したとき，引渡を要しない場合は完成のときと解すべきである[78]。そして，瑕疵担保請求権は，瑕疵を知ってから1年内に通知すべき期間制限にかかり（新637条1項），引渡により危険は注文者に移転する。また，引渡時から瑕疵の立証責任転換が生じ，債権者（注文者）が給付物の契約不適合を立証しなければならない[79]。そうすると，請負人はでき

---

[77] 『民事訴訟における要件事実第1巻』（法曹会，1985年）216頁によれば，現行法においても契約目的を達成できることの立証責任は売主にある。その理由は，買主は目的物の瑕疵を基礎づける一般的要件を主張立証しているので，目的物の使用収益に障害があることは明らかとなるからという。ウィーン売買条約36条の立証責任においても同様である。甲斐道太郎他編『注釈国際統一売買法Ⅰ』（法律文化社，2000年）285頁参照。

[78] 三宅正男『契約法（各論）下巻』（青林書院，1988年）887頁—904頁，石田穣『民法Ⅴ契約法』（青林書院，1982年）333頁，山本重三・五十嵐健之「建築請負契約における瑕疵担保責任」『不動産法大系Ⅴ』（青林書院，1970年）206頁参照。なお，契約不適合と不法行為責任との関係について，拙稿「建物の瑕疵と建築業者等の責任」法律時報81巻6号2009年119頁，「建物の瑕疵についての請負人等の不法行為責任」岡山大学法学会編『法学と政治学の新たなる展開——岡山大学創立60周年記念論文集』（有斐閣，2010年）109頁参照。

るだけ早く引渡による法律効果を得ることに利益を持ち，注文者は代金の支払前までに請負人によってできるだけ完全に契約履行されることに利益を持つ。

　請負における「引渡」につきわが国の通説は，「原則としては，注文者が目的物を点検し，仕事が契約内容の通りに完成されたことを明示または黙示に諒承して，直接占有を受けることを意味し，……直接占有の移転では足らず，注文者が，少くとも黙示に，仕事の結果を契約に適するものと肯認する（Billigung）ことを必要とする」と解し，請負人は，原則として仕事の「引渡」まで危険を負担する。そして，建築工事の請負は，通常の場合，建物の引渡を必要とするが，たとえ引渡があっても未完成部分のあるときは，代金の支払期限は到来しないと解されるべきである。ただし，この通説は，ドイツ法を参照して，信義則から「引渡の際に注文者が不完全な点を発見しても，それが付随的な部分における軽微なものである場合には——注文者は，その不完全な部分について修補を請求することができ，修補されるまでは報酬の全部または一部の支払いを拒むことができるのだが，——引渡を受けることを拒むことができず，これを拒んでも，請負人が引渡の提供をした時から危険は注文者に移転すると解することが公平に適する」という[80]。

　この信義則による当事者間の利害調整につき，判例も下記⑧ 東京高判昭和 36・12・20 高民集 14 巻 10 号 730 頁判時 295 号 28 頁では，訴外工務店が開業医 Y より医院の増改築工事を請負ったのに完成しないで中止してしまったため請負人 X がその残工事を代金 61 万円余りで請負い，完成した仕事の引渡を要しないとして残代金請求した事案において「工事が途中で廃せられ予定された最後の工程を終えない場合は工事の未完成に当るものでそれ自体は仕事の目的物のかしには該当せず，工事が予定された最後の工程まで一応終了し，ただそれが不完全なため補修を加えなければ完全なものとはならないという場合には仕事は完成したが仕事の目的物にかしがあるときに該

---

[79] 定塚孝司「建設工事に伴う訴訟」『実務民事訴訟講座 10』（日本評論社，1970 年）267 頁，滝井繁男『建設工事契約』（ぎょうせい，1991 年）114 頁，升田・前掲 41 書 122 頁以下参照。

[80] 我妻・債権各論中巻二・627 頁—629 頁，635 頁，636 頁，内山尚三「請負人の担保責任」『契約法大系Ⅳ』（有斐閣，1963 年）172 頁，174 頁，同『注民 (16)』118 頁，定塚孝司・前掲注 79 書 268 頁—271 頁，滝井繁男・前掲注 79 書 114 頁参照。

当するものと解すべきである。」と述べて残代金23万円のうち約14万円に及ぶ左官工事が不完全なものであることを考慮に入れると信義則上注文者Yは残金の支払を拒否できると判示した。学説も，「最後の工程まで一応終了」とは，建物の建設業者が所定の手順で最終工程を終え，行政的にも確認がされ，建物が社会通念上建物として完成されていること[81]とか，各工程とも客観的にみてひととおりの作業を終えていることを要し，請負人が主観的に終えたと考えただけでは十分でなく，少なくとも構造上用途上重要部分が社会通念からみて約旨に従って施工されていることを要するという[82]。

上記東京高判昭和36・12・20以降の判決例は，信義則上報酬支払を拒否できない場合を多数認めており，どのような要素を考量してそのような判断となるのかを明らかにする必要がある。そのため，本節ではまず通説が参照したドイツ法を検討する。次に，上記東京高判昭和36・12・20を検討するほか，それ以降のわが国の判決例をドイツ法の分類に従って検討する。

1　ドイツにおける「引取」

独民640条1項は，「注文者は，仕事の性質に従って引取が排除されない限り，契約に適って製作された仕事を引取る義務を負う。重要でない瑕疵により引取は拒絶されえない。注文者が仕事を，義務あるにもかかわらず，請負人によって定められた相当期間内に引取らない場合は，引取と同視される。」と規定している。なお，独民646条によれば，劇上演，演奏，運送，新聞広告などのように仕事の性質上引取を必要としない場合には，引取に代えて仕事の完成でよい。

引取 (Abnahme) の法律効果を見てみると，報酬は引取と同時に支払わねばならない（独民641条1項1文）。注文者が引取らないことが正当である限り，注文者は独民320条1項の同時履行の抗弁権により報酬の支払いを拒絶できる。また，請負人は仕事の引取まで危険を負担する（独民644条1項）。

そして，引取 (Abnahme) は，独民363条にいう履行として受領 (Annahme als

---

[81]　北川善太郎『債権各論第3版』（有斐閣，2003年）81頁。
[82]　山本重三・五十嵐健之・前掲注78書203頁，滝井繁男・前掲注79書138頁参照。また，特に下記⑤⑥判決参照。

Erfüllung) と解され，注文者が仕事を物理的に受け取るだけでなく，本質上契約適合の履行として認容 (Billigung) することを前提とし，本来の履行請求権が引取後は瑕疵担保権に変容する[83]。すなわち，瑕疵担保権の消滅時効は引取から開始し (独民634a条2項)，引取時から瑕疵の立証責任転換が生じる。引取前は請負人が給付物に瑕疵なきことを主張・立証しなければならないが，引取後は債権者 (注文者) が給付物の契約不適合を立証しなければならないのである[84]。また，注文者が瑕疵を知っているにもかかわらず瑕疵ある仕事を引き取ったときは，注文者は，引取に際して瑕疵担保権を留保していた場合のみ瑕疵担保権を有する (独民640条2項) こととなる[85]。

(1) 明示的黙示的引取

独民640条1項の引取は，注文者が仕事を物理的に受け取るだけでなく，本質上契約適合の履行として認容 (Billigung) することを前提とする[86]。この引取は，明示的表明によってだけでなく，推断的 (黙示的) 表明によってもなすことができ，法律行為類似の行為である。明示的引取がない場合には，仕事を受取る際の注文者の行為態様から，請負人が注文者は仕事を本質上契約適合の履行として認容すると推断してよいのか，引取拒絶が推断されるべきかが問題となる[87]。たとえば，注文者が仕事を受取り何も留保せずに報酬を支払うと，推断的 (黙示的) 引取が認められうる[88]。その理由は，仕事が本質的に契約に適合しているとまず考える注文者だけが，何も留保せずに報酬を支払おうとするからである。仕事の性質・状態がすぐ分かるときに仕事を受領すると推断的 (黙示的) 引取が認められうる[89]。

また，注文者が仕事を単にテストするのではなく仕事を比較的長く使用するとき，注文者は仕事の瑕疵を検査する相当な機会・期間を有していたので，

---

[83] Hartung, NJW 2007, 1099, 1102；MünchKomm/Busche (2012), § 640, Rn. 45-47.
[84] 独民363条，BGH NJW 2009, 360；BGHZ 61, 4.
[85] BGH NJW-RR 2010, 748.
[86] BGH NJW 1996, 1749；MünchKomm/Busche, § 640, Rn. 3；Palandt/Sprau, § 640, Rn. 3.
[87] Staudinger/Peters/Jacoby, Neuarbeitung 2008, § 640, Rn. 10-13；MünchKomm/Busche, § 640, Rn. 4-6；BeckOK BGB Voit, § 640, Rn. 5-7.
[88] BGH NJW 1970, 421.
[89] BeckOK BGB Voit, § 640, Rn. 7.

推断的（黙示的）引取と解されうる[90]。注文者がこの機会・期間を実際に利用したかどうかは重要ではなく、この検査の相当な機会・期間が許容されればよい。推断的（黙示的）引取を認めるために、この検査のための相当な使用期間が必要である。さらに注文者が仕事を製造工程に本格的に投入したり、仕事を転売するときにも、推断的（黙示的）引取と解されうる[91]。

(2) 終局的引取拒絶

引取拒絶には、終局的引取拒絶と一時的引取拒絶とがある。

注文者が「瑕疵除去まで」といった留保なしに引取を拒絶するとき、または即時に不履行に基づく損害賠償を請求するとき、または独民631条により新規製作を求めることもなく請負人の仕事を全く引取不能として突き返すときなどに真摯で終局的な引取拒絶がある。ドイツの判例は、終局的引取拒絶の場合に拒絶時に支払期限が到来し（独民641条）、消滅時効期間が経過し始めるという[92]。そして、ドイツの学説・判例は、注文者がただ「仕事を引取らない」と表明するだけで引取から生じる義務を注文者が免れるのは信義則に反するという[93]。というのは、引取がなければ注文者は631条に基づく本来の履行請求権を有するが、注文者は終局的引取拒絶に基づき「請負人による契約履行をすべて拒絶する」と認識させたので、本来の履行請求権を保持することに法的保護に値する利益をもはや注文者は持たず、引取から生じる義務が生じるべきだからである。終局的引取拒絶の場合には、一時的引取拒絶の場合と異なり、引取拒絶が正当かどうかは問題ではない[94]。

(3) 正当な一時的引取拒絶

一時的（もしくは延期的）引取拒絶は、注文者が今は引取を拒絶するが、のちには原則的に引取るつもりであることを示すときである。終局的引取拒絶と

---

[90] BGHZ 132, 96＝NJW 1996, 1749；OLG Hamm NJW-RR 1995, 1233；BGH NJW-RR 2010, 748；BGH NJW 2013, 3513.
[91] LG Aachen NJW-RR 1993, 1399；OLG Hamm NJW 1999, 1609；OLG München NJW 1991, 2158.
[92] BGH NJW 1974, 1187；BGH NJW 2000, 133.
[93] BGHZ 50, 175；BGH NJW 1990, 3008；BGH NJW 2005, 1650.
[94] Willebrand/Detzer, BB 1992, 1803；BeckOK BGB Voit, §634a Rn. 16, §641 Rn. 5.；Henkel, MDR 2003, 913f.；MünchKomm/Busche, §634a, Rn. 48.

は異なり，一時的引取拒絶の場合には，注文者は独民 631 条に基づき履行請求するつもりであることを請負人に気づかせるので，正当な引取拒絶と不当な引取拒絶とで区別される。

独民 640 条 1 項は，「注文者は，仕事の性質に従って引取が排除されない限り，契約に適って製作された仕事を引取る義務を負う。重要でない瑕疵により引取は拒絶されえない。注文者が仕事を，義務あるにもかかわらず，請負人によって定められた相当期間内に引取らない場合は，引取と同視される。」と規定しているが，2000 年 4 月 30 日までの独民 640 条 1 項には，現行独民 640 条 1 項の第 2 文も第 3 文もなかった。

2000 年 4 月 30 日までの独民 640 条 1 項の下で正当な一時的引取拒絶の場合には，注文者は独民 631 条に基づき完全で瑕疵のない仕事の製作を求めることができるので，仕事に小さな瑕疵があるだけであっても注文者は正当に引取を拒むことができるとされた[95]。この正当な一時的引取拒絶がある場合，引取による効果は生じず，独民 640 条 1 項に基づく注文者の引取義務も生じない。むしろなお，注文者には独民 631 条に基づく本来の履行請求権があるままであり，請負人が報酬請求を訴求しても，現在理由なしとして棄却される。注文者は仕事を引取ることにより仕事は本質上契約に適合すると表明することによって初めて瑕疵担保権という二次権を使うこととなる。ただし，軽微な瑕疵を指摘して引取拒絶し，それが信義則に反し誠実違反と思われるとき，軽微な瑕疵を指摘して引取のないことを主張できず，独民 641 条 1 項の報酬債権の支払時期は到来する[96]。

これに対し，現行の独民 640 条 1 項では，重要でない瑕疵により引取は拒絶されえない点が異なり，瑕疵に基づく引取拒絶は，瑕疵が重要であるときのみ許されることとなった。

(4) 不当な一時的引取拒絶

仕事は完成して提供しているのに注文者が独民 294 条ないし 299 条に反し

---

[95] BGHZ 19, 382；OLG Karlsruhe, MDR 1967, 669；BGH NJW1996, 1280.
[96] BGH NJW 1996, 1280；Willebrand/Detzer, BB 1992, 1803；Siegburg, Handbuch der Gewährleistung beim Bauvertrag. 4. Aufl. 2000, Rn. 346-364.

て不当に引取らないとき,注文者は293条の受領遅滞に陥る。請負人の責任は独民300条により故意と重過失ある場合に軽減される。独民304条により請負人は増加費用の償還を請求することができる。独民644条により注文者が受領遅滞に陥るときは,報酬危険は注文者に移転する。

注文者が仕事に瑕疵がないのに瑕疵を主張して引取を拒むなど不当な引取拒絶によって引取による不利な効果を免れようとするのを妨げるため,受領遅滞,履行遅滞,もしくは,独民162条1項類推といった法的構成が主張されている。

受領遅滞説によれば,注文者が不当に受領拒絶すれば,独民644条1項第2文を類推して,注文者の受領遅滞(Annahmeverzug)に引取の代わりを引受けさせる。これは,独民644条1項第2文が「注文者が受領遅滞に陥るときは,危険は注文者に移転する。」と規定し,注文者の受領遅滞は危険移転にとって決定的であるからであり,また,請負人が完成した仕事を提供すると,注文者は瑕疵を検査する可能性を有し,瑕疵担保請求権を短期の期間制限にかからしめることを正当化できるからである[97]。

履行遅滞説によれば,注文者が旧独民284条による催告を受けたにもかかわらず仕事を引取る義務に応じないとき,注文者は受領遅滞のほか履行遅滞に陥る。そうすると,独民249条を準用する旧独民286条1項により注文者は遅延賠償の義務を負う。また,ドイツ民法は損害賠償の方法として原状回復も認めているので,請負人は,注文者が引取義務に適時に応じたような状態にされるべきである。すなわち,遅くとも履行遅滞の発生時に引取の効果が擬制されることとなる[98]。

独民162条1項類推説によれば,引取を誠実違反に妨げたことは,条件成就によって不利益を受ける者が誠実違反に条件成就を妨げ条件不成就の結果を生ぜしめた場合に類似しているので,不当な引取拒絶によって引取の効果が生じるという[99]。

---

[97] Erman/Seiler, BGB, 8. Aufl., §638 Rn. 3;Staudinger/Peters, Neubearbeitung 2000, §638 Rn. 28.;Staudinger/Peters/Jacoby, Neubearbeitung 2008, §634a Rn. 40;MünchKomm. Busche, §634a Rn. 47;Soergel/Teichmann (1997), §640, Rn. 16.

[98] Willebrand/Detzer, BB 1992, 1804;MünchKomm/Soergel (1997), §638 Rn. 43, §640 Rn. 23b.

[99] Siegburg, a.a.O., Rn. 371-380;BGH NJW 1990, 3008.

ところで、不当な一時的引取拒絶の場合について、2000年5月1日からは請負人保護のため新たに独民640条1項3文が設けられた。独民640条1項3文は、「注文者が仕事を、義務あるにもかかわらず、請負人によって定められた相当期間内に引取らない場合は、引取と同視される。」と定め、引取擬制の場合を規定する。この引取擬制の要件は、注文者が引取義務を負う場合に引取擬制が問題となるので、仕事につき、引取ることができ、かつ、引取に熟していることが必要である。そして、仕事に重要な瑕疵がある場合も、引取擬制は問題とならない。さらに、請負人は、注文者の引取のため相当な期間を定めていなければならない。この相当期間は、注文者が仕事の具体的性質により、特に仕事の種類および仕事に典型的に見られる瑕疵などにより通常の関係でその仕事を引取ることができる期間であり、場合により、仕事の性質の検査のため一定の使用期間が注文者に許されるべきであることが顧慮されるべきである。請負人が短期すぎる期間を定めた場合には、期間の定めは全く無効ではなく相当期間が認められるべきである。注文者が仕事を引取らずに相当期間が経過すると、独民640条1項3文の引取擬制が生ずる[100]。

これに対し、終局的引取拒絶に関するこれまでの判例は、独民640条1項3文にもかかわらず維持されたままである[101]。

2 わが国の請負における「引渡」

わが国の請負における「引渡」(633条)に関する判決例を見てみる。

① 大阪地判昭和44・9・24判時587号60頁では、請負人Xと注文者Yとの、工事代金額を格安な90万円とのみ約定した左官請負契約において、①判決は、「本件建物のわずかな部分に下塗さえなく、又仕上塗のしていない部分もなくはないが、右左官工事はその予定された工程まで一応終了し、これが完全ではないにしても社会通念上一応完成したものと認め得られ、Yも右工事が未完成であることを理由に支払を拒絶しているものでもないから、XはYに対しその約定代金の支払を請求し得るものと云うべきである」として、凹凸の非常に多い粗雑な左官工事、陸屋根の水勾配が悪く排水が悪い工事、

---

[100] MünchKomm/Busche, §640, Rn. 25-27.
[101] Henkel, MDR 2003, 917；BeckOK BGB Voit, §634a Rn. 16, §641 Rn. 5.

屋内モルタル仕上げの随所に亀裂ある工事につき瑕疵の問題であるとする。完成との評価にあたり注文者が完成として肯認したことが重視されている。

これに対し、未完成および検収・引渡未了を認める判決例がある。② 東京高判昭和 61 年 5 月 28 日判時 1194 号 82 頁、金商判 747 号 26 頁では、合成樹脂製まな板を製造したい Y より X は特殊油圧成型機の注文を受け、完成したとして Y 方工場において組み立て、据え付けを了し、Y 立会のもと試運転を行い、検収引渡をすることになっていた事案において、「本件機械は、Y 方工場に搬入され、組立のうえ据付を了したが、その試運転において、平行度、支柱の傾き具合等の精度不良のため、遂に良好な製品を製造する機能を発揮するに至らず、右のような状態にあることについて Y の了解も得られなかったのであるから、未だ完成しておらず、本件契約に定める検収引渡しを完了していないものと認めるのが相当である。」と判示した。

(1) 推断的「引渡」

わが国においても「引渡」における履行認容は黙示的でもよい。

③ 東京高判昭和 47・5・29 判時 668 号 49 頁では、請負人 X が立体駐車場を建設する契約を注文者 Y と締結し、そのエレベーター工事部分については注文者 Y が下請業者を指定していた場合に、その建屋部分は昭和 38 年 12 月 10 日に注文者 Y に完成引渡され、エレベーター設備部分は同年 12 月 28 日に Y は一応引渡しを受け、落成式を行い、駐車場賃貸借契約を締結して営業用に使用し、注文者 Y の指定した下請業者であるエレベーター会社に、不完全な箇所について補修、改善、調整をさせていたにとどまるとして、仕事は完成しておりもはや Y は、X に対し、債務不履行の責任を問いえないものというべきであると判示した。注文者が仕事の引渡を受け営業用に使用している場合に黙示的引渡を認めるものである。

④ 東京高判昭和 51 年 6 月 29 日金商判 513 号 40 頁では、X は Y 病院より鉄筋コンクリート造病棟の建設を請負い、一応完成して昭和 43 年 4 月末頃 Y に引渡し、それ以降 Y は約 8 年間病棟として使用しているが、同年 12 月末に Y は雨漏り等の瑕疵の修補を求め、X は Y 振出しの手形の支払を訴求した。④ 判決は、「X は本件建物の工事を一応完成しこれを Y に引渡し、Y

において使用してきているのであるから，なお瑕疵が残存しているとしても，それは比較的軽微なものというべく，このような場合には債務不履行（不完全履行）に関する規定の適用，殊にそれを前提として仕事の未完成による請負報酬債務の不発生の関係は排除され，もっぱら民法634条以下の担保責任の規定が適用されるものと解すべく，しかもその場合瑕疵の修補義務と請負代金の支払義務とは原則として同時履行の関係にあると解されるのであるから，YがXの本件手形金請求につき瑕疵の修補と引換給付を求めるは格別，単にXの工事に瑕疵があるというだけで全面的に本件手形金の支払を拒むことはできないものと解すべ」きであると判示した。相当期間を超える8ヶ月間，病棟として使用していたことにより黙示的引渡を認めるものである。

(2) 正当な一時的受領拒絶

何が仕事の完成になるかは，契約解釈の問題である[102]。未完成であれば上記②判例のように注文者は報酬の支払を拒絶できる。

そのほか，⑤東京地判昭和48・7・27判時731号47頁では，準防火地域に木造二階建建物を建てる契約が口頭でなされ，請負人Xは建物外壁はトタン張りとし，内壁はベニヤ張りにしたため検査済証の交付が受けられなかった。Xは工事を完成したとして代金請求し，注文者Yは工事は未完成と主張した。Xには建築確認申請手続について資格がないため代願され，本件建物の建築確認申請書には，外壁をモルタル塗とし，内壁を漆喰塗りとする旨記載されていた。

⑤判決は，本件請負契約が口頭でなされたほか，建築仕様の詳細についての取り決めもなかった場合，請負契約の当事者は，少なくとも建築基準法に適合した建物を建築することを合意したと認めるのが合理的である。そして，本件建物の建設される地域が準防火地域に指定されていたことは争いがないから，少なくとも本件建物の外壁はモルタル塗としなければならないのであり，本件建物の請負契約にあたっては，建物の外壁はモルタル塗とし，内壁は漆喰塗とする約束であったと認めるのが相当であると判示した。そして，

---

[102] 内山尚三・山口康夫『請負（新版）』（一粒社，1999年）50頁。

建築請負契約の場合，請負契約の仕事の完成とは，建築された建物が社会通念上建物として完成されているかどうか，主要構造部分が約定どおり施工されているかどうかのほか，それが建築基準法上も適法として是認されるかどうかも含めて完成の有無を判断すべきとし，建築基準法違反ゆえ完成したといえないと判断した。完成かどうかの判断に際し，本件建物が建築基準法に違反することにより検査済証が交付されず，住居として使用できないことが重視されている。

⑥ 大阪高判昭和 59・12・14 判タ 549 号 187 頁では，請負人 X は鉄骨造 3 階建の倉庫兼アパートを外形上完成させた。しかし，本件建物の基礎は，建築確認申請書添付図面ではベタ基礎の設計になっているのに，礎版が施工されていない。地中梁の鉄筋と基礎の鉄筋が連結されておらず地中梁としての効用を発揮していない。柱脚プレートが基礎とアンカーボルトで連結されておらず単に置かれているだけの状況である。柱が基礎（ベースプレート）の中心から大きくはずれて設置され，各基礎が建物の荷重を十分に受けとめられない。梁および柱の断面積が極端に小さい。柱と梁の接合方法や梁の継手工法の不良などがあり，建物の生命ともいうべき基礎，柱，梁などの構造部分に致命的欠陥があり，その補修は技術的に不可能に近く，あえて補修するとすれば，請負代金の 2 倍以上にあたる金 3200 万円を必要とするので，全面的に建て替えるしか方法がない。そして，本件建物は，建築確認申請書の表示と比べて建築面積で 1.5 倍あり，建ぺい率，容積率において建築基準法に違反するものであり，大阪市建築局から工事中止等を内容とする違法建築物措置勧告を受けたため，Y はこれを X に伝えたが，X は心配いらないとしてこの勧告を無視して本件工事を続行して違法建築物を構築した。請負人 X は建物の引渡と引換に残代金の支払を訴求したが，Y は本件建物には上記のとおりその重要構造部分に修補不可能な欠陥があり，危険建物として使用不能のものであるから，未だ完成していないというべきであるとして引取を拒絶した。

⑥ 判決は，「請負契約においては，目的物が完成して請負人より引渡しの提供を受けた以上，注文者はこれを受領し請負代金を支払うべき義務があり，かりにその物に瑕疵があっても，その瑕疵の修補を請求し又は修補に代わる

損害賠償の請求をなしうるは格別，代金そのものの支払を免がれることができないのが本則であるが，目的物の瑕疵が極めて重大であってほんらいの効用を有せず，注文者が目的物を受領しても何らの利益を得ない場合は，仕事が完成していない場合に準じ，注文者は請負代金の支払を拒むことができるものと解するのが相当である。けだし，右のような場合は仕事がまだ完成していない場合と実質的に異なるところはなく，かかる場合に注文者が必ず目的物を受領して代金を支払う義務があるものとすれば当事者間の利害の均衡を失し有償双務契約の本旨に反すると考えられるからである。これを本件についてみるに，前認定のとおり，本件建物はいちおう外形的には完成したが，主幹部分に重大な欠陥があり，現状のままでは建物としての使用に堪えず，この欠陥を補修するとすれば請負代金額の2倍以上の費用を必要とし，むしろ本件建物を一たん取り毀して再度建築するほかはないばかりでなく，本件建物は容積率及び建ぺい率において建築基準法に違反しており，官庁より検査済証の交付を受けられず，その使用が許可されない建物であるというのであるから，実質的にみれば，注文にかかる建物が完成していない場合と何ら差異はなく，近い将来において使用に堪える建物が引渡される見込みも存在しないものというべきである。」として注文者は同建物の受領および請負代金の支払いを拒絶することができると判示された。完成かどうかの判断に際し，本件建物が建築基準法に違反することにより検査済証が交付されず，倉庫兼アパートとして使用できないことが重視されている。

　これに対し，一時的に正当に受領拒絶しても，それが信義則に反し誠実違反とされる場合があることを認める判決例がある。⑦東京地判昭和34・9・23判時203号19頁では，訴外工務店が開業医Yより医院の増改築工事を請負ったのに完成しないで中止してしまったため請負人Xがその残工事を代金61万円余りで請負い，残代金を請求したのに対し，注文者Yは欄干のガラスのはめ込みや廊下の塗装等が残っていること，および，左官工事の不完全を主張し未完成として残代金の支払を拒否した。⑦判決は，「本件請負工事残代金の支払時期はXYの約定によれば工事完成のときであるから，一部分でも工事が完成していない以上換言すれば一部分でも工事の工程の終らぬ以上残代金の支払時期は到来しない反面，工事の全工程が終了したときは一

部分に不完全な作業があったとしても残代金の支払期は到来し単に作業の不完全を指摘するだけでは残代金の支払を拒むことはできない，と謂うべきである（大正 8 年 10 月 1 日大審院判決参照）。然し勿論その間信義則に従わねばならないから，残代金に比し極めて些少の未完成部分があるに過ぎない場合は残代金の支払期日の未到来を主張することは許されないと解すべきであるが，左様な場合でも残代金を支払うことが信義則上期待できないような特段の事情のある場合は注文者は残代金の支払を拒否しうるものと謂わねばならない。」と述べて，欄干のガラスのはめ込みや廊下の塗装等の未完成部分は「請負工事の全工程からみると極めて僅少の部分である」が，残代金 23 万円のうち約 14 万円に及ぶ左官工事が不完全なものであることを考慮に入れると信義則上残金の支払を期待する方が無理であり残金の支払を拒否できると判示した。

　その控訴審である⑧東京高判昭和 36・12・20 高民集 14 巻 10 号 730 頁判時 295 号 28 頁は，「請負人は，仕事が完成して目的物を引渡し又は引渡を要しない仕事の場合において仕事が終了したときは，別段の特約がない限り，直ちに報酬の支払を請求することができ，仕事の目的物にかしがあると否とを問わないと同時に，仕事の目的物にかしがあるときは，注文者には，かしの修補を請求し又はこれと併わせて損害賠償の請求をなし，請負人がその義務を履行するまでは報酬金の支払を拒否する同時履行の抗弁をなす権利が与えられている。従って注文者は仕事が完成して目的物の引渡があったとき又は目的物の引渡を要しない場合において仕事が終了したときは，この請負人の担保責任を追及する方法によらないで，単に仕事の目的物にかしがあるというだけの理由で直ちに報酬金の支払を拒むことはできないものというべきである。ただ実際においては，仕事の結果が不完全な場合に，それを仕事の未完成と見るべきか又は仕事の目的物にかしがあるものと見るべきかの明らかでないことがあり得るけれども，工事が途中で廃せられ予定された最後の工程を終えない場合は工事の未完成に当るものでそれ自体は仕事の目的物のかしには該当せず，工事が予定された最後の工程まで一応終了し，ただそれが不完全なため補修を加えなければ完全なものとはならないという場合には仕事は完成したが仕事の目的物にかしがあるときに該当するものと解すべき

である。」と述べて原判決を是認し，本件においては未完成として信義則上残報酬全額の支払を拒むことができるとする。しかし，⑧判決は，注文者が軽微な部分の仕事が未完成なことに乗じこれを口実にして報酬の支払を遅延することは信義則上許されないとも述べている。

　⑨山形地新庄支部判昭和60・2・28判時1169号133頁でも，医院兼住居建物の新築工事につき，請負人Xが残報酬を請求したのに対し注文者Yは工事が未完成であると主張して残報酬の支払を拒絶した。判決は，工事完成とは，瑕疵との対比上，工事が予定された最後の工程まで一応終了し，かつ，構造上，用途上重要な部分が社会通念上約旨に従って施工されていれば，民法632条の完成に該当すると解すべきであるから，本件医院において，多数の欠陥部分が存するとしても，それが細々したやり直し的なものが大部分であるうえ，予定された最後の工程まで一応終了している以上，工事の完成及び引渡しが認められ，報酬請求に対する注文者の同時履行の抗弁権は認められないと判示した。すなわち，Yは「多数の欠陥部分が残っているものの，これを医院及び住居として現に使用中であるばかりか，Xにおいて，Yの細かい注文に怒って補修工事を切上げてしまったとはいえ，その工事は，補修すべき部分を残しつつも，予定された最後の工程まで一応終了しており，しかも，右の要補修部分を個別的に見ても，調整，交換，清掃，補強，貼付，貼換，取付，設置，塗装等といった，細々したやり直し的なものが大部分であるうえ，……右未補修分の補修費用相当損害金は，一億円を越える本件工事代金に比し，581万5000円に止まっており，それが補修されなければ，医療活動に重大な支障が生じるとか，居住するうえにおいて，社会通念上とうてい受忍しがたいといった程のものは見当らず，結局は，構造上及び用途上重要な部分が社会通念上約旨に従って施工されているものと認められる。そうすると，右補修を要する部分は，全体としては，前記『瑕疵』に止まるというべきであって，これを以て全体として『未完成』というのは当たらない。……そして，Yは医院のオープンを延ばすことはできなかったので，本件目的物である医院の引渡しを已むをえず受けたことも考慮すれば，Yは，Xが本件各工事を切上げた前記昭和54年12月下旬に一応完成した本件医院の引渡しを受けたものと認められる。従って，工事の完成引渡し（なお，同

時履行の関係にあるのは，引渡しのみと解する。）があったとするXの主張は理由があり，Yが抗弁1で主張する同時履行の抗弁は理由がない。」と判示した。要補修部分は細々したやり直し的なもので金額的にも全体の5％程度であり，注文者Yは医院として使用するにあたり未補修分や瑕疵に重きを置いておらず，未完成や瑕疵を理由に引渡のないことを主張できないというべきである。

⑦⑧⑨判決の判決理由は，ドイツの正当な一時的引取拒絶の場合と同じく，軽微な瑕疵を指摘して一時的に正当に受領拒絶しても，それが信義則に反し誠実違反と認められるときは，引渡のないことを主張できず，民633条の報酬債権の支払時期は到来すると解するものである。たとえば，仕事は使用でき，使用するのに意味のないささいな残作業が残っているだけの場合とか，瑕疵の種類・範囲，瑕疵の影響によれば引渡前の瑕疵除去についての注文者の利益が保護に値しないほど瑕疵に意味がなく，引渡のないことを主張することが信義則に反し誠実違反と認められる場合である。契約当事者の主観的観念も契約締結に際し十分に表明されていれば，この判断に際し顧慮される。また，この判断に際しても請負人は瑕疵のないことや瑕疵が軽微であることを主張・立証しなければならないであろう。

(3) 不当な一時的受領拒絶

仕事は完成し提供しているのに注文者が不当に引渡を認めない場合がある。⑩東京地判昭和57・4・28判時1057号94頁では，建物を新築した請負人Xが建物の引渡と引換えに残代金を請求したのに対し，注文者Yは細々した不備や一部の基礎に割栗が入っていないことを指摘して完成した建物を受領せず残代金の支払を拒絶した。判決は，「ほんのささいな瑕疵があるために請負人が多額の報酬債権を請求しえないとすれば，あまりにも請負人にとって酷である。」として，建築工事について，工事が途中で中断し予定された最後の工程を終えない場合は，工事は未完成というべきであり，他方予定された最後の工程まで一応終了し，ただそれが不完全なため補修を加えなければ完全なものとならない場合には，その目的物に瑕疵があるときに該当すると解すべきであると述べたうえで，「鑑定の結果によれば，本件建物の東側部

分の基礎には当初の設計図と異なり割栗が入っていないが，基礎工事としては，ベタ基礎及び一部連続フーチング基礎，鉄筋コンクリート造りで一応の工程が終了していることが認められる」としてYは未完成を理由として本件建物の受領と請負残代金の支払いを拒むことはできないと判示した。そして，「本件建物の基礎工事は厳密な構造計算によって設計されていて，割栗が入っている場合に比べてその強度においてなんら遜色のない状態であることが認められる。」として瑕疵も認めなかった。この⑩判決のように，注文者が完成した仕事に瑕疵がないのに瑕疵を主張して受領を拒むなど不当な一時的受領拒絶によって「引渡なし」として「引渡」による不利な効果を免れようとするのを妨げるため，信義則により完成引渡を認めるべき場合があろう。

　また，合意された「引渡」の方式のないことを主張して報酬の支払いを拒絶することが信義則に反することがある。たとえば⑪大阪高判昭和61・12・9判タ640号176頁では，住宅新築工事において昭和54年12月31日には屋上防水工事と1階便所の便器の移動の2個所の手直し工事及び小さい工事が残っていたが，住むのには差し支えない状態であり，本件建物の建築工事を完成していた。その頃注文者Yが「正月は新しい家で迎えたい」と申出たので，請負人Xがその引渡をした。Xの請負代金請求に対し，注文者Yは，本件工事請負契約には竣工検査後に残代金240万円を支払う旨定められており，この竣工検査が完了していないので，その支払義務はない旨のほか，細々した瑕疵などを指摘してYが本件建物に入居した昭和54年12月末日ごろは未だ建物が完成していない旨主張して代金の支払を拒絶した。

　⑪判決は，「民法632条，633条において請負代金の支払の要件とされている『仕事の完成』と『その引渡』について考えるに，まずここにいう『仕事の完成』とは，請負工事が当初予定された最終の工程まで一応終了したことを指し，ただそれが不完全で修補を要するときは，完成した仕事の目的物に瑕疵があるにすぎない。仕事が完成せず未完成であるのは，請負工事が途中で打ち切られ，予定された最終の工程を終えない場合をいい，また『引渡』とは正式の引渡証の交付の有無を問わず目的物の占有ないし，実力的支配の任意の移転を指すものである。ところで，……昭和54年12月末日ごろには，本件建物の新築工事は当初予定された最終工程までの工事を一応終了した

が，屋上の防水の不完全，一階便所の便器の据付位置の不備，その他の細部につきYにおいて手直工事を求めるクレームがあったにすぎないこと，この時期におけるYの入居はYにおいて『正月は新居で迎えたい』と希望しXにおいてそのように取り運んだものであること……そして，昭和54年12月末ごろ，Yは正式な引渡証の交付を受けなかったけれども，Xから任意に本件建物の占有ないし実力的支配の移転を受けてその引渡を受けたことが認められ」ると判示し，建物への入居により引渡を認める。本判決は，引渡を受けた注文者Yが正式の引渡証がないことを主張して報酬支払を拒絶するのは信義則に反するとするものである。

小　　括

　請負における契約不適合と債務不履行の関係において，「引渡」は，履行としての受領と解され，注文者が仕事を物理的に受け取るだけでなく，本質上契約適合の履行として認容することを前提とし，本来の履行請求権が「引渡」後は瑕疵担保請求権に変容する。そして，建築工事の請負は，通常の場合，完成した建物の引渡を必要とするのであって，たとえ引渡があっても未完成部分のあるときは，代金の支払期限は到来しないと解されるべきである[103]。

　「引渡」における履行認容は明示的でも黙示的でもよい。注文者が仕事を単にテストするのではなく仕事を比較的長く使用するとき，注文者は仕事の瑕疵を検査する相当な機会・期間を有していたので，黙示的履行認容と解されうる。注文者がこの機会・期間を実際に利用したかどうかは重要ではなく，この検査の相当な機会・期間が許容されればよい。さらに注文者が仕事を製造工程に本格的に投入したり，仕事を転売するときにも，黙示的履行認容と解されうる。

　正当な一時的受領拒絶の場合には，注文者は民632条に基づき完全で瑕疵のない仕事の製作を求めることができるので，仕事に瑕疵があれば注文者は正当に受領を拒むことができる。このとき，なお注文者には民632条に基づく本来の履行請求権があるままであるが，仕事の「引渡」により履行請求権

---

[103] 定塚孝司・前掲注79書269頁。

は瑕疵担保請求権に変容する。

　しかし，注文者が軽微な瑕疵を指摘して一時的に正当に受領拒絶しても，それが信義則に反し誠実違反と認められるときは，引渡のないことを主張できず，民633条の報酬債権の支払時期は到来すべきである。たとえば，瑕疵の種類・範囲，瑕疵の影響によれば引渡前の瑕疵除去についての注文者の利益が保護に値しないほど瑕疵に意味がなく，引渡のないことを主張することが信義則に反し誠実違反と認められる場合である。契約当事者の主観的観念も契約締結に際し十分に表明されていれば，この判断に際し顧慮される。また，この判断に際して請負人は瑕疵のないことや瑕疵が軽微であることを主張・立証しなければならないであろう。

　これに対し，仕事を完成して提供しているのに注文者が不当に一時的に受領拒絶するとき，注文者は受領遅滞に陥る。さらに，注文者が仕事に瑕疵がないのに瑕疵を主張して受領を拒むなど不当な一時的受領拒絶によって「引渡なし」として「引渡」による不利な効果を免れようとするのを妨げるため，受領遅滞（新567条2項類推）との法的構成，もしくは，「引渡」を誠実違反に妨げたことは，条件成就によって不利益を受ける者が誠実違反に条件成就を妨げ条件不成就の結果を生ぜしめた場合に類似しているので不当な受領拒絶によって「引渡」の効果が生じるべきであるとの130条1項類推と信義則といった法的構成も考えられるが，わが国の判例は信義則により完成引渡を認めている。

　わが国において現在のところ終局的受領拒絶に関する判決例は見当たらないが，わが国においても，たとえば⑩判決において注文者が終局的受領拒絶をして「請負人による契約履行をすべて拒絶する」と認識させた場合には終局的受領拒絶の場合であり，本来の履行請求権を保持することに法的保護に値する利益をもはや注文者は持たず，信義則により「引渡」があった場合と同様に「引渡」から生ずべき義務が発生すべきであろう。

第 4 節　契約連鎖における契約不適合責任

はじめに

　商品が製造業者—卸売業者（供給者）—小売業者（最終売主）—消費者という経過で消費者の手に渡る場合のように，同一目的物を対象として契約が関連する場合を契約連鎖または供給連鎖ということにする。

　フランスの判例は，瑕疵ある商品が契約連鎖において販売された場合に，中間売主が売買目的物について有する一切の権利と訴権が従物として主物たる目的物とともに転得者に移転するとして買主は直接の売主に対する瑕疵担保責任の追及のほか，それ以前の売主または製造者に対する直接訴権（action directe）を認め，損害賠償請求や契約解除ができるとしている[104]。ただし，今のところ直接訴権による追完請求は認めていない。

　また，1999 年 5 月 25 日の消費用動産売買及び品質保証に関する EU 指令は，消費者保護のため，消費者の瑕疵担保権を強化する[105]とともに，それによる最終売主の責任負担を契約連鎖の中の瑕疵を生ぜしめた者に転嫁できるように，指令 4 条 1 項において最終売主の求償権につき「最終売主が製造者又は契約相手方である直近の売主若しくはその他流通過程における前売主の作為又は不作為を原因とする契約不適合を理由に消費者に対して責任を負担する場合，最終売主は，契約の連鎖において責任を負担する者に対して求償する権利を有する。最終売主が求償できる責任負担者及び訴訟の内容・行使の条件は国内法がこれを定める。」と規定し，この指令内容を 2002 年 1 月 1

---

[104] 平野裕之『製造物責任の理論と法解釈』（信山社，1990 年）43 頁以下，野澤正充「契約の相対的効力と特定承継人の地位（三）」民商 100 巻 4 号（1989 年）620 頁以下，山田希「フランス直接訴権論からみたわが国の債権者代位制度（二）（三）」法政論集 180 号（1999 年）192 号（2002 年）。

[105] 瑕疵概念の拡張や消費者が代物や瑕疵修補を選択できるようにすることを EU 指令は求める。指令に従いドイツ新債務法は 434 条において物の瑕疵につき定め，437 条ないし 442 条において買主の追完請求権，解除権，代金減額権，損害賠償請求権について定め，追完請求権を第一次的権利とし，第二次的権利である解除・減額権に優先させる。岡孝編『契約法における現代化の課題』（法政大出版局，2002 年），青野博之「売買目的物に瑕疵がある場合における買主の地位と売主の地位」判タ 1116 号 12 頁，半田吉信『ドイツ債務法現代化法概説』（信山社，2003 年）。

日までに国内法化することを加盟各国に求めた[106]。

フランスでは買主の上記直接訴権を判例が認めているとして最終売主の求償権については立法化せず判例に委ねる方向である[107]が，ドイツは債務法を改正し，従属的求償と独立的求償という2種類の事業者の求償権につきドイツ民法478条と479条の規定を新設した[108]。

本節では，ドイツ新民法の契約連鎖における求償を紹介検討するとともに，わが国の状況と比較し，契約連鎖に特有の賠償範囲や商人の検査・通知義務の問題などにつき示唆を得ようとするものである。

---

[106] 消費用動産売買及び品質保証に関するEU指令につき，今西康人「消費者売買指令と目的物の瑕疵に関する売主の責任」判タ1117号（2003年）38頁以下，佐藤俊彦・NBL 668号7頁，シェーヴェック美和子「消費財の売買および関連の保証に関するEU指令」国際商事法務28巻1号（2000年）28頁。

[107] 窪幸治「フランスにおける消費財指令の転換作業について」比較法（東洋大）41号（2004年）336頁。

[108] ドイツ新民法は次のように定める（岡孝編前掲注105 222頁，223頁）。
　第478条　事業者の求償
　(1)売却された新規製造物に瑕疵があるため，事業者がその物を引きとらなければならなかった場合，又は消費者が代金を減額した場合において，売主である事業者に物を販売した事業者（供給者）に対して，売主である事業者が消費者から主張された瑕疵を理由に第437条に掲げる請求権及び権利を行使するためには期間の定めを要しない。
　(2)新規製造物の売却において消費者により主張された瑕疵が，すでに売主である事業者に危険が移転した時に存在していたときは，当該事業者は，第439条第2項に基づき消費者との関係において当該事業者が負担した費用の償還を，自己への供給者に対して請求することができる。
　(3)前2項の場合においては，消費者への危険移転からその期間を起算することを基準として第476条を適用する。
　(4)供給者に瑕疵を通知する前に行われ，第433条から第435条まで，第437条，第439条から第443条まで，前3項及び次条に反する特約で事業者に不利なものは，求償債権者に同等の補償が認められていないときは，供給者は，援用することができない。前文は，第307条の規定にかかわらず，損害賠償請求権の排除又は制限については適用しない。第1文に掲げる規定は，その規定を他の形式によって回避するときにも，適用する。
　(5)前4項は，債務者が事業者であるときは，供給者その他の買主が供給の連鎖におけるその売主に対して有する請求権について準用する。
　(6)商法第377条は，その適用を妨げない。
　第479条　求償権の消滅時効
　(1)前条第2項に定める費用の償還請求権は，物の引渡から2年の消滅時効にかかる。
　(2)消費者に売却された新規製造物の瑕疵に基づいて事業者が自己への供給者に対して行使する第437条及び前条第2項に定める請求権については，当該事業者が消費者の請求権に対して履行した時から2箇月で，消滅時効は，完成する。この完成停止は，供給者が物を売主に引き渡した時から5年で終了する。
　(3)前2項は，債務者が事業者であるときは，供給者その他の買主が供給の連鎖におけるその売主に対して有する請求権について準用する。

1 ドイツ新民法の求償

(1) 従属的求償

独民 478 条 1 項は，最終売主が供給者に対し独民 437 条に挙げられた瑕疵担保権を主張するにあたって期間の指定は必要でないとして最終売主の瑕疵担保権の規定を修正しただけの求償を認めるにすぎないので従属的求償とよばれる。この求償は，代物給付，解除，「大きな損害賠償」[109]に基づき消費者から返還された売買目的物をできるだけスムーズに供給者に渡し，かつ修補されても代物給付されても物をもう一度売却しなければならなくなる追完というめんどうな手続をしなくてよいよう最終売主の利益を考慮している[110]。

(a) 要　件

① 独民 478 条 1 項は新製造物が最終売主によって消費者に転売されることを前提とし，供給者—最終売主間でも最終売主—消費者間でも未使用品として売却されねばならない。

さらに最終売主の転売した物は，供給者から手に入れた物と一般社会通念によれば同じ物でなければならない。それゆえ最終売主が供給者から手に入れた物から別の物を製造した場合，特に下請業者が供給した物から一般社会通念によれば別の物を製造した場合には最終売主は求償できない[111]。

② 瑕疵ゆえの物の引取と代金減額

独民 478 条 1 項の定めるように最終売主が瑕疵ゆえに物を「引取らねばならなかったか，又は消費者が代金を減額した」場合に求償できる。

瑕疵ゆえの引取があるのは，消費者が解除した場合（独民 437 条 2 号，323 条，326 条 5 項），独民 438 条 4 項第 3 文の特別の場合として最終売主が解除した場合，「大きな損害賠償」の場合（独民 437 条 3 号，311a 条 2 項，281 条）である[112]。

さらに消費者が購入した商品に隠れた瑕疵があり，消費者は修理を求めるが，最終売主の専門知識の不足から修理に失敗し，結局，消費者は修理をあ

---

[109] 給付された物を拒絶・返還し，契約の不履行より生じた全損害の賠償を求める損害賠償の方式である。拙著『表示責任と契約法理』（日本評論社，1994 年）189 頁参照。
[110] S. Lorenz, Münch Komm., 4. Aufl, § 478, § 479, S. 513ff..
[111] S. Lorenz, a.a.O., S. 516f..
[112] S. Lorenz, a.a.O., S. 516f..

きらめて解除した場合のように，追完の不成功が最終売主の帰責事由に基づく場合にも，最終売主は瑕疵ゆえに物を「引き取らねばならなかった」ので，478条1項により最終売主は求償を求めることができる[113]。

また商品を購入した消費者が瑕疵を発見し代物の引渡を求め，最終売主は自分のストックにある同じ種類の物を引渡し，瑕疵ある商品を引き取る場合（独民437条1号，439条4項，346条），最終売主は独民478条1項により供給者との契約を解除したり，代金減額したり，損害賠償を求めることができる[114]。

このように瑕疵ゆえの引取にとって，最終売主が消費者に対し代物を給付したり，解除や「大きな損害賠償」を請求され，その際物を引き取ることができたことで十分である。そして，物は消費者のところで滅失し最終売主の請求権は価値賠償または損害賠償（独民346条2項4項，280条1項）に制限されるか，もしくは独民346条3項に基づき価値賠償も得られないので，最終売主が物を取戻しえないときも供給者に求償できる[115]。

また瑕疵ゆえの物の引取と同等に扱われるのは，買主による代金減額の場合である。さらに独民437条3号，280条，281条1項第3文に基づく「小さな損害賠償」[116]につき独民478条1項は定めていないが，消費者が「小さな損害賠償」を求める場合も消費者は瑕疵ある物を保持し瑕疵による損害の賠償を求めるので，当事者の利益状況は代金減額の場合と同様であり，最終売主は独民478条1項を類推して供給者に求償できる[117]。

しかし最終売主が消費者に対し瑕疵修補した場合，ドイツ民法478条2項という優先する規定があるので法欠缺はなく478条1項を類推できず，最終売主は478条2項に基づき供給者に対し瑕疵の修補費用の賠償を求めることができる[118]。

③ 独民478条1項が物の瑕疵ゆえ事業者が物を「引き取らねばならなかった場合」，または消費者が「代金を減額した場合」と定めるように，最終売主

---

[113] J. Schumacher, Der Lieferantenregress gemäβ §§ 478, 479 BGB, S. 126ff.
[114] S. Lorenz, a.a.O., S. 517ff.
[115] S. Lorenz, a.a.O., S. 517ff.
[116] 給付された物を保持し減少価値の賠償を求める損害賠償の方式である。前掲注109拙著189頁。
[117] Schumacher, a.a.O., S. 137f.；S. Lorenz, a.a.O., S. 517f.
[118] Schumacher, a.a.O., S. 135ff.；S. Lorenz, a.a.O., S. 518.

に対する消費者の瑕疵担保権は実際にかつ抗弁権が付着せずに存在していたか，または消費者が有効に代金減額しなければならず，したがって消費者へのサービスとして最終売主が売買目的物を引き取った場合には独民478条1項は適用できない[119]。

④ 供給者であれば安価で容易に修補できたのに，消費者より求められた修補期間を，瑕疵ある物を供給者に転送もせず，むだに過ぎ去らせ消費者から解除された場合，最終売主の供給者に対する附随義務違反（独民280条1項，241条2項）または損害軽減義務違反（独民254条2項）となり，最終売主の供給者に対する求償は減額される[120]。

(b) 効　果

① 独民478条1項の要件があれば，供給者に対して最終売主が求償する場合，期間を指定する必要はない。

しかし，供給者に対する最終売主の瑕疵担保権（独民437条）の要件は最終売主と消費者との法律関係に原則としてかかわりなく判断される。供給者と最終売主間の関係において独民434条の意味での物の瑕疵があるか否かは，最終売主と消費者との関係にかかわりなく検査されねばならない[121]。

たとえば供給者は商品の瑕疵を指摘し値引きして最終売主に売っていたが，最終売主は消費者に瑕疵なき商品として消費者に転売し，その後消費者が瑕疵に気づき売買契約を解除した場合，供給者と最終売主との関係において最終売主の悪意のため商品に瑕疵はないので，独民478条1項に基づく最終売主の求償は問題とならない。けだし最終売主自身が生ぜしめた瑕疵担保責任からの損失を供給者に転嫁すべきでないからである[122]。

② また製造者が新型車を中間商人に売り，中間商人は最終売主に転売する。この直後，販売促進のため製造者は新型車の優れた燃費を広告宣伝する。消費者は優れた燃費の車と思って最終売主から新型車を購入したが，信じていた燃費の性能はなく売買契約を解除した場合，最終売主と消費者との関係において広告により期待できた性質がなく独民434条第2文2号，第3文の

---

[119] Schumacher, a.a.O., S. 130f. ; S. Lorenz, a.a.O., S. 518f..
[120] S. Lorenz, a.a.O., S. 518f..
[121] Schumacher, a.a.O., S. 139ff. ; S. Lorenz, a.a.O., S. 520f..
[122] Schumacher, a.a.O., S. 139ff. ; S. Lorenz, a.a.O., S. 520f..

意味において物の瑕疵があるが，中間商人と最終売主間では新型車は通常の性質を有するので瑕疵はなく，最終売主は独民478条1項に基づく求償をすることができない[123]。しかし政府草案478条に関する理由書は「このような場合において製造者はその買主の責任となる物の瑕疵を後発的に生ぜしめてはならないので，その買主との契約からの義務を侵害する。それゆえ製造者は280条1項に基づき責を負う。この契約の保護領域に取り込まれるのは，製造者のこの種の行為態様によって損失を生ぜしめられる契約連鎖にあるその後の商人もである」[124]という。同様に瑕疵担保責任を負担した商人に対するある種の信義則上の製造者の義務違反を認めるべきであろう[125]。

③ 供給者に対する最終売主の請求権の内容は瑕疵担保の一般準則による。

消費者が最終売主に対し代金減額権を行使したとき，最終売主は供給者に対し代金減額ではなく解除しても最終売主は目的物の価値返還義務を負い減額と同じ結果となるので，契約を解除することもできる[126]。

また消費者も最終売主も契約解除した場合，最終売主は独民346条1項に基づき支払った代金を供給者から返還してもらえるが，通常，この代金額は，最終売主が消費者に返還した代金額よりも少なく問題であり，供給者に帰責事由があるときのみ独民280条1項第2文に基づき供給者に対し損害賠償を請求できる[127]。しかし，これでは，消費用動産売買指令4条の求めるように最終売主は消費者との間で生じた担保責任によるコストを原則として十分に供給者に転嫁できず問題である。

(2) 独立的求償

独民478条2項は，消費者に対し独民439条2項に基づき修補費を負担する最終売主にその費用を供給者から求償することを認め，この求償自体は一般債務不履行責任にも一般瑕疵担保責任にも基づかないので，独立的求償と

---

[123] Schumacher, a.a.O., S. 139ff.；S. Lorenz, a.a.O., S. 520f..
[124] Regierungsentwurtf, BT-Drucks. 14/6040, S. 248；Canaris, Schuldrechtsmodernisierung 2002, S. 877.
[125] Schumacher, a.a.O., S. 139ff.；S. Lorenz, a.a.O., S. 520f..
[126] Schumacher, a.a.O., S. 147ff.；S. Lorenz, a.a.O., S. 519ff..
[127] Schumacher, a.a.O., S. 147ff.；S. Lorenz, a.a.O., S. 519ff..

いわれる。478 条 1 項と異なり，無過失の供給者に対する求償により，最終売主はその転売利益を確保することを許される。1 項と同様に，新製造物の販売の場合で，かつ同じ物が転売されねばならない[128]。

(a) 要　件

① 独民 478 条 1 項と同様に 2 項も消費者に対する最終売主の修補義務を前提とし，この関係において物の瑕疵があり，独民 439 条 1 項の意味での抗弁権の付着していない消費者の追完請求権があり，最終売主が実際にそれを履行していなければならない。最終売主が単なるサービスとして追完しても求償請求権は発生せず，同様に独民 439 条 3 項に基づき消費者の選択した追完に過分の費用がかかるため最終売主がその追完を拒絶できるとき，および追完請求権が消滅時効にかかっている場合も求償請求権は発生しない[129]。

ただし，瑕疵なき代替物がないので瑕疵修補しかできない物において修理のため最終売主が物を検査してみると，修補が不可能もしくは過分の費用がいると判明し修補するに至らなかった「むだな検査費用」の場合，物の検査と瑕疵の発見はすでに瑕疵修補のための第一歩であり，販売連鎖において最終売主より以前の供給者によって生ぜしめられた瑕疵に基づく費用であるので，必要な注意をしても最終売主が検査必要と考えてよかった場合には，478 条 2 項に基づきこの検査費用を供給者に転嫁できる[130]。

同様に事後的に不成功と判明したり 439 条 3 項の意味で過分の費用を要すると判明する修補も，事前的には最終売主は消費者に対し義務づけられるので，結果的に修補に成功しなくとも最終売主が消費者に対し負担しなければならなかった修補費であれば 478 条 2 項に基づき供給者に求償できる[131]。

② 瑕疵の同一性

求償請求権はさらに消費者によって主張される瑕疵がすでに最終売主へ危険が移転する際にあったことを前提とし，独民 442 条に基づき最終売主の瑕疵についての悪意などによって最終売主の瑕疵担保権がなかったり，478 条 6 項が明示するようにドイツ商法 377 条の瑕疵通知義務違反などによって最

---

[128] S. Lorenz, a.a.O., S. 513ff.；Schumacher, a.a.O., S. 157ff..
[129] S. Lorenz, a.a.O., S. 522f..
[130] Schumacher, a.a.O., S. 157ff.；S. Lorenz, a.a.O., S. 522ff..
[131] Schumacher, a.a.O., S. 157ff.；S. Lorenz, a.a.O., S. 522ff..

終売主の瑕疵担保権が排除されてはならない。また最終売主と消費者間でのみ物の瑕疵を根拠づける最終売主と消費者間の性質合意によって供給者が求償を求められることはない[132]。

(b) 効　果

　最終売主は独民439条2項に基づき消費者に対し負担しなければならなかった支出（修補費または代物給付費）の賠償を求めることができる。瑕疵修補の場合には，439条2項が例示するように，特に運送費，交通費，労務費，材料費のほか，瑕疵担保のため生ずる郵送料，電話代などの支出であるが，求償によって最終売主が取引利益を得てはならないので，労務費を超える「請負報酬」までは求償できない。代物給付の場合には代物調達費も求償できる[133]。

　① 製造業者から購入した冷蔵庫を最終売主は消費者に転売したが，よく故障するので消費者は冷蔵庫の修理を求める。製造業者が期間内に修理でき，最終売主には修理できない場合，最終売主には追完する機会を供給者（製造者）に与えるなどの配慮義務があり，供給者（製造者）が瑕疵を修補すれば，独民478条2項により供給者に転嫁されるべき支出は発生しない。これは結局独民478条5項，479条3項に基づき瑕疵ある商品を製造した者が修補費・追完費を負担することとなり，合理的である[134]。

　② また供給者が代物給付もしくは瑕疵修補を費用をかけずにできたのに最終売主が修理を第三者にさせた場合，このことは，供給者との関係において最終売主の附随義務違反もしくは損害軽減義務違反であり，独民254条2項（過失相殺）に基づき最終売主の支出賠償請求権が減額されることとなる。この法的構成によれば独民478条2項に基づく最終売主の求償に対し，供給者のほうが最終売主の義務違反や追完費の不経済性を立証しなければならなくなり，求償を促進する[135]。

　③ これに対し，消費者の定めた期間内に供給者が修補や追完をできないことが明らかな場合や，供給者が修補や追完を拒絶する場合には，最終売主は

---

[132] S. Lorenz, a.a.O., S. 522f..
[133] S. Lorenz, a.a.O., S. 522ff..
[134] Schumacher, a.a.O., S. 178ff..
[135] S. Lorenz, a.a.O., S. 522f..

第三者に修補を委託したり，第三者から代物を調達して追完し，独民478条2項に基づきその修補費・追完費を供給者に求償することができる[136]。

④ 独民478条1項と2項の関係

独立的求償を機能的に考察すると，追完のため期間を定めることを要することから判明するように売主の追完権が原則的に優先することの例外として，買主には追完を直接自分でなす権利がある[137]。

たとえば卸商から購入した商品を最終売主は消費者に売るが，商品に製造時から瑕疵があり，消費者から瑕疵なき商品の引渡を求められ，最終売主は自己のストックの商品を引渡し瑕疵ある商品を引取り，この追完費用を独民478条2項に基づき供給者に対し主張するとき，供給者が追完費用を支払うならば，これにより供給者が追完したのと同じ状況になり，少なくとも原則として最終売主の二次的瑕疵権である解除，代金減額，給付に代わる損害賠償はもはや問題とならない（ただし拡大損害の問題は残る）。これに対し最終売主が2項の支出賠償請求権を主張しないとき，供給者の追完と同様の状況に至らず，最終売主は1項に基づき解除，代金減額，給付に代わる損害賠償を求めることができる[138]。

(3) 立証責任転換

独民478条3項により，最終売主と消費者間における476条の定める瑕疵の推定は，供給者と最終売主間でも認められ，最終売主から消費者へ危険が移転した後6ヶ月内に瑕疵が生じたとき供給者から最終売主へ危険が移転する時に瑕疵が存在したものと推定される。この瑕疵推定によって，最終売主が供給者に長期間経過後の証明困難から求償できなくなることを避けようとしている。供給者に対する最終売主の請求権が479条の5年の消滅時効にかかるまでこの瑕疵推定はある。1項と2項の求償の場合にこの瑕疵推定はあり，さらに5項により供給の連鎖における各供給者とその直近の売主との関係にも準用される[139]。

---

[136] S. Lorenz, a.a.O., S. 522f..
[137] S. Lorenz, a.a.O., S. 522f..
[138] S. Lorenz, a.a.O., S. 522f..
[139] S. Lorenz, a.a.O., S. 527 ; Schumacher, a.a.O., S. 183ff..

(4) 不利な特約の制限

(a) 大規模な商人・製造者に対し大抵は弱小な商人の保護のため，独民478条4項は，独民433―435条，437条，439条―443条，478条1項―3項，479条に反して求償債権者に不利な特約で，求償債権者に「等価値の補償」を認めていないとき，その特約部分は無効と規定し，約款規制に関する独民307条1項での任意規定の指導形象としての内容コントロール機能よりも当事者合意を厳しく制限する。ただし供給者へ求償債権者が瑕疵を通知する前の特約の有効性のみを制限し，瑕疵の通知前に「等価値の補償」を求める請求権が契約的合意によって認められていなければならない[140]。

政府草案478条に関する理由書によれば，たとえば「なるほど478条2項に基づく商人の個々の請求権は排除されるが，全体として取引の正当な利益も考慮する」一括差引システムがその種の合意として考えられ，また4項は約款規制の「独民307条の補充と拡張」として理解されるべきであり，「そのような条項は普通取引約款に妥当する原則に従ってのみその相当性が審査されるだけでない」[141]とされる。

そうすると合意された補償の単なる「相当性」だけでは十分でなく，この補償は等価値でなければならず，事業者とその供給者間の契約自由は補償の方式ややり方にあるにすぎない[142]。

(b) 最終売主に対し供給者が履行引受により消費者の追完請求権を自己の顧客サービス又は代物給付によって履行する義務を負い，同時に最終売主が消費者によって追完を求められたとき，追完をなす機会をまず供給者に与える義務を負う合意も許される[143]。

(c) 供給者の継続的に供給する商品の4パーセントに瑕疵がある場合の一括値引きや一括リベートシステムは，最終売主が一括額を陵駕する追完出費を証明できるときのみ，「等価値」の補償である[144]。

---

[140] S. Lorenz, a.a.O., S. 527ff..
[141] Begründung des Regierungsentwurfs BT-Drucks. 14/6040 S. 249；Canaris, a.a.O., S. 879.
[142] S. Lorenz, a.a.O., S. 527ff..
[143] S. Lorenz, a.a.O., S. 527ff..
[144] S. Lorenz, a.a.O., S. 527ff..

(5) 供給連鎖に準用

独民478条5項により，供給者のその直近の売主に対する請求権や，さらにそれ以前の供給連鎖の買主の売主に対する請求権に1項—4項は各売買契約の当事者が事業者である限り準用される。これによって物の瑕疵から生じる損失を結局，その瑕疵が自己の領域で発生した者が負担しなければならないこととなる。しかし，これはフランス法が認めるような消費者や最終売主に対する製造者の直接責任（action directe）を認めたものでなく，また求償連鎖の途中に消費者が出現するとさらには求償できなくなる[145]。

(6) 検査・通知義務

独民478条6項は，供給の連鎖においても売主にとって早期に取引関係の決着を図る必要があるとして，商人の検査義務・通知義務に関するドイツ商法377条を独民478条の1項と2項の求償にも適用する。

最終売主が供給者から商品を購入し，商品を直接，転売先に引き渡してもらう場合，転売先が商品受取後，遅滞なく検査して最終売主に瑕疵を通知し，最終売主がこの通知を遅滞なく転送すれば検査・通知義務を果たしたこととなる[146]し，さらに大量生産品では，商取引実務は中間商人が試しに商品使用することを期待できず，消費者の苦情を商人が遅滞なく通知すれば通知義務を果した[147]というべきである。

(7) 独立的求償の時効

独立的求償請求権の消滅時効につき独民438条は適用されないので，独民479条1項は独自の時効規定を設け，動産の瑕疵担保権についての独民438条1項3号と同様に物の引渡から2年の消滅時効にかかると規定する。1項は3項により全供給連鎖に適用され，最終売主の供給者に対する独立的求償請求権だけでなく，各供給者のその直近の売主に対する請求権にも適用される。そしてそのつどの求償債権者への物の引渡とともに時効は開始する[148]。

---

[145] S. Lorenz, a.a.O., S. 527ff.
[146] Schumacher, a.a.O., S. 187ff.
[147] S. Lorenz, a.a.O., S. 527ff.
[148] Schumacher, a.a.O., S. 193f. ; S. Lorenz, a.a.O., S. 535f.

(8) 時効期間の延長

独民479条2項によれば、たとえば消費者が1年11ヶ月30日経ったときに瑕疵担保権を主張し、最終売主が供給者に対し（さらに各供給者がその直近の売主に対し）、独民437条、478条1項に基づき求償を求めるとき、および478条2項、479条1項に基づく独立的求償を求めるとき、各供給者はその売主に対し、消費者の請求権もしくは自己からの買主の請求権を履行した時から2ヶ月間は自己の請求権の消滅時効によって権利行使を妨げられない[149]。しかし法的安定性のため、各供給者は自己からの物の引渡後5年でこの求償にさらされなくなる[150]。

2 わが国の判例との比較

ドイツ法の従属的求償は、わが国では消費者から瑕疵担保に基づき解除や損害賠償を求められた最終売主が供給者に求償していく形態であり、以下のパンスト事件や検尿器事件が該当する。ドイツ法の独立的求償は、消費者に追完した最終売主がその追完費用を無過失の供給者に求償できるように新たに規定を設けたものであるが、わが国では瑕疵担保の効果として解除のほか損害賠償が認められているので、以下の水泳パンツ事件にみられるように追完費用の賠償請求はすでに賠償範囲などとして問題となっている。

1　水泳パンツ事件（大阪地判昭49・10・31金商判443号13頁）では、水泳パンツを製造するY社は、卸売業者であるX社から水泳パンツに使用する白色ゴム紐を継続して購入してきたところ、昭和48年2月頃から白色ゴム紐が極度の品不足となり価格も高騰しYの5、6回の受注に対しX社は納品できなかった。同年4月初頃、X社は得意先から整理のため色混みのゴム紐の在庫処分を依頼されたので、白色ゴム紐の代品として色混みゴム紐の見本をY社へ持参し、この商品は色混みで数量の限られた特価品である旨のみ述べた。Y社は色落ちの危険について全然念頭になく、ゴムの伸縮などを調査したのみでこれを市価の半額以下で同年4月に買入れ、水泳パンツに縫製してA社に販売したところ、同年8月A社より白線入りの水泳パンツが紺色に色

---

[149] S. Lorenz, a.a.O., S. 535ff..
[150] Schumacher, a.a.O., S. 204；S. Lorenz, a.a.O., S. 535ff..

落ちし白線部分を汚染する不良品が続出している旨のクレームがあり，Y社はA社に対し不良品を無料で完全品と交換し，無料交換したパンツ代金約213万円，クレーム交渉のための出張交通費約13万円の賠償を瑕疵担保に基づき求めた事件である。

　判決は，見本売買でも「特段の事情がない限り，目的物が見本に適合するとの一事をもって売主の瑕疵担保責任を免責する趣旨をも帯有するものとはいえない」として売主の瑕疵担保責任は免除されないと判示したが，Y社はゴム紐の引渡から3ヶ月余りののちに瑕疵の通知をしているところ，本件ゴム紐の売買では，「従来の白色のゴム紐と異なった色混みのゴム紐であるから少しでも注意を払えば当然色落ちの危惧を抱くに至る筈のものであり，しかもYは見本を受取っているのであるからその時ないし現品受領以降速かに色落ちの有無を検査する義務がありその検査も水浸しや水洗いなどの簡単な方法により発見できる性質のものである」として専門的知識を有する商人たるYに商法526条1項の検査・通知義務違反があったとして瑕疵による損害賠償を請求できないと判示した。

　もし本件事案においてX社も水泳パンツを販売しXY間とYA間に水泳パンツにつき同じ隠れた瑕疵があり，Y社にもA社にも商法526条の検査・通知義務違反がなかったとすると，X社が追完を拒絶するので，色落ちする不完全品と色落ちしない新製品とを最終売主は無料交換したとき，供給者に対し最終売主としては，独民478条2項の独立的求償の場合のように代物給付費用とクレーム処理のための交通費などの付随的費用の賠償を請求して供給者が追完したのと同様の状況に至ってもよいし，または代物給付費を請求せず独民478条1項の従属的求償の場合のように解除したり，損害賠償を求めることができる。

　2　パンスト事件（最判平4・10・20民集46巻7号1129頁）では，靴下の輸出入・国内卸売を営むX商社は昭和54年9月27日，Y社からパンティー・ストッキングを購入し倉庫業者に寄託して引渡を受けた。同パンストの3分の2ほどに穴あき，色むらなどの瑕疵があり商品価値のないものであったが，パンストの包装のため，消費者が購入後，着用して初めて発見できるものであった。X商社は昭和54年12月末から昭和55年初めにかけて，転売先か

ら瑕疵のため返品する旨の相次ぐ苦情を受けて瑕疵を確認し，直ちにY社に通知するとともに返品や値引きの交渉をしたが，らちがあかず，やむなく転売先からの値引き要求に応じ，また在庫品も傷物として原価の半値以下で処分し，転売利益喪失分を含め約 4570 万円の損害を被ったという事案である。

　一審判決は，商法 526 条にいう「目的物ヲ受取リタルトキ」とは，現実に目的物を受け取って検査しうる状態におくことを必要とし，本件のように昭和 54 年 9 月 27 日にパンストが倉庫業者に寄託され，荷渡指図書の交付による引渡のみでは，いまだ前記「受取」にあたらず，またセロハン袋詰のパンストの検査は経済的，営業的には不可能であって，消費者が購入後，着用の際に初めて瑕疵を発見でき，転売先から瑕疵ある旨の通知を受けた時点で X 商社が直ちにこれを Y 社に通知すれば足り，X 商社に通知義務違反はないと判示し，この点は第二審，上告審も是認した[151]。

　本件では従属的求償において転売先に代金減額や損害賠償をした場合のように，X 商社は転売先の値引き要求に応じなければならなくなり，また在庫品もダンピング販売しなければならなくなったことによって被った損害の賠償を供給者に求めているが，解除しても供給者は原物返還不能分の価値を返還してもらえるので供給者に対する解除も認められてよい。また転売先に対し瑕疵の程度と比較して少額の値引きで解決しているのであれば，その値引き額しか賠償請求できないであろう。

　3　検尿計事件（東京地判昭 51・6・29 判時 842 号 86 頁）では，昭和 42 年 5 月，計器類を扱う Y 貿易会社は，特殊計器類を製作販売する X 製作所に対し製作見本を交付したうえ，アメリカへの輸出用として見本と同一の品質をもつ検尿計 3 万本を X が製作し納入する製作販売契約を結び，Y 貿易は各納入期日に製品の受渡を受け代金計 168 万円（単価 56 円）を支払った。アメリカ合衆国の連邦規格では検尿計の目盛線の誤差が 0.002 以内とされ，X 製作所もこの連邦規格を知悉していた。

---

[151] さらに最高裁は，瑕疵担保による損害賠償請求権を保存するには，民法 566 条 3 項にいう 1 年の除斥期間内に売主の担保責任を問う意思を裁判外で明確に告げることをもって足りると判示し，差戻後の差戻審は，X 商社は瑕疵を知った昭和 54 年 12 月末ないし翌 55 年 1 月初めから起算して 1 年を経過する以前に瑕疵に基づく損害賠償請求権の行使をしたと判示した。

ところが，同年 10 月 21 日ごろ，検尿計の輸出先のアメリカ合衆国のバイヤーから目盛線の誤差が 0.002 を超える不良品とのクレームがつき，Y 貿易は X 製作所にその旨を連絡し，任意抽出した 12 本の検尿計を検査専門業者に約 253 ドルをかけて検査してもらったところ，わずか 3 本のみが連邦規格に適合し，あとは不良品と判明し，昭和 43 年 5 月には 2 万 4000 本の検尿計が Y 貿易に返品された。

　本判決は見本に適合しない不完全履行があり，検尿計は輸出用製品であり輸出先バイヤーの表示もなされ返品されても転売できないとして，X 製作所に支払った代金相当額 134 万 4000 円（単価 56 円×24000 本），得べかりし販売利益 21 万 1200 円（〔単価 64.8 円−56 円〕×24000 本），返品に要した運賃・海上保険料の賠償を認めた。しかし連邦規格に合致するとの性質合意が X 製作所と Y 貿易の間にも Y 貿易と輸出先との間にも認められ，合意された性質のないことも専門的検査業者による検査が必要な隠れた瑕疵であり，当初の履行請求権は引渡時に瑕疵担保請求権に変ったというべきであろう[152]。

　また本件のように，最終買主から解除され返品を受けた最終売主としては，供給者に対し瑕疵担保権に基づき解除してもよいし損害賠償を請求してもよい。そして X 製作所は Y 貿易が輸出先バイヤーへ転売するとの購入目的も知っており，Y 貿易の被った転売利益喪失分も瑕疵から生じた損害として賠償しなければならないであろう。

小　　括

　ドイツ法における供給連鎖における求償をわが国の状況と比較してみると，最終売主が求償していくにあたって商法 526 条 1 項後段があるため，直ちに発見しえない瑕疵である場合には，目的物を受取った後 6ヶ月内に発見して，その後遅滞なく通知を発しなければならないことが障害となる。少なくとも東京地判昭 52・4・22 下民集 28 巻 399 頁が認めるように，転売予定商品につき転売先である第三者の下で初めて目的物の検査が可能となることが

---

[152] このような当初の履行請求権と追完請求権との関係や性質合意につき，第 6 章第 1 節 2 節，前掲注 109 拙著 67—203 頁。ドイツ新債務法も同様の立場であることにつき，青野・前掲注 105 14 頁。

了解されている場合には，6ヶ月後第三者に目的物が到達したときが買主側において目的物の検査が事実上可能となった（商法526条の）受取りの時というべきであるし，またパンスト事件判決も認めるように大量生産品の場合には，供給連鎖の中間にいる買主は顧客の瑕疵の苦情を遅滞なく調査して売主に通知すれば通知義務を果たしたというべきである[153]。

またパンスト事件，検尿器事件のような事例において，転売先・輸出先の直近売主に対する瑕疵担保請求権だけでなく，それ以前の売主に対する瑕疵担保に基づく直接の解除または損害賠償が債権者代位権の転用により認められないであろうか。そうすれば直接の解除の場合に代金返還と引換えの瑕疵ある物の返品という関係も直接にスムーズに処理できるのではなかろうか。

さらに瑕疵担保の効果として追完請求も認められるようになれば，水泳パンツ事件のような事例において，X社が水泳パンツ製造業者であり，XY間とYA間において水泳パンツにつき同じ瑕疵があったとすると，瑕疵のためY社がA社との間で生じた追完費用を，Y社がX社に対し求償できよう。さらに追完費用を保全するため供給者の有する追完費用賠償請求権の代位行使も問題となろう。そうすると，最終売主に対し消費者は消費者契約法により保護されるが，最終売主の求償のときに障害となる供給者と最終売主間やそれ以前の供給者間の免責約款・特約の効力の問題が残るのみとなる[154,155]。

---

[153] さらに商法526条の適用を排除する合意を浦和地判昭和57・11・15判タ490号153頁，東京地判平2・2・23判時1364号45頁は認める。

[154] フランスの判決例には，直接訴権を認めるにあたって製造者と供給者間などの免責約款の効力を否定・制限するものがある。窪・前掲注107 354頁注77，平野・前掲注104 48頁，82頁―85頁。

[155] ドイツ民法478条をさらに改正した下記新445a条は，物の瑕疵に基づく不利益はできるだけ瑕疵を発生させた事業者に負担させるべきであるとの考えから，最終買主が消費者ではなく事業者の場合にも最終売主やその供給者等の求償を認める。そのため，ドイツ民法478条2項が新445a条第1項となり，478条1項が新445a条第2項に，478条5項が新445a条第3項に，478条6項が新445a条第4項となり，「消費者」が「買主」に，「事業者」が「売主」となっている。479条は新445b条となっている。BGBl. I 2017, 969.
新445a条　売主の求償
(1)新規製造物の売却において買主により主張された瑕疵が，すでに売主に危険が移転した時に存在していたときは，当該売主は，第439条第2項及び第3項並びに第475条第4項及び第6項に基づき買主との関係において当該売主が負担しなければならなかった費用の賠償を，自己への供給者に対して請求することができる。
(2)売却された新規製造物に瑕疵があるため，売主がその物を引きとらなければならなかったとき，又は買主が代金を減額したときは，当該売主が買主から主張された瑕疵を理由に第437条に掲げる権利を供給者に対し請求するためには期間の定めを要しない。

この点につき今後は定型約款の不当条項規制が関係してこよう[156]。

---

　(3) 前1項2項の規定は，債務者が事業者であるときは，供給者その他の買主が供給の連鎖におけるその売主に対して有する請求権について準用する。
　(4) 商法第377条は，その適用を妨げない。
　古谷貴之「ドイツ売買法における瑕疵責任の改正」産大法学50巻3・4号（2017年）269頁以下参照。ドイツ民法新439条につき，第6章第2節注56参照。

[156] 自動車メーカーが燃費偽装をした場合には，自動車メーカーは消費者に対し不法行為責任を負うこともあろう。

第7章　債務不履行における無駄になった出費の賠償

第1節　はじめに

　わが国の民法416条は，債務者の債務不履行によって生じた債権者の損害のうち，債務者は，「通常生ずべき損害」を賠償し（1項），「特別の事情によって生じた損害」であっても，当事者がその事情を予見し，または予見できた場合にはその賠償を請求することができる（2項）と定め，この民法416条は解除の場合の新545条4項の損害賠償にも適用される[1]。

　この民法416条は，ドイツ民法草案理由書を参考にしつつも，直接には，1854年のイギリスのハドレィ対バクセンデイル事件判決の影響の下に定められた[2]。

　ところが，明治末から大正期にかけてわが国の民法学は，ドイツの圧倒的影響を受け，民法416条は相当因果関係説を定めたものとされた。これに対し，現在では，債務不履行の場合にもドイツでは相当因果関係説の前提として完全賠償の原則をとっているが，イギリス法流の考え方に立ち完全賠償の原則を採用していない民法416条に相当因果関係説を持ち込むのはおかしいと批判されている[3]。

　ところで，ドイツでは，債務法現代化法が2002年1月1日から施行され，完全賠償の原則に基づくドイツ民法249条（不法行為にも適用される）は改正されなかったが，ドイツ新民法325条は解除と損害賠償の併存を認めるようになり，この点では，わが国の民法545条と同様の立場となった。さらにドイ

---

[1]　北川善太郎『日本法学の歴史と理論』（日本評論社，1968年）94〜97頁。
[2]　法典調査会・民法議事速記録18巻52丁表—55丁裏〔穂積委員〕（日本学術振興会，1935年），北川・前掲注1書67頁，平井宜雄『損害賠償法の理論』（東京大学出版会，1971年）149頁。
[3]　北川・前掲注1書63〜85頁。

ツ新民法280条以下の損害賠償に関する諸規定の中に新設されたドイツ新民法284条は,「無駄になった費用の賠償」を認めるようになった。

そこで,本章では,ドイツ新民法284条が認めている,債務者の債務不履行により債権者に生じた「無駄になった費用の賠償」の要件・効果と比較しつつ,わが国の判決例が,民法416条の枠組みを使用して無駄になった出費の賠償を認めていることをみていこう。

第2節 ドイツ新民法における出費賠償

1 ドイツ新民法284条の新設

(1) ドイツ新民法284条は,「債権者が給付を受けることを信じて出費をし,かつ,それが正当になしてよかった費用である場合には,債権者は,給付に代わる損害賠償に代えてその費用の賠償を請求することができる。但し,債務者の義務違反がなかったとしても出費の目的を達することができなかったであろう場合には,この限りでない。」と規定する。その結果,片務契約や次のような非収益目的の契約の場合にも費用の賠償が認められるようになった[4]。

(2) たとえば,売主Yから買主Xは乗馬を購入する契約を締結し,乗馬として使用するため乗馬用馬具を購入していたが,その馬は乗馬として使用できない病気にかかっていたことが判明した場合,Xはその馬を保持し,馬の価値減少分の「給付に代わる損害賠償」(小賠償)に代えて無駄となった乗馬用馬具費の賠償を求めることができるし,あるいは売買契約を解除し,「給付に代わる損害賠償」(大賠償)に代えて費用の賠償を求めることができる[5]。

(3) また,ドイツ新民法284条新設後の代表的なドイツの判例である

---

[4] この独民284条が新設される前は,ドイツの判例は,収益獲得目的の双務契約の場合に,債務者の給付の価値=債権者の反対給付の価値+費用と推定(収益性の推定)することによって費用賠償を認めてきた。拙著『表示責任と契約法理』(日本評論社,1994年)190頁,福田清明「ドイツ新民法典284条の費用賠償請求権」明治学院大学法学研究74号(2002年)1頁以下,上田貴彦「ドイツ給付障害法における費用賠償制度の概観」同志社法学310号(2006年)127頁以下参照。独民284条はこの収益性の推定と挫折理論に由来する。

[5] 前掲注4拙著189頁参照。

BGHZ 163, 381 = NJW 2005, 2484 では，売主Yから買主Xは営業のため新車1台を購入し，自動車電話とナビゲーターなど付属品を取り付けていたが，1年後車の瑕疵のため売買契約を解除し，独民284条に基づき付属品代，運送費，登録代という無駄になった費用の賠償をXが訴求し，認められた。

このBGH判決では，収益獲得目的での出費についても「収益性推定」ではなくドイツ新民法284条が適用されたこと，付属品を買主が別の車に使用することは買主に期待できず，原則として売主は付属品の費用も賠償すべきこと，独民347条2項の必要費，有益費償還請求に対し選択された費用賠償が優先・併存し排除されないこと，車は5年間使用でき，そのうち1年間買主は車を使用したのでその1年間は費用も無駄ではないので，付属品代，運送費，登録代はその1年分に相当する20％分減額されること，瑕疵の鑑定費は「給付と併にする損害賠償」であり，費用賠償と併存するとされたことが注目されるべきである[6]。

2　給付に代わる損害賠償に代えて

「給付に代わる損害賠償」は，本来の給付に代わる損害の賠償であり，塡補購入費，修理費，目的物の減少価値分，逸失利益などである。

独民284条は「給付に代わる損害賠償に代えて」のみ出費賠償を請求できると規定しているので，債権者が給付に代わる損害賠償を請求できる場合にのみそれに代えて無駄になった出費の賠償を求めることができ，両請求は選択的関係にある。

しかし，この選択的関係の趣旨は，債権者の二重賠償を回避するため，つまり，債権者が同じ損害部分を費用賠償でも損害賠償でも同時に請求できることを避けるためであるので，ドイツの学説は給付に代わる損害賠償と費用賠償との厳格な択一は維持できないとの意見であり，むしろ，費用賠償と損害賠償とがそれぞれ損害の別々の部分に関する場合には併存しうると主張する[7]。

---

[6] Gsell, NJW 2006, S. 125ff..
[7] Emmerich, Festschr. f. Blank 146ff..

3 給付を受けることを信じて出費したこと

(1)独民284条により債権者が賠償を求めうる費用は,「債権者が給付を受けることを信じてなした任意の財産的犠牲で,債務者の不履行もしくは契約の本旨に従わない履行ゆえに無駄と判明する任意の財産的犠牲」である[8]。そして,独民284条によれば,給付を受けることへの債権者の信頼,つまり,債務者が契約の本旨に従った履行をすることへの信頼と債権者の支出した費用との間に因果関係がなければならない。それゆえ,特に債務者が履行拒絶をするなどして,債務者の契約違反を債権者が本気で考慮しなければならないときからの費用の賠償は求めることができない。

また,ふつうには,債権者は,契約を締結して初めて給付を受けることを信じてよいので,契約締結後支出された費用の賠償を求めることができる。しかし,債権者が契約締結前に先履行せざるをえない契約もあり,このとき債務者が契約違反をすれば債権者の費用が挫折することは両当事者にとって疑いえず,契約前の一定の費用も賠償されうる[9]。

(2)挫折理論に基づき,独民284条における損害は,費用自体ではなく,債務者の義務違反による出費の目的の挫折,つまり費用の挫折にあるとされる。そして,債権者は,自己の追求した目的が挫折してしまったことの主張・立証責任を負う。これに対し,独民284条但書の定めるように,債務者の義務違反がなかったとしてもその目的を達することができなかったであろう費用,つまり契約の本旨に従った履行があってもどっちみち挫折していた費用は賠償されず,この例外の立証責任は原則として債務者が負う[10]。

4 費用の正当性

債権者が賠償請求できる費用は,「債権者が給付を受けることを信じて出費をし,かつ,それが正当になしてよかった費用である場合」である。した

---

[8] BGHZ 163, 181 = NJW 2005, 2848, 2850;Emmerich, FS. Blank, S. 149ff..
[9] Emmerich, FS Blank, S. 150f.;Emmerich, FS. Otte, S. 110f..
[10] Canaris, DB 2001, 1815, 1820;Unholtz, Der Ersatz "frustrierter Aufwendungen", Berlin 2005, S. 176;Emmerich, Festschrift für Hubert Blank, München 2006, S. 149ff.;Weitemeyer, AcP 205, S. 284ff.;Stoppel, AcP 204, S. 85ff..

がって，債務者が一部給付や不完全履行をし，出費の目的挫折が一部であるときには，費用賠償も縮減させられる。

同様に，債務者の義務違反により元の目的を達成できない債権者が出費を別の目的のために転用できたとき，その転用による利益を賠償される費用と損益相殺されねばならず，特に元の目的が収益獲得目的の場合には転用目的も元の収益獲得目的に含まれないか，検討すべきである[11]。さらに，債務者に原則として契約締結に際し予見できない費用の賠償を求めることができないとの主張がある[12]。

第3節 わが国の判決例

1 非収益目的での出費

① 東京地判昭61・6・30判タ606号101頁では，劇団主宰者X_1は，昭和52年9月，Y演劇協会との間で，Yの付属劇場を昭和53年6月の5日間使用する契約を締結し，講演の題名を「20Ｃ悲劇，天皇裕仁」とする演劇の公演準備をすすめていたところ，6月2日，Yが「Xらの本件劇場の使用については，観客に対する危険が考えられ，また，Yとしては，天皇の名前を取り上げるのは具合が悪い」などとしてX_1らの劇場使用の中止を申入れ，6月9日YはX₁に対し劇場使用契約の解除の意思表示をした。

そこで，Xらは，Yからの劇場使用中止の申入れは，X_1に対する契約上の債務不履行に当たり，また，Y代表者の個人的趣味による恣意的な劇場使用中止の申入れは権利の濫用ないし信義則に反し許されないなどと主張し，上演中止になったことによって被った人件費250万円のほか，大道具制作費，小道具の費用，印刷代および交通費として140万円余りの財産的損害，およびX_1は数年ぶりの上演の突然の挫折によって大きな打撃を受けたのみならず，その演劇人としての名誉と信用を傷つけられたとして100万円の精神的損害の賠償を求めた。

---

[11] Stoppel, AcP 204, S. 96ff..
[12] Stoppel, AcP 204, S. 95ff.; Tröger, ZIP 2005, S. 2246f..

① 判決は，劇場使用に関する諸規定により X_1 との劇場使用契約を解除できず，劇場側の全部免責条項の効力を主張できないと判断したうえで，使用中止によって劇場使用予定者が被った損害については，「契約締結上の過失」があったものとして，劇場側が賠償すべきものと判示した。そして，① 判決は，X_1 の精神的損害については，X_1 が本件講演中止によって「演劇評論家及び一般観客らからボイコットを受けるなどして，その演劇人としての名誉と信用を失ったとの主張についてはこれを認めるべき証拠がない」として 30 万円の慰謝料のみを認め，X_1 の財産的損害につき，「本件契約については昭和 53 年 6 月 9 日 Y は X 側に対して中止の申し入れをしているのであるから，それより後になされた支出については，それ以前に支払の基本となる事実が確定しており，その支払のみが猶予されていたという特段の事情が認められない限り，Y の本件劇場使用拒否と相当因果関係のある損害と認めることはできないというべきである。」と判示して，4 月 18 日の雑誌掲載の広告代，5 月中旬から 6 月初旬のポスター 600 枚，チラシ 8000 枚の印刷代の合計 60 万 9900 円のみの賠償を認めた。

① 判決は，無駄になった出費の賠償を認めるため，「契約締結上の過失」を根拠としているが，すでに劇場使用契約が成立した後での問題であり，劇場側からの履行期前の劇場使用の中止という債務不履行そのものに基づいて無駄になった出費の賠償を認めるべきである。そして，① 判決は，ドイツ新民法 284 条同様，非収益目的の挫折の場合にも無駄になった出費の賠償を認めるものである。

2　二重賠償の回避

わが国の判決例も以下の判決にみられるように，同じ契約利益の二重賠償とならない場合に出費賠償を認めている。

(1) ② 東京高判昭 61・5・28 判時 1194 号 82 頁では，機械製造販売業を営む X 社と合成樹脂成型業を営む Y とは，X 社を製作・供給者，Y を注文者として，特殊油圧成型機（代金 460 万円），冷却用油圧プレス（代金 276 万円）を製作・供給する，前記本件機械の納入は，納入場所である Y 工場において据付試運転をして行う旨の契約を締結した。X 社は機械の検収引渡が完了したとして

機械の代金とその遅延損害金を請求したのに対し，Y社は，本件機械には未完成，不良の箇所が多く，据付試運転の段階において種々のトラブルが発生し，その検収引渡は未了と主張した。また，Xは本件機械を未だ完全に作動できる状態に完成してYに引き渡していないので，YはXに対し本件機械を完成または修補して引き渡すよう催告したが，Xがこれを放置したのでYは本件契約を解除した旨主張した。さらにYは反訴としてXに対し本件機械が不完全なため被った損害の賠償を請求した。

　②判決は，本件機械は「未だ完成しておらず，本件契約に定める検収引渡しを完了していない」と判示し，本件契約の解除原因たるべきXの債務不履行にあたるとしてXの本訴請求を棄却した。また，Yの反訴請求について，②判決は，Yが本件機械が契約の趣旨に従って納入されていたならば「Yが本件機械を使用してまな板を製造し，これを卸販売することにより上げたであろう利益の額については，証拠上これを確定することができない」として逸失利益の賠償を認めなかった。他方，本件機械を据付けるための基礎工事，高圧電力室・配線の各工事および金型の各支出は「本件機械を稼働させられなかったことにより全額無用な出費となった」として，これら附帯設備費390万円の賠償とその遅延賠償を認めた。

　しかし，Yが本件機械の稼働のため購入した押出機，のこぎり盤，ボール盤，コンプレッサーについては，Yにおいて契約解除後，「これらの物品を他の用途に使用し，あるいは他に相当な価格で処分することも可能であったはずであることが認められ，……これらの物品をYにおいて現実に他の用途に使用することができなかったり，他に安く処分せざるをえなかったことなど，Yが被った具体的な損害額を認定するに足りる事情につき何らの立証もない」として収益獲得目的の場合に転用・転売できる物品の賠償を認めなかった。このように②判決は，無駄になった付帯設備費の賠償のみを認め，逸失利益の賠償を認めず，債権者Yの二重賠償となることを避けている。そして，(認められた)機械稼働のための付帯設備費は，無駄になった費用の賠償ではあるが，民416条の通常損害と考えられる。

　(2)③大阪高判昭46・10・21判時656号56頁では，根抵当権が設定され，競売開始決定登記のされた建物の賃借権を，建物所有者より賃借権譲渡権限

を授与された譲渡人Yより買受けた譲受人Xが，根抵当権の実行によりその賃借権を喪失した場合に，譲渡契約当時またはその後程なく抵当権実行の危険が増大したときには，同譲渡契約当時から瑕疵があったことになり，「Xは本件建物に対する根抵当権の実行によって，本件建物部分についての賃貸借期間のない賃借権を，その譲受後僅か3年間使用収益しただけで喪失し……たのであるから，本件賃借権に譲渡契約成立当時から存在した瑕疵のために，契約をした目的を達成することができなかった場合に該当し，民法570条によって準用される同法566条により，Yらに対し，右譲渡契約を解除し原状回復および損害賠償を請求することができる。」と判示した。そして損害賠償については，「建物賃借権の譲受人であるXが賃借建物に施した改造，改装工事のために要した費用は，建物賃借権譲受けに必然的に伴う支出ではないので，賃借権の喪失によってこのような費用の支出が無益に帰しても，賃借権の喪失によって譲受人に通常生ずる損害には該当せず，本件特有の特別事情による損害に当たると云わねばならない。したがって，XはYらに対して，本件譲渡契約締結当時Yらが予見したまたは予見し得べかりし事情によって生じた損害に限り，賠償を請求することができ……る。しかるに，……Xは本件賃借権が長期間持続するものと信じて，本件建物部分に居住しながらクリーニング店を経営するためにYらから本件賃借権を譲り受けたのであって，譲渡契約を締結するに際し，Yらに対し，本件建物部分にクリーニング店経営に必要な改造，改装工事を施して差支えがないかどうかを尋ねたところ，Yらが建物所有者……に代わって改造，改装工事を承諾したので，Xは右譲渡を受ける気になったことが認められるし，……また，譲渡契約の締結されたのは，前記根抵当権の実行として本件建物について競売開始決定の登記……より後の……ことであって，右競売開始決定当時Yらは本件建物部分を賃借占有していたのであるから，……Yらは，右競売手続の利害関係人として競売裁判所から競売開始決定の通知を受け，本件譲渡契約締結当時本件建物について競売手続が進行中であったことを知っていた……。そうすると，Yらは，本件譲渡契約締結当時，Xが右契約締結直後Xの自費で本件建物部分にクリーニング店経営に必要な改造，改装工事を施すこと，および，将来，本件建物が競売されると，Xが本件賃借権を喪失し，

その結果前記改造，改装工事による利益を喪失して損害を被ることのあることを予見したか，または予見し得べかりし関係にあった」と判示して，予見可能性のある特別損害としてクリーニング店経営という給付使用目的に必要な改造，改装工事費の賠償を，3年間使用した分を減価償却して減額して認めた[13]。

③判決の事案は，建物賃借権譲渡契約の譲渡人Yは，抵当権実行の危険を知っていたのであるから，瑕疵を悪意で黙秘したものである。そして，賃借権に当初より瑕疵があったとしても，XはｲⅠ債務者Yにクリーニング店経営に必要な改造，改装工事をしてよいか尋ね，建物所有者から改造，改装工事を承諾する権限を与えられているYが承諾したので賃借権譲渡契約をしたのであるから，Yの履行を信頼して出費したといえる。また③判決の認めるように非給付利得的性格の民196条の必要費，有益費償還請求権に対しXにより選択された費用賠償が優先・併存し排除されない。

(3)④ 東京地判昭48・9・25判時740号75頁では，XはYから建物の一部を賃借し，その際，本件賃借物件における営業内容は喫茶，軽食とし，同営業に関する監督官庁の許可・指示に従うこと等を約していたが，本件建物の所在地は第一種文教地区にあるため東京都の条例等によって賃借人Xが目的とした飲食店営業の許可がおりないことが判明し，このような公法上の制限は賃借物件の瑕疵に当たるとして，契約から1ヶ月後賃借人XはYに対し瑕疵担保責任に基づいて契約を解除し，飲食店営業の許可がおりるものとして店内の設備，従業員の採用，宣伝広告等，開店準備に要した費用と既払賃料が無駄になったとしてその賠償を求めた。

④判決は賃借人「Xが請求している右の諸費用は，賃料の点は別として，

---

[13] 逆に，東京地判昭47・11・30判タ286号268頁では，Xが昭和42年2月25日Yより飲食店経営の目的であることを明示してビル地下室の本件店舗を5年間の約束で賃借し，同年3月26日おにぎり屋を開店したが，床下の屎尿浄化槽の防臭，防虫構造が不完全のため同年6月より悪臭と小蠅が大量発生し客足も激減したので，同年10月20日店舗の瑕疵を理由に契約解除し損害賠償を請求した事案において，同年6月より9月まで4ヶ月分の営業利益減少分の逸失利益の賠償を認め，Yの事務所として使用されていた本件店舗を飲食店舗用に改装・改造した工事費用という無駄な出費の賠償は，Xは，「これを使用して営業し収益もあげた」として賠償を認めなかった。このように，この判決においても，無駄な出費賠償が逸失利益賠償との二重賠償とならないようにされている。

飲食店営業がおりるという見通しのもとに専らX自身が計画を立てそれに基づいて投じたものである……。一方，飲食店営業の許可を取り付けるのは，本件賃借物件を使用して営業を始めるべきXにほかならず，その間にあって賃貸人たるYに協力を求めなければならない事項は何もないはずである。また，営業許可が得られる見通しについても，賃貸人に尋ねてみても賃借人以上に的確な回答が出ることを期待できるものでもない。そうすると，許可が得られるとの見通しのもとに費用を投ずるには，万一許可が得られないときはそれが無駄になることを賃借人たるX自ら覚悟してかかるべきであり，飲食店営業に供する目的で賃貸借契約を結んだというだけでは，無駄になった費用の賠償をYに請求できる根拠としては不十分である。もっとも，Yが，許可が得られること間違いないと保証した場合とか，あるいは逆に許可の得られる見込みが皆無であることを知りながらXに告げなかった場合はまた格別であり，かような場合には，Yにおいて，瑕疵担保責任として，右の無駄になった費用の損害賠償をしなければならないことは言うまでもない。……Yが付近の不動産業者に本件賃借物件の貸店舗あっせんを依頼した際に客寄せ用として業者に渡したちらし広告……には『喫茶，軽食，最適』との記載があるけれども，ちらし広告にこの程度の文言を入れたからといって，それだけでYが飲食店営業の可能であることを保証したことにはならない。また，……文面上本件賃貸借契約に伴いYからXに対し提出を求めた誓約書の……文中『営業内容は軽食，喫茶とし』とあるけれども，これまた右文書の記載があるからといってYにおいて飲食店営業の可能であることを保証したことにならない。その他本件の全証拠を精査してみても，Yが飲食店営業の許可が得られることを保証し，あるいはその許可の得られる見込みの全然ないことを知りながらXに告げなかったという事実を認めるに足りるだけの証拠はない。」と判示した。さらに，Yには営業許可取得について協力する義務はないし，営業許可が得られることを保証したこともないし，Yにおいて飲食店営業の不可能なことを知りながらあえて黙秘したこともないから既払賃料を損害賠償として請求できないと判示した。この④判決において無駄になった出費の賠償が認められなかったのは，そもそも飲食店営業許可取得はYの協力義務や性質保証，瑕疵の悪意の黙秘などによって

契約上保護される利益にまで高められていなかったからである[14]。

(4) ⑤ 大阪地判昭47・12・8判時713号104頁では，流し台，調理台等の製造販売業者Ｙ社は，その製造する流し台等に取り付けるステンレス部分（シンク）を継続的に買受ける契約を昭和44年2月にＸ社との間で締結し，Ｙの販売方法はカタログを代理店，小売店に頒布およびテレビ放映による広告宣伝によって注文をとる方法であり，売主Ｘのシンクにはゴミ収納装置に特徴があり，買主Ｙは新たなカタログやテレビフィルムを作って宣伝販売して来た。ところが売主Ｘは一方的に昭和44年7月から9月まで出荷制限をなし，10月以降は取引を停止し，買主Ｙに代金支払いを訴求した。これに対し買主Ｙは，売主Ｘの出荷制限，取引停止の債務不履行によって損害を被ったと主張して，Ｘに対する損害賠償請求権を自動債権とする相殺の抗弁を提出した。

⑤ 判決は，売主Ｘの出荷制限および取引停止は継続的取引契約上の債務の違法な不履行にあたるとして買主Ｙの相殺の抗弁を認める。そして，買主Ｙの損害につき，本件シンクには売主Ｘへの供給先会社に特有の特徴があり，他社の商品によって代えることのできない商品であるので，買主Ｙに他社からの同一シンクを購入する義務はなく，Ｙ社は売主Ｘの出荷制限により昭和44年8月9月に少なくとも200万円の収益減という逸失利益があると判示する。

さらに買主Ｙの費用賠償につき，Ｘから仕入れた材料を使用した製品を販売するために，新たにカタログを製作し，またカタログ作製のための写真代36万7000円を要し，さらにテレビコマーシャル用のフィルムを製作し，それらは通常少なくとも2年間は使用可能であるが，出荷制限および取引停止により昭和44年8月までの6ヶ月しか使用できず，昭和44年9月分についてはすでに得べかりし収益金200万円の計算の基礎とされたので，10月以降の分について計算することとなり，テレビフィルム製作費176万円の24分の17に当たる124万6667円が損害額となる。同様にカタログ代，カタログ作製用写真代も使用されなかった残部に当たる費用分が買主Ｙの損害と

---

[14] これに対し，BGH WM 1977, 1089 は，転借人の契約上の義務違反により無駄になった開業準備費用の賠償を転借人に認める。

なる。そして，これらの損害は，現今の商品販売の実情に照らして考えると売主Xに予見可能であると判示した。

このように給付が可分のとき，債権者はそれぞれについて費用賠償か損害賠償かを選択できる。⑤判決では，昭和44年8月9月については費用賠償を認めず逸失利益の賠償のみ認め，同年10月の全面停止以降については費用賠償のみが認められた。その理由は，10月以降と区分して8月9月分については，債権者である買主Yは逸失利益の賠償を遅延賠償として求めており，このうえに，この逸失利益の獲得のために不可欠の出費を重ねて認めると，二重賠償となってしまうからである。また債務者（売主）Xが本件のように違法に履行拒絶するとき，Xの履行をなお信じてよい時点までの債権者（買主）Yの信頼が保護される。

3 費用の正当性

わが国の判決例は，①②判決のように演劇上演のための雑誌掲載の広告代，ポスター，チラシ代や，機械稼動のための付帯設備費などを通常生ずる損害として出費の賠償を認めるが，③判決では，建物賃借権譲渡契約の譲渡人には譲受人の支出したクリーニング店経営に必要な改造・改装工事費が無駄となることを予見できたとして譲受人の賠償を認める。このように無駄となった出費の賠償についても民法416条2項の予見可能性が異常な出費の賠償を制限することとなるほか，費用の正当性に関する以下のような判決例がある。

(1) 初めから債権者が複数の目的のために出費する場合がある。

たとえば⑥東京地判昭53・11・17判タ378号118頁では，買主Xは売主Yから流動炭化装置を代金3600万円で買い受けたが，保証された製造能力がなかったので，売買契約を解除し，前記装置の設置場所として南港工場を賃借した賃料額に相当する債務2290万円の賠償を求めた。⑥判決は，土地の賃借に際して協力「会社と共同して賃借していること，現在その土地のうち本件装置の設置に関係ない部分（約4割に相当する部分）は他の目的で使用されていることが認定でき」，「本件装置の設置のためには前記賃借土地の2分の1程度で事足りた」ので，賃料「債務額のうち半額はXが本件装置の設置

に関連して負担した債務」ではなく，出費の目的の挫折はなく，「その余の半額（金1145万円）のみが本件装置の設置のために要した債務というべきであ」り，賃料債務額のその半額が装置設置という目的を達成していないとして売主「Yの債務不履行と相当因果関係に立つものというべきであ」り，「本件契約が解除されている以上，……右債務（金1145万円）が無益に帰し結局 X の損害となることは明らかである。」と判示した。買主 X は初めから2つの目的で土地を賃借し，装置獲得を信頼して設置のため賃借した土地の部分は2分の1だけであるので，出費が無駄となったのは賃料債務額の半額のみであり，その賠償のみが認められた。

(2) 債務者の義務違反により当初の目的を達成できない債権者が出費を別の目的のため転用できないか，が問題となる。特に当初からの目的が営利目的（収益獲得目的）の場合には，当初の具体的目的は達成できないが，別の転用目的に流用でき，ただ具体的使用の種類が変更されただけで，同じく当初の収益獲得目的が追求されており，目的の挫折がみられないことがある。また，営業活動上当然に生ずる一般経費，管理経費，営業経費は，原則として特定の給付を受けることを信頼して支出した費用ではないので費用賠償されない。これらの点を以下の⑦⑧判決においてみてみよう。

⑦ 東京地判平6・9・8判時1536号61頁では，平成2年4月，芸能プロダクションを経営するXは，歌手志望のYと，「YはXの指定した日時，場所において芸能出演を行う。出演料は1ヶ月20万円とする」旨の芸能出演契約を締結していたが，歌手Yが前記芸能出演すべき義務を怠ったとして債務不履行に基づく損害賠償を求める。

まず，本件契約の契約期間が10年であるとして残り9年間分の得べかりし利益の損害賠償請求につき，本件契約は労働基準法14条の適用される雇用契約であり1年に短縮されるとして賠償請求を認めない。次に X が損害賠償を求める Y を歌手として売り出すための諸費用，つまりレコーディングのための作曲代，編曲代，録音費用，Yのデビュー，1周年記念パーティーに係る宣伝費用，パーティー費用その他関係者に対する接待費用等につき，「これらの諸費用は，芸能プロダクションを経営し，Yを歌手として雇用する X がその独自の営業政策上の判断に基づき支出したものであり（本件契約

に係る契約書には、「芸能関係一切の内容事項は甲（X）が責任上処理することとする」との契約条項がある）、Xの営業上の経費というべきものである。ところで、……Yは、平成2年4月にデビューしてから同年11月5日までの約7ヶ月余りの間、概ねXの指示に従って芸能出演をこなしていたことが認められ、その間Xは、Yの歌った歌を吹き込んだレコード、テープの売上げ、印税収入のほか、Yの芸能出演に係る出演料等を取得していたことが明らかであって、Xの支出した前記諸費用は右収益獲得に寄与していたといえ、その意味では無駄な支出とはいえず、右諸費用中Xの収益獲得に寄与した部分は、そもそもXの損害と評価することはできないものである。また、本件契約が被用者であるYの責めに帰すべき事由により解除され、Yが歌手を廃業したため前記諸費用が結果的に無駄に支出された費用等になったとしても、かかる意味において前記諸費用の支出が結果的に無駄になるという事態は、仮にYが本件契約上の義務を誠実に遂行していたとしても起こり得るのであるから（新人歌手が歌手として成功するのはそれほど容易なことではないし、それも多分に偶然的要素に左右されることは容易に推測される）、」歌手Yの義務違反と前記諸費用が無駄になったこととは因果関係がなく、歌手Yは前記諸費用の賠償義務を負わないと判示した。

　しかし、歌手Yが無断欠勤したためXが代演歌手に出演料を支出した代演料等のXの被った損害を賠償する義務が歌手Yにあると判示し、代演歌手の出演料という履行利益の賠償のみを認めている。

　⑧　東京地判昭47・7・17判時688号76頁では、請負人XはYより昭和44年10月、5階建てマンションの建築を請負ったが、Yが建物の設計監理業務を委託した業者が本件土地の実測を誤った資料をもとに基本設計図を作成したため建ぺい率に違反し建築確認を得られず、請負人Xはその確認書の交付をYに催告したうえ請負契約を解除して損害賠償を求めた。⑧判決は、Yの義務不履行による請負人Xの損害として、Yとの契約締結の際に支出した交通費、日本閣における会食費、契約書製本代、青写真プリント代、印刷代、仮設機械器具整備費、以上合計29万余円の費用の賠償を認めた。しかし、仮設機械器具等保管費と仮枠材料保管費については、請負人Xが他から借用して実際に支払った損料ではなく、むしろ資材類は請負人Xの保有する

もので，保有者たる X において当然に保管すべきものだから Y の義務不履行と因果関係のある損害と認められないと判示した。

また，下請手配損費と鉄筋注文流しによる損害について，本件工事のために手配した下請労務，鉄筋は，そのまま他の工事に流用した事実が認められ，請負人 X は Y の義務不履行によっても，下請労務や鉄筋を手配したことによって何ら損害を被っていないとして賠償を認めなかった。さらに担当社員人件費，現場代理人人件費は本件契約関係を担当した従業員の給料であるが，本件契約不履行に伴って当然負担せざるをえなくなったものでなく，むしろ X 社と各従業員との契約に基づいて支出すべきものであるから，本件契約不履行と因果関係のある損害ではない，請負人 X は本件契約関係の仕事のためだけに臨時に当該社員を雇用したわけではないから，本件契約の締結がなければその労力を他の仕事に振り向けて利益を得たであろう特別の事情がない限り，前記従業員の給料分の賠償は認められないと判示した。

第4節 小　括

(1) わが国の判決例は，① 判決にみられるように，民法416条における損害賠償の範囲の問題として非収益目的の契約の場合にも費用の賠償を認めている。

(2) また，わが国の判決例は，ドイツ法と同様に（民法416条の枠組の中でではあるが）塡補賠償に代えて出費賠償を認め，⑤ 判決におけるように，債権者が債務者の出荷制限による逸失利益の賠償を遅延賠償として選択した場合には，この逸失利益の獲得のための不可欠の出費を重ねて認めると二重賠償となるので出費の賠償を認めていない。このように，同じ契約利益の二重賠償とならないときに出費の賠償を認めている。そして，⑤ 判決のように給付が可分のとき，債権者は給付のそれぞれについて出費賠償か通常の損害賠償かを選択することができた。したがって，この無駄になった出費の賠償は，債権者が履行利益，契約利益の証明をできない場合の代替的手段と位置づけられるべきではなかろうか。そうすると，無駄になった出費の賠償においても，劇場使用契約を締結していながら使用拒否した ① 判決が示唆するように，

債務者が事業者，債権者が消費者であって消費者契約である場合には，消費者契約法8条1項1号により「事業者の債務不履行により消費者に生じた損害を賠償する責任の全部を免除する条項」は無効とされるし，同項2号により，事業者の故意・重過失の債務不履行による損害賠償責任を一部免除する条項も無効とされる。また，何らかの免責条項が，消費者契約法10条により信義則に反して「消費者の利益を一方的に害する」条項として無効となることもあろう。

(3) 賠償されるべき出費の正当性は，わが国の判決例によれば，通常生ずる出費は賠償されるが，特別の事情により生じる出費については債務者の予見可能性が必要であり，このようにして，異常な出費の賠償は制限されることとなる。また，第3節3(1)(2)において検討したように，当初から複数の目的のために1つの出費がなされた場合には，給付を受けることを信じて債権者が支出し無駄となった費用の部分のみの賠償が認められる。さらに，当初からの出費の目的が営利目的（収益獲得目的）の場合には，当初の出費の目的は債務者の義務違反により達成できないが，別の転用目的に流用できてただ具体的使用の種類が変更されただけで，同じく当初の収益獲得目的が追求されており，目的の挫折がみられないことがあった。

第8章　事情変更の原則

第1節　はじめに

　勝本博士は、「事情変更の原則とは、主として債権関係を発生せしむる法律行為が為されたる際に、① 其法律行為の環境たりし事情が、法律行為の後、其効果完了以前に当事者の責に帰すべからざる事由により、予見し得ざる程度に変更し、② 其結果当初の意義に於ける法律効果を発生せしめ、又は之を存続せしむることが、信義衡平の原則上、不当と認めらるる場合に於て、③ 其法律効果を信義衡平に基づきて変更せしむることを云ふ」[1]と定義され、事情変更の原則を樹立され、③ の効果として、給付内容の変更や契約解除などを認められる。この事情変更の原則の要件は、この原則の適用されうべき場合を限定する ① の要件と、この原則の適用の当否の判断に関わる ② の要件に分けることができる[2]。通説・判例も、この要件・効果を基本的に支持し、信義誠実の原則を根拠に、事情変更の原則を認め、我妻博士は[3]、その要件として、① 当事者の予見せず、また予見しえない著しい事情の変更を生じたこと、② その変更が当事者の責に帰すべからざる事由によって生じたこと、③ 契約の文言通りの拘束力を認めては信義の原則に反した結果となること、とまとめられ、効果として、解除、給付内容の修正とされる[4]。

---

[1] 勝本正晃『民法における事情変更の原則』（有斐閣、1926年）567頁。
[2] 古軸隆介・法教87号24頁。
[3] 我妻栄『債権各論上』26頁、178頁以下。
[4] わが国のリーディングケースである大判昭19・12・6民集23巻613頁は、Y所有の不動産についてXは売買契約を締結したが、履行期前に宅地建物等価格統制令が施行され、価格の認可が必要になった場合に、買主主張の事情変更による解除を認めた。下級審には契約改訂を肯定する判決例もあり、神戸地伊丹支判昭63・12・26判時1319号139頁では、土地の売買予約完結権行使時には土地価格は約22.8倍になっていた事例において、土地所有者Yは事情変更による予約の失効を主張したが、判決は契約改訂を認めた。

五十嵐教授は，勝本博士の事情変更の原則が今日の比較法の試練に十分耐えうると承認されながら，勝本理論は史上まれな大変動時の判例に立脚したため，事情変更の原則を種類債権や消費貸借上の金銭債権にも適用するなど，その適用範囲が広すぎると批判され，また，事情変更の原則を意思表示の客観的解釈として構成する可能性を追究すべきであるとして，事情変更の原則の要件を，① 契約成立当時その客観的基礎となっていた事情が変更すること，② 事情の変更は，当事者の予見したもの，または予見できたものでないこと，③ 事情変更が当事者の責めに帰することのできない事由（戦争の勃発，大災害の発生，インフレの進行，法令の変更など）によって生じたこと，④ 事情変更の結果，当初の契約内容に当事者を拘束することが信義則上著しく不当と認められること，とされている[5]。

　さらに，久保教授は，「事情変更の要件として予見可能性は決定的ではなく，危険を負担したか否かの判断をするための一つのファクターにすぎなく，予見可能性の要件は危険の負担に昇華されるべき」とされ，「危険を負担したかどうかは，契約の解釈，予見可能性，相対的取引能力，リスク分配能力，専門知識，経験などの諸ファクターを総合的に考慮して決定」し，「さらに一歩進めて，このファクターの中に『困難の程度』を入れて，第3の要件（契約の文言通りの拘束力を認めては，信義の原則に反した結果となるとの要件）を解消することも検討されてよかろう」と主張される[6]。

　なお，西ドイツ債務法改正鑑定意見において，事情変更につき，ホルンの草案では，「契約上の給付が外的な諸事情によって著しく困難となり，または，価値を失った場合には，不利益を受ける契約当事者は，その諸事情を計算に入れる必要がなく，特にその諸事情の発生または影響の危険を契約の意味に従って引き受けておらず，かつ，変更されない契約へ拘束することがその当事者にもはや期待しえないものである限り，契約の適応により両当事者への不利益の相当な分配を請求することができる。契約の適応が不可能であるか，または期待できない場合は，その代わりに契約の解除を請求することができ

---

[5] 五十嵐清『新版注釈民法⒀』69頁以下――以下では前掲①という，同『契約と事情変更』148頁以下。

[6] 久保宏之『経済変動と契約理論』（成文堂，1992年）240頁，同「本件判批」法教208号101頁。

る。適応または解除は，両当事者の合意または裁判所の判決によって行われる。」[7]として，予見可能性や契約における危険配分，期待不可能などによって規定しようとした。ドイツの債務法改正では，ドイツの伝統的行為基礎論の影響から，行為基礎障害についての313条として，「(1)契約の基礎となっていた事情が，契約締結後に著しく変更し，かつ，当事者双方が当該変更を予見していたならば契約を締結せず，または内容の異なる契約を締結していたであろうときは，個々の場合における諸般の事情，特に契約上または法律上のリスク配分を考慮して，契約を改訂しないで当事者の一方を拘束することが期待できない限り，契約の改訂を請求することができる。」「(3)契約の改訂が可能でなく，または当事者の一方に期待できないときは，不利益を被る当事者は，契約を解除することができる。継続的債務関係においては，解除権に代わり，解約告知権が発生する。」と定められた[8]。

第2節　最判平成9年7月1日[9]

【事案】

A社は，標高約600メートルの山の頂上尾根付近を造成工事し，昭和48年，東・中・西の3コースを有する本件ゴルフ場を開設した。Xらは，A社と預託金会員制の会員契約（預託金約50万円）を締結し，または，本件ゴルフ場の会員からA社の承認を受けて会員権を譲り受けることにより，本件ゴルフ場の会員たる地位を取得した。その会員権の内容は，①本件ゴルフ場施設の優先的優待的利用権，②預託金返還請求権，③会員権譲渡権であった。昭和62年9月にB社はA社から，平成4年3月にY社はB社から，それぞれ本件ゴルフ場の営業を譲り受け，会員に対する権利義務を承継した。

本件ゴルフ場は，谷筋を埋めた盛土の施工不良，及び盛土の基礎地盤と切土地盤に存在する強風化花こう岩のせん断強度が小さいことから，被圧地下水のわき出しなどにより，のり面の崩壊が生じやすくなっており，開業以来

---

[7] Gutachten und Vorschläge zur Überarbeitung des Schuldrechts, Bd. I, 1981, S. 636.
[8] 岡孝編『契約法における現代化の課題』（法政大学出版局）参照。
[9] 民集51巻6号2452頁。

度々のり面の崩壊が発生しており，平成2年5月に，中コースの一部と東コースの一部ののり面が崩壊し，応急措置的修復はなされたが，それ以前ののり面崩壊状況とあいまって，営業が不可能となった。B社は，同年5月末日に全コースを閉鎖し，約130億円をかけて，クラブハウス建築も含む本件ゴルフ場の全面改修工事を実施した。

　B社及びY社は，XらA社時代からの会員に対し1000万円の追加預託金を預託するか，預託金払戻に応じて退会するかの選択を迫り，追加預託を拒否するXらは，本件ゴルフ場の会員権を有することの確認を求めた。これに対し，Y社は，Xらが預託金返還請求権および会員権譲渡権を有することは認めるが，本件ゴルフ場施設の優先的利用権については，事情変更の原則または権利濫用の法理の適用によりこれを有しないと主張した。

　一審はXらが勝訴したが，原審は，B社はA社から営業を譲り受けた時点において「法面崩壊に対する防災措置を施す必要が生じることを予見していなかったとは言えないが，本件改良工事のような大規模な防災処置を施す必要が生じることまでは予見しておらず，かつ予見しえなかったと認めるのが相当である」などと説示し，事情変更の原則を適用してXらの請求を全部棄却した。

　これに対し，Xらは，①本件の事情の変更につきA社に帰責性があり，それをB社，Y社も承継していると主張したが，原判決は，この点について何等の判断もしていない，②原判決は，予見可能性の主体をB社としているが，A社を主体として予見可能性を判断すべきである，などと上告した。最高裁は，事情変更の原則の要件を満たしていないとして，Xらの請求を認容する旨の破棄自判の判決をした。

【判旨】

1　「XらとA社の会員契約については，本件ゴルフ場ののり面の崩壊とこれに対し防災措置を講ずべき必要が生じたという契約締結後の事情の変更があったものということができる。」

2　「しかし，事情変更の原則を適用するためには，契約締結後の事情の変更が，当事者にとって予見することができず，かつ，当事者の責めに帰することのできない事由によって生じたものであることが必要であり，かつ，右

の予見可能性や帰責事由の存否は，契約上の地位の譲渡があった場合においても，契約締結時の契約当事者についてこれを判断すべきである。したがって，B社にとっての予見可能性について説示したのみで，契約締結当時の契約当事者であるA社の予見可能性及び帰責事由について何ら検討を加えることのないまま本件に事情変更の原則を適用すべきものとした原審の判断は，……是認することができない。」

3　「一般に，事情変更の原則の適用に関していえば，自然の地形を変更しゴルフ場を造成するゴルフ場経営会社は，特段の事情のない限り，ゴルフ場ののり面に崩壊が生じ得ることについて予見不可能であったとはいえず，また，これについて帰責事由がなかったということもできない。けだし，自然の地形に手を加えて建設されたかかる施設は，自然現象によるものであると人為的原因によるものであるとを問わず，将来にわたり災害の生ずる可能性を否定することはできず，これらの危険に対して防災措置を講ずべき必要の生ずることも全く予見し得ない事柄とはいえないからである。」

本件では，「本件ゴルフ場は自然の地形を変更して造成されたものであり，A社がこのことを認識していたことは明らかであるところ，A社に右特段の事情が存在したことの主張立証もない本件においては，事情変更の原則の適用に当たっては，A社が本件ゴルフ場におけるのり面の崩壊の発生について予見不可能であったとはいえず，また，帰責事由がなかったということもできない。そうすると，……事情変更の原則を本件に適用することはできない」。

第3節　事業変更の要件

当事者がどこまでリスクを負担するかは，契約に定めたりする。たとえば，売買契約の当事者が市場変動などのリスクを引き受けたかどうかは，まず，具体的な契約を解釈して判断されるが，契約解釈によってリスク配分が明らかにならない場合には，すべての債権契約に内在する危険配分を，客観的基準，すなわち，取引慣行，取引の全性格を顧慮して，契約上の危険配分や民商法など法律上の危険配分を考慮して判断しなければならない。

1 予見不可能・帰責事由判断の当事者

　事情変更の予見不可能という要件について，原判決は，B社がA社から営業を譲り受けた「第一承継当時，B社において，法面崩壊に対する防災措置を施す必要が生じることを予見していなかったとは言えないが，本件改良工事のような大規模な防災処置を施す必要が生じることまでは予見しておらず，かつ予見しえなかったと認めるのが相当である」として，契約上の地位の譲受人を基準として，予見不可能性を判断した。これに対し，本判決は，事情変更の原則を適用するための要件として，「契約締結後の事情の変更が，当事者にとって予見することができず，かつ，当事者の責めに帰することのできない事由によって生じたものであること」が必要と判示し，さらに，前記「予見可能性や帰責事由の存否は，契約上の地位の譲渡があった場合においても，契約締結当時の契約当事者についてこれを判断すべきである」として，契約上の地位の譲渡人であり，ゴルフクラブ会員契約を締結したA社を基準に予見可能性と帰責事由の有無を判断すべきである，と判示した。

　契約上の地位の譲渡は「契約から生ずる個々の債権・債務のみならず，契約当事者たる地位自体をも含めて包括的に移転させることを目的とするもので，契約当事者しか有しえない解除権や取消権をも譲受人に移転させる」[10]ものであるし，本件事案は，A社・B社間の営業譲渡契約，および，B社・Y社間の営業譲渡契約があるのみで，営業譲渡当時に会員契約の相手方当事者であるゴルフクラブ会員Xらの承諾はなかったようであるから，なおさら本判決の上記結論は妥当である。

2 事情変更原則における予見不可能性

　勝本博士は，予見可能性があれば，事情変更を予想してその前提の下に契約することができたはずなのにそうしなかったのは，危険を自ら負担したものとみなせる，として，予見不可能性を事情変更原則の適用の要件とされる[11]。すなわち，事情変更自体もしくはその規模・程度を予見しうるにもかか

---

[10] 奥田昌道『債権総論』480頁。
[11] 勝本・前掲書579頁。

わらずより高額の対価を相手方に求めたり，保険をかけたりという対処をせず，ただそのまま留保なく合意したとすれば，それはその当事者にだけ生じたリスクであり，そのリスクの結果を相手方に負担させることはできない。

さらに，のり面崩壊という本件事情変更は，標高約600メートルの山の頂上尾根付近を造成してコースとしたゴルフ場経営会社の組織領域から生じたものであって，ゴルフ場経営会社の領域とも会員の領域ともいえない中間領域において発生した事情ではない[12]。自然の地形に手を加えてゴルフ場を建設するゴルフ場経営会社は，ゴルフ場として利用できるように計画段階においても造成工事段階においても注意を払うものであるし，調査をする機会も充分に長期にわたって有している。造成工事完成後においてものり面の崩壊がないか，容易に調査できるのである。ゴルフクラブ会員の利用権は合意されているのであり，のり面崩壊による利用妨害については，ゴルフクラブ会員に対し，ゴルフ場経営会社に優越的支配可能性および情報優位がある。

すなわち，「自然の地形を変更しゴルフ場を造成するゴルフ場経営会社」は，ゴルフクラブの会員に対し優先的利用権を合意していたが，のり面崩壊によりその利用が妨げられた場合，ゴルフ場経営会社のほうが会員よりも，契約上予定された利用を妨げるおそれがあるかどうか，よりよく知ることのできる立場にあり，事情変更によるリスクに対しより容易に防御し，あるいはそのリスクをより容易に分散する能力・組織的手段を有しているので，そのリスクを負担すべきである。リスクを分散させる能力・手段としては，保険などによりリスクを他に移すことも含まれ，その結果，予見できるが，自ら支配できず回避しがたい事情変更のリスクまで負担することとなる。原則として予見不可能性を事情変更原則の要件としてよかろう。

3　契約上・法律上のリスク配分

勝本博士によれば，事情の変更が当事者の責めに帰すべき事情によって発生するときは，その当事者がこれによって生じる結果を負担すべきは当然で

---

[12] 国の河川敷地の占有許可に関する政策の変更という中間領域において発生した事情の場合に，河川敷の占有許可を得てゴルフ場を経営する会社に，事情変更による会員契約解除を認めた判決として，東京高判昭52・4・20判タ357号246頁参照。

あるので，事情変更の原則の適用の余地はなく，したがって，相手方たる債権者の責めに帰すべき事由によって事情の変更が生じた場合や，積極的債権侵害の場合にも事情変更の原則の適用はない，とされ，当事者の責めに帰することのできない事由として，戦争の勃発，政変，大災害の発生，経済的変動など絶対的不可抗力を挙げられた[13]。これに対し，五十嵐教授は，この要件に関連して，一方当事者の履行遅滞中に事情変更が生じたとき，その当事者は，事情変更を主張できないとされ[14]，当事者の帰責事由を広く解される。ところで，債務者の経営の失敗により履行困難に陥った[15]といった債務者の個人的事情など，当事者の一方の支配可能な領域に属する事由の場合，その当事者は事情変更を主張できないと考えられる。

さらに，本判決が，「一般に，事情変更の原則の適用に関していえば，自然の地形を変更しゴルフ場を造成するゴルフ場経営会社は，」「自然の地形に手を加えて建設された」施設に災害[16]の生ずる可能性を否定できず，これらの危険のリスクも背負っているとして，ゴルフ場経営会社の帰責事由を肯定したように，のり面の崩壊というリスク回避のための情報量，迅速で正確なリスク対処能力，防災対策費用の大きさや，そのようなリスクの回避方法についての専門的知識の点で，ゴルフ場の造成工事をしたＡ社，および，Ａ社の承継人であるＢ社・Ｙ社は，会員であるＸらに対しゴルフ場が利用できるように維持管理する義務を負っていると言うべきであろう。ここでの，事情変更の原則の適用における帰責事由判断は，債務不履行における帰責事由と異なり，当該契約における当事者間のリスク配分判断に近づく。「債務不履行」においていうところの狭義の帰責事由のある当事者が事情変更の原則を主張できないことは当然であり，そのことを前提にさらに進んで，事情変更の危険が当事者に配分されていなかったこと，という要件を立てているといえる[17]。上記ドイツ新民法313条1項のように，当事者を契約に拘束する期待不可能性の判断に際し，契約上・法律上当事者にリスク配分されていなかっ

---

[13] 勝本・前掲書17頁，583頁以下。
[14] 五十嵐・前掲①71頁。
[15] 五十嵐・前掲①71頁。
[16] 「我が国でしばしばみられる程度の災害」と野山宏調査官解説・ジュリ1128号75頁はいう。
[17] 前述のドイツでのホルン草案参照。また，アメリカ法における商的実行不能の要件として，予

たことを考慮することもできよう。

見不可能のほか，危険が当事者に配分されていなかったことを挙げる判決として，Fla. Power & Light Co. v. Westinghouse Elec. Corp., 517F. Supp. 440（E.D. Va.1981）——久保・前掲書78頁の紹介参照——などがある。また吉政知広『事情変更法理と契約規範』第1部（有斐閣）参照。

第9章　敷引特約の効力

第1節　はじめに

　敷引特約とは，賃貸借契約終了時に，一定の金額又は一定の割合を返還しない旨の特約ことである。敷引特約を伴う広義の敷金は，敷引部分（敷引金）と敷金から敷引部分を控除した狭義の敷金から成り立っており，敷引金は，① 通常損耗等の補修費用のほか，② 賃貸借契約成立の謝礼，③ 賃貸借契約更新時の更新料の免除の対価，④ 賃貸借契約終了後の空室損料，⑤ 賃料を低額にすることの代償などの要素を有することがあるとされる[1]。以下では，ドイツ法と比較しつつ敷引特約に関する①②③最判[2]を検討する。

第2節　ドイツ法の検討

　約款条項の内容規制につき，独民307条1項において，「約款条項は，当該条項が信義誠実の原則に反して，約款使用者の相手方を不相当に不利とするときは無効とする。不相当な不利は，条項が明確でなく，または平易でないことからも生じる。」と規定し，同条2項では，「ある条項が，① 制定法上の本質的基本思想から逸脱し，当該本質的基本思想と合わないときは，疑わしきとき，不相当に不利と推定する。」と規定している。判例によれば，この「制定法規律の本質的基本思想」は，目的論的考慮に基づくだけでなく，正義命令の表明であるときに認められるとされる。

---

[1]　生熊長幸「建物賃貸借契約終了時における敷金・保証金・権利金の取扱い」『民事法秩序の生成と展開』（創文社，1996年）310頁以下，神戸地判平成17年7月14日判時1901号87頁。

[2]　① 最判平成17年12月16日判時1921号61頁，② 最判平成23年3月24日民集65巻2号903頁，判時2128号33頁，金商判1378号28頁，③ 最判平成23年7月12日判時2128号33頁，金商判1378号28頁。

独民535条1項第2文は，賃貸人の主たる義務として「賃貸人は，賃貸物を契約で定められた使用に適した状態で賃借人に委ね，かつ，賃貸期間中この状態で賃貸物を保持しなければならない。」と規定している。これを補充して，独民538条は，「契約に定められた使用によって生じる変容もしくは損耗は賃借人に帰責されてはならない。」と規定している。そこに，賃料は，賃貸人の資本投入に対する対価だけでなく，賃借使用と不可欠に結びつく賃借物の損耗に対する対価でもあるとの賃貸借法の基本思想があるとされる[3]。

1 美観補修

美観補修とは，契約で定められた賃借物の使用（経年変化，通常損耗，天候の影響）によって生じた瑕疵を除去する措置であり，塗装作業や壁紙貼り作業，具体的には，壁や天井の壁紙貼り，または塗装もしくは漆喰塗り，床・暖房機（暖房管を含む）・内戸・窓の内側・外戸の内側の塗装（もしくは床のクリーニング）である。

美観補修も，独民535条1項第2文により賃貸人が負う賃貸物保持義務の一端である。従って別段の合意がなければ，美観補修を賃貸人がしなければならず，住居に瑕疵があり，修繕必要なときに美観補修を賃貸人がしなければならない。ただし，賃貸人が約款条項によって美観補修を賃借人に転嫁するならば，先ほどのように，補修必要性のあるとき，すなわち，そのままでは貸すことができないほどに住み荒らされているときに賃借人も美観補修をしなければならない[4]。しかし，美観補修条項は独民535条1項第2文の本質的基本思想を逸脱し，賃借人を不相当に不利とするとして独民307条1項2項により無効とされることがある。

2 価格論拠

不当条項（美観補修条項を含む）があっても，その不当条項によるリスク転嫁を前提とした対価計算がされ，価格は安くなっているので，当該条項は不当ではない，との価格論拠による正当化を，ドイツの通説やBGH NJW 1957,

---

[3] Leenen, BGB Allgemeiner Teil, 2011, S. 353f..
[4] Emmerich, JuS 2006, S. 933ff.；BGH WM 1982, 333.

17 などは拒否している。

　たとえば，医師は，家具店において待合室で使用するソファーを若干安い代金で購入し，店主は，「販売約款には担保責任免責条項があるが，当該免責条項によって家具店が免れた費用は，安い代金のため，全部，お客様に戻るでしょう」とセールストークしていたとしても，独民 307 条により当該免責条項は無効となる。当該不当条項によって買主としての本質的権利を喪失する顧客の不利は，大抵わずかの代金有利によってはほとんど妥当に償われないからであるとされる[5]。

3　美観補修条項

(1)　**終了時補修条項**

　終了時補修条項は，賃借中になされた美観補修を顧慮せず，次の美観補修必要時も顧慮せず，引越し時に住居の補修を借主に義務付ける条項である。このとき借主の義務は，独民 536 条 1 項第 2 文により賃貸人が負う賃貸物保持義務を凌駕し，実際の賃貸物の補修必要性を超えて補修義務を借主は負わされるので，「制定法の本質的基本思想」と合わず，約款によって借主にこの義務を負わすことはできない。逆にこのとき家主の方は，補修義務が借主に転嫁されれば，借主によって完全に美観補修され，新借主に貸すことができる賃貸物件を手にするという法律上正当化できない利益を獲得することになってしまうからである[6]。

　補修条項が無効のとき，独民 306 条 2 項によれば，制定法上の規律により契約内容の補充がなされ，独民 536 条 1 項第 2 文により家主が補修義務を負うこととなり，敷金返還債務と相殺できない。

　これに対し，日常の美観補修を引き受けていた借主が，「遅くとも」賃貸借終了時に，この時点までに生じた消耗の程度に応じた美観補修をする義務を負うことは，実際の補修必要性に基づくものであり，そのような美観補修の約款条項は有効であるとされる[7]。

---

[5]　Stoffels, AGB-Recht 2. Aufl., 2009, S. 184f.
[6]　BGH NJW 1998, 3114；2003, 2234；2006, 2113 など。
[7]　Stoffels, a.a.O., S. 405f.；Emmerich, FS für von Westphalen, 2010, S. 129f.。

(2) 補修期間条項

　ドイツ連邦司法省の1976年モデル賃貸借契約によれば，美観補修は，一般に台所・浴室等につき3年ごとに，居間，寝室，玄関，トイレについて5年ごとに，その他の部屋について7年ごとにする必要があるとされ，それが美観補修の一応の基準となっている。しかし，たとえば，「台所・浴室については2年ごと，その他の部屋については5年ごとに借主が美観補修をしなければならない」との約款条項は，モデル賃貸借契約等の相当な期間よりも短い期間で借主が美観補修をする義務を負うこととなり，実際の補修必要性を超える義務を負担することとなるので無効である。この理由について連邦通常裁判所は，美観補修の転嫁がないときに家主が独民535条1項第2文により負う賃借物保持義務よりも凌駕する保持義務を約款条項により借主に負担させることは許されないという（BGH NJW 2004, 2586など）。また，「台所・浴室については3年ごと，居間につき5年ごと，その他の部屋については7年ごとに借主が美観補修をしなければならない」との約款条項では，定められた確定的な期間ごとに借主は美観補修をしなければならず，この点で実際の補修必要性を超えて補修義務を借主は負わされるので，「制定法の本質的基本思想」と合わず，無効とされる（BGH NJW 2008, 2840）。

　これに対し，美観補修をする期間が相当な期間に一致し，さらに，「部屋の状態がこの期間の遵守を要しないときには，当該期間を遵守しなくてよい」旨が定められている場合には，確定的な期間ではなく，フレキシブルな期間となっており，借主の負担する義務は過度でなく，借主を不相当に不利としないので有効である（BGH NJW 2007, 3632 ; 2006, 3778）。

(3) 補修費用負担条項

　借主が美観補修された賃借物件を借り，美観補修すべき期間前に引っ越す場合に入居時（もしくは賃借中の最後の美観補修時）から引越しまでの経年変化・通常損耗分を次回の美観補修費の％で費用負担する条項である。実際の補修必要性を尊重する補修期間に関する判例と同じく，ここでも当該住居の実際の保持状態を顧慮することを許さない確定的な補修期間を基礎としてはならず，問題のない補修期間とそれに基づく次回補修費用を基準として（賃借中の

最後の美観補修時から）引越しまでの期間ごとに負担すべき上限額を％で定めるべきであり，また補修費用負担条項には明瞭かつ分かりやすい十分な透明性が必要であるとされる[8]。さらに補修費用負担条項に基づく契約終了時の費用負担を賃借人は契約締結時に適切に評価できず，補修費用負担条項は賃借人を不相当に不利とし無効とされた[9]。

4 条項の全部無効

約款条項を分離できる場合には，それぞれの部分について有効か無効かを判断すべきであり，分離された残部は有効との場合がありうるという。この分離できるか，の判断は微妙であり，BGH NJW 2009, 1408 は，借家契約に「外窓，バルコニーの戸，ロジアを含んで美観補修を賃借人がしなければならない」旨の条項があった場合に，本件条項は，ドイツ判例が賃借人への転嫁を許していない戸・窓の外側の塗装まで義務づけ，この部分のみを分離できない一体的義務となっているとして，本件条項は全部無効であると判示した。

5 合わせて一本

約款条項においては，内容上同じ全体に属している2つ（もしくはそれ以上）の条項が，約款使用者の相手方を不相当に不利とするとき，「合わせて一本」でその全体に属する条項が無効とされる。2つの条項のうち，1つの条項がすでに約款相手方を不相当に不利にし無効である場合，たとえばすでに無効な終了時補修条項の上にさらに有効な補修期間条項がある場合だけでなく，2つの条項が，それのみであればそれぞれ有効であるが，全体としては約款使用者の相手方を不相当に不利とする場合，たとえば，補修期間条項の上に終了時補修条項もあり，約款使用者の相手方を不相当に不利とするとき，両条項とも無効である（BGH NJW 2006, 2116 など）。なお，約款条項と個別合意との間に独民139条の意味での統一的法律行為があるとき，両条項の全部無効となりうる。

---

[8] Emmerich, FS S. 131f.；Stoffels, a.a.O., S. 406f.；BGH NJW 2006, 3778 など。
[9] BGHZ 204, 316（BGH 2015年3月18日）。

第3節　わが国の最判の検討

1　最判平成17年12月16日

　Xは，平成10年2月，貸主Yとの間で，特定優良賃貸住宅を賃料月額11万7900円，敷金35万3700円で賃借する旨の本件賃貸借契約を締結したが，Xは，平成13年4月末，本件契約を解約し，Yに対し，本件住宅を明け渡した。Yは，本件敷金から本件住宅の補修費用として通常の使用に伴う通常損耗についての補修費用を含む30万2547円を差し引いた残額5万円余りのみをXに返還した。Xは，補修費用負担約定は，Xが通常損耗に係る補修費用を負担する内容のものでないと主張して，Yに対し，本件敷金のうち未返還分30万2547円及びこれに対する遅延損害金の支払を求めた。一審および原審ともXの請求を棄却したので，Xが上告し，①最判は，以下の理由から通常損耗費用は原則として賃貸人負担であるとして原審に破棄差し戻した。

　①最判は，「建物の賃借人にその賃貸借において生ずる通常損耗についての原状回復義務を負わせるのは，賃借人に予期しない特別の負担を課すことになるから，賃借人に同義務が認められるためには，少なくとも，賃借人が補修費用を負担することになる通常損耗の範囲が賃貸借契約書の条項自体に具体的に明記されているか，仮に賃貸借契約書では明らかでない場合には，賃貸人が口頭により説明し，賃借人がその旨を明確に認識し，それを合意の内容としたものと認められるなど，その旨の特約（以下「通常損耗補修特約」という。）が明確に合意されていることが必要である」と判示した。

　そして本件につき，㋐原状回復に関する本件契約書22条2項の内容は賃借人が「本件負担区分表に基づき補修費用をYの指示により負担しなければならない旨を定めている」のみであり，「同項自体において通常損耗補修特約の内容が具体的に明記されているということはできない。㋑また，同項において引用されている本件負担区分表についても，……要補修状況を記載した『基準になる状況』欄の文言自体からは，通常損耗を含む趣旨であることが一義的に明白であるとはいえない。㋒したがって，本件契約書には，通常

損耗補修特約の成立が認められるために必要なその内容を具体的に明記した条項はないといわざるを得ない。」㋔本件契約締結前の入居説明会での説明でも，退去時の補修費用について，賃貸借契約書の別紙「本件負担区分表」に基づいて負担することになる旨の説明がなされたが，本件負担区分表の個々の項目についての説明はされなかったから，「説明会においても，通常損耗補修特約の内容を明らかにする説明はなかったといわざるを得ない。㋕そうすると，Xは，本件契約を締結するに当たり，通常損耗補修特約を認識し，これを合意の内容としたものということはできないから，本件契約において通常損耗補修特約の合意が成立しているということはできない」として本件特約は通常損耗を含まないと判示した。

2　最判平成23年3月24日

Xは，平成18年8月，貸主Yとの間で，京都市内のマンションの一室を，賃借期間2年，賃料1ヶ月9万6000円，保証金40万円の約定で賃借する旨の本件賃貸借契約を締結し，本件建物の引渡しを受けた。本件契約には，「Xが本件建物を明け渡した場合には，Yは，契約締結から明渡しまでの経過年数に応じた額（経過年数が1年未満の場合には18万円，1年以上2年未満の場合には21万円など）を本件保証金から控除してこれを取得」する旨の本件特約が存在した。本件契約は平成20年4月30日に終了し，Xは同日明け渡し，Yは本件保証金から敷引金21万円を控除した残額19万円をXに返還した。Xは，本件特約は消費者契約法10条により無効であるとして，Yに対し，保証金のうち返還を受けていない21万円等の支払を求めた。

第1審・原審は，本件特約が無効とは言えないとして，Xの請求を棄却した。これに対し，Xは，敷引特約は消費者契約法10条により無効であるとして上告受理申立をし，②最判は，以下の理由で上告を棄却した。

本件契約書19条1項が，Xは本件建物をYに明け渡す場合に，賃借人が社会通念上通常の使用をした場合に生ずる損耗や経年により自然に生ずる損耗（併せて「通常損耗等」）については，本件敷引金により賄い，Xは原状回復を要しない旨を定めていたので，②最判は，「居住用建物の賃貸借契約に付された敷引特約は，契約当事者間にその趣旨について別異に解すべき合意等の

ない限り，通常損耗等の補修費用を賃借人に負担させる趣旨を含むものというべきである。」として通常損耗等補修費用負担特約と解した。

②最判は，「賃借物件の損耗の発生は，賃貸借という契約の本質上当然に予定されているものであるから，賃借人は，特約のない限り，通常損耗等についての原状回復義務を負わず，その補修費用を負担する義務も負わない」として本件敷引特約の消費者契約法10条前段該当性を認める。消費者契約法10条後段について，②最判は，⑦「賃貸借契約に敷引特約が付され，賃貸人が取得することになる金員（いわゆる敷引金）の額について契約書に明示されている場合には，賃借人は，賃料の額に加え，敷引金の額についても明確に認識した上で契約を締結するのであって，賃借人の負担については明確に合意されている。」と判示した。

そして④「消費者契約である賃貸借契約においては，賃借人は，通常，自らが賃借する物件に生ずる通常損耗等の補修費用の額については十分な情報を有していない上，賃貸人との交渉によって敷引特約を排除することも困難であることからすると，敷引金の額が敷引特約の趣旨からみて高額に過ぎる場合には，賃貸人と賃借人との間に存する情報の質及び量並びに交渉力の格差を背景に，賃借人が一方的に不利益な負担を余儀なくされたものとみるべき場合が多いといえる。そうすると，消費者契約である居住用建物の賃貸借契約に付された敷引特約は，当該建物に生ずる通常損耗等の補修費用として通常想定される額，賃料の額，礼金等他の一時金の授受の有無及びその額等に照らし，敷引金の額が高額に過ぎると評価すべきものである場合には，当該賃料が近傍同種の建物の賃料相場に比して大幅に低額であるなど特段の事情のない限り，信義則に反して消費者である賃借人の利益を一方的に害するものであって，消費者契約法10条により無効となる」と判示した。

そして本件につき，②最判は，本件特約は明渡しまでの経過年数に応じて18万円ないし34万円を保証金から控除するところ，本件敷引金の額が，⑦「本件建物に生ずる通常損耗等の補修費用として通常想定される額を大きく超えるものとまではいえない。」④上記経過年数に応じて月額賃料の2倍弱ないし3.5倍強にとどまっている，⑦本件契約更新に際し1ヶ月分の賃料相当額の更新料があるが，礼金等はない，として，「本件敷引金の額が高額に過

ぎると評価することはできず，本件特約が消費者契約法10条により無効」ということはできないと判示した。しかし敷引金が何の費用か明らかでない。

3　最判平成23年7月12日

　Xは，平成14年5月，Aとの間で，京都市内のマンションの一室を賃借期間2年，賃料1ヶ月17万5000円の約定で賃借する旨の本件賃貸借契約を締結し，保証金100万円（預託分40万円，敷引金60万円）をAに差し入れた。本件契約は平成20年5月末に終了し，Xは2日後，Aの地位を承継していたYに対し本件建物を明け渡したので，Yは，保証金から敷引金60万円を控除した上，Xが負担すべき原状回復費用として更に17万5500円等を控除し，その残額をXに返還した。Xは，本件特約は消費者契約法10条により無効である，また，X負担とされた補修部分は自然損耗等であると主張して不当利得返還請求をした。

　第一審は，本件特約は消費者契約法10条により無効とし，また，「本件賃貸借契約書の管理物件特約として，本件物件を退去した場合，修理義務及び室内の殺菌，クリーニングをXの負担で行うものとする旨が明記されているが，通常損耗を含む趣旨であるのか，あるいは，グレードアップ費用を含む趣旨であるのかが一義的に明白であるとはいえない。そして，本件全証拠によっても，XとYとの間で通常損耗をX負担とする明確な合意がされていたとは認められない。」等として通常損耗および美装工事費用をXは負担しないとしてXが負担すべき補修費用を14万1330円に減額した。

　原審も，Xが本件敷引特約について賃貸人との間に情報・交渉力の差がなかったといえない。そして，本件敷引金は，本件保証金の60％，月額賃料の約3.5ヶ月分にも相当する額であり，本件契約の賃料の額や本件保証金の額に比して高額かつ高率であり，Xにとって大きな負担となると考えられる。これに対しXが，本件契約の締結に当たり，何ら合理的理由を見いだせない本件敷引特約の法的性質等を具体的かつ明確に認識した上で，これを受け入れたとはいい難いので，本件敷引特約は信義則に反してXの利益を一方的に害し，本件特約は消費者契約法10条により無効と判示した。

　Yは上告受理申立をし，次の理由から③最判は，本件敷引特約が消費者

契約法10条により無効とはいえないとして一部破棄自判した。

「賃借人も，賃料のほかに賃借人が支払うべき一時金の額や，その全部ないし一部が建物の明渡し後も返還されない旨の契約条件が契約書に明記されていれば，賃貸借契約の締結に当たって，当該契約によって自らが負うこととなる金銭的な負担を明確に認識した上，複数の賃貸物件の契約条件を比較検討して，自らにとってより有利な物件を選択することができるものと考えられる。そうすると，賃貸人が契約条件の一つとしていわゆる敷引特約を定め，賃借人がこれを明確に認識した上で賃貸借契約の締結に至ったのであれば，それは賃貸人，賃借人双方の経済的合理性を有する行為と評価すべきものであるから，……敷引特約は，敷引金の額が賃料の額等に照らし高額に過ぎるなどの事情があれば格別，そうでない限り，これが信義則に反して消費者である賃借人の利益を一方的に害するものということはできない（②最判）」と判示した。そして，本件につき，「本件契約書には，1ヶ月の賃料の額のほかに，Xが本件保証金100万円を契約締結時に支払う義務を負うこと，そのうち本件敷引金60万円は本件建物の明渡し後もXに返還されないことが明確に読み取れる条項が置かれていたのであるから，Xは，本件契約によって自らが負うこととなる金銭的な負担を明確に認識した上で本件契約の締結に及んだものというべきであ」り，本件敷引金の額は月額賃料の3.5倍程度にとどまっており，高額に過ぎるとはいい難く，本件敷引金の額が，近傍同種の敷引金の相場に比して，大幅に高額でないので，本件特約は，信義則に反してXの利益を一方的に害するものといえず，消費者契約法10条により無効でない，と判示した。

第4節　中間条項の規制

対価や給付物に関する中心条項については，開示規制を中心にし，直接的な司法的介入は例外的な場合以外は避けるべきであるのに対し，裁判管轄条項のような周辺条項については，「顧客の最小限の保護」という観点，および，「顧客の合理的な信頼や期待の保護」という観点から内容面への直接的な司法的規制を積極的に認めていってよい。そして，製品の保証期間のようなそ

れらの中間に位置する条項については，直接的内容規制が緩やかに認められるべき場合と，開示規制によるべき場合があるとされ[10]，敷引条項は，この中間条項に位置づけられる。中間条項である保証条項は，メーカー・売主と消費者との交渉力格差の不均衡を反映し，メーカー側は自分の責任を極力限定しようと試み，その力の優位さゆえに極めて短い保証期間の設定となる場合には，直接的内容規制が緩やかに認められるべきであろう。

③最判は，敷引条項は中間条項であり，開示規制によるべきであるとして敷引金の額を明示さえしておればよいとする。しかし，中間条項である敷引条項についても，家主側と賃借人との交渉力格差に基づき不合理な敷引条項が借家人に押し付けられる場合には，当事者間の情報や交渉力の格差を背景にすると，敷引分だけ賃料が低廉となっているかは検証が困難であるからではなく，不当な敷引条項によって借家契約における重要な権利を喪失してしまう賃借人の不利益は，大抵わずかの賃料有利によってはほとんど適切には償われないから，不当な敷引条項に対する直接的内容規制が緩やかに認められるべきであろう。

①最判は，通常損耗補修費用負担特約が成立するためには，通常損耗の範囲について認識し，これを合意することが必要であるとの立場であったが，②最判は，「賃貸借契約に敷引特約が付され，賃貸人が取得することになる金員（いわゆる敷引金）の額について契約書に明示されている場合には，賃借人は，賃料の額に加え，敷引金の額についても明確に認識した上で契約を締結するのであって，賃借人の負担については明確に合意されている。」として，敷引金の額が契約書に明示され明確に合意すればよいとして，①最判よりも透明性を緩和した。さらに，補修費用負担特約とは無関係に敷引金の額が定められた③最判では，法的性質が不明であっても敷引金の額さえ明記しておれば，あとは敷引額が高額に過ぎない限り，敷引特約は有効との立場に至ってしまった。放置すれば，建物賃貸借の消費者契約の合理的規制の芽をつむこととなろう。

---

[10] 広瀬久和「内容規制の諸問題」私法54号（1992年）44—45頁，山本豊・NBL 954号21頁。

第5節　補修費負担特約と比較すべき任意規定

　消費者契約法 10 条の「任意規定」は法律の明文のみを意味するのではなく，判例によって民商法等の解釈として承認された種々の準則や不文の法理も含むものと考えられている。
　① 最判は，「賃借人は，賃貸借契約が終了した場合には，賃借物件を原状に回復して賃貸人に返還する義務があるところ，賃貸借契約は，賃借人による賃借物件の使用とその対価としての賃料の支払を内容とするものであり，賃借物件の損耗の発生は，賃貸借という契約の本質上当然に予定されているものである。それゆえ，建物の賃貸借においては，賃借人が社会通念上通常の使用をした場合に生ずる賃借物件の劣化又は価値の減少を意味する通常損耗に係る投下資本の減価の回収は，通常，減価償却費や修繕費等の必要経費分を賃料の中に含ませてその支払を受けることにより行われている。」として，通常損耗補修費負担特約を設けることは賃借人の負担を加重することとなると述べる。② 最判も同様であり，③ 最判も，敷引金とは別の補修費負担特約については，原審判決を維持しているので，これらと同じ立場と考えられる。
　確かに，賃貸借契約が終了した場合，賃借人は，通常の使用によって生じた汚損等については一切これを回復補修する義務を負わないが，さらに民法 601 条が定めているように，賃貸人は，賃借人に賃貸物を使用収益させる義務を負っており，賃貸物件を契約で定められた使用収益に適する状態に保持する義務を負っているから，使用収益に支障があれば，「賃貸人は，賃貸物の使用及び収益に必要な修繕を行う義務を負う」(606 条) こととなる。この賃貸人の義務を賃借人に転嫁する条項は，「任意規定の適用による場合に比し，消費者である賃借人の義務を加重するもの」であると考えるべきである[11]。

---

[11]　近江幸治『民法講義Ⅴ第 3 版』(成文堂，2006 年) 196 頁，千葉恵美子『担保制度の現代的展開』(日本評論社，2006 年) 377 頁，野口恵三・① 最判判批 NBL 833 号 64 頁，執行秀行・大阪高判平 16・12・17 判批・私法判例リマークス 33 号 53 頁。なお，改正民法 621 条括弧書は，最判平成 17 年 12 月 16 日民集 218 号 1239 頁を明文化し，賃借物に生じた通常損耗 (賃借物の通常の使用及び収益をしたことにより生じた賃借物の劣化又は価値の減少。経年変化を含む。) については，賃借人はこれを回復する義務を負わないとする。

第6節　補修費用との比較

　消費者契約法 10 条後段の判断にあたり，敷引金が通常損耗等の補修費用を賃借人に負担させる趣旨を含むものであった②最判の事案においては，通常損耗等の補修費用の実費と比較する必要がある。②最判においては，1年ごとの居住期間に応じて敷引金の額が異なっているが，その額が実際の補修費用と比較して適切か，疑問がある。また，解約時期を問わず年刻みで一律に一定の敷引金の額が差し引かれ，特に 1 年に満たない短期間で解約すると，通常損耗がほとんど生じていないにもかかわらず高額の敷引金を取られることになり，不当性が高くなる[12]。また，賃料の額，更新料あり，礼金なしも考慮に入れて高額過ぎるか否かを判断することになると，もし敷引金が通常損耗等の補修費用の実費を上回っていても徴収できる可能性があり，不当である。

　さらに，独民 308 条 7 号は，解除・解約の場合に不相当に高額の費用償還等を定める条項を，解除権・解約権の行使を不当に妨げることとなり，約款使用者の相手方の自由を制限するとして禁止している。わが国では，消費者契約法 10 条において，敷引金が消費者の解除・解約権の行使を不当に制限しないかとの観点からも判断すべきである。そうすると，補修費用負担特約が別途存在し，敷引金がどのような意味を持つのか不明確な③最判の事案においては，よりこの観点からも同法 10 条違反の判断がなされるべきである。

第7節　透明性

　消費者契約法 10 条後段要件については，当該消費者契約の締結時を基準とし，その時までの一切の事情，具体的には，当事者の情報・交渉力の格差の程度・状況，当該条項が消費者にとって明確で理解しやすいものであったか，消費者に当該条項の基本的内容を知る機会が与えられていたか否かなど

---

[12] 大澤彩「敷引特約の有効性と消費者契約法 10 条」現代消費者法 13 号（2011 年）119 頁。

が考慮される[13]。

　補修費用負担特約が通常損耗を含む趣旨であるかが争われた①最判が判示したように，通常損耗補修費用負担特約が成立するためには，通常損耗の範囲について認識し，これを合意することが要求されていると考えるべきである。

　③最判の岡部裁判官の反対意見は，透明性原則および①最判から，「賃借物件を賃借しようとする者は，当該敷引金がいかなる性質を有するものであるのかについて，その具体的内容が明示されてはじめて，その内容に応じた検討をする機会が与えられ，賃貸人と交渉することが可能となるというべきである」と述べる。これらの透明性原則によれば，通常損耗等の補修費用として敷引金が設定されている点が明示されている②最判では，当該敷引金の額が実際の補修費用に対応しているか否かを検討して交渉することができることとなるが，敷引金の趣旨が不明な③最判ではこの交渉ができないことから，消費者の契約締結の自由を実質的に保障しているとはいえず，10条後段要件に該当し無効となる可能性があろう[14]。

第8節　不当条項の効力

　消費者契約法10条が定める不当条項の効力については，原則として当該不当条項の全部無効であるが，最判平成18年11月27日民集60巻9号3437頁が既納付の学納金を返還しない不返還特約の効力について，入学金不返還特約と授業料等の不返還特約とに分けて特約の効力を判断したように，条項を分離できる場合には，それぞれの部分について有効か無効かを判断すべきである。また当事者の情報・交渉力に格差がある消費者契約においては，内容上同じ全体に属している2条項が，消費者の利益を一方的に害するとき，「合わせて一本」でその全体に属する条項が無効とされるべきである。

---

[13] 落合誠一『消費者契約法』150頁—152頁。
[14] 大澤彩・前掲注12・118頁。

第10章　振込・指図と三者不当利得

第1節　はじめに

　ある商品の売主乙が，買主甲から指示されて，その商品を，甲からさらに購入した買主丙に直接引渡した場合，「乙から甲への引渡」と「甲から丙への引渡」がなされるべきところ，買主甲の指示によってたまたま商品は直接に乙から丙に引渡されたにすぎず，「短縮された引渡」とよばれる[1]。

　ドイツ民法783条が定める狭義の指図は，「金銭，有価証券その他の代替物を第三者に給付すべき旨を他人に指図する証書を第三者に交付する」ことであるが，「短縮された引渡」や振込指図のように，乙―甲，甲―丙という二つの給付を乙―丙という一つの出捐によって実現しようとする仕組を広義の指図という[2]。

　本章では三者不当利得の問題を解明するため，一般に広義の指図事例が三者不当利得の代表として扱われるので，まず広義の指図事例を中心に検討することとする。そして，その分析にあたっては，契約関係当事者に関する無資力や抗弁の対抗のリスクは契約相手方が負担すべきとの契約関係自律性の原則[3]，および，給付目的を達成するために意識的に他人の財産を増大させる給付[4]に着目しながら検討していく。

---

[1]　本章では，下記④最判平10・5・26における当事者の表記に合わせて商品の引渡を乙―甲―丙としている。

[2]　四宮和夫『事務管理・不当利得』（青林書院，1981年）228頁，232頁，伊沢孝平「指図の概念」法学4巻4号5頁以下。

[3]　四宮・前掲注2書211頁212頁参照。

[4]　この不当利得法上の給付概念について，広瀬克巨「三角関係における給付利得(1)」比較法研究15巻1号4頁参照。

第2節　原因関係の瑕疵

　指図の基礎をなす原因関係につき，指図者甲と被指図者乙との原因関係を補償関係といい，指図者甲と受取人丙との原因関係は対価関係と呼ばれ，被指図者乙から受取人丙への財貨移動は「出捐」と言われる。不当利得関係において，これらの個々の原因関係の瑕疵と，出捐を指図者の給付として帰責しうる指図自体の瑕疵は区別されなければならない[5]。

1　補償関係の瑕疵

　有効な指図のある場合，被指図者乙は丙に出捐するが，指図者甲との補償関係上の乙の債務を履行し消滅させようとの目的で出捐するので，法律上，指図者甲に対する乙の給付があることになる。同時に，指図者甲は，指図によって受取人丙に対する自身の債務を履行しようとする，すなわち，対価関係における指図者甲の給付媒介者である被指図者乙によって受取人丙に給付する。したがって，乙─甲間の補償関係が無効である場合には，被指図者乙は，丙に対する不当利得返還請求権ではなく，指図者甲に対する給付利得返還請求権を有することとなる。けだし，上述のように，乙の丙への出捐によって指図者甲に対する乙の給付があり，かつ，受取人丙は被指図者乙の給付によってではなく，指図者甲の給付によって目的物を取得したからであり[6]，また，瑕疵ある契約関係の当事者は，その契約相手方に対する抗弁を主張できなければならず，契約関係の当事者は契約相手方が第三者との契約関係に基づき有する抗弁にさらされるべきでなく，自ら選択した契約相手方の無資力のリスクのみを負担するからである[7]。

　そして，その場合に指図者甲が利得したものは，原則として指図者甲の受取人丙に対する債務からの解放ではなく，被指図者乙によって受取人丙に出

---

[5]　拙著『表示責任と契約法理』（日本評論社，1994年）267頁以下参照。
[6]　注5拙著267─270頁，四宮・注2前掲書230頁，好美清光「不当利得法の新しい動向について（下）」判タ387号26頁，藤原正則『不当利得』（信山社，2002年）339頁，平田健治「最判平10・5・26判批」民法判例百選・第5版153頁。
[7]　Medicus, Bürgerliches Recht, 19 Aufl. Rdnr. 667.

捐されたもの自体である[8]。したがって、指図者甲が被指図者乙に給付物自体を返還できない場合には価格返還義務を負うこととなる。

X—甲間の補償関係に瑕疵があった① 大判昭15・12・16民集19巻2337頁では、訴外甲が山林を買受け造林事業を営むにあたり、Yは甲に対し事業経費を融資し、造材事業による出材を他に売却して甲が得ることとなる手付金および代金をYの銀行口座に振込み、融資金の支払にあてる旨を約定していたところ、Xは甲より造材事業による出材であるスキー材を買受け手付金500円を支払うこと、この手付金および代金はXより直接YのA銀行口座に振込み支払うことを内容とする売買契約を締結し、これに基づきXは手付金500円をYのA銀行口座に振込み支払った。ところが、その直後、訴外売主甲は造材事業が失敗に帰しスキー材を引渡すことができず、買主Xはスキー材の売買契約を解除し、買主Xが貸金債権者Yに不当利得返還請求をした事案である。買主XのYに対する不当利得返還請求を、第1審判決は否定、第2審判決は肯定していたところ、大審院は次の理由により、Yは、売買契約の解除の有無にかかわらずXに対し不当利得返還義務を負わないとして破棄差戻した。

「Xカ前叙ノ如ク手付金500円ヲYノ銀行口座ニ振込ミタルコトニ因リXノ訴外甲ニ対スル手付金債務カ消滅スルト同時ニ訴外甲ノYニ対スル前記借受金債務モ亦500円ノ限度ニ於テ消滅シタルモノト解スルヲ相当トスヘク従テ其ノ間訴外甲ハ手付金500円ヲ受領シタルト同一ノ結果トナルモYニ於テハ訴外甲ニ対スル債権中金500円ノ弁済ヲ受ケタル関係トナル外毫モ利得シタル関係存在スルコトナシ。サレハ仮ニ其ノ後右売買契約カ原審認定ノ如ク解除セラレタリトスルモ其ノ効果トシテ訴外甲カXニ対シ原状回復義務ノ履行トシテ金500円及之ニ対スル利息ヲ支払フヘキ義務ヲ負担スルニ至リシヤ否ヤハ格別前記甲—Y間ノ契約ハ右解除ニヨリ毫モ影響ヲ受クルコトナ」シ。

このように①判決も瑕疵ある補償関係の当事者間での不当利得関係を認める。

---

[8] 注5拙著270頁、Lieb, in：Münch Komm-BGB, §812 Rdnr. 34.

2　対価関係の瑕疵

　有効な指図に基づいて被指図者が出捐をなしたが，対価関係に瑕疵があった場合には，指図者—受取人間における不当利得の問題となる。対価関係に瑕疵がある場合とは，指図者は受取人に対し債務を負っていると思って振込委託をしたが，実際には債務を負っていなかったり，債務を発生させる原因契約が無効であったような場合である[9]。

　振込依頼人が受取人名を間違って振込依頼した場合につき，② 最判平 8・4・26 民集 50 巻 5 号 1267 頁[10]では，X は㈱東辰から建物を賃借し，賃料を支払う必要があり，また，㈱透信からコピー用紙等を購入し，その代金を A 銀行丙支店の透信の口座に振込んでいたが，昭和 62 年 2 月以降は透信との取引も債務もなかった。X は，B 銀行甲支店の東辰の口座へ賃料等を支払う際，東辰に対する振込手続を透信に対する振込手続と誤まって，（送金手数料を節約しようとして）振込先を A 銀行丙支店「（カ）トウシン」と指定して A 銀行乙支店に振込依頼をした。そのため，透信の口座に入金記帳され，Y はこの預金債権を差押えた。これに対し X が第三者異議の訴えにより差押の排除を求めた事件である。1 審，原審とも，振込金による預金債権が有効に成立するためには，基本的に，受取人と振込依頼人間に振込金を受け取る正当な原因関係の存在を必要とするとして X の請求を認めた。Y が上告し，最高裁は次の理由で破棄自判し，X の請求を棄却した。

　「振込依頼人から受取人の銀行の普通預金口座に振込みがあったときは，振込依頼人と受取人との間に振込みの原因となる法律関係が存在するか否かにかかわらず，受取人と銀行との間に振込金額相当の普通預金契約が成立し，受取人が銀行に対して右金額相当の普通預金債権を取得する」。「けだし，前

---

[9]　後藤紀一『振込・振替の法理と支払取引』（有斐閣，1986 年）166 頁以下参照。
[10]　本件判批として，川田悦男・金法 1452 号 4 頁，木南敦・金法 1455 号 11 頁，野村豊弘・金商判 999 号 2 頁，塩崎勤・銀法 523 号 4 頁，石井眞司・金法 1461 号 4 頁，岩原紳作・金法 1460 号 11 頁，塩畑一男・銀法 524 号 1 頁，花本広志・法セ 502 号 88 頁，牧山市治・金法 1467 号 12 頁，伊藤壽英・金商判 1001 号 43 頁，大西武士・判タ 918 号 14 頁，中田裕康・法教 194 号 130 頁，前田達明・判評 456 号 30 頁，西尾信一・銀法 529 号 47 頁，菅野佳夫・判タ 925 号 95 頁，吉岡伸一・銀法 529 号 38 頁，松岡久和・ジュリ 1113 号 73 頁，原審につき山田誠一・金法 1325 号 23 頁などがある。

記普通預金規定には，……受取人と銀行との間の普通預金契約の成否を振込依頼人と受取人との間の振込みの原因となる法律関係の有無に懸からせていることをうかがわせる定めは置かれていないし，振込みは，銀行間及び銀行店舗間の送金手続を通して安全，安価，迅速に資金を移動する手段であって，多数かつ多額の資金移動を円滑に処理するため，その仲介に当たる銀行が各資金移動の原因となる法律関係の存否，内容等を関知することなくこれを遂行する仕組みが採られているからである。

また，振込依頼人と受取人との間に振込みの原因となる法律関係が存在しないにかかわらず，振込みによって受取人が振込金額相当の預金債権を取得したときは，振込依頼人は，受取人に対し，右同額の不当利得返還請求権を有することがあるにとどまり，右預金債権の譲渡を妨げる権利を取得するわけではないから，受取人の債権者がした右預金債権に対する強制執行の不許を求めることはできない」。

本件は，いわばATM端末において受取人名，口座を間違って振込委託した場合と同視できる。調査官解説も，振込依頼人に重過失があるとして錯誤の主張を退けた原審の認定判断を前提として，本件事案を，振込依頼書の記入事項の誤記など振込依頼人の過失によって依頼人が真に受取人として考えていた人と異なる人物の口座に入金された場合であると位置づけ，対価関係上の原因関係を必要とせず原因関係と切り離された振込は，振込委託の意思表示自体が有効であれば，振込依頼人甲と仕向銀行乙との間では，乙は振込委託の趣旨に従って事務処理をしただけで，そこには瑕疵はなく，振込依頼人甲との間に債権債務は残らず，他方，受取人丙が振込により預金債権を有していると解すると，受取人丙と振込依頼人甲との間には原因関係がないのであるから，甲の損失において丙は利得し，かつ，甲─丙間には法律上の原因がないから，甲の丙に対する不当利得返還請求権が成立し，丙の無資力による危険を甲が負うことになるが，それは甲の過失によって生じた結果であるからやむを得ず，逆に仕向銀行乙が受取人丙に対し不当利得返還請求できるとすると，丙の無資力の危険を乙が負担することになり不合理だという[11]。

---

[11] 大坪丘・本件判批・法曹時報51巻3号203頁以下。すでに注5拙著267頁以下参照。

3 二重欠缺の場合

さらに補償関係が無効であるだけでなく，対価関係も無効である二重欠缺の場合，指図に基づく出捐乙—丙によって給付乙—甲と給付甲—丙があったものと考えられるので，目的物が乙—甲—丙と転々売却されていたにもかかわらず，乙—甲間および甲—丙間の原因契約が無効であった場合と同じように考えることができる。この二重欠缺の場合，被指図者乙は受取人丙に「給付」せず，受取人丙は指図者甲の給付によって利得したので，原則として受取人丙が給付利得を返還すべき相手は指図者甲であって被指図者乙ではない。また被指図者乙の受取人丙に対する不当利得返還請求権を認めて受取人丙は契約関係にある指図者甲に対する抗弁を奪われるべきではないので，被指図者乙は原則として指図者甲に対し給付利得の返還を求めるべきであり，目的物自体を指図者甲が返還できない場合には価格返還義務を負う[12]。

③ 最判昭45・3・26民集24巻3号151頁は，売主Yより油絵を訴外甲が購入し，さらに甲よりXが同油絵を購入し，Yも甲もXも同油絵をある画家の真作と信じそれぞれ代金を支払っていたがのちに贋作と判明した事案において，Xは甲に対しX甲間の売買の共通基礎錯誤による無効に基づき支払った代金の返還請求権を有し，甲が無資力であったので，Xは同返還請求権を保全するためY甲間の売買における甲の共通基礎錯誤を主張し，甲がYに支払った代金の返還請求権の代位行使を認容した判決であるが，もし買主Xが甲の指示に従いYに直接代金を支払っていたとしても，二重欠缺の場合として，③最判と同様の扱いとなったであろう。

第3節 有効な指図が欠缺する場合

これは，乙—甲間の補償関係と甲—丙間の対価関係はあったとしても，出捐乙—丙を給付乙—甲と給付甲—丙に転換させる有効な指図が欠缺する場合である。このような転換が生じるのは，一方で，指図に従って乙は甲に対す

---

[12] 注5拙著269頁270頁参照。なお，乙の甲に対する不当利得返還請求権は，甲の丙に対する不当利得返還請求権の譲渡でもありうる。

る契約上の義務の履行のために出捐したので，出捐乙—丙から給付乙—甲が生じ，同時に，丙に（使者乙により推断的に）伝達された甲の弁済・目的決定により出捐乙—丙から給付甲—丙が成立するためである。

したがって，1万円の振込依頼をしたのに仕向銀行が11万円を振込んだ場合の超過分である10万円の振込，振込依頼の偽造・変造・無権代理の場合，仕向銀行のミスにより振込依頼されていなかった受取人に振込んだ場合，振込依頼人が意思無能力者・制限行為能力者であった場合，強迫による振込委託であったとして振込委託を取消した場合のように，指図者の給付として帰責するための有効な指図が欠缺する場合には，原則として対価関係上の甲の弁済・目的決定が欠けるので給付甲—丙は成立せず，また，甲により授与される乙の支払（給付）権限（もしくは丙の受領権限）[13]の欠缺のため，給付乙—甲も成立しない。したがって，原則として乙の丙に対する直接の不当利得返還請求権が成立する。乙は甲に対する債務の弁済のために出捐し，丙は甲の丙に対する有効な弁済・目的決定があると思っていたが，甲の丙に対する有効な弁済・目的決定の発信および到達が欠缺するので，この乙の丙に対する不当利得返還請求権は非給付不当利得返還請求権である。丙が乙の出捐を甲の弁済と信頼したために甲に反対給付し，その返還に向けられた請求権が甲の無資力のため価値を喪失・減少するとき，民法703条に基づき丙は保護される[14]。

以上述べたことは，乙が指図の実行のために出捐乙—丙をするということである。そうではなく，被指図者乙が指図の欠缺を知っていながら出捐乙—丙をする場合，たとえば乙は甲の丙に対する債務を弁済する意思でもって丙に対して給付するとき（民法474条）には，乙丙間の給付関係などが認められ，給付不当利得が成立しうる[15]。しかし，振込の場合における銀行には，他人の債務を弁済する意思はなく，第三者による弁済とはならない。

④ 名古屋高判昭51・1・28金法795号44頁では，甲は，Y銀行本店に依頼して，同行丙支店の取引先「豊和工業」へ振込もうとしたが，誤まって受取

---

[13] 下記⑤平5・3・5東京地判および西尾信一「⑤判決判批」判タ840号59頁は，受取人の給付保持権限の問題とする。
[14] Reuter/Martinek, Ungerechtfertigte Bereicherung（Mohr, 1983）, S. 427ff..
[15] Reuter/Martinek, a.a.O., S. 467ff.. 同様に，廣瀬・前掲注4論文34頁以下，好美・前掲注6論文26頁，四宮・前掲注2書216頁以下参照。

人を「豊和産業」と記載したため、仕向店である本店が受取人名を「ホウワサンギョウ」と表示してテレックス送信し、丙支店では「朋和産業」への振込依頼と誤解して入金してしまった事案で、④判決は預金の成立を否定した。④判決の事案は②判決と異なり、振込依頼人甲は、受取人を「豊和産業」と表示し、「朋和産業」を受取人とする振込委託はしていないので、有効な振込指図なしになされた、Y銀行の過誤による入金というべきである[16]。

⑤最判平10・5・26民集52巻4号985頁[17]では、Yは貸金業者Xと消費貸借契約を結び、その貸付金をZ社の当座預金口座へ振込むよう指示し、振込がなされた。しかし、Yがこの消費貸借契約を締結しZ社の口座への振込を指示したのは、かねてよりAより強迫を受けていたためであり、Z社はAの関係者の経営する会社で、Yと何らの関係もなかった。1審係属中にXがYに対し貸金返還請求し、YはAからの強迫を理由に取消の意思表示をした。2審は、Aによる強迫の事実を認め、「Zの当座預金口座に振り込まれたが、これはYの指示によるもので、X・Y間に金員の交付があったと認めざるを得ない以上、右交付の時点でYは同金額を利得したものというべきであ」るとして、XのYに対する不当利得返還請求を認めた。YがAの強迫により、消費貸借だけでなくZの口座への振込指図も取消されていると上告したところ、最高裁はAの強迫による取消を認め、次の理由で、XのYに対する不当利得返還請求を認容した部分を破棄し、同請求を棄却すると自判した。

⑤最判は、本件における不当利得関係を「短縮された引渡」と類似の関係と解して、「消費貸借契約の借主甲が貸主乙に対して貸付金を第三者丙に給付するよう求め、乙がこれに従って丙に対して給付を行った後甲が右契約を取り消した場合、乙からの不当利得返還請求に関しては、甲は、特段の事情のない限り、乙の丙に対する右給付により、その価額に相当する利益を受けたものとみるのが相当である。けだし、そのような場合に、乙の給付による利益は直接には右給付を受けた丙に発生し、甲は外見上は利益を受けないようにも見えるけれども、右給付により自分の丙に対する債務が弁済されるな

---

[16] 後藤紀一「最判平12・3・9判批」金法1590号21頁参照。
[17] 本判決の判批として、土田哲也・法教219号126頁、山口純夫・判例セレクト'98 18頁、潮見佳男・金法1539号24頁・同1540号26頁、平田健治・私法判例リマークス9号52頁、小野秀誠・金商判1070号54頁、羽田さゆり・法学64巻2号113頁がある。

ど丙との関係に応じて利益を受け得るのであり，甲と丙との間には事前に何らかの法律上又は事実上の関係が存在するのが通常だからである。また，その場合，甲を信頼しその求めに応じた乙は必ずしも常に甲丙間の事情の詳細に通じているわけではないので，このような乙に甲丙間の関係の内容及び乙の給付により甲の受けた利益につき主張立証を求めることは乙に困難を強いるのみならず，甲が乙から給付を受けた上で更にこれを丙に給付したことが明らかな場合と比較したとき，両者の取扱いを異にすることは衡平に反するものと思われるからである。

しかしながら，本件の場合，前記事実関係によれば，YとZ社との間には事前に何らの法律上又は事実上の関係はなく，Yは，Aの強迫を受けて，ただ指示されるままに本件消費貸借契約を締結させられた上，貸付金をZ社の右口座へ振り込むようXに指示したというのであるから，先にいう特段の事情があった場合に該当することは明らかであって，Yは，右振込みによって何らの利益を受けなかったというべきである。」と判示した。

⑤ 最判の判例批評の中には，本件事案を第三者のためにする契約のように扱うものがある[18]が，本件事案においては，第三者ZはXに対する債権を持たず，要約者Yが諾約者Xに対し，第三者Zに給付すべきことを求めることができるにすぎず，不真正な第三者のためにする契約[19]が成立しているにすぎない。したがって，④最判も一般論として認めているように，不当利得法上，指図事例と同様に扱われるべきである。そして，不真正な第三者のためにする契約の事例であるとしても，Aから強迫を受けて乙（X）と消費貸借契約を結び，貸付金を丙（Z）の口座へ振り込むよう振込委託をした甲（Y）が強迫を理由に消費貸借と振込委託を取消せば，甲（Y）に帰責しうる指図が全くない場合と同様となり，乙（X）は受取人丙（Z）に対し直接の不当利得返還請求権を有することとなる。結局，本件は不真正な第三者のためにする契約と丙（Z）への振込委託が重複した事例であり，⑤最判は原則として甲（Y）のところでの利得を乙（X）から丙（Z）に出捐されたものと捉え，例外的に特段の事情を認めて乙（X）の丙（Z）に対する直接の不当利得返還請求の問題とした。

---

[18] 八木一洋・本件判批・ジュリ1141号169頁以下。
[19] 注5拙著290頁参照。

第4節　指図の撤回

　有効な指図がなされていたが，指図者甲が被指図者乙に対しその指図を撤回する場合である。この振込依頼の撤回の場合，振込依頼人甲の振込受取人丙に対する弁済・目的決定は支払権限・使者権限ある仕向銀行乙によって（推断的に）表明される。しかし，振込依頼人甲が仕向銀行乙に対し振込依頼を撤回すると，仕向銀行乙の有していた支払権限・使者権限もなくなり，甲の丙に対する対価関係上の弁済・目的決定を欠くこととなる。したがって，甲の丙に対する履行はないこととなる。また同時に振込依頼の撤回によって，乙の丙に対する出捐を乙の甲に対する給付とする振込依頼も欠ける。したがって，乙の丙に対する直接の不当利得返還請求権が成立する。

　⑥東京地判平5・3・5判時1508号132頁では，仕向銀行Xは，振込依頼人甲から被仕向銀行におけるYの口座への先日付の振込依頼を受けた。Yは甲の製品を販売するチェーン店で，本件振込金は6, 7月分の販売報奨金であったが，Yは9月になっても甲に8月分の商品代金を支払っていなかった。そこで甲は振込実行日前に振込依頼を撤回したが，X銀行はこれに気づかず振込を実行し，振込の貸方記帳の数時間後には被仕向銀行に組戻の依頼をしたのに振込金の返還がなされなかったので，X銀行はYに対して不当利得返還請求をした事件である。

　⑥判決は，振込依頼人と受取人の間に対価関係が存在する場合でも，振込実行前に振込依頼の撤回があったときは，①「振込送金は，あくまでも振込依頼が存在することによって，振込依頼人にとって弁済としての性格付けがされるにすぎ」ず，振込依頼の撤回がされて「振込依頼と結び付かない振込送金に振込依頼人の債務の弁済としての性格を無条件に肯定することはでき」ず，②また，「仮に振込入金を客観的，実質的に見て第三者たる銀行による振込依頼人の債務の弁済行為と見ることができるとしても，本件では，前記のとおり，振込依頼の事前撤回の事実が認められるから，振込依頼人の弁済をしないという意思が明白であり」，「Xの振込送金は振込依頼人である債務者の意思に反することは明らかである。したがって，債務者の意思に反す

る第三者弁済（民法474条2項）に当たり弁済としての効力は生じ」ず，「受取人において振込入金された給付を保持する根拠はないから」，「不当利得関係は，仕向銀行たるXと振込依頼人の間で問題とすべきではなく，給付関係当事者であるXとYの間で処理されるべき」である，③本件では振込依頼人による追認による振込の有効化は認められない，④「そもそも振込依頼に際し振込依頼人において振込依頼をした旨の通知を受取人に対して発しているものではないから」，仕向銀行に対する振込依頼撤回の意思表示以上に，「受取人に対し振込依頼の撤回をしたことを通知することまで振込依頼人に期待し得るわけではな」く，「結局，振込依頼人の責に帰すべき行為により受取人に対して信頼の基礎となるべき外観が作出された後の撤回であればともかく，被仕向銀行への送金手続前に振込依頼が撤回されていたにもかかわらず銀行の過誤により振込が実行されてしまった本件のような場合には，振込依頼人の外観作出への帰責事由を肯定するに足りず，外観法理を適用すべき状況が存するとは考えられない」として，XのYに対する不当利得返還請求を認めた。

⑥判決は，理由づけ②のように振込を第三者たる仕向銀行による弁済とみているが，通常，振込をする仕向銀行には第三者弁済をする弁済意思はない。むしろ理由づけ①のように，振込依頼人による振込指図がなく，その結果，振込依頼人—受取人間に弁済意思がなく，弁済効が生じないと考えることができる。仕向銀行に支払権限・使者権限がないことが重要である[20]。

---

[20] ドイツ法では，賃借料等の支払のための継続的振込依頼が1回または数回実行されたのち賃借物の瑕疵などを理由に突然に振込依頼が撤回され，信頼構成要件作出後に撤回されたような場合には，振込依頼人に帰責事由があるとして権利外観法理によって仕向銀行の支払権限・使者権限存続への振込受取人の信頼が保護され，対価関係上の有効な弁済・目的決定により出捐乙—丙から給付甲—丙が生じ，仕向銀行乙の振込依頼人甲に対する不当利得返還請求権が問題となるとされてきた。しかし，EU支払サービス指令を受けて2009年改正の独民新675j条は「支払処理は，支払人（振込依頼人）に対しては，支払人が支払に対して同意した場合にのみ有効である（権限付与）。」と定め，新675u条は，「権限付与されない支払の場合には，支払人の支払サービス提供者（仕向銀行）は，支払人に対して，自己の費用償還請求権を有しない。支払サービス提供者は，支払人に対し，支払額を遅滞なく償還し，当該額が支払口座に借方記入されたかぎりで，この支払口座を，権限付与なき支払による借方記入がなければ存したであろう状態に原状回復しなければならない。」と規定した。そのため，権利外観法理が問題となった同種の事案につき，BGHZ 205, 378は，上記両条が仕向銀行の振込依頼人に対する不当利得返還請求を妨げているとして，仕向銀行の振込受取人に対する非給付不当利得返還請求権を認めた。条文につき，平田健治「EU支払サービス指令とドイツ法」阪大法学61巻2号（2011年）1頁以下参照。

第5節 小　　括

　振込・指図での三者不当利得においては，以上のように，有効な指図があり，指図者の対価関係上の有効な弁済・目的決定がある場合には，原則として受取人は被指図者から不当利得返還請求されない。有効な指図に従って出捐がなされたのに原因関係の瑕疵があった場合には，瑕疵ある原因関係の当事者間での不当利得の問題となる。これに対し，有効な指図がなく，対価関係上の有効な弁済・目的決定もない場合には，被指図者の出捐は指図者の給付として指図者に帰責することができず，被指図者の受取人に対する直接の不当利得返還請求の問題となる。

結　章

　第1章においては，予備的契約について検討し，わが国の判例も，東京地判昭61・7・25が場外馬券売場ビル建設事業失敗の場合の損失を当事者が2分の1づつ負担する損失分担合意という予備的契約を認めていること，東京地判平18・2・13判時928号3頁が業務提携の基本合意書に基づく（秘密保持義務を含む）独占交渉義務・誠実交渉義務を認め，誠実に交渉するとの合意という予備的契約も承認していることをみた。この交渉契約に基づく誠実交渉義務は，本契約による拘束よりも強くなりえず，誠実交渉義務から解放する正当事由は，事情変更や相手方の重大な義務違反など，本契約による拘束がある場合でも免責される事情であれば十分であり，交渉契約により合意された交渉枠組み・リスク配分との関連において正当事由は判断されることとなる。また，不動産取引における協定を，その状況と文言に注意しながら検討し，契約・予約の認められる場合，予備的契約が認められる場合，信義則上の責任の存否が問題となる場合があることを明らかにした。

　第2章第1・2節では，契約締結に至らなかった場合において，契約交渉中の覚書，レター・オブ・インテント，協定，買付証明書などが予備的契約としての拘束力をもたず，覚書などがある交渉段階を確認・記録するだけであっても，他の言動と相まって，交渉相手方に契約は確実に成立するだろうとの信頼を生じさせたり，企図された契約の締結や履行・履行準備に必要な具体的措置・処分を誘発する場合には，交渉相手方の信頼を生ぜしめておきながら契約交渉を正当理由なく破棄したこと（信頼裏切り型）や説明義務違反（誤信惹起型）が問題となりうる。後者の説明義務違反類型では，契約を締結する気がないのに，締結は確実だと言明したり，締結・履行のための具体的措置・処分を誘発して相手方に具体的措置・処分をさせてはならない。これらの場合，契約締結の自由と信頼保護との関係が問題となる。すなわち，自由に契約交渉を中断してもよいとすると，当事者は損失分担合意等の対策をいつも

考慮しなければならなくなり，本来目指していた本契約の準備と進展を非常に困難としてしまう。また，交渉当事者は交渉中も損失分担合意等の予備的契約をすることができるが，交渉中は本契約の締結に一生懸命で予備的契約をすることまで期待できない。したがって契約交渉段階においても，取引の摩擦なきことを促進する範囲で信頼保護が認められねばならず，私的自治を信頼保護は補完する[1]。そして，最判平成19・2・27判時1964号45頁は，最高裁として初めて，交渉補助者の言動により相手方を信頼させ契約の締結や履行・履行準備に必要な具体的措置・処分を誘発していながら正当理由なく契約締結を拒否した場合に，誘発されながら無駄となった具体的措置・処分の賠償を認めた。また，信頼による拘束には，正当理由なき交渉破棄のほかに，期待された契約準備のための措置を遅滞したり，契約が成立していれば不完全履行や付随義務違反となる信義則上の協力義務・誠実義務の違反のため，契約の目的・基礎が危殆化されたり，信頼基礎が著しく破壊される場合がある。

　第2章第3・4・5節においては，一方当事者の説明義務違反により相手方が不利な契約を締結してしまった場合を検討した。フランスの新債務法1138条も交渉補助者の言明に配慮しているように，当事者が交渉権限のある交渉補助者を使った場合には，自己の利益のために締結権限のない交渉補助者を介入させて相手方を過度に交渉リスク・契約リスクにさらしてはならないし，交渉権限ある補助者の言明について当事者に帰責しても，当事者は相手方に説明することによって交渉補助者の交渉余地を制限しコントロールできるので当事者の利益をほとんど害しないことから，交渉権限ある（独立的交渉補助者を含む）交渉補助者の言明も履行補助者法理の類推により当事者自身に帰責することができよう。また，売主の説明義務違反が売買目的物の瑕疵に関するとき，契約不適合（瑕疵担保）と併存して「信義則上の説明義務」も認められるかが問題となる。このとき，わが国やドイツの通説・判例は，瑕疵担保責任が成立して契約上の義務違反とされる場合には，もはや信義則上の説明義務違反は問題とならず，売主が契約に適合しない物を引渡したことが問

---

[1] 東京地判平28・4・14判時2340号76頁も締結交渉破棄につき「契約締結上の過失」責任を認めた。

題であり原則として瑕疵担保責任が優先すると考える[2]。また，フランスの新債務法1112-1条もドイツ法もわが国の判例も認めているように，契約前の説明義務は当事者の意思自由を保護すべきものとすれば，説明義務を果たしていれば契約を締結しなかった場合には契約解消の必要性がある。このように契約前の説明義務違反により契約解消を認めることは詐欺取消規定と評価矛盾しないか問題となる。詐欺取消では，詐欺が契約意思を左右するだけで契約解消できるのに対し，説明義務違反の場合には説明義務違反がなければ被害者が契約を締結しなかった場合（被害者が契約目的を達成できないほど重大な違反となる場合）にだけ個別的，制限的に契約解消できるにすぎず，詐欺取消と説明義務違反とは制度の保護目的が異なることから両制度の併存が認められよう。さらに，フランス法もドイツ法も認めているように，虚偽の貸借対照表を示されて企業を買収し，説明義務違反がなければ被害者は契約を締結しなかったであろうときに契約解消できるし，また，被害者は契約解消せずに契約目的に一部適合するものとして契約を維持する場合には，契約被害者が相手方の説明によれば期待してよかったものを対価を支払うことによって完全には得ていないので，（契約被害者の方の対価支払という出費の）部分的目的挫折のみを主張することも許されるべきであり，代金減額もしくは契約を維持して残留する信頼損害の賠償が認められるべきであろう。

　第3章では，契約当事者ではない第三者の表示責任の問題の一つとして，複数の貸付人が借入人に対して1個の契約書により融資を実行したシンジケート・ローンにおいて借入人が間もなく倒産した場合に，借入人・参加金融機関間の貸付契約締結の媒介をしたアレンジャーが貸付人に対して情報提供義務を負うことがあるとされた。交渉当事者でない仲介人などの第三者についても，売主から媒介の委託を受けた宅建業者の説明義務について，最判昭36年5月26日が，不動産仲介業者は直接の委託関係はなくても，これらの業者の介入に信頼して取引をなすに至った買主に対しても，信義誠実の原則から，権利者の真偽につき格別に注意する等の業務上の一般的注意義務があると判示し，最判平17年9月16日も宅建業者にはマンションの防火戸に

---

[2] 最判平17・9・16金商判1232・19参照。

関して買主に説明する義務があると述べているように，交渉当事者でない仲介人などの第三者が，その職業，専門知識・技術，取引における特別の経験，あるいは，取引に自己の経済的利益をもつことにより，他者に与えた情報の正しさを保証するとの保護に値する信頼をその他者に惹起し，その他者がその情報に基づいて契約を締結するなど財産的処分をした結果，損害を被る場合には，第三者の信義則上の不法行為責任が成立しえよう。この場合，第三者の虚偽の説明だけでなく，第三者の不告知についても，自己の能力でもって援助するとの明示的保証引受があるときや，先行行為，職業により情報提供義務を負うときには，第三者の信義則上の不法行為責任は成立し得よう[3]。

第4章においては，保証契約にも（東京地判平8・2・21判時1589号71頁のように）共通基礎錯誤があるほか，債権者の説明により保証人が動機の錯誤に陥り保証契約を締結した場合に一方的基礎錯誤となることがあることが明らかとなった。一方的基礎錯誤においても共通基礎錯誤においても，基礎錯誤の保護の根拠は，錯誤対象である事態が契約の基礎に化し相手方も錯誤危険を引受けることにあり，一方的基礎錯誤の場合も，相手方が錯誤を惹起したり認識したりすることは錯誤保護のために特に必要ではないといえよう。

第5章においては，契約の解釈の基本準則である主観的解釈と規範的解釈の二元論を検討し，表示受領者の付与した主観的意味と表意者のそれとが一致している主観的解釈の場合には，表示受領者の信頼保護は問題にならず，主観的意味の妥当が認められること，当事者双方によって表示に異なった意味が付与された場合の規範的解釈においては，当事者が契約した際の全事情（当事者の関係，契約締結の経緯，慣行，契約の目的等）を考慮するとともに，表示受領者の理解可能性を顧慮して規範的表示意味（利益適合的解釈・契約目的適合的解釈を含む）を確定し，その規範的表示意味を当事者に帰責しうるかを検討しなければならないことをみた。また，手付条項の解釈規定である民法557条においては，主観的解釈や規範的解釈のほか，制定法適合的解釈も活用されていること，消費者契約においては不明瞭解釈準則も使われていることを見た。

第6章においては，ドイツ民法は，①性状合意への不適合，②契約におい

---

[3] 拙著『表示責任と契約法理』（日本評論社，1994年）252頁参照。

て前提とした使用への不適合，③ 通常の使用，普通の性状，期待できる性状への不適合という3段階の瑕疵を問題としているが，「契約不適合」は当事者の表示の契約解釈の問題であり，典型的当事者意思や，必要な場合には仮定的当事者意思も考慮されるとする。そして，製造者の表示についてもドイツ連邦通常裁判所は，自動車メーカーはカタログなどに「新型車の燃費は100kmにつき3.2リットルまでである」と記載し宣伝したので，買主はその新型車を販売店を通じ購入した場合には，新型車は表示された燃費でなければならないとしている。わが国の新562条の「契約不適合」においても，ドイツ法と同じく当事者の表示の契約解釈の問題であり，典型的当事者意思や，必要な場合には仮定的当事者意思も考慮されよう。この点において契約解釈内の信頼原理にも関係しよう。

　ドイツ民法478条（新445a条）は，EUの消費用動産売買指令に基づき，商品が製造業者―卸売業者（供給者）―小売業者（最終売主）―買主と流通し，買主が最終売主に契約不適合として権利を主張した場合に，最終売主の責任負担を契約連鎖の中の瑕疵を生ぜしめた者（たとえば新車の優れた燃費を広告宣伝した製造者）に転嫁できるように最終売主の供給者に対する求償，供給者のその供給者に対する求償を認めている。わが国では，債権者代位権が活用できそうであるが，その際，瑕疵担保請求権の免責約款・制限条項につき消費者契約法や定型約款の不当条項規制が関係してこよう。

　わが国の請負における担保責任，及び，ドイツ法を参照して，売買における契約不適合責任（瑕疵担保）の効果について，主として以下のことを主張した。売買の目的物の「引渡」前に買主が契約不適合を発見し目的物の受領を拒絶するとき，買主は一般債務不履行責任を追及でき，本来の履行請求権を有し，主として新541条により解除ができるが，新562条によれば，契約不適合な目的物の「引渡」から本来の履行請求権は追完請求権に変容する。目的物には除去しうる瑕疵があったとすると，質的一部遅滞として新564条541条に基づき（催告が不要でない限り）買主が追完を求め，相当期間内に追完されないときに，買主は解除しうる。ただし，この新564条541条による契約解除には制限があり，このときすでに売主が瑕疵ある物を引渡したことが売主の質的不履行であり，契約維持の原則および法定解除権の原則規定であ

る新542条1項5号により，上記解除（新564条541条）時に売主の質的不履行のため契約目的が達成できないときに買主は契約を解除することができよう。また，請負の633条の「引渡」につき，判決例が信義則により「引渡」があった場合と同様に「引渡」から生ずべき注文者の義務が発生するとする法的構成を検討した。

第7章においては，ドイツ新民法284条と，それに関するわが国の判決例を検討し，ドイツ新債務法284条は，債務者が契約の本旨に従った履行をすることを信頼して債権者が費用を支出したが債務者の契約義務の違反により債権者がした出費の目的が挫折してしまった場合に，債権者の二重賠償を回避するため，本来の「給付に代わる賠償に代えて」無駄になった出費の賠償を認め，同じ契約利益の二重賠償とならないときに出費の賠償を認めている。そして，債務者が一部給付や不完全履行をし，出費の目的挫折が一部であるとき，費用賠償も縮減されるべきものとしている。我が国の判決例も，ドイツ新民法284条と同様に，わが国民法416条の枠内において，塡補賠償に代えて，もしくは，遅延賠償としての逸失利益の賠償に代えて，無駄になった出費の賠償を認め，同じ契約利益の二重賠償とならないときに出費の賠償を認めており，無駄になった出費の賠償は，債権者が履行利益・契約利益を証明できない場合の代替的手段と位置づけられるべきであろう。

第8章においては，事情変更の原則における要件を中心に検討し，契約の基礎に重大な変更があること，事情の変更は当事者の予見しえないものであったこと，事情変更は事情変更を主張する当事者のリスク範囲から生じたものでなく，事情変更の結果，当初の契約に当事者を拘束することが信義則上期待できないことが必要であることを確認し，契約上のリスク配分判断における考慮ファクターとしてリスクに関する優越的支配可能性・情報優位やリスクを分散させる手段・能力の優位を提示した。

第9章において，個別的な合意による交渉の可能性がなかった（補修費負担特約を含む）敷引特約の有効・無効を検討した結果，消費者契約法10条による不当条項規制では，10条前段において条項が私法規律の本質的基本思想から逸脱する程度が考慮される。また，10条後段の要件については，契約締結時を基準とし，当事者の情報・交渉力の格差の程度・状況，条項が消費者にとっ

て明確で理解しやすいものであったか，消費者に条項の具体的内容を知る機会が与えられていたか否かなどが考慮されることが明らかとなった。

第10章においては，振込・指図における三者不当利得の問題につき，わが国の判例を検討した。物がAからB，BからCへと譲渡された場合に，「契約連鎖における契約不適合」では，AB間でもBC間でも同種の瑕疵が問題となるときの問題であり，指図・振込における三者不当利得では，AB間でもBC間でも同じ共通基礎錯誤があった場合などの問題であり，二重欠缺の場合である。次のように，二重欠缺の場合も「契約連鎖における契約不適合」の場合と同様に契約当事者間で清算がなされる。すなわち，不当利得制度は私的自治の原則を裏から保証するものであり，指図・振込における三者不当利得でも，契約関係当事者に関するリスクは当事者自身が秩序づけたように分配されるべきとの契約関係自律性の原則が尊重され，契約関係の当事者は，契約相手方に対する抗弁を主張でき，契約相手方と第三者との契約関係に基づく抗弁に曝されるべきでなく，自ら選択した契約相手方の無資力のリスクのみを負担すべきなので，原因関係である対価関係も補償関係も無効である二重欠缺の場合も，被指図者は原則として指図者に対して給付利得の返還を求めるべきである。それに対し，指図の偽造・変造や振込委託がそもそもなかった場合や，振込依頼人が意思無能力者・制限行為能力者であった場合，強迫があったとして振込委託を取消した場合のように，指図者の給付として帰責するための有効な指図が欠缺する場合には，原則として被指図者の受取人に対する直接の不当利得返還請求権が成立することが明らかとなった。

以上のように，私法上の原理として，法律行為による拘束を基礎づける自己決定原理のほかに信頼原理がある。自己決定原理に基づくものとして契約，予約，予備的契約などがある。信頼原理に基づくものとして表見代理，新117条の無権代理人の責任，新93条1項の心裡留保の場合の表示への原則的拘束[4]，94条2項などがある。これらの責任においては履行責任まで認められるが，被害者が表示を信頼して被った被害救済を問題とする信頼責任・表示責任もある。表示責任も信頼原理に基づくものである。このような信頼原理

---

[4] 心裡留保の場合の表示への拘束は，法律行為内の信頼原理の作用であろう。

は，現代私法においては，自己決定原理を補完する原理として重要である。すなわち，契約交渉過程においても自己決定原理を補完する信頼保護が必要であること，信頼による拘束は契約による拘束より強くなりえず，交渉破棄の正当事由において事情変更の原則や相手方の重大な義務違反等の解放事由が参照されうること，契約前の信義則上の説明義務は当事者の意思自由を保護すべきものとすれば，その効果として損害賠償のほか，説明義務を果たしていれば契約を締結しなかった場合には契約解消の必要性があること，仲介人などの第三者が，その職業，専門知識・技術，取引における特別の経験，あるいは，取引に自己の経済的利益をもつことにより，他者に与えた情報の正しさを保証するとの保護に値する信頼をその他者に惹起し，その他者がその情報に基づいて契約を締結するなど財産的処分をした結果，損害を被る場合には，第三者の信義則上の不法行為責任が成立しうることが確認された。さらに，自己決定原理に関して，契約不適合に関する契約解釈が契約解釈内の信頼原理にも関係すること，消費者契約法の不当条項規制である10条後段では条項が消費者にとって明確で理解しやすいものであった（条項の透明性）かも考慮されていること，契約違反による塡補賠償に代えて無駄になった出費の賠償も認められうること，三者不当利得関係や「契約連鎖における契約不適合責任」においても契約当事者間での清算が目指されていることが明らかとなった。このような表示責任・信頼原理による私的自治の補完のほかに，状況の濫用などによる，影響を受けやすい弱い消費者の保護[5]も必要であった。これらは現代契約法の特徴と考えられる。

---

[5] 本書第2章第3節小括(3)「不意打ち・不当威圧」参照。

著者紹介

藤田寿夫（ふじた　ひさお）

1956年	兵庫県に生まれる
1980年	京都大学法学部卒業，京都大学大学院法学研究科民刑事法専攻修士課程入学
1985年	京都大学大学院法学研究科民刑事法専攻博士後期課程単位取得満期退学
1985年	京都大学法学部助手 神戸学院大学法学部助教授・教授を経て
1998年	岡山大学法学部教授
2004年	岡山大学大学院法務研究科教授
2013年	香川大学大学院連合法務研究科教授
2017年	香川大学法学部教授，現在に至る

主要業績

『表示責任と契約法理』（日本評論社，1994年）
『民法Ⅱ債権』（共著，有信堂，1992年）
『ホーンブック民法・債権各論』（共著，北樹出版，1996年）
『金融取引法第2版』（共著，法律文化社，2001年）
『予約法の総合的研究』（共著，椿寿夫編，日本評論社，2004年）
『強行法・任意法でみる民法』（共著，椿寿夫編，日本評論社，2013年）
「債権譲渡担保」法律時報78巻6号（2006年）
「建物の瑕疵についての請負人等の不法行為責任」岡山大学法学会編『法学と政治学の新たなる展開』（有斐閣，2010年）
「取引における説明義務」『消費者取引判例百選』（2010年）

表示責任と債権法改正
―表示責任論研究序説―

香川大学法学会叢書10

2018年3月20日　初版第1刷発行

著　者	藤　田　寿　夫
発行者	阿　部　成　一

〒162-0041　東京都新宿区早稲田鶴巻町514番地

発行所　株式会社　成文堂

電話 03(3203)9201(代)　FAX 03(3203)9206
http://www.seibundoh.co.jp

製版・印刷　三報社印刷　　製本　弘伸製本
☆落丁本・乱丁本はお取り替えいたします☆
© 2018 H. Fujita　　Printed in Japan
ISBN978-4-7923-2714-9　C3032　検印省略

定価（本体 6000 円＋税）

香川大学法学会叢書

1　会社支配と社会的利益　　　　本体 5500 円
　　　　　　　　　　　　　　　　市川兼三著

2　性的自由と法　　　　　　　　本体 5500 円
　　　　　　　　　　　　　　　　上村貞美著

3　政治老年学序説　　　　　　　本体 4500 円
　　　　　　　　　　　　　　　　神江伸介著

4　現代フランス人権論　　　　　本体 5500 円
　　　　　　　　　　　　　　　　上村貞美著

5　環境共同利用権　　　　　　　本体 5000 円
　　　　　　　　　　　　　　　　中山　充著

6　広域行政の法理　　　　　　　本体 5500 円
　　　　　　　　　　　　　　　　村上　博著

7　立憲主義の法思想　　　　　　本体 5000 円
　　　　　　　　　　　　　　　　山本陽一著

8　一八世紀イギリスの刑事裁判　本体 7000 円
　　　　　　　　　　　　　　　　栗原眞人著

9　労働者の損害賠償責任　　　　本体 5000 円
　　　　　　　　　　　　　　　　細谷越史著

10　表示責任と債権法改正　　　　本体 6000 円
　　　　　　　　　　　　　　　　藤田寿夫著